本集刊得到武汉大学 985 创新平台经费资助
并得到湖北省中国经济史学会同仁的支持

陈锋 主编

中国经济与社会史评论

2009 年卷

中国社会科学出版社

图书在版编目（CIP）数据

中国经济与社会史评论.2009年卷/陈锋主编.—北京：中国社会科学出版社，2010.10

ISBN 978‐7‐5004‐9100‐2

Ⅰ.①中…　Ⅱ.①陈…　Ⅲ.①经济史—研究—中国②社会发展史—研究—中国　Ⅳ.①F129②K207

中国版本图书馆 CIP 数据核字（2010）第 179188 号

责任编辑　郭　媛
责任校对　李小冰
封面设计　毛国宣
技术编辑　戴　宽

出版发行　中国社会科学出版社

社　　址	北京鼓楼西大街甲 158 号	邮　编	100720
电　话	010—84029450（邮购）		
网　址	http://www.csspw.cn		
经　销	新华书店		
印　刷	新魏印刷厂	装　订	广增装订厂
版　次	2010 年 10 月第 1 版	印　次	2010 年 10 月第 1 次印刷
开　本	710×1000　1/16		
印　张	23.75	插　页	2
字　数	388 千字		
定　价	45.00 元		

集刊卷首语

赵德馨

本集刊以《中国经济与社会史评论》为名,昭示她以评论为特色。学术评论是同行通过媒体进行的学术对话与沟通,旨在推动学术的进步。社会科学研究的目标是超越已知。这种超越是以找到前人取得的成就和不足为出发点的。人们研究任何课题,入门的第一步都是学习前人的成果并予以评论,写出文献综述,研究工作就是一个评论前人成果的过程。每一项研究成果问世之后,同行的评论是其获得学界认可的形式。这种评论包含基于异见的争论或辩论。辩论是真理之源,真理是由争论确立的。评论能揭开学科发展进程中遇到的瓶颈问题,探讨解决途径。评论使学者相互取长补短,实现优势互补。评论能鞭挞抄袭,鼓励创新,是端正学风、创立公正评价的有效工具。评论既是促进学术发展的机制和生命线,也是每一个从事学术研究者的义务和无法回避的工作。我们希望本集刊能成为经济史学同行交流心得的平台和经济史学发展的推动器。

集刊名《中国经济与社会史评论》,昭示她主要是经济史科学的专业集刊,其评论的对象主要在于经济史科学范围之内。经济史科学包含经济史学与经济史学概论两个分支,其中经济史学是主体。经济史学又包括经济史实(简称"经济史")和经济史论两个部分,其中经济史是主体。经济史的对象包含经济、时间和空间三个要素。时间,上起人类有经济活动之时,下迄当代,前后几十万年。空间,宽至人类足迹所到之处,纵横数万里。经济,包括人类所有经济生活的各个方面,包罗万千。经济史论,实即经济理论。经济史是源,经济理论是流,所有经济理论都是从经济史中抽象出来的。至于经济史学概论,是关于经济史学这门学科的理论,诸如这门学科的研究对象、相邻学科、功能、历史、理论、方法、规范、表述方式,等等。本集刊评论的对象是经济史科学,当然包括全世界的经济史学。她面向全世界,既评论外国经济史,也收录国外作者的评论作品和相关译文。由此看来,本集刊所要评论的范围是很广泛的。

评论的方式不拘一格。可以以人为对象进行评论,如分析某位经济史学家的成就和研究方法。可以以研究集体为对象,评论某个经济史学研究机构或某个经济史学学派的贡献与特色。可以以问题为单位,指出该问题的研究历程,已达到的水平和前进的方向。也可以对某部(或几部)著作或某篇(或几篇)论文进行评论。还可以对某个概念、某个术语、某个观点、某种理论体系进行剖析。至于文体,提倡多样化,力求生动活泼。可以是长篇大论,也可以是三言两语;可以是访问记录,也可以是学者通信;可以是读书笔记,也可以是学习随笔。只要是言之有据,持之有理,都是我们欢迎的。

评论文章应该遵守它特有的学术规范。这包含学德、学风和具体操作规则,其核心是科学的品格。具体地说,就是:为了追求真理,坚持严谨学风;与人为善,尊重他人,仅评学术,不涉及人身;文贵有新,不宜重复,实事求是,恰如其分;以理服人,心态平和。

评论当然要有价值标准。经济史科学研究成果的价值取决于满足本学科领域和社会应用领域对它的需要程度。任何评论的作者面对的是一部经济史学科的学术史。评论任何一个问题、一本论著、一个作者、都要将其置于经济史学科学术史中。评论文章具有同行认可的性质,又有穿越时空的生命力,这使它对某项研究成果的臧否举足轻重,所以要非常慎重。

经济史科学已经有了《中国经济史研究》与《中国社会经济史研究》两个专业出版物,近年来又有天津师范大学主办的《经济—社会史评论》。他们都办得很好,有专题研究的成果,也有评论,重心是在前者。经济史研究的队伍在扩大,成果日多。因此,《中国经济与社会史评论》这一以评论为主旨的集刊,会使经济史科学的成果发布更加全面,使经济史研究工作者的研究成果有更多的发表阵地。我想,她将获得同行的欢迎和支持,促进经济史科学的繁荣昌盛。

目　　录

明清城乡市场平行说[*]

任 放

关于市场，学界尚无统一界定。《辞海》"市场"条诠释其义有二："商品买卖的场所"；"一定地区内对各种商品或某一种商品的供给和有支付能力需求的关系"[①]。综而言之，市场是指商品买卖的场所，反映了一定地区内商品的供求关系。吴承明对市场的理解是：商品流通形成市场，商品流通的数量决定市场大小，商品交换的内容决定市场性质[②]。关于市场体系，陈忠平认为：市场体系是由不同等级市场构成的商品流通网[③]。严格而论，市场体系是指特定区域内，由不同类型的市场构成的市场网络或市场结构。换言之，市场体系是指市场层级之结构，即市场是由哪些不同类型的商业实体构成。在中国经济史研究领域，已有许多学者对市场体系提出独特的见解。在此，笔者首先缕述学界关于市场体系的观点，然后对城乡市场平行说予以论述。

一 理论与方法

（一）学界有关市场体系的论述

关于中国传统的市场体系，目前在国际学术界影响最大的仍是施坚

---

* 本文系 2007 年教育部人文社会科学重点研究基地重大项目"清代以降长江中游农村社会及文化变迁"（批准号：07JJD720043）暨 2007 年教育部"新世纪优秀人才支持计划"（批准号：NCET－07－0639）的阶段性成果。

① 辞海编辑委员会编：《辞海》（缩印本）"市场"条，上海辞书出版社 1980 年版，第 346 页。

② 吴承明：《中国的现代化：市场与社会》，生活·读书·新知三联书店 2001 年版，第 111 页。

③ 陈忠平：《明清时期江南地区市场考察》，《中国经济史研究》1990 年第 2 期。

雅的理论阐释①。施坚雅认为中华帝国晚期的市场体系包括 8 个等级的区域经济中心模式，从上至下依次为：中央首府、地域首府、地域城市、大城市、地方城市、中心市镇、中间市镇、标准市镇。

其他中外学者对市场体系也提出了独到见解。吴承明在考察明清市场时认为，自从宋代打破坊市制后形成了各级市场：地方小市场（包括墟集、市镇），城市市场，区域市场，突破区域范围的大市场（全国性市场）②。方行通过剖析清代前期农村市场，指出大体存在 3 种类型的市镇：主要具有"保障供给"功能的市镇，主要具有贩运贸易集散商品功能的市镇，多功能全面发展的市镇。从东南沿海到内地穷乡僻壤，形成以市镇为骨干、与墟集相串联、多层次的农村市场网络③。郭松义在考察清代地区经济发展后指出，星罗棋布的市镇和墟市，都和近傍的中心城市如苏州、杭州、上海、广州等紧密相连，再通过它们与全国各地以及外国市场相沟通④。赵冈指出，农村集市是商业网的最低层。巡回商贩到府县城批购商品，再用板车或肩担将

---

① G. William Skinner, "Marketing and Social Structure in Rural China, Part 1, 2, 3" *Journal of Asian Studies* 24：1（1964）；24：2（1965）；24：3（1965）. 中文版为史建云、徐秀丽译，虞和平校《中国农村的市场和社会结构》，中国社会科学出版社 1998 年版。G. William Skinner, *The City in Late Imperial China*, edited by G. William Skinner, Stanford University Press（1977）. 中文版为叶光庭等译，陈桥驿校《中华帝国晚期的城市》，中华书局 2000 年版。关于施坚雅模式的评述，参见拙文《施坚雅模式与中国近代史研究》，《近代史研究》2004 年第 4 期；《施坚雅模式的学术效应——以中国学术界为例》，见华中师范大学中国近代史研究所编《庆祝章开沅先生八十华诞·中国近代史论集》，华中师范大学出版社 2005 年版，第 488—508 页；《施坚雅模式与国际汉学界的中国研究》，《史学理论研究》2006 年第 2 期。另参王庆成《晚清华北的集市和集市圈》，《近代史研究》2004 年第 4 期；史建云：《对施坚雅市场理论的若干思考》，《近代史研究》2004 年第 4 期，等等。

② 吴承明在《论清代前期我国国内市场》（《历史研究》1983 年第 1 期）一文中，将市镇列入城市市场范畴。后来，他将此文编入文集时，删掉了这一表述。在另一篇专论《18 与 19 世纪上叶的中国市场》（1997）中，吴氏将市镇纳入地方小市场的范畴，指出明清以来，城市发展停滞，"反之，发展了市镇和墟集经济，形成了遍布各地的地方小市场"；"市镇经济或地方小市场的繁荣固然与人口密度有关，而重要的恐怕还是农业尤其农家副业的商品化，以及小农贸易的细碎性和间歇性使然。"又说，从清代地方商税的增长，可以看出"地方市场特别是市镇、集镇贸易的发展"。参见该氏《中国的现代化：市场与社会》，生活·读书·新知三联书店 2001 年版，第 112—117、247—248、270 页。

③ 方行：《清代前期农村市场的发展》，《历史研究》1987 年第 6 期。

④ 郭松义：《清代地区经济发展的综合分类考察》，《中国社会科学院研究生院学报》1994 年第 2 期。

货携至农村市集。府县城是较高的商业网点，既有批发商，也有较大的零售市场，其上有更高的商业网点。这许多层级结合起来，遂构成全国的商业系统①。刘秀生认为，清代存在3级市场结构，即商品收购市场、商品集散市场、商品零售市场②。许檀从市场层次的角度，将明清城乡市场体系区分为流通枢纽城市、中等商业城镇、农村集市3个层级。其中，流通枢纽城市主要指作为全国性或大区域流通枢纽的城市，其贸易范围一般覆盖数省或十数省，多为中央级的税关所在地；中等商业城镇主要指作为地区性商业中心在商品流通中发挥承上启下作用的城镇，其贸易范围覆盖1—2个府、10个县左右或者更大些；农村集市作为基层市场遍布全国，正是由于农村集市网的形成，才使得城乡市场联结成为一个整体③。陈桦认为，清代商品市场可分为3种类型或3个等级，分别是农村市场、地区市场和区域市场④。

江南是学者们谈论最多的地区。罗威廉认为，一种良好的区域模式，必须形成扩散型的区域市场结构。这种市场结构符合"平衡的和系统的中心地理模型"，有利于商品集散。中华帝国晚期，江南发展出一种成功的区域经济模式，它包含了"层次复杂的互补的市场网络关系"，展示了"平衡的市场等级的发展"⑤。陈学文认为江南市场体系是3级结构：初级市场（地方小市场）、中级市场（府州县城与巨镇）、高级市场（苏杭大城市的区域市场）⑥。陈忠平按照商品贸易场所的规模及商品交换关系的层次，将明清江南市场体系分为3个等级，即市镇初级市场、城镇专业市场、城市中心市场，声称明清江南已形成以400多个市镇初级市场为基础、几十个城镇专业市场为支柱、苏杭两大城市

①　赵冈：《明清市镇发展综论》，《汉学研究》1989年第7卷第2期。
②　刘秀生：《清代中期的三级市场结构》，《中国社会经济史研究》1991年第1期。
③　许檀：《明清时期城乡市场网络体系的形成及意义》，《中国社会科学》2000年第3期。
④　陈桦：《清代区域社会经济研究》，中国人民大学出版社1996年版，第187—188页。
⑤　罗威廉：《导言：长江下游的城市与区域》，见林达·约翰逊主编《帝国晚期的江南城市》，成一农译，上海人民出版社2005年版，第9—10、12页。
⑥　陈学文：《明清时期太湖流域的商品经济与市场网络》，浙江人民出版社2000年版，第255—256页。

中心市场为枢纽的商品流通网络[①]。范金民综合考察明清江南市场的各个层次及其在区域经济乃至全国经济中的作用与地位，将江南市场分为乡村小市场（小市镇初级市场）、地方专业市场、区域中心市场、全国中心市场 4 个层次，兼及庙会等特殊市场[②]。王卫平运用施坚雅的集市体系理论分析明清江南市场结构，认为市场层级由低到高依次为：标准市镇、中间市镇、中心市镇、地方城市、地域中心城市、超地域中心城市[③]。

此外，罗一星提出岭南二元中心市场说，即清代前期岭南存在两大中心市场——广州是"洋货"和"土特产"的集散中心，佛山镇是"广货"和"北货"的集散中心[④]。庄维民指出，在沿海城市开埠之前，山东传统的市场结构由定期市、运河城镇市场、沿海城镇市场构成，这 3 类市场自成系统，各具特色。定期市具有产地市场性质，城镇市场具有集散市场性质[⑤]。其他学者对市场体系也发表了相同或类似的看法[⑥]，不赘述。可见，学界关于中国传统的市场体系众说纷纭，其不

---

①　陈忠平：《明清时期江南地区的市场考察》，《中国经济史研究》1990 年第 2 期。陈氏市场体系不包括"小生产者直接交换的集市原始市场"和"单向输入农产品的城市消费市场"，认为这两类市场没有真正的商品流通，其功能被上述 3 级市场构成的商品流通网络所取代。

②　范金民：《明清江南商业的发展》，南京大学出版社 1998 年版，第 131 页。

③　王卫平：《论明清时期江南地区的市场体系》，《中国社会经济史研究》1998 年第 4 期。他指出，由于江南市镇的专业化性质较强，与外界的联系较为密切，因而在划分层级时不可能与施氏理论完全对应，应注意其地域特点。

④　罗一星：《清代前期岭南二元中心市场说》，《广东社会科学》1987 年第 4 期。赵冈也称，佛山与广州近在咫尺，但两者并无商业上的从属关系。佛山的繁盛并不亚于广州。事实上，两者是平行的商业中心。参见该氏《明清市镇发展综论》，《汉学研究》1989 年第 7 卷第 2 期。此前，李华已注意到，广东的商品流通以省城广州和手工业城市佛山为中心，通过水陆交通网与各州县城、各墟市相联，深入农村各角落。参见该氏《清朝前期广东的商业与商人》，《学术研究》1982 年第 2 期。这颇似地理学上的双核结构，参见陆玉麒《中国区域空间结构研究的回顾与展望》，《地理科学进展》第 21 卷第 4 期（2002）。

⑤　庄维民：《近代山东市场经济的变迁》，中华书局 2000 年版，第 139—140 页。

⑥　参见顾朝林《中国城镇体系——历史·现状·展望》，商务印书馆 1996 年版，第 110 页；单强《江南区域市场研究》，"绪论"，人民出版社 1999 年版，第 3—5 页；王笛《跨出封闭的世界——长江上游区域社会研究（1644—1911）》，中华书局 2001 年版，第 218—219 页；方志远《明清湘鄂赣地区的人口流动与城乡商品经济》，人民出版社 2001 年版，第 471—472 页；张海英《明清江南商品流通与市场体系》，华东师范大学出版社 2002 年版，第 326—327 页；龙登高《江南市场史——十一至十九世纪的变迁》，清华大学出版社 2003 年版，第 23、229 页；陈国灿《江南农村城市化历史研究》，中国社会科学出版社 2004 年版，第 117、198—201 页。

同观点成为后续研究的参考因子。

（二）城乡市场平行说

与国内外诸多学者认定城乡市场的关系是垂直的上下级关系不同，笔者认为中国传统的城乡市场分属不同的体系，各自构成相对独立的市场网络，两大市场体系之间是平行的互补性关系，其市场结构的相似性大于差异性。这一观点主要受到吴承明市场分类的启示。吴氏分类法包括两个层面：一是农村市场（即墟集、市镇之类的地方小市场）与城市市场，二是商业辐射力远大于一般城乡市场的区域中心市场和全国性市场（即突破区域范围的大市场）。区域内当然存在城乡交换，它在一定程度上反映了工农业产品的交换状况，但在当时，"我国区域市场内的工农业产品交换并不多，因为农村家庭手工业比较发达，而城市手工业又主要是供应城市消费。这种情况，直到清代前期，没有根本变化"①。

明清时期的市场体系，实际上是一个"品"字结构，如下图所示。

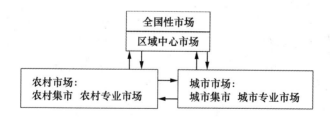

明清时期市场体系示意图

此图既可表示区域市场体系，也可表示全国市场体系。详言之，全国各经济区均存在城乡两大自成体系的市场结构：区域性的农村市场体系、区域性的城市市场体系。从商品交易的场所、时间及种类看，城乡市场大体上可分为两大类别：一是集市，包括城乡各类定期市、常设市、不定期市、庙会等；二是专业市场，包括城乡各类以专项商品为交

---

① 吴承明：《中国的现代化：市场与社会》，生活·读书·新知三联书店2001年版，第115—116页。

易对象的市场。需要强调的是，城市与农村均有集市和专业市场，在市场结构与功能上形成对应性的关系，各有其相对独立的商品流通范围（市场圈）。与此同时，城乡之间存在商品流通关系，但绝非城市高于农村的垂直性隶属关系，而是互补性的平行市场关系。也就是说，在市场结构方面，城乡之间既有独立性（但不封闭），又有互补性（但不统属），是对应而非对立的商品流通关系。在城乡市场之上，另有商业辐射力更强的区域中心市场——若干超级都市和超级市镇。个别区域中心市场发展为全国性市场。例如江南、华北，各自拥有一个既是区域中心市场、又是全国性市场的超级都市（苏州、北京），完整体现了区域与全国市场体系的合二为一，表明其市场发育状况良好。

城乡畛域有别，两者之间的关系错综复杂。从行政、赋敛关系看，大体上是城乡垂直的统属关系；从市场结构看，大体上各成一体，形成平行的互补性关系。

关于城市、农村的定义，国内外学术界莫衷一是。尽管如此，借用城市、农村的概念展开科学研究，却成为不争的事实，成为学术界默认的范式。迄今为止，似乎没有哪一位学者用别的概念取代城市或农村这两个关键词。且不论西方学界关于城市和农村的理念是否适用于中国历史，起码应该意识到的一个基本常识，就是以城乡二元视角记载史事，自古而然。翻阅众多明清方志，在表述市场体系时，多采取在城集、在乡集之叙事结构。例如，乾隆《莱州府志》卷 2《市集》记载：掖县，在城集四，在乡集十四，神会二。平度州，在城集十，在乡集三十一，神会四。昌邑县，在城集五，在乡集二十八，神会一。潍县，在城集五，在乡集十八，神会三。胶州，在城集五，在乡集十二。高密县，在城集，在乡集十八。即墨县，在城集四，在乡集十二，神会四。又如，道光《直隶定州志》卷 7《地理·市集》所载：本州集，分城内、四乡。曲阳县，分城内集、四乡集。深泽县，分城内集、四乡集。此类例证甚多，表明时人已明确区分城市与乡市。再引乾隆《夏津县志》卷 2《建置志·街市（镇集附）》以为佐证："况乎市之在乡者，恒有集头，以把持其中，而奸牙巧侩相为朋比，或则影射以分肥，或则搆争以致讼，民之坐困更有不同于城市者。且城市之中，大率皆贾人耳，而乡则或以农之家设市廛，耕耘之余即习市道；或以士之子兼市业，诵读之时常存市心，以绝长补短。"城市多贾人，乡市多农家，城乡之市立判。在某些经济贫乏之区，城乡之市并无差异，如陕西富平县，"县市花布、农器，即丝帛亦少。各镇市粟米、酒脯、菜炭而止，资生兴利无长策"①。又如，湖北长阳县，"长邑昔年人烟寥寥，虽城市无异村落"②。

　　牟复礼在研究明清时期苏州城市史之际，提醒人们：与工业化以前的欧洲相比，中国的城市和农村是相互开放的，彼此之间没有明显的空间利用方式相互隔绝。这完全不同于相互封闭的欧洲城乡关系。中国人的生活无论在心理层面、社会层面还是物质层面，都有一种明显的城乡连续性。与欧洲不同，中国的城市把乡村生活和农业活动包含于其中。同时，城市的许多经济活动（商业、金融业、制造业等）分布于城郊。城市的特色延伸到城外，影响了农村生活，而农村特色也在城市受到欢迎③。关于城乡之间互补性的经济关系，傅衣凌有深刻体认，"城乡关系不是对立的，而是互相配合"；强调"农村经济与城市经济的相互依存，城乡不分"。他在分析明清城市的特点时，注重城市内部的乡族性，指出农工商相结合的乡族群体的存在，"使商品交换经济和自然经济混在一起，城乡居民就是通过这各种不同的渠道，互相往来，彼此渗透。是以中国城市里的工商业者是没有和农村彻底绝缘的，不论是工人阶级或资产阶级的前身，他们都在农村各拥有小块的土地或更多的土地，农业收入曾占他们收入的一定分量，也即因此故，使商业资本更容易与土地资本相结合，在这种社会条件支配下，他们之间的关系，很不易分化，削弱了行会制在城市的作用，而城市反受乡村势力的影响，这是欧洲中古社会所没有的现象"。此外，城市工商业者和地主经济有着千丝万缕的关系，城居地主颇能说明问题。"我们还应当注意封建土地所有制对于市镇经济的渗透。明清两代不在乡地主之多，他们寄居城镇，还有着大量的地租收入，这些人与农村经济关系的密切是不言而喻

----

　　① 乾隆《富平县志》卷2《建置》。

　　② 乾隆《长阳县志》卷2《市集》。

　　③ F. W. Mote, "A Millennium of Chinese Urban History: Form, Time and Space Concepts in Soochow", in Robert A. Kapp ed., Rice University Studies-Four Views of China 59.4. 引自李伯重《工业发展与城市变化：明中叶至清中叶的苏州》，见李伯重、周生春主编《江南的城市工业与地方文化（960—1850）》，清华大学出版社2004年版，第13页。

的。……市镇工商业者，通过土地租赁，总是与地方上的地主保持着一层温情脉脉的关系，而不能达到纯粹的经济关系。"又说，"中国有不少工业区是在农村，而城市工商业者，也都没有和农村相决裂，他们往往是半工半农、半商半农"。因此，"这种城市居民与农村关系的紧密结合，是造成典型的亚洲的消费城市的因素之一，并且具体呈现了商品流通与消费的封建性"[①]。

城乡市场体系研究需要思考的一个问题，是关于行政中心等级和经济中心等级之间重合或一致的问题。对此，施坚雅认为"只有通过分析一个具体地区的市场结构才能确定；要把这个地区的中心地按照它们在市场体系中的经济职能和地位进行分类，然后可以与每个中心地的行政地位作比较"。通过分析中国一些分散的地区市场结构，施坚雅将高于中心集镇的中心地分为两个层次，并归纳如下：

施坚雅的区域市场结构

中心地类型	市场类型	最大属地
〔小市〕	〔小市〕	〔小市场区域〕
基层集镇	基层市场	基层市场区域
中间集镇	中间市场	中间市场区域
中心集镇	中心市场	中心市场区域
地方城市		城市贸易区域
地区城市		地区贸易区域

施氏的初步分析表明，"只有一小部分中间集镇成为县城或较高层次行政单位的首府，但三种最高层次的中心地中相当大部分具有这类行政地位。在晚清，作为县级政府所在地的都市（但并不同时也是府城或省城）往往是中间或中心集镇，后者更为常见，府治常常不是中心集镇就是地方性城市，而大多数省城在上述中心地等级中应该归类于地方或地区性城市"[②]。施氏的观点表明，城乡经济中心地分属不同系统，

---

① 傅衣凌：《明清社会经济变迁论》，人民出版社 1989 年版，第 69—73、196 页。

② 施坚雅：《中国农村的市场和社会结构》，史建云、徐秀丽译，虞和平校，中国社会科学出版社 1998 年版，第 9—11 页。

同时集镇与城市互有重叠。经济中心地与行政中心地的交叉情形主要体现在府县城与中间集镇、中心集镇之间，也就是说，府县级市场与镇级市场大体处于同一层级。

在部分学者眼中，市镇属于城市范畴。梅原郁将市镇称之为"地方小都市"①。李伯重认为，明清时期苏州的城市化进程，是以一个大城市（府城）为中心、以郊区市镇为"卫星城市"的城市扩张②。童书业指出，景德镇、佛山镇等实际上已成为都市，不能再算作市镇③。刘翠溶认为，明清都市化发展的最显著现象，就是专业市镇的出现，反映出区域经济的高度分工和商业化④。范毅军强调，明清江南地区城镇化的基本性质，是市镇的广泛性成长（extensive growth）更甚于其集约性成长（intensive growth）。这意味着当时的市镇固然在量上有持续的增长，但其本身的结构与功能并未在质上有所突破⑤。樊树志指出，江南许多市镇都有镇城隍庙，说明市镇的规模与功能已与县城不相上下，显示了市镇在乡村城市化进程中的独特作用⑥。赵冈认为，要研究中国历史上的都市化（Urbanization）过程，应该把城郡（Cities）与市镇（Market towns）分开来讨论。中国历史上都市化的另一条途径，是县治以下的市镇之兴起⑦。将市镇视为城市化的标志，从一个侧面说明市镇

---

① 梅原郁：《宋代地方小都市的一面——以镇的变迁为中心》，《史林》第 41 卷第 6 号。引自樊树志《晚明史（1573—1644 年）》，复旦大学出版社 2005 年版，第 80 页。

② 李伯重：《工业发展与城市变化：明中叶至清中叶的苏州》，见李伯重、周生春主编《江南的城市工业与地方文化（960—1850）》，清华大学出版社 2004 年版，第 20、64—65 页。

③ 童书业：《中国手工业商业发展史》（校订本），中华书局 2005 年版，第 245 页。

④ 刘翠溶：《明清时期长江下游地区都市化之发展与人口特征》，见梁庚尧、刘淑芬主编《台湾学者中国史研究论丛·城市与乡村》，中国大百科全书出版社 2005 年版，第 251 页。

⑤ 范毅军：《市镇分布与地域的开发——明中叶以来苏南地区的一个鸟瞰》，《大陆杂志》第 102 卷第 4 期（2001）；《明中叶以来江南市镇的成长趋势与扩张性质》，台北"中研院"历史语言研究所集刊第 73 本第 3 分册（2002）。

⑥ 樊树志：《市镇与乡村的城市化》，《学术月刊》1987 年第 1 期。滨岛敦俊认为，城隍庙会多是城市中规模最大的庙会之一。17 世纪后半叶，江南市镇出现城隍祭祀，缘于该地区的商业化和市镇发展，凸显市镇希望将自己置于各级行政序列的下层，"并不是象征着这些市镇要求成为与州县平等的'都市'，而是垂直的行政支配（最上层是皇帝）内部的自我表明"。参见该氏《明清江南城隍考——商品经济的发达与农民信仰》，沈中琦译，《中国社会经济史研究》1991 年第 1 期。换一个角度思考，滨岛的例证恰恰证明市镇与府县城在信仰圈上存在着平行关系。

⑦ 赵冈：《明清市镇发展综论》，《汉学研究》1989 年第 7 卷第 2 期。

与府县城属于同一层级。

赵冈将市镇置于城市化的范畴予以考察，并无特异之处。但他强调市镇的非层级性的观点，却值得注意。他指出，江南地区宋代以后兴起的非传统性的市镇，其特点在于它们是超层级的。江南所产的丝绸、棉花、棉布，并不通过各层级来集散，而是由各市镇直接通向全国性市场。这种超层级的特性，可以从两方面看出：一是市场规模。在层级性的市场结构中，最低层级的单位规模最小，高层级的单位规模则递增。但是江南市镇往往大于府县城，如南浔镇之于湖州，硖石镇之于海宁，盛泽镇之于吴江，罗店镇之于嘉定等，不胜枚举，证明这些市镇之地位与府县治没有层级关系，是由其本身市场活动范围及经济实力所决定的。二是商路。如嘉兴县属的新塍镇、大张圩诸市镇所产之丝绸，不向嘉兴府城集中，而是运往盛泽镇。嘉兴府最大市镇——濮院镇，以濮绸、沈绸著名，这类产品一部分直接运往外地，一部分运往盛泽镇。可见，从这些市镇运送商品的路线，看出它们与府县治缺乏明显的集散关系。研究江南市镇的学者往往以苏州为例，视其为各市镇之上的一个商品集散地，从而认为江南市镇也具有层级性的结构。这是一个错觉。苏州主要不是发挥传统的货物集散功能，而是江南纺织品的加工站。因为染色与踹砑两道工序不能由个别农户以副业方式进行，必须由大作坊经营。这种规模经济的作坊设在苏州最合适。苏州邻府——松江是当时棉布生产中心，苏州境内的众多市镇又是盛产丝绸的地方，集两种纺织品于一处，大量加工处理，能够大幅降低成本。于是，附近的丝织品与棉纺织品自然会向苏州集中，加工以后再运往外地市场。不过，苏州之外的市镇也有一些染踹加工作坊。如松江各镇有许多棉布染踹的较小作坊，南翔镇、枫泾镇、盛泽镇、双林镇、濮院镇等则有较大的染踹作坊。这些地方就地加工染踹的产品，不必再运往苏州，可以直接销往远方市场。此外，在这些市镇上收购的产品以远方市场为主。江南的纺织品因为远方市场才得以兴盛，后来又因为失去了远方市场而衰落。江南市镇不是层级性的地方商业中心，而是自始至终依赖全国性市场，与之发生直接的运销关系。尤其是，这些市镇吸引外地的大量资金，前来收购的是远方的客商（例如南浔镇的京庄、广庄，双林镇的泾县会馆、金陵会馆），而非通过府县治的层级管道。江南水网密布，市镇将大量纺织品以低廉的运费从水路运出，亦无需通过层级式的集散管道，便可直达远方市场。有学者将市镇大小按等级划分，依照市镇的规模、商业管道的层次，列出上下从属关系。这种层级式的关系，只适用于内地的传统市镇（赵氏仅指传统农村集市——引者），无法适用于明清时期在江南崛起的新型市镇。江南市镇直接与远方市场、甚至国际市场发生联系，没有明显的层级关系。这就是在明清时期的特殊环境中的都市化之独特型态。此外，广东的佛山镇、江西的景德镇都是外向型经济，从一开始就摆脱了层级市场的框框，它们直接将其产品——铁器与瓷器运销远方市场①。无独有偶，王家范也曾注意到市镇的非层级性。他指出："市场经济聚集的方向与行政建制并不完全一致，有它自己的等级层次。"又说"江南市镇与市场经济的联系，并不主要采取向区域中心集聚的方式，却是孤立地、分散地由每个市镇多方向、多渠道地向全国扩散"；"在太湖流域，明确的市场等级系列尚未正式形成"②。

市镇非层级性的一个重要标志，就是市镇在商品流通方面扮演的角色与行政中心所在地的普通城市旗鼓相当，并不完全依赖城市的流通渠道。关于市镇与府县城比肩而立之现象，文献多有记载。以江南为例，吴江县黎里镇，"在二十三都。宋时号村，至元始成聚落。明成（化）弘（治）间为邑巨镇，居民千百家，百货并集，无异城市。自隆庆迄乾隆间，货物贸易如明初，居民更二三倍焉"。该县同里镇，"在二十六都。宋元间民物丰阜，商贩骈集，百工之事咸具。明初居民千百家，室宇丛密，街巷逶迤，市物腾沸，可方州郡。嘉（靖）隆（庆）而后，稍不逮昔，然民居日增，贸易至今犹盛焉"。再看县市，"自吴江县治达于四门内外，元以前无千家之聚。明成（化）弘（治）间，居民乃至二千余家。栋宇鳞次，百货会集。通衢市肆以贸易为业者，往来无虚日。嘉（靖）隆（庆）以来，居民益增"。可见，黎里镇、同里镇与吴江县城相较，实不相上下。另如该县盛泽镇之丝绸交易，乾隆《盛湖

　　①　赵冈：《明清市镇发展综论》，《汉学研究》1989年第7卷第2期。
　　②　王家范：《明清苏州城市经济功能研讨——纪念苏州建城两千五百周年》，《华东师范大学学报》1986年第5期。但他否定了这一推断，理由是"地方志的自我夸张是一大弊病，宜为治史者所警惕"。并进而以苏州为例，作为反证。不过，作者在举证时态度似乎并不确定。

志》卷下《土产》载，"绫罗纱绢，不一其名，京省外国，悉来市易"。沈云《盛湖杂录》亦称，乾嘉之际，该镇"远商鳞集，紫塞雁门，粤、闽、滇、黔赍金至者无虚日，以故会馆旅邸、歌楼舞榭繁阜喧盛，如一都会焉"[①]。再如，宜昌府长乐县之渔洋关"为一邑巨镇，百货丛集，十倍于城中"[②]。甚至个别墟场也被史家称为都会，如湖北长阳"都镇湾场，客商云集，乡村第一都会"[③]。

邓亦兵指出，清代前期城市经济发展的主要表现，在于府州县城的商业区向城外拓展，甚至一些城市的商业街市就在关厢。城关地带是城乡的结合部，其商品经济的发展对城市周边农村有极大影响。因为前来城关地带交易的，除了客商，还有当地的农民。所以，城市与市镇一样，与农村有着纵深联系。总体上，"市镇商品经济与城市商品经济的发展只有快慢之别，并无性质不同，城市与市镇一样，都是全国商品流通网络上的结点。通过商品流通的网络，城市和市镇与周围农村建立广泛的经济联系，使城市与市镇不仅具有消费意义，也具有生产意义"[④]。韩大成在研究明代城市时，除了店铺贸易，几乎逐一提到那些商业都市定期性的集贸市场。许檀在论及明清时期的临清市场时，强调它兼有 3 种不同级别的市场功能：既是零售商业构成的消费市场，又是农产品集散市场和多种商品的中转批发市场[⑤]。李龙潜指出，广东某些发达的墟市，具备市集贸易、铺户（坐贾）贸易、行商贩运贸易 3 种商业形态[⑥]。城乡这种复合性市场结构，表明城乡市场存在结构上的对应性，即每一种市场形式都在城市或农村里存在，尽管其发育程度并不相同。

关于农村定期市构成市场体系最低一级，学界基本上没有歧见。但是，关于市镇的性质，即市镇属于城市、还是属于农村？学界对此看法不一。上文已引若干学者将市镇纳入城市范畴，不赘。另有学者则坚持

① 黎里镇、同里镇、盛泽镇之史料，引自洪焕椿编《明清苏州农村经济资料》，江苏古籍出版社 1988 年版，第 269、278 页。
② 同治《宜昌府志》卷 11《风土·风俗·职业》。
③ 乾隆《长阳县志》卷 2《市集》。
④ 邓亦兵：《清代前期的市镇》，《中国社会经济史研究》1997 年第 3 期。
⑤ 许檀：《明清时期山东商品经济的发展》，中国社会科学出版社 1998 年版，第 171 页。
⑥ 李龙潜：《明清广东社会经济研究》，上海古籍出版社 2006 年版，第 125 页。

市镇属于农村范畴。例如，吴景超谈论城市的研究方法，首先强调"都市的定义及其与乡村市镇的区别"①。叶显恩、谭棣华指出，珠江三角洲墟市按功能划分，有原始墟市、基本墟市、专业墟市、市镇4种类型②。方行认为，清代前期，市镇贸易和墟集贸易已成为农村市场的主体。农村市镇的增加及其经济功能的强化，反映出当时城乡分离运动的发展③。洪焕椿在编选明清时期苏州农村经济资料时，专门将"农村市镇与物资交流"列为一章，悉将市镇及县市归入农村范畴，称"农村市镇"是"上联城市、下联广大农村的纽带，是农村社会经济的中心"④。吴滔从市镇与农村关系的角度思考市镇变迁，指出明初江南地区的市镇附属于乡、都、图等基层组织。自明中叶以降，市镇的独立性逐渐凸显，以"市镇"为单位的区划观念逐渐流行，其边界大致与巡检司等县级以下行政组织的管辖区域相吻合。清中叶后，以市镇公共事业为中心的地方行政运作，取得与往昔凌驾其上的赋役敛派机构相同的地位。清末民初，实行乡镇自治，市镇作为区划单位开始真正管辖周边农村，现代意义上的"镇管村"机制于焉形成⑤。

　　笔者认为，市镇是指明清时期介于县城与村落之间的具有相对独立性的商业实体，属于农村经济范畴⑥。征之于史：嘉庆《余杭县志》

----

　　① 吴景超：《近代都市的研究法》，《食货》1935年第1卷第5期。
　　② 叶显恩、谭棣华：《明清珠江三角洲农业商业化与墟市的发展》，《广东社会科学》1984年第2期。
　　③ 方行：《清代前期农村市场的发展》，《历史研究》1987年第6期。
　　④ 洪焕椿编：《明清苏州农村经济资料》前言，江苏古籍出版社1988年版，第4页。
　　⑤ 吴滔：《明清江南基层区划的传统与市镇变迁——以苏州地区为中心的考察》，《历史研究》2006年第5期；《明清江南市镇与农村关系史研究的回顾与前瞻》，见行龙、杨念群主编《区域社会史比较研究》，社会科学文献出版社2006年版，第389—405页。
　　⑥ 在探讨清代中国的城市社会结构时，施坚雅使用了"自县以下的集镇社区"的提法，以说明市镇在区域体系中的空间位置。参见该氏主编《中华帝国晚期的城市》，叶光庭等译，陈桥驿校，中华书局2000年版，第643页。珀金斯关于中国传统贸易的论述，有助于我们加深对传统市镇的理解。他认为，在现代工业出现之前，大部分的中国国内贸易在农村市镇之内进行，或者，在囊括市镇周边农村的广阔范围之内进行。这种农村市场的内涵，特指在市镇之内，或在市镇附近几十里之内生产和销售的货物的贸易，许多县际贸易也包括在内，但不包括市镇百里以外的市场或地区。农民出售的农产品，大约为全部产量的20%—30%，其中仅有7%—8%的产品成为长距离贩运贸易的对象。在经济关系方面，中国农民除了置身于邻近的农村市场，基本上与世隔绝。参见该氏《中国农业的发展（1368—1968年）》，宋海文等译，伍丹戈校，上海译文出版社1984年版，第147—150、166、182—183页。

载，"六朝唐宋之制，县与镇相为表里；镇大则升为县，县小则降为镇"。明清时期，"联民有乡、里、都、图、区、保之名，虽与古异，亦先王乡田同井、使百姓亲睦之意也。若郊外，民居所聚谓之村，商贾所集谓之镇，虽不列于官，亦以类附书焉"①；"商贾聚集之处，今皆称为市镇"②。史家有言，市镇的价值在于"必由所聚，通商惠工于兹"③。又称："坊以表里，市以交易，而街则坊市之通衢，镇又乡村之街市也，盖寓表厥宅里之意云。"④ 可见，在时人眼里，市镇属于乡村社会的商业范畴。关于此种历史真相，王家范有清晰表述。他提醒人们，明清市镇的实际生活史固然"与城市有某种物流的中转关系，但绝非是城市主动扩张的结果，相反却是由乡村经济生活的扩展，自然应运而生的中心地；远离城市，即使是穷乡僻壤，山间边道，也会滋生出类似集镇或乡市。市镇紧紧依赖着周围的乡村而生存，盛衰相连，休戚与共，比政治与消费性的府县城更有自在的根底，乡音也纯淳得多，几不杂'官话'。浏览各代方志，府县志往往缺乏对乡市集镇的严格界限，除少数较大集镇外，市与镇的称法比较随意，相当数量的'镇'实与乡市相差无几。雍正朝起，江南一镇之地，为二至三县所共管，上（塘）属某县集镇，下（塘）却划归某县农村，更是把这种景象凸显得十分清晰。这些都能说明是时江南市镇，仍然植根于农村，乡村包围市镇，两者的界线多数是模糊的，例外的事例有，但极少"⑤。再以景德镇证之。瓷业市镇景德镇的发展即依赖周边农村的农林产品和瓷土的商品流通，主要包括米谷杂粮、芝麻和油菜籽、棉花和苎麻、甘蔗、蔬菜、窑柴和槎柴、生活用柴、竹木、茶、炭、桐油、茶油⑥。没有来自浮梁农村的商品支撑，景德镇的瓷业将丧失发展的基础。当然，景德镇

---

① 正德《姑苏志》卷 18《乡都·市镇村》。

② 弘治《湖州府志》卷 4《乡都·市镇》。

③ 隆庆《岳州府志》卷 7《职方考·都厢》。

④ 嘉靖《荆州府志》卷 1《舆地志·坊市》。

⑤ 王家范：《明清江南研究的期待与检讨》，见陈江《明代中后期的江南社会与社会生活》之序，上海社会科学院出版社 2006 年版，第 4—5 页。王氏强调，必须将地方志和当地习俗上的"市镇"，与经济学意义上的市镇区分开来。有些市镇数量增长的描述受此误导，又掺杂主观意图，故与实情不符，因此研究者仍需在概念的考辨上多下功夫。

⑥ 梁淼泰：《明清景德镇城市经济研究》，江西人民出版社 1991 年版，第 243—254 页。

瓷业正是浮梁农林商品量增长的关键因素。景德镇与其赖以生存的"乡脚"有一种互补性的市场关系。

按照施坚雅关于中国农村市场体系的模式，属于市镇（town，另译集镇）范畴的彼此相连的经济中心地包括（自下而上）：标准市场（standard market）、中间市场（intermediate market）、中心市场（central market）。标准市场又叫基层市场，"它是农产品和手工业品向上流动进入市场体系中较高范围的起点，也是供农民消费的输入品向下流动的终点"。至于中间市场，"它在商品和劳务向上下两方的垂直流动中都处于中间地位"。与基层市场和中间市场相比，中心市场"通常在流通网络中处于战略性地位，有重要的批发职能。它的设施，一方面，是为了接受输入商品并将其分散到它的下属区域去；另一方面，为了收集地方产品并将其输往其他中心市场或更高一级的都市中心"。这 3 种经济中心地所在的居民点，分别称之为"标准集镇"（又译作"基层集镇"）、"中间集镇"、"中心集镇"。在理想状态下，基层集市的空间分布意味着 18 个自然村以六角形围绕着一个集市①。实际上，每个市镇都有自己的市场圈。再以景德镇为例，明清时期该镇瓷业闻名遐迩，在瓷器的带动下，形成了以景德镇为中心的市场体系：第 1 层是镇区，第 2 层是浮梁农村及鄱阳鲇鱼山、凰岗一带，第 3 层是饶州府属鄱阳、乐平、余干、余江、万年 5 县，安徽祁门、婺源 2 县，休宁、建德与浮梁相邻的乡村，南康府都昌县东乡②。

在讨论市镇的城乡属性时，需要指出：在镇级市场中，包括极少数的超级市镇（如汉口镇、佛山镇），它们既是传统市镇发展的极致，是市镇商业水平的最高代表，又是颇具城市风格的商业聚落，与城市市场体系中的超级都市相比毫不逊色，都是区域资源配置的中心市场。

应该强调的是，笔者提出城乡市场平行说，旨在凸显城乡各有相对完整、自成一体的市场网络，城乡之间并不因此而隔绝。相反地，两大网络之间历史地形成某种结构对应、功能互补的关系。城乡市场平行说

---

① 施坚雅：《中国农村的市场和社会结构》，史建云、徐秀丽译，虞和平校，中国社会科学出版社 1998 年版，第 6—8、22—24 页。

② 梁淼泰：《明清景德镇城市经济研究》，江西人民出版社 1991 年版，第 379 页。

也并不否认其中存在垂直性的经济关系。实际上，城乡具体的市场之间，既有横向的平行关系，又有纵向的垂直关系①；既有上下层级之间的商品流通，又有跨层级甚至跨体系的经济互动。王笛所绘清代长江上游市场体系的结构图（王氏著作之图 4—3）值得注意。该结构图显示，第 1 层次是农村，第 2 层次是乡镇（基本市场），第 3 层次是商业性城镇（地区市场），第 4 层次是区域城市（区域市场），第 5 层次是中心城市（多功能高级市场）。他强调各层次地域流通中心之间保持着复杂的纵横向联系。例如，以农村为基轴，存在着农村与农村、农村与乡镇、农村与县城、农村与区域城市、农村与中心城市之间纵向及横向的多层次经济联系。乡镇、县城、区域城市、中心城市各自与外界的经济联系皆如此②。尽管王氏市场结构图与笔者所绘不同，但他强调城乡之间经济联系的多元性，所言极是。

二 明清时期的农村市场

农村市场是明清时期市场体系的重要组成部分，与城市市场形成非垂直性的对应关系。农村市场包括集市和专业市场两大类。

（一）农村集市

明清时期，农村集市概有不同类型。按开市时间，农村集市可分为定期市、不定期市、半定期市、常设市，其中定期市是最常见的一种农村集市。按贸易规模，农村集市可分为大市（大集）、小市（小集）、会，会包括庙会和特别集期的集市。按开市地点，农村集市可分为乡集、镇集、山市、庙市等。按贸易主体，农村集市可分为民市、军市。按商品构成，农村集市可分为牛市、骡马市、米市、果市、柴市、丝市

---

① 作为城乡市场体系的结点之一，市镇的中介作用相当凸显。以宁波及其腹地为例，农民在开集之日，将织成的土布卖给捎客在城郊集镇开设的店铺。捎客将收购的土布卖给宁波的行商，行商再将这些土布销往苏州和上海，卖给城里的布商。棉花的运销过程也不例外。参见斯波义信《宁波及其腹地》，见施坚雅主编《中华帝国晚期的城市》，叶光庭等译，陈桥驿校，中华书局 2000 年版，第 510—511 页。

② 王笛：《跨出封闭的世界——长江上游区域社会研究（1644—1911）》，中华书局 1993 年版，第 217—219 页。

等专门市。按商税征免，农村集市可分为官集（税集）、义集①。按经济功能，农村集市可分为4种：以满足小农一般性需求为主的集市，以满足小农生产性需求为主的集市，以某种商品集散为主的集市，庙会②。鉴于定期市是明清农村集市的主体，以故笔者以之作为主要讨论对象。

史载："市有定居，墟惟趁赶。南曰墟，北曰集"③；"货物辐辏，处古谓之务，今谓之集，又谓之墟"④；"日中为市，神农氏之教也。……南人曰趁墟，北人曰赶集，皆间数日一举"⑤。墟、场、集、店、村市、庙会，均属农村定期市，它们数量庞大、分布广泛、功能独特，成为明清时期农村市场蓬勃发展的基础。农村初级市场的名称带有地域色彩。大体上，北方称集，两广、福建称墟，川黔称场，江西称圩，湖广称市，江南则将具有相当规模的市称为镇。在江南，农村定期市并不发达。对此，滨岛敦俊的解释是：在江南各种史料中基本上没有定期集市的记载，不存在有关定期集市的历史记忆，因此江南可能没有出现过定期集市。个中缘由在于，江南水网四通八达，水流缓慢，即使没有撑船技术的普通人也可以摇船，方便地利用水路交通，这或许导致定期集市的出现成为多余。明代中期以后，以市镇为中心的市场圈成江南农民重要的生活圈和信仰圈。江南的史实，打破了一般商业中心的发展在时

---

① 关于农村集市的税收问题，目前的研究尚不充分，学界亦有争议，有待深入探讨。

② 参见韩大成《明代城市研究》，中国人民大学出版社1991年版，第129—134页；方行、经君健、魏金玉主编：《中国经济通史·清代经济卷》中册，经济日报出版社2000年版，第1074—1090页；龚关：《明清至民国时期华北集市的数量分析》，《中国社会经济史研究》1999年第3期；樊树志：《江南市镇：传统的变革》，复旦大学出版社2005年版，第51—81页。有关清代定期市与牙行及斗秤、定期市与课税的关系，参见加藤繁《清代村镇的定期市》，王兴瑞译，《食货》第5卷第1期（1937）。明清时期，山东集市商税概有课程、牙杂、牛驴3项，多由牙行经纪征收。参见许檀《明清时期山东商品经济的发展》，中国社会科学出版社1998年版，第260—262、266—273页。另，李龙潜对明清时期广东墟市的税收也有专论，参见该氏《明清时期广东圩市租税的征收》，《学术研究》2006年第2期。

③ 康熙《永州府志》卷2《舆地志·墟》。少数墟集也有定居人口，道光《建始县志》卷3《户口志·风俗》载，"乡间各场之最著者，如板桥子、红岩子、高店子等处，俱不过数十家。鼓刀当垆，以供村民日用所给，故人多古朴，不染纷奢淫巧之习，爱土物而重本业焉"。

④ 道光《耒阳县志》卷8《风俗·墟期》。

⑤ 同治《平江县志》卷4《地理志四·镇市》。

间序列上由临时集市、定期集市到每天集市、常设店铺的过程①。在滨岛之前，施坚雅、刘石吉也有类似见解。例如，刘石吉曾将江南与江西略作比较，指出明清江南市镇在全国最发达，墟市贸易则极少见，许多地方因"市镇化"而绝迹；江西则不同，墟市与市镇并肩成长，纷然杂陈②。不过，范金民注意到：在江南不少地方，尤其是常州、镇江等府，除了日市和庙会，尚有每旬一至二次的定期集市。这种定期集市并没有随着日市的兴盛而消退，相反历久不衰、延续至今。这不是地方基层市场发育不全的症状，恰恰是农村市场网络细密化、完善化的表现③。

　　加藤繁指出，唐宋时期，从州县治所到镇市村落都有定期市。这种定期市，历元明清三代而益盛。又称，当时各村镇中大抵都有常设的商店，但是，主要的商业交易仍在定期市进行，诸如茶叶、生丝等重要产品莫不经此而成为大宗流通商品④。另有论者称，墟集没有城墙，没有常设的店铺，除了集期，与农村并无二致⑤。如广东，"昔者日中为市，聚则盈，散则虚。今北人称集，指聚而言，南称墟，言乎其散也。广管生齿日繁，贸迁百货，随地通流，凡名镇巨村，必有购求物力之地，即谓之市，大率所在备饔飧为多，其或合数村、十数村于适中处所，晨朝趋至，迄午而罢。一旬之内，咸定以期，所近各不相复，则谓之圩"⑥。如湖南，"每月或一六二八为期，或三七四九为期，相沿既久，一成不易，乡民咸集，交易而退，大率如此"⑦。农村定期市为广大基层民众的生活带来极大的方便，成为传统商品经济不可或缺的重要组成部分。

　　这就不难理解，有方志家径直将这种定期市记为"村市"、"乡

---

　　① 滨岛敦俊：《农村社会——研究笔记》，沈中琦译，见复旦大学历史学系、复旦大学中外现代化进程研究中心编《近代中国研究集刊》（2）《近代中国的乡村社会》，上海古籍出版社 2005 年版，第 272—273 页。

　　② 刘石吉：《明清时代江西墟市与市镇的发展》，见梁庚尧、刘淑芬主编《台湾学者中国史研究论丛·城市与乡村》，中国大百科全书出版社 2005 年版，第 251 页。

　　③ 范金民：《明清江南商业的发展》，南京大学出版社 1998 年版，第 151 页。

　　④ 加藤繁：《清代村镇的定期市》，王兴瑞译，《食货》1937 年第 5 卷第 1 期。

　　⑤ 韩大成：《明代城市研究》，中国人民大学出版社 1991 年版，第 127 页。

　　⑥ 咸丰《顺德县志》卷 5《建置略二·墟市》。

　　⑦ 道光《耒阳县志》卷 8《风俗·墟期》。

市"，"是村市为墟，厥名已久"①；或指明其在农村的确切方位（如某都某图）。明代刘玑所修《岳州府志》，记载巴陵县之村市有 7 处。嘉靖《荆州府志》卷 1《舆地志·坊市》所载公安县之"市"，俱在乡村。嘉靖《新化县志》卷 2《地理志》专辟"乡市"条，列出太阳乡、永宁乡、石马乡等乡有 6 个乡市。嘉靖《安化县志》卷 2《乡市》，亦载明大田市等 8 市。同治《南昌府志》载，南昌县之茬港市，"坐落三十六都四图及三十七都三四图地方，距城六十里。地临大河，上通抚建，下达省会，地密人稠，一四七日百货辏集，远近皆至"。又如新建县之牛行市，"在章江西岸沙井下三里凤凰洲上，分隶洪崖、桃花二乡。每三六九日当集，商民辐辏，络绎不绝，沙尘坌涌"。

　　明清时期，各地农村定期市的设立与废止必需呈请知县等地方官员认可。论者称，从各地方官普遍开设墟市、鼓励乡民从事贸易看，明清时期的地方政府在当地商业活动与市场体系的运作中，发挥了相当积极的作用②。地方官府开设墟场，亦有安抚民心、维持稳定之用心。兹引清人段汝霖撰《楚南苗志》以证。段氏称，"苗人鲜识字，又多远栖岩谷深林之间，无事罕来城市。虽有文告，彼固未尝闻知，官又不能家喻户晓、耳提面命，官、苗势隔。抚绥之道，惟在聚所欲而去所恶也。苗人之所欲惟利，而日用所需又在盐、钱、布疋、绒线、丝、麻等物，官为之设集场、通商旅，以贸迁有无，则苗人经岁所获药材、山货、芝麻、杂粮等物有所出易，不致壅滞不行，则利得矣。而需用诸物，又得随便买用，不致有钱无市，则群情自然畅悦"③。可见，设立市场、物通有无，是顺应人性、关注民生的重大举措。与此同时，维护正常的市场秩序，也是保持一方安宁之所需。此外，家族及士绅之于农村初级市场，意义非同寻常。傅衣凌指出，明清闽粤诸省乡族共有的圩场甚多，它们不是单纯建立在商业和自由的手工业之上，而是为了巩固乡族集团

---

　　①　道光《耒阳县志》卷 8《风俗·墟期》。
　　②　Lien-sheng Yang（杨联陞），"Government Control of Urban Merchants in Traditional China"，《清华学报》新 8 卷第 1 期（1970）。引自刘石吉《明清时代江西墟市与市镇的发展》，见梁庚尧、刘淑芬主编《台湾学者中国史研究论丛·城市与乡村》，中国大百科全书出版社 2005 年版，第 292 页。
　　③　乾隆《楚南苗志》卷 5《抚绥防范团练附》。

利益，因此具有严重的封建割据性，在一定程度上阻碍了大城市和全国性市场的发展①。至于集市牙行的设置及其功能，山根幸夫对华北的研究堪称典型，不赘。

村落之外，普通市镇皆有集市。或为常市，如盛泽镇，"四方大贾辇金至者无虚日，每日中为市，舟楫塞港，街道肩摩"②；或为定期市，如河南涉县，"凡集镇皆分日市，本处人贸易日用之物，扬子所谓一闋之市"③。再如直隶滦州开平镇、榛子镇，每旬 2 大集、2 小集。史载："开平镇，城西南九十里，西达天津，北通口外，商贾辐辏，财物丰盈，五十日大集，二七日小集"；"榛子镇，城西北九十里。畿东巨镇，三省通衢，东西门三重，市肆民居环列，一六日大集，四九日小集"④。另有市镇，每旬 5 集或 3 集⑤。又，湖南黔阳县之江西街、安江市、新路市、铜湾市在县志中均归入"市镇"条目下，以与"墟市"有别。但它们又都拥有墟市，形成市中有墟、并存不悖的复合式市场格局⑥。刘石吉在论及江西墟市时，强调市镇的规模比一般墟市大，市镇是农村墟市发展的高级形式。在市镇范围内，往往设有不同数量的小市，保持原有的墟期不变，表明市镇对农村墟市具有支配作用⑦。超级市镇亦有定期市，道光《佛山忠义乡志》卷 5《乡俗志·墟市》载：普君墟，逢一六日集；表冈墟，逢二七日集。方行指出，即使那种多功能全面发展的市镇（或称最发达的农村市镇），也还保留着"日中为市"或"及辰而散"的集市，以方便农民出售蔬菜、水果、鱼虾等鲜活商品，满

---

① 傅衣凌：《明清社会经济变迁论》，人民出版社 1989 年版。关于明清时期广东墟市的设置、类型、管理及特点，参见黄启臣《明清珠江三角洲商业与商人资本的发展》，《中国社会经济史研究》1984 年第 3 期；李龙潜：《明清广东社会经济研究》，上海古籍出版社 2006 年版，第 120—169 页。

② 乾隆《吴江县志》卷 4《镇市村》。

③ 嘉庆《涉县志》卷 2《建置·市镇》。

④ 光绪《滦州志》卷 8《封域志中·市镇》。

⑤ 康熙《陇州志》卷 3《田赋志·市集》载："三乡马鹿镇市、县头镇市、故川镇市，俱以双日作市。"乾隆《高平县志》卷 4《市集》载："米山，二五八日；寺庄，一四七日；河西、马村、徘徊、建宁，俱一四七日；野川，二五八日；原村，三六九日；周纂，二五八日；下台，二五八日；陈墟，一四七日。"

⑥ 同治《黔阳县志》卷 6《舆地图·市镇》。

⑦ 刘石吉：《明清时代江西墟市与市镇的发展》，见梁庚尧、刘淑芬主编《台湾学者中国史研究论丛·城市与乡村》，中国大百科全书出版社 2005 年版，第 251 页。

足市镇居民"饔飧之用"。如浙江秀水县之王江泾镇，即有"乡人出街来，盐米鱼虾市"的记载。这种集市的交易主体，多是农民与商人等市镇居民，基本上丧失了农村墟集的原有特性，而成为市镇贸易的组成部分①。

山根幸夫对明清时期华北定期市的研究表明②，定期市的开设场所城乡有别。在城集，由县城街区渐次向城关转移。在乡集则有 4 种类型：（1）乡村小都市（镇、市、店），如东阿县的安平镇，为寿张县、阳谷县乡民赶集之处，四方商贾辐辏；（2）交通要道，如东阿县的西程铺集，高唐州的三十里铺集；（3）寺观门前，如郓城县旛旗庙集、元庙集、黄姑庵集、南玉皇庙集等，俗称庙市或庙前市；（4）曾是官方派出机构（巡检司、卫所等）所在地，如威海卫东北二里的东仓集，明代系军营屯聚处，军营裁革后，集市遂废。

作为农村初级市场，墟场集市就在乡村之间，最贴近农民的生活。其商业服务对象主要是乡村居民，市场交易的商品以乡民所需的生产资料及日用品为主。诚如史家所言："村聚亦有市墟，以便一隅贸易，时兴时废，举绌举赢，在上令之不扰，亦盈虚之足征"③；"贸易辐辏，农末相资，市有定期，便民也"④。吴承明指出：明清时期的墟集均是地方小市场，范围不出一日内往返里程。墟集市场的交换"主要是小生产者之间的品种调剂和余粮调剂，是属于自然经济范畴内的交换，它一定程度的发展，不是破坏自然经济，而是巩固自给自足"⑤。施坚雅正是从分析农村基层市场的商品交换功能入手，开始构筑中国传统的经济中心地模式。用他自己的话说，"传统时代后期，市场在中国大地上数量激增并分布广泛，以至于实际上每个农村家庭至少可以进入一个市场。市场无论是作为在村社中得不到的必要商品和劳务的来源，还是作为地方产品的出口，都被认为是不可缺少的。我用'基层'（Standard）

---

① 方行：《清代前期农村市场的发展》，《历史研究》1987 年第 6 期。
② 山根幸夫：《明清华北定期市的研究》，汲古书院 1995 年版，第 1—25 页。引自樊树志《江南市镇：传统的变革》，复旦大学出版社 2005 年版，第 92—93 页。
③ 康熙《邵阳县志》卷 2《建置三》。
④ 咸丰《金乡县志略》卷 2《建置·街市》。
⑤ 吴承明：《中国的现代化：市场与社会》，生活·读书·新知三联书店 2001 年版，第112 页。

一词指一种农村市场，它满足了农民家庭所有正常的贸易需求：家庭自产不自用的物品通常在那里出售；家庭需用不自产的物品通常在那里购买。基层市场为这个市场下属区域内生产的商品提供了交易场所，但更重要的是，它是农产品和手工业品向上流动进入市场体系中较高范围的起点，也是供农民消费的输入品向下流动的终点。一个设有基层市场的居民点（但并不同时也设有较高层次市场），这里称之为'基层集镇'"。施氏认为："低于基层集镇水平的居民点类型各个地区不同，在中国农村大部分地区常见的是聚居型的村庄，在很多地区，这些村庄是基层城镇下面惟一的定居点类型。然而，在一些地方，某种'村庄'中存在一种我在这里称之为'小市'的市场。这种通常称之为'菜市'的小市专门从事农家产品的平行交换，很多必需品难以见到，实际上不提供劳务或输入品。作为地方产品进入较大市场体系的起点，它所起的作用微不足道。小市在中国农村的零星存在，其有限的职能及其处于较大市场体系的边缘地位，这一切使我认为它在中心地的固定等级之外——是一种过渡形式，在多数情况下可以解释为一种初期的基层市场。为了不引起混乱，我用'小市'这一术语既指这种市场，又指这种市场所在的居民点"；"没有一个一般性的术语可以代表小市或幺店，它们是村社和基层集镇之间的中间和过渡"①。

需要指出的是，施坚雅"基层集镇"的概念存在混淆之处。他关于基层市场的论述正是农村定期市的特性所在，但他以基层集镇与之对应，似欠妥当。因为基层集镇之外，尚有更多的基层市场不在集镇之内，而遍布村落之中。尽管施氏提及小市、幺店，但他低估了这类农村定期市应有的市场地位。国内一些学者的观点与施氏也有相似之处。例如，陈忠平在分析明清江南市场体系时，强调市镇初级市场的主要功能在于，"一方面，输入并直接向附近农民家庭散售外来的生活资料及生产资料，以满足其经济生活的正常需要；另一方面，购集并为更高层次市场提供本地的农副产品及手工产品，以保证市场商品流通的继续进行。因此，遍布江南农村的市镇初级市场既是整个市场体系渗入乡村的

---

① 施坚雅：《中国农村的市场和社会结构》，史建云、徐秀丽译，虞和平校，中国社会科学出版社 1998 年版，第 5—7 页。

终点，也是全部乡村经济连结市场的起点，它是整个商品流通网络的基本网结"①。以之说明江南一隅或有其合理性，但放之全国则未必确当。严格而论，在商品经济最发达的江南，其农村初级市场仍是定期市或常设市②，只不过此地市镇高度繁荣，定期市的功能遂被市镇所取代而大为萎缩。

定期市皆有集期，即开市日期。一县之中，或二八，或三九，或一六，或二七，或四九，或五十，或经旬，或双月，互相间错开来，方便民众趁墟赶集，方便商品中转调剂，使一县之农村基层市场极富弹性，生机盎然。

按照"施坚雅模式"的理论诠释，这种市场的周期性与个体"商号"的流动性、传统中国社会中"经济角色的不明确"（既是生产者又是贸易者）、农户平均需求的有限性、交通水平等因素相关。随着流动商号及消费者汇聚农村市场，出现了经济活动的"悸动"，亦由此确定了传统社会的基本生活节奏。像其他人类活动的周期一样，交易活动"周"可以分为自然的或人为的两种。前者受制于天体运行节律，后者则无视这种节律。中国集期体系中两个最重要的谱系以阴历旬和 12 进位周期为基础，以天干地支来标示。以阴历旬作为集期安排的基础，包括 3 个集期体系，即每旬 1 集、每旬 2 集、每旬 4 集。每旬 1 集的集期十分罕见，每旬 2 集的集期在中国各地最普遍，每旬 4 集的集期通常存在于其基层市场为每旬 2 集的地区中的中间市场或中心市场。另一种阴历旬谱系的集期体系为每旬 3 集。以 12 进位周期为基础的集期表现为3 个规则的体系，即 12 日 1 集、6 日 1 集、3 日 1 集。另有 2 日 1 集、1日 1 集、1 日 2 集的集期体系。隔日市（2 日 1 集）意味着它们在阴历每月的单日或双日开市，"隔日集期通常只在人口密集、都市化或商业

---

① 陈忠平：《明清时期江南地区市场考察》，《中国经济史研究》1990 年第 2 期。
② 万历《嘉定县志》卷 2 载："市中交易，未晓而集。每岁棉花入市，牙行多聚少年以为羽翼，携灯拦接，乡民莫知所适，抢攘之间甚至亡失货物。"光绪《嘉定县志》卷 8《风土志·风俗》载："棉布、蒲鞋、竹器以黎明或清晨为市，其意谓蚤市蚤回，既充一日之用，不妨一日之功，勤苦营生，不得以日中为市例之。惟布经市必在日中，往返远者三四十里，必穷日之力也。"又如，《古今图书集成》卷 676《职方典·苏州府部汇考八·苏州府风俗考·本府（吴县长洲县附郭）》载："吴邑饶地产，山有松薪，圃有果实，条桑育蚕，四五月间乡村成市，故赋税易完。"

化较高的小面积地区内流行。例如浙江省宁波市和慈溪县城之间的平原，成都平原上成都市西边和南边的部分地区，还有河南北部安阳到黄河之间的一个区域。每日市和一日两市很大程度上限于中心集镇和城市"①。

景德镇所在之浮梁县似有例外。农村市场称市街（又叫街市），成为浮梁农村的商业点。其分布：镇郊区密集，农业区均匀，山区稀疏。其等级：镇郊区呈同心圆分布的若干市街，是镇区的延伸，其市场功能超出一般市街；农村市街多为村市，店铺少，资本小，可称为初级市街，另有店铺多、资本大的市街，可称为农村二级市街，它是农林商品和外来货物的集散地，或是乡村工业之地，或是交通要津。从总体上看，浮梁农村市场以市街为主，属于农村集市层级，市场高于市街者为镇。市街发挥着浮梁农村与景德镇之间商品流通的中介作用。不过，这类市街没有集期，商品交易经由店坊。论者称，没有集期反映了农民与商品流通渠道难得直接联系，是闭塞的表现。个中原因是大宗的窑柴和瓷土贸易基本上不经由市街，而由乡族把持，直接运往景德镇。在浮梁，市街大多是一个较大的村庄，士绅地主势力强大。此与珠江三角洲的墟市相仿②。加藤繁提醒人们，定期市开市的回数，"视市之规模的大小及市场即开市的村镇之相互的距离等情形而定，不能因某地开市回数多，便武断商业一定是盛大的"③。

墟集一般多出现于交通不便、经济落后地区，以弥补本地区大中型市镇相对不足、市场机制相对萎缩之缺憾。少数民族居住地区尤多墟场。墟集交易规模不一，有的场面宏大，如湖南桂阳直隶州之方圆墟、

---

① 施坚雅指出，在中国，最古老的集期体系（黄河流域最初所采用的）是每旬 1 集，西南地区则是 12 日 1 集。随着市场结构的发展，从较高层次的市场到基层市场，先后增加了一个新的集日，"加倍"了它们的集期，成为每旬 2 集和每 12 天 2 集。这种集期安排逐渐成为中国农村最常见的体系。后来，发展中地区的最高层次市场再次加倍了它们的集期。加倍是增加集日频率最有利的方式，因为它不必打乱旧的时间安排。参见该氏《中国农村的市场和社会结构》，史建云、徐秀丽译，虞和平校，中国社会科学出版社 1998 年版，第 11—20 页。

② 梁森泰：《明清景德镇城市经济研究》，江西人民出版社 1991 年版，第 285—297 页。

③ 加藤繁：《清代村镇的定期市》，王兴瑞译，《食货》1937 年第 5 卷第 1 期。在论述定期市与附近村落的关系时，加藤繁注意到每个定期市均有固定村落的乡民前来交易，即定期市拥有稳定的市场圈。在诸种原因中，使买卖的价格保持平衡是最重要的因素。

正和墟，慈利县之樹木桥，往往万人云集。农村墟场的贸易范围往往超出一县之隅，涵盖数县，如江西吉水县仁寿乡八都之界山墟，广东潮州海阳县的渡头庵墟。尚有少数墟场类的农村初级市场，因其得天独厚的地理位置和不可取代的商品交易地位，而成为跨省区的大市场，所谓"墟之大者，邻邑邻省货物皆至"是也①。如广东吴川县之芷寮墟，赣南山区之塘江墟、营前墟、筠门岭墟。农村集市商业辐射力之强大，于此可见一斑。这些超级农村定期市场之所以不能列入区域中心市场，主要有两点原因：其一，它们是临时性的商贸场所；其二，它们没有定居的工商人户。超级农村庙会亦如是。不过，此类市场的存在，表明明清时期各类城乡市场除了常态的普通市场形式，也存在非常态的超级市场形式。在农村市场体系中，有超级集市、超级市镇；在城市市场体系中，也有超级集市、超级都市。当然，各种类型的数量极少的城乡超级市场并不具有典型意义，它们是个案，是特例，是发展的极致，只是代表了各类市场的最高水平。相比之下，那些众多的普通市场才具有普遍性，在区域经济范畴内具有典型意义。

值得注意的是，湘西某些邻近墟场的集期相同②，而不是像某些学者所指出的那样，集期分布的方式是避免开市时间与邻近市场相同，从而使农民差不多每天都可赶集，也可减少邻近市场之间的竞争。施坚雅对此有专门论述。一般来说，基层市场依赖于两个或三个较高层次的集镇而不是仅仅依赖一个。以故，"集期分配的原则是要使一个基层市场与它邻近的几个高层次市场间的冲突最少，相邻的基层市场的集期则根本不必考虑"。这样一来，邻近基层市场的集期往往相同，而中间市场的集期与它下面的任何一个基层市场的集期没有冲突。他同意杨庆堃的观点，即一个中间集镇不仅是较大的中间市场体系的中心，也是较小的基层市场体系的中心。在许多每旬2集的地区，中间集镇采用双重集期体系：固定的两天（如一六日）称"小市"，其余两天（如三八日）称"大市"。逢"小市"，中间集镇起基层市场的作用，逢"大市"则发挥中间市场的作用。这种力争避免集期冲突的时间安排，主要不是为

---

① 道光《龙南县志》卷2《地理志·坊乡·墟市》。

② 宣统《永绥厅志》卷15《食货门三·商业·各场市商业情形》。

了农民方便（农民只是偶尔去赶中间市场），而是为了满足"地方上层人物"及"大部分行商"的需求①。宁波及其腹地的集期安排，也证实了施氏的观点。斯波义信指出，相互配合的集期使生意人不会因耽搁而造成损失，也省去了同一天赶赴许多地方的烦扰，完全可以按照所需的顺序逐次展开商贸活动。从中获益者包括采购商、流动商、捐客、计量员、秤手、税务员等市场专业人员，甚至向市镇批发商订货的店铺老板。集市体系空间和时间上的相互配合，有利于宁波商业系统的价格趋于一致。农民的生活节奏取决于集镇集期，典型的是以 5 天为 1 个周期。商贩的生活节奏适应于以 1 旬为 1 个周期。农业生产的年周期也会影响农民、商贩和手艺人的生活节奏②。

庙会是定期市之一种。全汉昇指出，欧洲中古时代，在教堂前有公认定期大市（fair）或公认定期常市（market）。在中国，也有这种与宗教场所相关的市场，即寺庙前的庙市，或称庙会③。史称："交易于市者，南方谓之趁墟，北方谓之赶集，又谓之赶会，京师则谓之赶庙。"④庙会以祭神为宗旨，在举行各种宗教仪式的同时，常伴随各类演出（唱戏、杂技等）及商贸活动。在某种意义上，庙会就是一次商品交易会。与一般性的农村集市相比，庙会的会期长，商品种类齐全，人口密度高，综合功能更加凸显。"凡迎神赛祷类皆商贾之为，或市里之饶者耳纠铢黍，以成庆会，未足云损。而肩贩杂肆，藉此为生计，则食神惠者不知其几矣。"⑤庙会不仅能够满足农民日常生活所需，能够提供多种多样的生产资料，而且能够满足社会上层的奢侈追求，包括乡绅、官宦、富商等对较高档次消费品的需求。庙会有城乡之别。这里仅讨论农

---

① 施坚雅：《中国农村的市场和社会结构》，史建云、徐秀丽译，虞和平校，中国社会科学出版社 1998 年版，第 26—37 页。

② 斯波义信：《宁波及其腹地》，见施坚雅主编《中华帝国晚期的城市》，叶光庭等译，陈桥驿校，中华书局 2000 年版，第 507—509 页。他还提及，赊销期也根据阴历确定，不同行业依习惯形成特定期限。

③ 全汉昇：《中国庙市之史的考察》，《食货》1934 年第 1 卷第 2 期。有学者将庙会与庙市区别开来，认为庙会是以寺庙为依托，在特定日期举行的祭祀神灵、交易货物、娱乐身心的集会，而庙市则包容于庙会之中。由庙会而发生的庙市不同于一般集市，具有附着性、独立性、神圣性。参见小田《庙市特征小议》，《中国经济史研究》2006 年第 1 期。

④ 佚名：《燕京杂记》，见王锡祺辑《小方壶斋舆地丛钞》第 6 帙。

⑤ 道光《佛山忠义乡志》卷 5《乡俗志》。

村庙会，城市庙会详后。

牲畜、农具、种子等生产资料的交易是农村庙会的重要内容，以故庙会多在春耕之前、秋收之后。如山东，泰安府平阴县的药王庙会，在城北渐家庄，每年农历四月开市，"商贾辐辏，买卖农具及牛马等物，商贾便之"①。清嘉庆年间，济南府禹城县的庙会有 21 场，在农村者 16 场，"会之日，四方云集，平地张幕，画界成巷，炫采居奇，以相贸易。然有无相通，亦惟日用、农器、马牛驴豕之属为多"②。清光绪年间，曹州府郓城县的农村庙会交易十分兴旺：东乡一年之中有 9 处，西乡 9 处，南乡 13 处，北乡 10 处，多在农历二至四月、九至十一月③。再如河南涉县，"惟逢会市，则他处商贾多有至者，然亦惟在城城隍庙会（凡二次，第一次三月二十七日起至四月初二日止；二次自四月十四日起十六日止）、西路顶上会（自三月初一日起十九日止，其村会则以二十日起二十五日止），及胡峪（村会以四月十七日起十九日止）、更乐（村会凡三次：第一次三月初六日起初九日止；二次四月十二日起十四日止；三次四月十九日起二十二日止）、河南店（会以三月十六日起十九日止）等数会，客货颇集，人众殷盛。其余会，至者寥寥也"④。据悉，清代河南的"轮铺会"（庙会之一种）的会期多在春秋两季，符合农业生产规律和乡村社会"祈谷春社、秋社报成"的礼俗，尤其是集中在农历二至四月，大致与春耕时农民购置农具、种子，荒月时购入粮食的需求相吻合⑤。

赵世瑜指出，由于江南地区商品经济的发达，庙会的经济功能被具有同样功能的贸易场合所取代，呈减弱之势。江南许多庙会虽然有市，但多与宗教祭祀有关，即所谓"香市"，较少华北、西北、西南地区那种商业贸易、物资交流大会的性质。在后者，商品经济的发展水平决定了

---

①　嘉庆《平阴县志》卷 2《庙》。

②　嘉庆《禹城县志》卷 4《建置志·街市》。

③　光绪《郓城县志》卷 2《建置志·集会》。先记东南西北各村集，再记"城东。华陀庙，二月二十四日，马牛、木料百货俱备。下皆仿此。"包括城东 9 会，城西 9 会，城南 13 会，城北 10 会，各有日期。

④　嘉庆《涉县志》卷 2《建置·市镇》。

⑤　邓玉娜：《清代河南集镇的集期》，《清史研究》2005 年第 3 期。有关河南庙会，另参见王兴亚、马怀云《明清河南庙会研究》，《天中学刊》1995 年第 1—2 期。

庙会还要发扬它的经济功能，作为市镇集场的必要补充①。范金民的观点与之相左，他认为江南各乡镇的庙会，除了大众化的烧香拜佛、娱乐消遣外，宗教色彩并不彰显，就其市场功能而言，庙会已经成为农民添置农具等日常器物的重要媒介。因此，农村庙会实际上是当地民众借助宗教形式展开的各地土特产品交易会，这些交易品大多不是本地出产、但日常生活又急需的物品。庙会这种市场形式——定向生产、专门运输、集中出售、成本低廉、价格优惠——对于深受经数道营销环节逐级冤贩、商品价格层层加码之苦的农民最有实用意义，也最受农民欢迎。明清江南迎神赛会的兴隆，从一个侧面反映了该地区商品经济的发达。因为许多类似活动都由商人发起（或有商人资助），许多工商业繁盛之地往往也是庙会兴旺之所②。嘉定黄渡一带的猛将庙会，"八月十八前后数日，远近烧香者争趋之，田家器用毕聚成市。至晚自烧香归，各携农、织具，络绎于路"③。太湖南岸清中叶兴起的双杨会，堪称传统农村庙会之特异者。它以丝业市镇——震泽、南浔、盛泽——为中心舞台，每 10 年举行 1 次，出会的路线与该区域丝绸生产的中心地带相一致，是跨乡、跨镇、跨县、跨省的水上盛会。参加庙会者，来自上海、南京、苏州、无锡、常州、杭州、嘉兴、湖州、宁波、绍兴等地，万商云集，轰动一时④。

不独江南，长江中游地区庙会的商品流通功能亦令人瞩目。以江西为例，康熙《瑞金县志》卷 3《建设志·关隘》记载，该县招召乡（旧名工田寨）之"九月之墟景盛"。农历九月十三为英显侯王诞寿，届时闽、粤、赣"三省百货攸聚，牛马人物充斥郊圻。自初二起至二十，仅十八日，而诸有毕售"。同属赣南山区的崇义县茶滩墟，每年农历八月十三都要举行董公庙会。石城县高田墟每年有下元庙会、中元庙会、将军庙会，届时贸易场面十分壮观，打醮演戏热闹非凡。鄜都县曲洋墟之黄屋乾庙会，其目的是为许真君祝寿。庙会期间出售的商品，被

---

①　赵世瑜：《狂欢与日常——明清以来的庙会与民间社会》，生活·读书·新知三联书店 2002 年版，第 218—219 页。

②　范金民：《明清江南商业的发展》，南京大学出版社 1998 年版，第 149—150 页。

③　咸丰《黄渡镇志》卷 2《疆域·风俗》。

④　洪璞：《明代以来太湖南岸乡村的经济与社会变迁——以吴江县为中心》，中华书局 2005 年版，第 144—149 页。

视为禳除灾祟的吉祥物，以故供不应求①。同治年间，江西万载县之楮树潭，每年"八九月间歌舞赛神，即以通商"②。

论者称，最迟在清乾隆至道光年间，全国多数地区已形成农村集市网，它与商业城镇相协调，沟通城乡市场，成为全国商品流通网络的有机组成部分。农村集市网是长距离贩运贸易的基础，是保障小农经济正常运转的重要环节③。

（二）农村专业市场

农村专业市场包括市镇、集市两类专业化市场。在同一经济区内，它与专业化的城市市场相对应。

专业市镇是市镇研究之要目，它关涉农村专业市场的发育问题。珀金斯指出，许多世纪以来，中国农村就已存在"高度的专业化"。中国农民"不准备去生产他们家中所需要的一切产品。他们集中力量于少数主要产品，并且通过交易去取得其余的东西。在二十世纪以前，这种交易的大部分产生于农村的市镇之内"④。赵冈指出，江南市镇上的主要交易方式与内地传统农村市集上的交易方式不同。前者最主要的交易项目是收购农村副业生产的纺织品，收购者是握有巨资的客商（通过当地的牙行中介），卖者是从事副业生产的小农户；至于后者，买卖双方都是"散户"。与收购纺织品的商业活动同步兴起的，是江南市镇上的米粮市场，许多农户逐渐专业化⑤。关于明清时期农村专业化（主要集中于纺织业）的最新研究成果，见之于李伯重对江南早期工业化的精细考察⑥。

---

① 谢庐明：《赣南的农村墟市与近代社会变迁》，《中国社会经济史研究》2001 年第 1 期。

② 同治《万载县志》卷 11《风俗·赛会》。

③ 许檀：《明清时期山东商品经济的发展》，中国社会科学出版社 1998 年版，第 305—306 页；《明清时期农村集市的发展》，《中国经济史研究》1997 年第 2 期；《明清时期城乡市场网络体系的形成及其意义》，《中国社会科学》2000 年第 3 期。

④ 德·希·珀金斯：《中国农业的发展（1368—1968 年）》，宋海文等译，伍丹戈校，上海译文出版社 1984 年版，第 148 页。

⑤ 赵冈：《明清市镇发展综论》，《汉学研究》1989 年第 7 卷第 2 期。

⑥ 李伯重：《江南的早期工业化（1550—1850 年）》，社会科学文献出版社 2000 年版，第 57—77 页。彭泽益指出，清代农村家庭手工业经营之普遍，生产之发达，以业别而论，莫过于纺织业。参见该氏《清前期农副纺织手工业》，《中国经济史研究》1987 年第 4 期。

　　所谓专业市镇，是指以生产或销售某一类商品或某几类商品为主的市镇。以此而言，专业化的镇级市场，包括以某项商品的生产销售著称的专业市镇市场，或一镇之中若干大宗专项商品交易市场。明清时期，专业市镇可分为手工业生产专业市镇和商品流通专业市镇。实际上，手工业生产专业市镇兼营商品销售，形同商品流通专业市镇。专业市镇的出现，是商品经济发展到一定阶段的产物，它表明某地区的市镇经济迈进了规模经济的门槛，其市场化程度较高①。

　　专业市镇之理念由傅衣凌提倡②，许多学者踵迹之，尤以江南市镇研究为伙。刘石吉详细考察了长江三角洲地区棉花和棉织专业市镇、蚕桑和丝织专业市镇、米粮专业市镇③。方行认为，农村市镇的专业化不仅体现在商品集散方面，而且体现在生产资料市场系列的形成方面，尤其是后者，是专业化不断深化的标志④。樊树志指出，除了丝绸业市镇、棉布业市镇、粮食业市镇这 3 类主要市镇，江南地区尚有盐业、榨油业、笔业、冶业、窑业、渔业、编织业、竹木山货业、刺绣业、烟叶业、制车业、造船业、海运业等各类专业市镇，共计 16 种。陈学文按职能划分明清时期湖州府的市镇，大体包括手工业专业市镇、商业专业市镇、交通枢纽型市镇。陈桦指出，市镇的专业化是长江三角洲地区市镇发展的特点。范金民强调，在江南水乡，地方专业市场以专业市镇为

---

　　① 也有学者提出批评意见，如赵冈指出，将市镇分为商业市镇、手工业市镇、交通市镇等是不妥的，因为市镇发展到一定程度时，必定是多功能的。参见该氏《明清市镇发展综论》，《汉学研究》1989 年第 7 卷第 2 期。包伟民、黄海燕指出，专业市镇这一范式反映了江南经济发展过程中最有特色的内容，有其内在的合理性。可是随着范式的强化，以及学者本身的失误，遂产生矫枉过正的弊病，表现为过分强调市镇经济的专业性，忽视其作为农村地区一般性商业聚落的特性，出现明显的"泛专业化"现象。参见该氏《"专业市镇"与江南市镇研究范式的再认识——以浙江乌青镇个案研究为基础》，《中国经济史研究》2004 年第 3 期。另，道格拉斯·诺斯认为，大宗出口商品，以及与这种商品相配套的稳定的高利润、低成本的区域外市场，是决定一个区域或子区域经济发展的关键因素。罗威廉持不同看法，认为"无论是从相对的还是绝对的角度而言，很明显大宗商品出口的发展并不能保证导致区域经济的繁荣"。成功地发展出区域市场结构，才是关键所在。参见罗威廉《导言：长江下游的城市与区域》，见林达·约翰逊主编《帝国晚期的江南城市》，成一农译，上海人民出版社 2005 年版，第 8—9 页。

　　② 傅衣凌：《明清时代江南市镇经济的分析》，《历史教学》1964 年第 5 期。

　　③ 刘石吉：《明清时代江南地区的专业市镇》，《食货》1978 年第 6—8 期。

　　④ 方行：《清代前期农村市场的发展》，《历史研究》1987 年第 6 期。

中心，向周围及邻近地区展开，涵盖该市镇影响波及的广阔专业化生产区。单强认为，以乡镇市场所经营的商品种类划分，江南乡镇约可分为3类专业市场：棉布与棉花专业市场；丝绸与蚕丝专业市场；其他专业市场，包括粮食、运输、盐业、水产、编织、竹木山货、建材、铁制品农具、绣品、烟叶、笔墨、花车、榨油等各类专业市场①。在众多学者的论述中，陈忠平的观点对笔者阐述专业化的镇级市场颇有启示。

陈忠平以商品贸易场所的规模及其内部商品交换关系的层次为标准，认为明清江南存在一个"城镇专业市场"，即在非农业人口较多（至少在千户以上）、专业性商业活动频繁、商业设施齐全的专业城镇中，商人组织（含牙行）通过大商小牙在专业区内进行的大宗专项商品的集散贸易。它是江南地区社会分工和专业化发展的结果，以满足各专业区大宗专项商品中长途贩运贸易的需要。与之相适应，从事专业化商品购销的各类批发商和中间商（牙商）如雨后春笋，成为城市高级市场的主体，如米行、豆行、花行、布号、丝行、绸行等。这些商业机构将各地贩来的大宗专项商品批发给周围市镇的米铺、布庄等小商贩，再由其零售给乡村农户。或者向周围市镇中的布庄、丝绸领头等小商小牙批量购买专项土特产，然后售与客商，由其批量外销。因此，城市高级市场主要是批发市场，以进行本专业区所产及其所需的大宗专项商品的批购、批售贸易为特色。这种批发业务既满足了地域广阔的专业区内集中生产与消费的需求，保证了该区域社会再生产的继续，又通过城市与市镇之间的沟通，将本地区贩卖的专项商品化整为零或成批购销，便利了商品流通，也强化了各类市场的联系，在区域性商品流通网络中发挥着骨干网纲的作用②。显然，陈忠平将"城镇专业市场"纳入"高级

---

① 樊树志：《江南市镇：传统的变革》，复旦大学出版社2005年版，第203—214页。陈学文：《明清时期湖州府市镇经济的发展》，《浙江学刊》1989年第4期。陈桦：《清代区域社会经济研究》，中国人民大学出版社1996年版，第133—136页。范金民：《明清江南商业的发展》，南京大学出版社1998年版，第134—139页。单强：《近代江南乡镇市场研究》，《近代史研究》1998年第6期。

② 陈忠平：《明清时期江南地区市场考察》，《中国经济史研究》1990年第2期。他认为，明清江南的普通府县城与市镇相似，应看作市镇初级市场的组成部分。此一见解值得商榷，不过也透露出普通府县城实与农村市镇处在大体平行的市场层级上。另，关于江南丝业领头，参见洪璞《明代以来太湖南岸乡村的经济与社会变迁——以吴江县为中心》，中华书局2005年版，第156—175页。

市场"的范畴，肯定了专业市镇的市场地位。

综合相关学者的成果，明清江南专业市镇概有：棉纺织业市镇，如朱泾镇、枫泾镇、三林塘镇、诸翟镇、朱家角镇、黄渡镇、南翔镇、罗店镇、江湾镇、大场镇、章练塘镇、鹤王市、梅李镇、支塘镇、华墅镇等；丝织业市镇，如震泽镇、盛泽镇、王江泾镇、南浔镇、王店镇、濮院镇、乌青镇、菱湖镇、双林镇、临平镇、塘栖镇；陶业市镇，如蜀山镇、千家窑镇、炉头镇、瓶窑镇等；流通型市镇，如洛社镇、浒墅镇、枫桥市、平望镇、刘河镇、乍浦镇、福山镇等；竹木山货市镇，如上陌镇等。这些专业市镇的地理位置大体与江南稻作棉织区、桑作丝织区、竹木茶纸笋炭种植制作区等专业化的经济区相一致。

笔者也曾对长江中游专业市镇作过缕述，并与江南专业市镇予以比较，指出在专业市镇的构成方面，明清时期长江中游地区和江南地区均有手工业生产专业市镇、商品流通专业市镇以及墟集专业市场。相对而言，长江中游地区的手工业生产专业市镇及商品流通专业市镇在整体实力上稍逊于江南地区的同类市镇，但其墟集专业市场的发达程度却超过江南地区。从总体上看，长江中游地区的专业市镇呈现葫芦型的发展状况，即少数大型的专业市镇发展迅猛，在全国居于领先地位；广大的中小型专业市镇发育迟缓，而且数量有限；处于市镇体系最基层的农村墟集市场不仅数量很多，而且在区域市场网络中发挥着重要作用。江南地区的专业市镇呈现圆柱型的发展状况，即大中小型专业市镇呈现均衡发展势头①。

一个专业市镇的市场圈可能有多大？试以南浔镇为例，以作简要说明。该镇是蚕丝、棉花、棉布的重要集散地，"每当新丝告成，商贾辐辏"；"去南浔之东，百里而遥，地沿海，田之高仰者宜木棉，其乡民大半植此。夏种秋收，采积既多，即捆载而易钱于西贾。浔之西，百里而近，地多冈阜，为茶粟竹木山场，俗少女工，时因其地之所出，亦捆载而易布于东贾。浔市居其中。四乡之人自农桑外，女工尚焉，推车蹋弓纺线，织机率家有之。村民入市头棉，归诸妇。妇女日业于此，且篝灯相从夜作，亦一月得四

---

① 拙著《明清长江中游市镇经济研究》，武汉大学出版社 2003 年版，第 165—230 页。

十五日工，计日成匹，旋以易棉，蚩蚩续来不已"①。这表明，南浔镇的辐射半径可能已达百里左右。在这东西百里之间，因专业分工的不同，存在着许多农村初级市场，成为南浔镇的市场腹地。

言及农村专业市场，不可遗漏专业墟集。并非所有的墟集都有专业市场，但确有若干墟集在历史变迁过程中形成了有浓郁地方特色的专业市场，如岭南的丝墟、蚕市，赣南的夏布墟等。

某些农村庙会也凸显某种专业化特征，如庙会牲畜市场。以山东为例，莱州府胶州的九龙山会，位于州城西南 20 里，"每岁四月，市马牛者集此"②。青州府诸城县五弩山，在县治东南 60 里，"山前有庙，每岁四月，市牛马者会焉"③。论者称，此类市场与普通农村牲畜市场的不同在于：前者既是零售市场，也是批发市场，交易者主要是商贩，而后者的交易者主要是农民④。

农村专业市场的存在，是专业作物种植扩大和社会分工发展的必然结果，有助于专业化的商品性农业区域的形成。

关于农村市场的历史内涵，方行有清晰阐述。他指出，小农经济的生产目的，"即经济运行目标，是在家庭内部实现生产和消费的平衡，以维持一家的温饱"。为此，农民"一方面要进行自给性生产，以直接取得生产资料和生活资料，特别是衣食等基本生活资料。另一方面，又要进行商品性生产，与手工业者和其他农民交换产品，以取得自己不能生产的生产资料和生活资料"。所以，农民再生产"是一定程度的以流通为媒介的再生产"，再生产过程中"生产资料和生活资料的价值补偿要经过市场"。可见，"农村市场是小农经济再生产实现的必要条件"。到清代前期，举凡粮食作物、经济作物、农民家庭手工业的商品生产均有发展，农村市场亦更显其重要性⑤。不过，伊懋可认为，传统中国社会的技术停滞，应归咎于人口增加和市场密集。关于后者，他指出：市

---

①　同治《南浔镇志》卷 24《物产·布帛之属》。

②　道光《重修胶州志》卷 12《山川志》。

③　乾隆《诸城县志》卷 6《山川考第三》。

④　许檀：《明清时期山东商品经济的发展》，中国社会科学出版社 1998 年版，第 298—302 页。

⑤　方行：《清代前期农村市场的发展》，《历史研究》1987 年第 6 期。

场网络的日益密集刺激了农民家庭手工纺织业的发展。因为农家只需少许投资，购置简单的器具，便可利用闲置劳力在家中从事纺织，然后定期送到当地基层市场出售。只要售价超过原料和工具的成本，农家便觉得有利可图。同时，由于基层市场上有许多农家出售纺织品，棉布商或经纪人便可以低廉的价格购买所需产品。以故，他们觉得没有必要斥资创设纺织工场、亲自监督织工生产。这样一来，便形成市场与生产技术的分离，即商人的关注焦点是市场运行，而不是生产经营和技术改进①。明清以降，农村市场的长期存在和持续增长有其复杂的历史因缘，仍有许多问题有待探究。

三　明清时期的城市市场

这里讨论的城市市场，是指明清时期各级行政中心所在地的商品交换场所，上至京城、省会，下至府、州、县城。从商品流通的角度看，城市市场与农村市场存在结构上的对应性，也有集市和专业市场。

（一）城市集市

所谓城市集市，是指明清时期在各级行政中心所在地及其关厢，以日用品为主的集贸市场，包括定期市和常设市②。参加城市集市商品交

---

① Mark Elvin, "The High-Level Equilibrium Trap: The Causes of the Decline of Invention in Traditional Chinese Textile Industries", in W. E. Willmott. ed, *Economic Organization in Chinese Society*, Stanford: Stanford University Press, 1972. 引自王业键《明清经济发展并论资本主义萌芽问题》，《中国社会经济史研究》1983 年第 3 期。王氏认为，明清时期中国的经济发展属于广泛性的成长（estensive growth），其最显著的现象是农业耕作区域的扩张和区域间商品流通的增加。这一时期商品经济的发展（尤其是江南）可从国内外市场的扩大来解释。国内市场的扩大与开发中地区的农业发展密切相关，海外市场的发展则与地理大发现后西力东渐有关。伴随大批移民及广大腹地的经济开发，已开发地区和开发中地区之间的经济交流不断增长，主要是工业品与农产品的交流。开发中地区人口的迅猛增加，导致对若干生活必需品如棉布、陶瓷器、食盐等的需求相应增加。不过，由于技术、资本的缺乏或地理因素的限制，开发中地区的百姓无法生产足够的产品，以满足自身的需要。另一方面，他们的粮食和原料（如棉花、铜）生产却有大量剩余。已开发地区的情形与之相反：拥有资本和技术，可以大量生产这些商品，但粮食不足、某些工业原料缺乏。以故，这两大地区间的贸易不断发展。

② 庄维民指出，传统定期市以村镇市、厢关市、庙会为基本成分，因为是商品流通的初级阶段，以故称之为初级市场。参见该氏《近代山东市场经济的变迁》，中华书局 2000 年版，第 140 页。

易的既有城区居民和商人，也有附近的乡民。

加藤繁根据清末的直隶正定县方志抄本，指出县市集期为二七日，赴县市的村庄仅东路就有 12 个，实际的总数当然倍于此。又称，举凡州县城门附近东南西北 4 关开设的集市，均可视为"都市的市"①。斯波义信指出，15 世纪宁波城区有 3 个市场："大市"位于县衙门和东大路以北主要大街之间的广场，"中市"位于该主要大街之后、向东的两条街道上；"后市"位于靠近东北的城角处。值得注意的是，另有 4 个市场，均分布于 4 个主要城门外，每旬开集一次：西门外市场的集期是逢初八、十八、廿八日，南门外市场逢初七、十七、廿七日，灵桥门外市场逢初四、十四、廿四日，东渡门外市场逢初九、十九、廿九日。还有 1 个城郊市场——甬东市，位于灵桥门以东约 5 华里的甬东区，集期不定。这些城郊集市都位于水运线上或水道附近，建有码头或船埠头，以供宁波周边农村居民的舢板停泊。迨至 16 世纪中叶后，新设的城郊集市——东津市（位于灵桥东约 2 华里），取代了东门外的两个集市。直到 20 世纪，宁波城郊集市无甚变化。这些定期市场以经营日用必需品为主。例如，清光绪十二年（1886），宁波城内和城郊居民所需的土制棉布概有 14 种，其中有 3 种土布——产自余桃的彭桥布、产自宁波西门外的望春桥布、产自鄞县的土布——系由商贩在宁波南门外的集市（每旬 1 集）上出售②。

凡集市在城者，称在城集。与之相对应者，则是在乡集。如河南磁州，明嘉靖年间在城集 3 处（含关厢集），在乡集 3 处③；直隶正定府元氏县，明崇祯年间在城集 4 处，在乡集 10 处④。在城集有定期市、常设市之分，但以定期市为主。以河北定州为例，史载"南人曰市，北人曰集，贩夫贩妇之利也，亦民风民气所由见。州之城乡十余集，殊期日。至期，则叠肩骈迹，喧雷汗雨，民气昌矣。其用物，惟镰、锸、筐、筥、盆、碗、布、枲、席；其食物，惟豆、麦、菽、粟、瓜、菜；

①　加藤繁：《清代村镇的定期市》，王兴瑞译，《食货》1937 年第 5 卷第 1 期。

②　斯波义信：《宁波及其腹地》，见施坚雅主编《中华帝国晚期的城市》，叶光庭等译，陈桥驿校，中华书局 2000 年版，第 484—487 页。

③　嘉靖《磁州志》卷 1《地里志·关坊里镇》。

④　崇祯《元氏县志》卷 1《市集》。

其畜物，惟马、牛、骡、驴、羊、豕、鸡、鹜。物之稚者勿粥，器之窳且靡者鲜所见也"①。另如康熙《陇州志》卷 3《田赋志·市集》载："州城东街市、西街市、南街市，每日一市，十日一轮"。光绪《滦州志》卷 8《封域志中·市镇》分别在城集、在乡集，其中关于在城集的记述为："东西大街，逢四日集；南北大街，逢九日集；东关，逢六日集；西关，逢八日集；南关，逢一日集；北关，逢三日集。近因四关居民稀少，市井萧条，集市俱移城内。六日移至东街，一日移至南街，八日移至西街，三日移至北街，余日如故。"再如浙江，"北瓦，一名下瓦，仁和县地方，在众安桥南。旧志云，瓦之为说，盖取聚则瓦合，散则瓦解之义"②，显然是定期市。

山东的情形堪称典型，"盖北俗之于市皆有期日，麇集而市，市罢而散，故谓之集，犹有古者日中为市、交易而退之遗意"③。许檀的研究成果表明④，山东各州县城一般都有定期集市，方志称之为"州市"、"县市"、"在城集"。大体上，由于州县城人口密度较大、商业活动较多，以故"在城集"的集期较之农村定期市要密集。不过，也有部分乡镇定期市的繁盛程度超过州县城。东昌府夏津县城之县市，明代以一六日为集期，清康熙年间增为每旬 5 次，即"以二四六八十双日为期"⑤。旧在四关轮流，后移城内，"贸于市者，除牲畜、杂粮、棉花、白布而外，无他珍奇"。尤其是"且闻前此城市中，瓜果鱼菜之类，计值不过数文及数十文不等"⑥，表明县城集市（包括某些专业化的街市）实与农村集市并无二致。这种轮集制亦见于他处。临清附近的威县，明代文献载，"威之市集，类不坐肆，而货悉陈于坊门，实应古交市朝市之义。今其俗，遇奇日则为市，以日递迁，周其城之四隅而复始"⑦。济南府平原县的集市，在东西南北各城关轮置，"县治南北关逢七大

---

① 道光《直隶定州志》卷 7《地理·市集》。

② 成化《杭州府志》卷 3《封轸三·市镇》。

③ 咸丰《金乡县志略》卷 2《建置·街市》。

④ 许檀：《明清时期山东商品经济的发展》，中国社会科学出版社 1998 年版，第 254—255 页。

⑤ 嘉靖《夏津县志》卷 1《地理志·坊市》；乾隆《夏津县志》卷 2《建置志·街市》。

⑥ 乾隆《夏津县志》卷 2《建置志·街市（镇集附）》。

⑦ 嘉靖《威县志》卷 2《地理志·坊市》。

集，北关又以四九日小集"；"东西关逢二大集，东关又逢五小集"；
"小北关逢十小集"，每旬二七、四九、五十共 6 天开市①。兖州府金乡
县城的集市也属轮集制。据咸丰《金乡县志略》卷 2《建置·街市》，
"城大街故有集，后皆移之四关。……集在关，月无虚日。南关、北关
每二十日各三集，一二三日连集轮转；东关亦二十日三集，六七八日随
南关集后；西关每二十日十一集，四九南街，五十北街，又南街逢六，
北街逢七，西街逢八，随北关集后。"邓亦兵认为，一些经济落后地区
的县城，街市往往采取定期市的形式。如陕西汉南地区，西乡县城有十
字街、东街、西街、南街、西关 5 处市场，轮流开市；略阳县城的市场
在县治前、县治北，半月轮转②。

墟场多设在乡村，亦有设在县城者。例如，湖南直隶桂阳州嘉禾县
之县前墟，"旧在北门外教场，去县稍远，居民不便贸易。康熙庚寅
年，知县陈祥祚迁城内"③。又如江西东乡县盛产蓝靛，"比户皆种。八
月中旬，县城墟期，市靛者常集至千余人"④。道光《定南厅志》卷 1
载："建县之初，未有墟市，货物皆之邻县贸易，一遇淫潦，民皆束
手。万历十一年，知县章莹立墟市于城隍庙前，金立墟长，较定称、
锤、斗、斛，厘戥丈尺，物价照时，每月以三、六、九日为期。国朝顺
治丁酉，移于城外，今复于城中。"

除了普通州县，那些著名的大都市均有定期市的踪影。韩大成提醒
人们，明代的杭州、苏州、天津、临清、济宁等，除了店铺贸易，城内
外还有许多的集市⑤。明初，南京除了固定店铺和街边搭棚，另有多处
集市，或在闹市区，或在城门外。例如："大市，在大市街、旧天界寺
门外，物货所聚；大中街市，在大中桥西；……长安市，在大中桥东；
……上中下塌坊，在清凉门外，屯卖段匹、布帛、茶盐、纸蜡等货。"⑥
再如开封，明代刊印之《如梦录》除了街市纪、关厢纪外，另有小市

---

①　乾隆《平原县志》卷 2《建置志·市集》。

②　邓亦兵：《清代前期的市镇》，《中国社会经济史研究》1997 年第 3 期。

③　乾隆《直隶桂阳州志》卷 2《封域志下·市镇》。

④　同治《东乡县志》卷 8《风土志·土产·货之属》。

⑤　韩大成：《明代城市研究》，中国人民大学出版社 1991 年版，第 77 页。

⑥　工俊华：《（洪武）京城图志·街市》。

纪，从其所列商品看，当为定期市或常设市之零售商业。论者称，集市的存在与发展为城市居民购置商品提供了方便，是城市店铺贸易的重要补充[①]。

即使京师，也有此类集贸市场。童书业指出，明代北京商业与南京的不同之处，在于"按时开市的市集，似乎比南京发达，这表明了北方商业的特征。由于北方城市和镇市的商业比较不发达，所以市集很盛，市集不是天天有的，它只是按照一定的时期，商贩们运货到一定的地点，买东西的人也在一定的时期内，赶去交易；这是定期的商场。这种商场在北方不但乡间有，甚至城市中也有，好像北宋时代大相国寺的市场一样。明代的北京城中，有寻常的商市，也有定期的市集。寻常的大商市，如米市、煤市、猪市、羊市、牛市、马市、果品市、缸瓦市等，各有定所。定期开市的，则有灯市、庙市、内市之分。"[②]

史载："京师有三市——庙市者，都城隍庙左右街也，以朔、望及廿五日；灯市者，上元灯节也，以正月十日至十八日，在东华门外；宫市者，皇城之内、紫禁城之外，以每月初四、十四、廿四日——诸士绅多行观。"[③] 在此，先叙述灯市、内市（即宫市），庙市详后。

灯市缘于朝廷与百姓同乐的上元灯节。史载："永乐间，文皇帝赐灯节假十日。盖以上元游乐为太平盛事，故假期反优于元旦，至今循以为例。"[④] 明万历时，"每年正月初十日起，至十六日止，结灯者各持所有，货于东安门外，迤北大街，名曰灯市。灯之名不一，价有至千金者。是时，四方商贾辐辏，技艺毕陈，珠石、奇巧、罗绮毕具，一切夷夏、古今异物毕至。观者冠盖相属，男妇交错。近市楼屋赁价一时腾踊，非有力者率不可得。十四日曰试灯，十五曰正灯，十六曰罢灯"[⑤]。明末，灯市"起初八，至十三而盛，迄十七乃罢也。灯市者，朝逮夕

---

① 韩大成：《明代城市研究》，中国人民大学出版社1991年版，第52—53页。

② 童书业：《中国手工业商业发展史》（校订本），中华书局2005年版，第241—242页。关于北京的三大定期市（灯市、庙市、内市），参见邱仲麟《繁华人梦——明代士人记忆中的北京三大市》，见陈平原、王德威编《北京：都市想像与文化记忆》，北京大学出版社2005年版，第19—34页。

③ 蒋德璟：《游宫市小记》，见黄宗羲编《明文海》卷359《记三十三·游览》。

④ 沈德符：《万历野获编》卷1《列朝·节假》。

⑤ 沈榜：《宛署杂记》卷17《上字·民风一·土俗·元宵游灯市》。

市，而夕逮朝灯也。市在东华门东，亘二里。市之日，省直之商旅、夷蛮闽貊之珍异、三代八朝之骨董、五等四民之服用物皆集”①。

内市，系为内廷所需而开设的集市。"内市在禁城之左，过光禄寺入内门，自御马监以至四海子一带皆是。每月初四、十四、廿四三日，俱设场贸易。"② 明崇祯元年（1628），人称宫市"其繁丽不如庙市，然诸货亦毕集"③。之所以集期逢四，"闻之内使云，此三日例令内中贱役葊粪秽出宫弃之，以至各门俱启，因之陈列器物，借以博易"④。正因为如此，虽然明代中叶后，内市与外市一样，以日用品为交易大宗，但其特异之处，乃是内府器物及高档消费品。明末清初之人孙承泽《天府广记》卷5《后市》载："宫阙之制，前朝后市。在玄武门外，每月逢四则开市，听商贸易，谓之内市。……若奇珍异宝进入尚方者，咸于内市萃之。至内造，如宣德之铜器、成化之窑器、永乐果园厂之髹器、景泰御前作房之珐琅，精巧远迈前古，四方好事者亦于内市重价购之。"

三大市之外，琉璃厂是京城颇有声名的定期市，在正阳门外之西。清乾隆年间，"厂制东三门，西一门，街长里许。……每于新正元旦至十六日，百货云集，灯屏琉璃，万盏棚悬，玉轴牙签，千门联络，图书充栋，宝玩填街"⑤。清光绪年间，街市更盛，"街长二里许，廛肆林立，南北皆同。所售之物以古玩、字画、纸张、书帖为正宗，乃文人鉴赏之所也。惟至正月，自初一日起，列市半月"⑥。明清以降，直到今日，琉璃厂都是北京著名的文化市场之一。

此外，京城还有名目繁多的定期市。例如，清乾隆年间，"腊月朔，街前卖粥果者成市，更有卖核桃、柿饼、枣、栗、干菱角米者，肩

---

　　① 刘侗、于奕正：《帝京景物略》卷2《城东内外·灯市》。万历中叶，灯市大盛，陈设10余里，"则天下瑰奇钜丽之观毕集于是，视庙中又盛矣"。参见谢肇淛《五杂俎》卷3《地部一》。

　　② 沈德符：《万历野获编》卷24《畿辅·内市日期》。

　　③ 蒋德璟：《游宫市小记》，见黄宗羲编《明文海》卷359《记三十三·游览》。

　　④ 沈德符：《万历野获编》卷24《畿辅·内市日期》。

　　⑤ 潘荣陛：《帝京岁时纪胜·正月·琉璃厂店》。

　　⑥ 富察敦崇：《燕京岁时记·厂甸儿》。琉璃厂之史迹，另参吴长元《宸垣识略》卷10《外城二》。

挑筐贮，叫而卖之。其次，则肥野鸡、关东鱼、野猫、野鹜、腌腊肉、铁雀儿、徽架果罩、大佛花、斗光千张、楼子庄元宝。初十外，则卖卫画、门神、挂钱、金银箔、锞子黄钱、销金倒酉、马子烧纸、玻璃镜、窗户眼，请十八佛天地百分，钱店、银号兑换压岁金银、小梅花海棠元宝。廿日外，则卖糖瓜、糖饼、江米竹节糕、关东糖、糟草炒豆，乃廿三日送灶饷神马之具也。又有卖窑器者，铜银换瓷碗、京烧之香炉烛台；闷葫芦，小儿藉以存钱；支燗瓦，灶口用为助炊。至廿五日外，则脂麻秸、松柏枝、南苍术、□岁矣"①。再如，清光绪年间的数处集市：崇文门外之花儿市，"自正月起，凡初四、十四、二十四日有市。市皆日用之物。所谓花市者，乃妇女插戴之纸花，非时花也。花有通草、绫绢、绰枝、摔头之类，颇能混真"②；药王庙西之东小市、故衣市，"凡日用衣服、几筵箧笥、盘盂铜锡、琐屑之物，皆于此取办。盖外城士夫多居城西，商贾皆居城东。东城隙地正多，故为百货所萃"；天桥，"地最宏敞，贾人趁墟之货，每日云集"③；位于正阳桥之穷汉市，乃"日昃市，古贩夫贩妇之夕市是也"④。

如前所述，城乡均有庙会，属定期市之一种。全汉昇指出，北宋时，这种庙市已很发达。明代的庙市以北京城隍庙最为繁荣，堪称国际性的公认定期大市⑤。清代北京的庙会比明代更盛，从集期看，大体可分为两类：

其一，每月开放数次的庙会，如京城四大庙会。枝巢子《旧京琐记·市肆》载："京师之市肆，有常集者，东大市、西大市是也；有期集者，逢三之土地庙，四、五之白塔寺，七、八之护国寺，九、十之隆

---

　　① 潘荣陛：《帝京岁时纪胜·十二月·市卖》。

　　② 富察敦崇：《燕京岁时记·花儿市》。另，震钧《天咫偶闻》卷 6《外城东》亦有相似记载："花儿市大街，在崇文门外大街东。每月逢四日有市，日用及农器为多，来者多乡人。其北四条胡同，则皆闺阁妆饰所须。翠羽明璫，假花义髻之属，累累肆间。"

　　③ 震钧：《天咫偶闻》卷 6《外城东》。

　　④ 刘侗、于奕正：《帝京景物略》卷 4《西城内·城隍庙市》。杭州也有穷汉市，史载："东花园市，属钱塘县，自马婆上下街巷延及升仙、望仙二桥，日出为市，日中散，凡城内外居人，有布帛、牲口、衣服、器皿诸物，不论新旧、零顿，亟欲贸易者，举集于此，故又名为穷汉市。"参见成化《杭州府志》卷 3《封畛三·市镇》。

　　⑤ 全汉昇：《中国庙市之史的考察》，《食货》1934 年第 1 卷第 2 期。

福寺，谓之四大庙市，皆以期集。"① 另有文献称，"朔、望则东岳庙、北药王庙，逢三则宣武门外之都土地庙，逢四则崇文门外之花市，七、八则西城之大隆善护国寺，九、十则东城之大隆福寺，俱陈设甚伙。人生日用所需，以及金珠宝石、布匹绸缎、皮张冠带、估衣骨董，精粗毕备。羁旅寄客，携阿堵入市，顷刻富有完美矣"②。此外，崇国寺，每月逢七、八日有庙市；火神庙，每月逢四日，自庙前至西口开市；大慈仁寺，每月逢五、六日有庙市③。

其二，每年开放一次的庙会，如崇元观，每岁正月初一日起，庙市10 日；都灶君庙，每年八月初一日起，庙市 3 日；太平宫，每岁三月初一日起，庙市 3 日④。

不过，北京庙会也有变化。如城隍庙，明代是最大庙会，清代却趋于式微，开市时间由原先每月 3 次变为每年 1 次。详言之，明弘治年间，城隍庙会相当繁盛。史载："都城之西，都城隍庙在焉。每月朔暨望，则商贾毕集，大者车载，小者担负，又其小者挟持而往，海内外所产物咸萃焉。至则画地为限界，张肆以售。持金帛相贸易者，纵横旁午于其中，至不能行，相排挤而入，非但摩肩接踵而已"。庙市交易之物，举凡"文士之图籍椠铅，武士之弓矢，农之钱镈鉏钐，工之斧凿刀铁，贵富者之明珠大贝，贫夫之敝衣败屦，儿童之弄具，妇女之粉黛脂泽，以至道释家之鱼螺铙鼓，俳优家之蓁筝箫管，物物具焉。而于古之所谓簠簋、瑚琏、彝鼎、樽罍、敦牟、卮匜之属，独一无所见"⑤。明万历时，市集已由每月 2 集增至每月 3 集，所谓"城隍庙市，月朔、望、念五日，东弥教坊，西逮庙墀庑，列肆三里。图籍之曰古今，彝鼎之曰商周，匜镜之曰秦汉，书画之曰唐宋，珠宝、象玉、珍错、绫锦之

---

① 引自童书业《中国手工业商业发展史》（校订本），中华书局 2005 年版，第 302 页。

② 潘荣陛：《帝京岁时纪胜·五月·都城隍庙》。另参佚名《燕京杂记》，见王锡祺辑《小方壶斋舆地丛钞》第 6 帙。

③ 吴长元：《宸垣识略》卷 8《内城四》；卷 9《外城一》；卷 10《外城二》。

④ 吴长元：《宸垣识略》卷 9《外城一》；卷 10《外城二》。太平宫之庙市在明代已属繁盛，长约 3 余里。时人赞叹"岁上巳三日，庙市最盛。……一幅活《清明上河图》也"。参见刘侗、于奕正《帝京景物略》卷 6《外城东》。

⑤ 吴俨：《吴文肃摘稿》卷 3《序·送上高司训徐君东之序》。

曰滇、粤、闽、楚、吴、越者集"①；"陈设甚伙，人生日用所需，精粗
毕备。羁旅之客，但持阿堵入市，顷刻富有完美。"②迨至清代，城隍
庙之集市大不如前，"今庙市以每岁五月初一日至初十日止，非复每月
三日矣"③，昔日独领风骚的城隍庙市已被新兴的四大庙市取而代之。
不过，庙会之多、庙市之盛，实为京城市场一大特色。昔日京师的庙会
所在地，大多成为今日北京的商业文化中心区④。

　　京城庙会从一个侧面凸显出庙会在北方极盛，史乘多有记述。明万
历年间，郑州药王庙会"香火最盛。每年四月初，河淮以北，秦晋以
东，宣、大、蓟、辽诸边，各方商贾輦运珍异并布帛、菽粟之属，入城
为市。京师自勋戚、金吾、中贵、大侠，以及名娼、丽竖，车载马驰，
云贺药王生日，幕帟遍野，声乐震天。每日盖搭篷厂，尺寸地非数千钱
不能得。贸易游览，阅两旬方渐散"⑤。北方庙会，有"会"、"大会"、
"货会"等名。乾隆《平原县志》卷 2《建置志·市集·会场》载，
"南关三义阁，五月十二日起，大会三日。西关，九月十二日起，大会
三日。北街，十一月十二日起，大会三日。县西南森罗殿，正月十八日
起，大会三日。县南张官店，六月、十月俱初四起，大会三日。县东鸣
鸡店，六月二十八日起，又十一月十八日起，俱大会三日。县东北马腰
务，六月二十四日起，大会三日。县西南腰站，五月二十五日起，又九
月三十日起，俱大会三日。"光绪《郓城县志》卷 2《建置志·集会》
载："四关厢皆有货会，三月三日北关会，三月二十八日东关会，五月
十三日东门内会，九月九日西关会，腊月八日南关会。春、秋、冬会，
百货俱备，并有牛马、木料。惟夏会无牛马、木料，只麻布等货。"

　　与北方庙会相比，南方庙会也不逊色。以江南为例，庙会之最当推
杭州香市。张岱《陶庵梦忆》卷 7《西湖香市》载："西湖香市，起于
花朝，尽于端午。山东进香普陀者日至，嘉、湖进香天竺者日至，至则

---

　　① 刘侗、于奕正：《帝京景物略》卷 4《西城内·城隍庙市》。明末盛时，延至 10 里。
参见花村看行侍者《谈往录》下卷《灯庙二市》。

　　② 沈德符：《万历野获编》卷 24《畿辅·庙市日期》。

　　③ 吴长元：《宸垣识略》卷 7《内城三》。

　　④ 赵世瑜：《狂欢与日常——明清以来的庙会与民间社会》，生活·读书·新知三联书
店 2002 年版，第 208 页。

　　⑤ 沈德符：《万历野获编》卷 24《外郡·郑州》。

与湖之人市焉，故曰香市。然进香之人市于三天竺，市于岳王坟，市于湖心亭，市于陆宣公祠，无不市，而独凑集于昭庆寺。昭庆寺两廊，故无日不市者，三代八朝之骨董，蛮夷闽貊之珍异，皆集焉。至香市，则殿中边甬道上下、池左右、山门内外，有屋则摊，无屋则厂，厂外又棚，棚外又摊，节节寸寸。凡胭脂、簪珥、牙尺、剪刀，以至经典木鱼、牙子儿嬉具之类，无不集。……如逃如逐，如奔如追，撩扑不开，牵挽不住，数百十万男男女女、老老少少，日簇拥于寺之前后左右者，凡四阅月方罢，恐大江以东断无此二地矣。"杭州香市以宗教为舞台，实为大型集贸市场。趁此机会，各类商贩做足生意，"城外赶香市者不过十分之一，而城中三百六十行生意，夏、秋、冬三季不敌春香一市之多，大街小巷无不挨肩擦背也"①。迨至清代，香市缩短为一个多月，开市时间起自农历正月末，止于养蚕开始之际。届时，来自农村的香客多买照蚕的蜡烛和护蚕的泥猫等物。职是之故，香市与农人的植桑养蚕密切相关。再如江阴县广福寺之观音会，每年农历 6 月 19 日为会期，"吴会、金陵、淮楚之商迎期而集，居民器用多便之，既月而退"②。

论者称，"城镇中的庙会买卖的日用百货较多，杂以非耐用消费品和奢侈品；乡村庙会多生产、生活必需品，实用性较强。尤其是大城市的庙会，与农村庙会格外不同。除了大量中高档消费品外，还有许多精神产品和休闲用品"；"庙会在通都大邑带有更多的文化娱乐色彩，而在乡村小镇则商业贸易色彩更浓。"③客观而论，大都市的庙会在交易品种及规模上与农村庙会判然有别，那些普通州县的庙会实与农村庙会相去不远，甚至热闹程度反倒有所不及。

（二）城市专业市场

所谓城市专业市场，是指明清时期在各级行政中心所在地，以专项商品为交易对象的市场，包括大宗商品批发市场、专业街市、专业庙会。

---

① 范祖述：《杭俗遗风》，见王锡祺辑《小方壶斋舆地丛钞》第 6 帙。
② 嘉靖《江阴县志》卷 2《提封记第二上·市镇》。
③ 赵世瑜：《狂欢与日常——明清以来的庙会与民间社会》，生活·读书·新知三联书店 2002 年版，第 200—202 页。

　　城市批发市场以长距离贩运贸易为指归。以上海县城为例，其棉花棉布市场的腹地包括周边沿海数县广阔的专业化生产区。褚华《木棉谱》称，"邑种棉花自海峤来，初于邑之乌泥泾种之，今遍地皆是，农家赖其利，与稻麦等"。市场交易的棉花除了当地所产，另有外地所产，"今棉花有白有紫，自濒海所种，转贩至邑中者，曰沙花。邑产曰杜花，杜之为言土也"。棉布方面，远自嘉定县黄渡镇出产的棉布亦贩运至此，"道光之季，里中所产土布，衣被七闽者，皆由闽商在上海收买，价之高下听客所为"①。再如山东，东昌府夏津县的棉花市场，"自丁字街口又北，直抵北门，皆为棉花市。秋成后，花绒纷集，望之如荼。否则，百货不通。年之丰歉，率以此为验"②。另如湖南，长沙府湘潭县的粮食市场颇具规模，"秋冬之交，米谷骈至，樯帆所舣，独盛于他邑焉"③。

　　除了客商云集的批发市场，还有各类专业化的街市。论者称，城市与市镇的区别之一，是城市形成了专项商品买卖、设施齐全的街市④。明清时期，街巷往往是商业聚落的同义语。方志中多有"街市"条目，似可证明城邑之街多有市场之设。所谓"坊以表里，市以交易，街则坊市之通衢，而村镇又乡居之街市也"⑤。山东夏津县堪称典型，既有以批发业务为主的棉花市场，又有各具特色的专业街市。乾隆《夏津县志》专辟"街市"条以载其事："县城东西，两门相对，稍偏南北，两门相望，其街直通，为城内诸街之纲。自南门而北转东，为城隍庙街、为新街，稍北转西，为义学街，线市、布市、木市皆在焉。又北，名曰十字街，南为猪市，北为钱市，东为牛驴市，西为鱼市。自十字街

　　① 宣统《黄渡续志》卷 5《人物·商业·孙时杰》。
　　② 乾隆《夏津县志》卷 2《建置志·街市（镇集附）》。
　　③ 乾隆《湖南通志》卷 49《风俗·类纪·商贾》。
　　④ 方行、经君健、魏金玉主编：《中国经济通史·清代经济卷》中册，经济日报出版社 2000 年版，第 1147 页。按，明清文献所记府州县城之市场，既有以普通居民为销售对象的定期市、常设市或专业街市，又有以客商为主体的批发市场。因记述详略不一，殊难析分。有些记载过简的在城集或街市可能是客商云集的批发市场，但已无法核实。目前暂按如下方法处理：文献明确记载客商云集的在城集，归入城市批发市场；仅记为"米市"、"猪市"、"柴市"、"菜市"者，归入城市专业街市。
　　⑤ 嘉靖《归州全志》卷上《坊市》。按，嘉靖《荆州府志》卷 1《舆地志·坊市》有类似文字。

而东，为关帝庙街、为文庙街，抵东城墙，西通县治，曰县前东西街，为菜市；曰影壁前南北街，为杂货市，此一邑人烟辐辏处也。钱市迤北转东，曰丁字街，为柴市。再东，曰千佛寺街，与东门通焉。……西门内亦曰丁字街，转北为营子街，杂粮市在焉。"① 另如乾隆《武宁县志》卷4《城池·街市》载，县前横街、县前直街、上坊街、东井街、北门街、青云街、东门外街等，均为市场之所在。光绪《靖州直隶州志》卷1《地理·街市》载，州城有东门正街等，"以上街均有市，凡二十有六"。再如，直隶蔚县之米市、猪羊市，在鼓楼南街；菜市，在牌楼；草市，在南街；炭市，在鼓楼后②。湖北长阳县城，北门街有米市，南门十字街有柴炭市，东、西街有杂货市，城区及江边有鱼市，仁厚街有菜市，油市在西关外③。

明清专业街市，或为单一商品销售之地，或为多种专业市场集聚之所。而且，专项商品的买卖也不限于某一街道，往往同时存在于多个街道，以方便城区居民。上揭史料已有所示，再举一例。四川汉州州城，正东街有草市、线子市，正西街有布市，梓潼街有蔗市，衣衿街有花木市、猪市，正南街有葫豆市、糠市、鸡市、柴市、煤炭市，正北街有青果市、布市、菜子市，驻防街有炭市，小北街有苕市，广驿街有豆子市、瓜子市、成衣市，麦子市街有杂粮市，城隍庙街有米市，北门外顺城街有菜市、花生市，金坪街有线子市，西门外桂花街有线子市④。

城市专业市场也包括某些关厢集市。如上揭湖北长阳县之油市，位于西关外。再如登州府黄县，其在城集均为定期市，而且向专业化的方向发展。史称，"其为市也，百十为群，以骡驴负货而至。市粮、市果，常于南关；市木、市牛豕驴骡，常于东关（猪市旧在城西南，因践踏义冢，同治八年出示移在东关）；市蔬菜瓜果，常于东街；市薪刍，常于西关。百货各随所期之日，以为所市之地。东关之集期以九日，南关之集期以七日，北关之集期以三日，西关之集期以一日、五

---

① 乾隆《夏津县志》卷2《建置志·街市（镇集附）》。
② 乾隆《蔚县志》卷8《城池》。
③ 乾隆《长阳县志》卷2《市集》。
④ 嘉庆《汉州志》卷8《城池志》。

日"①。如此例证，不胜枚举。

　　店铺是街市的商业标志之一，店铺贸易的专业化往往构成专业街市的重要内容②。例如，同治《黄县志》卷 3《食货志》载，"其居肆而贾者，东街有衣肆，南关有粮肆，西关则列肆数百，银钱之肆多至数十"。另据斯波义信的研究成果③，明清宁波城内的市场分布，受城门和街道所构成的运输系统的影响，设置很不稳定，从明初的 3 个市场到清光绪三年（1877）为止的 7 个市场，为城市居民提供商品服务。东大路和西大路构成了城区商业的主轴，沿此轴线的街道或与之交叉的街巷开设有各类店铺，经营布匹、食物、包类、帽子、家具、木材、毛竹、丝线、药材等商品。这些店铺多按行业分布，以故街巷的命名多有行业色彩，如药行街、竹行巷、药局衕、饼店弄、南饭巷等。宁波城内最繁荣的商业区有两个：一是东渡门内，以竹木器和印刷品为主；一是灵桥门内，聚集了大量的药材店、竹木器店和漆器店。城外市场最繁荣者也有两个：一是江厦（位于东门和奉化江之间），建有小帆船、舢板、航海帆船的码头，钱庄密集，另有众多经营海产品、糖、木材、麻、谷物的店铺。尤其是，从事南北沿海贸易的专业化商行（"南号"和"北号"）也在此集中，鱼栈衕、糖行街、钱行街等街名已透露出相关的历史信息。此外，福建会馆、天后宫（庙宇）、庆安会馆（航运业会馆）、造船场等也都聚集于兹；另一个位于宁波江东的甬东，有许多经营海产品、木材、谷物及南北货的店铺。在甬东市场，出现了专业化

---

　　①　同治《黄县志》卷 3《食货志》。

　　②　童书业指出，宋元时代，商店绝大多数设在城市。迨至明代，商店已遍布城乡。参见该氏《中国手工业商业发展史》（校订本），中华书局 2005 年版，第 238—239 页。刘石吉认为，明清时期各村镇中虽有常设商店，但定期市似乎是主要的商品交易场所。参见该氏《明清时代江西墟市与市镇的发展》，见梁庚尧、刘淑芬主编《台湾学者中国史研究论丛·城市与乡村》，中国大百科全书出版社 2005 年版，第 290 页。另有学者强调明清市场构成中摊点和商店的突出地位。参见方志远《明清湘鄂赣地区的人口流动与城乡商品经济》，人民出版社 2001 年版，第 470 页。韩大成在论述明代开封城市商业时，将其分为 3 部分：店铺贸易、摊贩贸易、集市庙会贸易，其中开张店铺是广大工商业者最常见的一种营业形式。参见该氏《明代城市研究》，中国人民大学出版社 1991 年版，第 67—70 页。按，店铺有杂货店、专业店之分，只有后者才可归入城市专业市场。杂货店属于普通的城市市场，暂不讨论。

　　③　斯波义信：《宁波及其腹地》，见施坚雅主编《中华帝国晚期的城市》，叶光庭等译，陈桥驿校，中华书局 2000 年版，第 487—488 页。

的店铺，经营项目包括石板、铁器、燃料和蜡烛、纸张、染料、杂货、家畜、蔬菜、水果等商品，米行街、木行街、羊市街、卖席桥、粮贩桥、打铁街、铁匠巷、锅厂巷、锚厂弄、船坊巷等地名表明专业性商行和手工业行业的密集。

宁波的史实表明，越是大都市，其专业市场似乎越发达。再以开封、南京为例。明代刊印之《如梦录·关厢纪第七》称："（开封）仁和门外吊桥下，……有棉花市、鲜果行"；"西厢挨门俱是生意。五更时鲜菜成堆，拥挤不动，俱有贩者来买，灯下交易。城门开时，塞门而进，分街货卖"。另有牲畜集市，"马市街早晨牛驴上市，午间骒马上市"，因此开设"过客买卖骒马大店"，以备商贩歇息。又如，明代南京街市素称发达，其中专业街市甚多。史载"三山街市，在三山门内、斗门桥左右，时果所聚；新桥市，在新桥南北，鱼菜所聚；来宾街市，在聚宝门外，竹木柴薪等物所聚；龙江市，在金川门外，柴炭等物所聚；江东市，在江东门外，多聚客商船只米麦货物；北门桥市，在洪武门街口，多卖鸡鹅鱼菜等物；……内桥市，在旧内府西，聚卖羊只牲口；六畜场，在江东门外，买卖马牛驴骒猪羊鸡鹅等畜"，另有草鞋夹，在仪凤门外江边，为木筏屯集之处①。其中，果子行营业最盛，时人称："南都大市，为人货所聚者亦不过数处，而最伙为行口，自三山街西至斗门桥而已，其名曰'果子行'。它若大中桥、北门桥、三牌楼等处，亦称大市集，然不过鱼肉蔬菜之类"②。

论及城市专业市场，某些庙会也应纳入其中。以北京为例，从庙会交易的商品看，清代北京的有些庙市呈现某种专业性特征，概有3种情形：一是买卖农具的，如"北顶碧霞元君庙，在德胜门外土城东北三里许。每岁四月有庙市，市皆日用农具，游者多乡人。东顶在东直门外，与北顶同"③；二是买卖儿童玩具的，"都城隍庙在宣武门内沟沿西，城隍庙街路北。每岁五月，自初一日起，庙市十日。市皆儿童玩

---

① 王俊华：《（洪武）京城图志·街市》。
② 顾起元：《客座赘语》卷1《市井》。
③ 富察敦崇：《燕京岁时记·北顶（东顶附）》。或记北顶在安定门外，参见潘荣陛《帝京岁时纪胜·四月·天仙庙》。

好，无甚珍奇，游者鲜矣"[1]；三是买卖花木的，如中顶碧霞元君庙，"在右安门外十里草桥地方。每岁六月初一日有庙市，市中花木甚繁，灿如列锦，南城士女多往观焉"[2]。此外，北京还有专卖一物而每月开放数次的庙市，"小药王庙在东直门内路北，北药王庙在旧鼓楼大街。自正月起，每朔日、望日有庙市，市皆妇女零用之物，无甚可观"[3]。

　　总之，社会分工与专业化生产是专业市场赖以存在的基础。专业市场的发达与否，可视为区域经济发展水平的评价指标之一。

四　结语

　　历史过程是动态和多元的，任何一种分析模式都无法涵盖其丰富多彩的真相，它们只是认识论层面的不同视角，其意义不在于排斥其他、唯我独尊的具有一元论性质的文化本质主义，而在于持有批判性立场、但提倡兼容并包的文化相对主义，以增进历史学的认识。在此意义上，明清城乡市场垂直论和城乡市场平行说都仅仅具有方法论的价值，不是绝对真理，而是有待不断证实和证伪的学术命题，是不同视角的问题意识。理解了这一点，也许就理解了学术其实只是立场、视角和方法，只是问题的掘发和阐释；理解了这一点，也许就理解了历史研究的最大可能不是非此即彼的是非判断，而是离历史真相只有一步之遥，离绝对真理则是雾里看花。

作者单位：武汉大学中国传统文化研究中心

---

① 富察敦崇：《燕京岁时记·都城隍庙》。
② 富察敦崇：《燕京岁时记·中顶》。
③ 富察敦崇：《燕京岁时记·小药王庙北药王庙》。

南方山区开发的历史进程、特征及其意义

鲁西奇

　　我国南方地区的山区面积广大，其北部有秦巴山地、淮阳山地等，东部有浙皖山地、江南丘陵山地、浙闽山地，南部有南岭山地、粤桂山地，西部则包括四川盆地外缘与鄂、湘、黔、滇四省接壤地带的山地以及横断山地等。实际上，历史时期人们观念中的"山区"比现代地理科学所界定的任何意义上的"山地"都可能要广泛得多，举凡地形崎岖、山岩遍布、可耕地较少的地区，均可以称作"山地"或"山区"，而无论其起伏高度是否超过200或500米。因此，本文所讨论的山区，在现代地理学所界定之广义"山地"概念的基础上，适当考虑了历史时期人们观念中的"山区"，故内涵比较广泛①。

　　南方山区地处亚热带，受东南季风之惠，气候温暖，湿润多雨，光热充足，有利于多种动植物生长发育，山林资源丰富；山区中小河流众多，有利于发展灌溉农业。因此，南方山区很早就成为人类栖息、生活与从事生产活动的地方，孕育了原始稻作农业；在历史时期，特别是南

---

　　① 山地（mountain）是指具有一定海拔、相对高度和坡度的地面。广义的山地包括高原、山间盆地和丘陵；狭义的山地仅指山脉及其分支。丁锡祉和郑远昌认为，相对高度在500米以上的区域都为山地（丁锡祉、郑远昌：《初论山地学》，《山地研究》1986年4卷3期，第179—186页）；肖克非则将起伏高度大于200米的地域均归入山地，并指出起伏高度是指山地脊部或顶部与其顺坡向到最近的大河或到最近的平原、台地交接点的高差（肖克非主编：《中国山区经济学》，大地出版社1988年版，第17—19页）。一般所说的"山区"大致与广义的"山地"概念相一致，即指起伏的相对高度大于200米的区域，它不仅包括高山、中山、低山，还包括高原、山原丘陵及其间的山谷与山间盆地。广义的"山区"概念实际上包括了平原之外的全部地区，亦即将"南方地区"区分为平原与山区两大地理区域类型。

宋以迄于明清时期，南方山区逐步得到开发，社会经济得到长足发展，成为中国传统社会会后期最重要的发展区域，在中国历史发展进程中发挥了十分重要的作用。本文即试图在此前研究的基础上，概述南方山区经济开发的历史进程，综括其社会经济与政治文化方面的特点，分析南方山区社会经济发展在中国历史发展进程中的意义。

一 南方山区经济开发的历史进程

综括历史时期南方山区经济开发的进程，大致可区分为三个阶段：

第一阶段，自距今 1 万年左右原始稻作农业起源，至公元 2 世纪末，南方山区的经济形态以采集渔猎为主，原始种植农业为辅，驯化与栽培的规模较小，且限于局部地区。

迄今为止，已发现原始稻作遗存的湖南道县玉蟾岩、广西邕宁顶狮山、南宁豹子头、横县西津、广东曲江石峡、江西万年仙人洞与吊桶环等遗址，均位于丘陵山地和山间小盆地、河谷阶地，说明南方地区的原始稻作农业，很可能起源于低山丘陵地带，特别是山间盆地与河谷阶地上①。因此，可以肯定地说，南方山区的开发很可能早于平原地区的开发，至少不会晚于后者。当然，与平原地区相比较，南方山区的原始稻作农业遗址的规模较小，相互之间的距离较远，封闭及分散程度较高，反映出新石器时代山区人口聚集的数量、速度和规模都远不及平原地区，其开发程度亦略为逊色②。就其内涵而言，山区新石器时代遗址所反映的经济生活面貌中，驯化与栽培的规模都相当有限，采集与渔猎经济所占的比重较之同时期平原地区更大。

先秦时期，南方山区的经济形态甚少见于文献记载。《吴越春秋》

---

① 袁家荣：《玉蟾岩获水稻起源重要物证》，《中国文物报》1996 年 3 月 3 日；广西文物工作队等：《广西南宁地区新石器时代贝丘遗址》，《考古》1975 年第 5 期；杨式挺：《谈谈石峡文化发现的栽培稻遗迹》，《文物》1978 年第 7 期；广东省博物馆等：《广东曲江石峡墓葬发掘简报》，《文物》1978 年第 7 期。参阅李根蟠《我国原始农业起源于山地考》，《农业考古》1981 年第 1 期；孔昭辰、刘长江等《中国考古遗址植物遗存与原始农业》，《中原文物》2003 年第 2 期；陈文华《中国原始农业的起源和发展》，《农业考古》2005 年第 1 期。

② 参阅裴安平《中国原始稻作农业三种主要发展模式研究》，见氏著《农业、文化、社会：史前考古文集》，科学出版社 2006 年版，第 67—83 页。

卷六《越王无余外传》载夏帝少康"封其庶子于越，号曰无余。无余始受封，人民山居，虽有鸟田之利，租贡才给宗庙祭祀之费。乃复随陵陆而耕种，或逐禽鹿而给食。"① 鸟田，《水经注》卷四十《渐江水》记禹死，葬于会稽，"有鸟来为之耘，春拔草根，秋啄其秽"②。其说不能解，然"鸟田"乃为一种原始的耕作方式，当无疑问③。"随陵陆而耕种，或逐禽鹿而给食"，说明越人当频繁迁徙，以选择更适宜的农耕、渔猎地点，其耕作方式以撂荒制为主。到春秋战国时期，则间有入山采伐林木的记载。《史记》卷一一九《循吏传》记楚庄王时（公元前613—前591），孙叔敖为楚相，"秋冬则劝民山采，春夏以水"。即秋冬入山砍伐林木竹材，至夏季水大时运送出山④。说明"山伐"是楚地山区民众的重要生计方式。湖北云梦睡虎地所出秦简《秦律十八种·田律》规定："春二月，毋敢伐材木山林及雍隄水。"⑤ 也说明采伐山林材木是山区重要的生产活动。

南方山区以采集渔猎为主、种植农业为辅的经济形态，到秦汉时期，可能并无根本性改变。《汉书·地理志》谓"楚有江汉川泽山林之饶；江南地广，或火耕水耨。民食鱼稻，以渔猎山伐为业，果蓏蠃蛤，食物常足。故呰窳媮生，而亡积聚，饮食还给，不忧冻饿，亦亡千金之家"⑥。《盐铁论》卷一《通有》引"文学"之言称：

> 荆、扬南有桂林之饶，内有江、湖之利，左陵阳之金，右蜀、汉之材，伐木而树谷，燔莱而播粟，火耕而水耨，地广而饶财；然民鰼窳偷生，好衣甘食，虽白屋草庐，歌讴鼓琴，日给月单，朝歌暮戚。⑦

---

① 《吴越春秋》卷六《越王无余外传》，江苏古籍出版社 1986 年版，第 85 页。

② 杨守敬、熊会贞：《水经注疏》卷四十《渐江水》，江苏古籍出版社 1988 年版，第 3309 页。

③ 游修龄先生"鸟田"可能是汉人对"雒田"的越语意译，雒田则是越语的音译，所以也可写作骆田，骆田即是稻田。见游修龄《中国稻作史》，农业出版社 1995 年版，第 136 页。

④ 《史记》卷一一九《循吏列传》，中华书局 1959 年版，第 3099 页。

⑤ 睡虎地秦墓竹简整理小组：《睡虎地秦墓竹简》，文物出版社 1978 年版，第 26 页。

⑥ 《汉书》卷二八下《地理志下》，中华书局 1962 年版，第 1666 页。

⑦ 桓宽撰、王利器校注：《盐铁论校注》卷一《通有》，中华书局 1992 年版，第 41—42 页。

所言虽然都是南方的整体情形，但其中所说"山林之饶"及"陵阳之金"、"蜀汉之材"，显然皆出自山区；"以渔猎山伐为业"、"伐木以树谷"，则当是南方山区的主导性经济形态。

至于闽粤山地的越人、荆楚山区的诸蛮、川渝地区的巴蛮、云贵高原的西南夷，则更是处于以山伐渔猎与原始农业并重的状态。汉武帝时，拟发兵击闽越，淮南王刘安上书劝阻，谓：

> 臣闻越非有城郭邑里也，处溪谷之间，篁竹之中，习于水斗，便于用舟，地深昧而多水险……越人欲为乱，必先田余干界中，积食粮，乃入伐材治船……且越人绵力薄材，不能陆战，又无车骑弓弩之用。[①]

据此，则知越人居于深山竹林之中，无城郭邑里，没有车骑弓弩。其农耕较发达之地，则在余干。余干，韦昭注："越邑，今鄱阳县也"，在今江西东北境。越人"欲为乱"，"先田余干界"，以"积食粮"，则知"田"（农耕）在越人生活中并不占有主导地位，惟"欲为乱"方为之。又，1958 年，在闽北武夷山地崇安汉城遗址出土一批珍贵文物，内有十多件铁制农具犁、锄、锸、镬、斧、锯等[②]。但这在浙闽山区还非常稀见。汉光武时任延为九真太守，"九真俗以射猎为业，不知牛耕，民常告籴交阯，每致困乏。延乃令铸作田器，教之垦辟。田畴岁岁开广，百姓充给"[③]。则在此之前，九真郡民众向以"射猎为业"；东汉初年出现犁耕，但看来并不普遍，可能仅行于沿海平原地区。主要居于今湘中丘陵与湘鄂西山地的武陵蛮、长沙蛮，"好入山壑，不乐平旷……田作贾贩，无关梁符传、租税之赋"；西汉时，"岁令大人输布一匹，小口二丈，是谓賨布"。东汉顺帝永和元年（136），武陵太守上书，"以蛮夷率服，可比汉人，增其租赋"，反映出蛮民或已垦辟出部分农田。然因此而激起蛮民反叛，澧中、溇中蛮比"争贡布，非旧

---

① 《汉书》卷六四《严助传》，第 2778—2781 页。
② 林蔚文：《福建农业考古概述》，《农业考古》1984 年第 1 期。
③ 《后汉书》卷七六《任延传》，中华书局 1965 年版，第 2462 页。

约"①，说明其田作收入还相当少。今川东、重庆地区的巴、濮诸蛮，种植农业在生计中所占的比重似较高。《华阳国志·巴志》谓巴地"土植五谷，牲具六畜"，"川崖惟平，其稼多黍"，"野惟阜丘，彼稷多有。"② 然黍、稷等大抵皆植于较平坦之川谷或低矮的阜丘上。东汉永兴二年（154），巴郡太守但望上书请分郡为二，谓安汉与临江"各有桑麻丹漆，布帛鱼池，盐铁足相供给"，却没有提到粮食生产，说明其地垦辟尚浅③。云贵高原地区，据司马迁描述，滇与夜郎"皆魋结，耕田，有邑聚"，已有农耕与城邑；嶲、昆明，"皆编发，随畜迁徙，毋常处，毋君长"，即以游牧为主；徙与筰都，"其俗或土箸，或移徙"④。可知云贵高原各地经济形态颇不一致，但大抵仍以畜牧渔猎为主，耕田、邑聚相当稀少。《后汉书·西南夷传》谓滇池周围"河土平敞，多出鹦鹉、孔雀，有盐池田渔之饶，金银畜产之富"。两汉之际文齐为益州太守，"造起陂池，开通溉灌，垦田二千余顷"。则益州郡已有灌溉水利。然东汉初刘尚重平益州郡，"得生口五千七百人，马三千匹，牛羊三万余头"，则知畜产仍然是西南夷最重要的生计来源⑤。

总的说来，虽然南方山区很早就孕育了原始稻作农业，但直到 2 世纪末，大部分地区的稻作农业规模很小，主要采用火耕水耨的耕作方式，产出甚低，在民众生计中所占的比重也不太大；山伐渔猎畜牧，在山区民众生活中，仍然占据主导地位。

第二阶段，自六朝至北宋末，南方山区农田垦辟有了长足发展：低山丘陵地区的河谷、山间盆地逐步被开垦成农田，局部地方形成了梯田，建设了中小型农田水利；但刀耕火种性质的烧畬仍是南方山区主导性的垦耕方式，山区农田的产出仍不高。在采集、砍伐山林等山林资源利用方式之外，种植茶、漆等经济林木，逐步成为部分山区重要的开发利用方式。山区开发的广度也不断拓宽，但较为成熟的地区主要是在江

① 《后汉书》卷八六《南蛮传》，第 2829—2833 页。

② 任乃强：《华阳国志校补图注》卷一《巴志》，上海古籍出版社 1987 年版，第 5 页。

③ 任乃强：《华阳国志校补图注》卷一《巴志》，第 20 页。参阅张泽咸《汉唐晋时期农业》，中国社会科学出版社 2003 年版，第 588—593 页。

④ 《史记》卷一一六《西南夷传》，第 2991 页。《后汉书》卷八六《西南夷传》所记与此大致相同。

⑤ 《后汉书》卷八六《西南夷传》，第 2844—2847 页。

南丘陵山地、淮阳山地、湘中丘陵山地等低山丘陵地区。

农田垦殖发展较早且成效较大的地区，首先是江南丘陵山地及长江中游地区的低山丘陵。孙吴嘉禾三年（234），诸葛恪领丹阳太守，负责讨伐丹阳郡西部（今皖南赣东北）的山越，"分内诸将，罗兵幽阻，但缮藩篱，不与交锋，候其谷稼将熟，辄纵兵芟刈，使无遗种。旧谷既尽，新田不收，平民屯居，略无所入，于是山民饥穷，渐出降首"①。这些"山越"广泛种植谷物，且"自铸甲兵"，很可能已普遍使用铁农具。至于被迁移至河谷地带的"从化平民"，既受命"屯居"，自必不再可能"随陵陆而耕种"，山伐渔猎在其生计中所占的比重亦大幅度降低。《三国志·吴书·朱然传》裴注引习凿齿《襄阳记》称：

> 柤中在上黄界，去襄阳一百五十里。魏时夷王梅敷兄弟三人，部曲万余家屯此，分布在中庐、宜城西山鄢、沔二谷，土地平敞，宜桑麻，有水陆良田，沔南之膏腴沃壤，谓之柤中。②

即使是以山居为常的蛮民，亦已种植桑麻，垦辟水陆良田。刘宋中期，沈庆之征伐沔北诸山蛮，谓"去岁蛮田大稔，积谷重岩，未有饥弊，卒难禽剪"；他率领诸军斩山开道，"自冬至春，因粮蛮谷"；南破山蛮后，虏生蛮二万八千余口，降蛮二万五千口，牛马七百余头，米粟九万余斛③。沔北诸山蛮拥有不少米粟，说明田作在其生计中已占有主导地位。《南齐书·蛮传》云："汶阳本临沮西界，二百里中，水陆迂狭，鱼贯而行，有数处不通骑，而水白，田甚肥腴。桓温时，割以为郡。"④据《宋书·州郡志》记载，刘宋中期，汶阳郡著籍户口为958户、4914口⑤。汶阳郡地处今鄂西北山区，田地垦辟已有如此规模，可以推知当时荆襄山区的土地垦殖已有相当发展。

---

① 《三国志》卷六四《吴书·诸葛恪传》，中华书局1959年版，第1431页。
② 《三国志》卷五六《吴书·朱然传》，"赤乌五年，征柤中"句下裴注引，中华书局1959年版，第1307页。
③ 《宋书》卷七七《沈庆之传》，中华书局1974年版，第1997—1998页。
④ 《南齐书》卷五八《蛮传》，中华书局1972年版，第1008页。
⑤ 《宋书》卷三七《州郡志三》荆州"汶阳太守"条，第1121页。

　　六朝至隋唐时期，南方山区的土地垦辟，当主要集中在河谷与山间盆地及低山、丘陵地带，梯田即使出现，大约也不会普遍。唐大历初（766—768），杜甫在夔州留居数年，对夔州周围山地多所称述。《行官张望补稻畦水归》句云："东屯大江北，百顷平若案。六月青稻多，千畦碧泉乱。插秧适云已，引溜加溉灌。"①　《夔州歌十绝句》之六云："东屯稻畦一百顷，北有涧水通青苗。"《自瀼西荆扉且移居东屯茅屋四首》之一："白盐危峤北，赤甲古城东。平地一川稳，高山四面同。"②则东屯是夔州城附近山谷间一块难得的平地，已垦殖为稻田。唐大中三年（849），山南西道节度使郑涯以"褒斜旧路修阻"，开凿文川谷道。新路成，孙樵撰《兴元新路记》志其事，其中述自关中越秦岭至汉中沿途所经之景色甚详，如过泥榆岭，"又平行十里，则山谷四拓，原隰平旷，水浅草细，可耕稼，有居民，似樊川间景象"。自芝田驿至仙岭，"虽阁路，皆平行，往往涧旁谷中有桑柘，民多丛居，鸡犬相闻"。自仙岭而南，"路旁人烟相望，涧旁地益平旷，往往垦田至一二百亩，桑柘愈多。至青松，即平田五六百亩，谷中号为夷地，居民尤多"③。显然，聚落田地均处于涧旁山谷中，亦未见有关于梯田的记载。在闽粤山地，山间盆地多称为"山洞"。《元和郡县图志》卷二九记福州永泰县，乃"永泰二年观察使李承昭开山洞置。县东水路沿流至侯官，县西沂流至南安县，南北俱抵大山，并无行路"。此一"山洞"，"南北俱抵大山"，沿流而下，可至福州侯官，其得到开发之区，显然仅为河谷两岸之狭长地带。同书卷又记漳州龙溪县，谓其"县东十五里至山，险绝无路，西二十里至山，南三里至山，北十六里至山"④。则龙溪县境内得到开发的区域即在四山环抱的河谷盆地中，即以县治为中心、东西三十五里、南北十九里、沿龙溪（今九龙江）河谷伸展的狭长地带。

---

　　①　杜甫：《行官张望补稻畦水归》，见《全唐诗》卷二二一，中华书局1999年版，第2347页。

　　②　杜甫：《夔州歌十绝句》，《自瀼西荆扉且移居东屯茅屋四首》，见《全唐诗》卷二二九，第2507、2501页。

　　③　孙樵：《兴元新路记》，见《全唐文》卷七九四，中华书局1983年，影印本，第8327—8328页。

　　④　《元和郡县图志》卷二九，江南道五，福州"永泰县"条，漳州"龙溪县"条，中华书局1983年版，第718、722页。

同书卷三三渝州"壁山县"条又称:"本江津、万寿、巴三县地。四面高山,中央平地,周回约二百里。天宝中,诸州逃户多投此营种"①,则壁山县所在显然是较大的山中盆地。

这种情形,到了北宋中后期,乃为之大变。宋人方勺《泊宅编》卷三记福建山地"狭瘠,而水源浅远,其人虽至勤俭,而所以为生之具,比他处终无有甚富者。垦山陇为田,层起如阶级,然每远引溪谷水以灌溉,中途必为之硙,不唯碓米,亦能播精。朱行中知泉州,有'水无涓滴不为用,山到崔嵬犹力耕'之诗,盖纪实也"②。从其描述看,当即后世所称之"梯田"。南宋初,袁州知州张成已称:"江西良田多占山岗上,资水利以为灌溉,而罕作池塘以备旱暵。"③山冈之上的"良田",大抵亦属于梯田。至南宋乾道九年(1173)春,范成大游历袁州仰山,见"岭阪之上,皆禾田层层,而上至顶,名梯田"④。显然,田地之垦辟从河谷、山间盆地向上延伸,达于山坡乃至山巅,遂逐步开垦成梯田。

在南方山区条件适宜的地方,兴修了一些农田水利设施。六朝文献中,已见有南方山区引水灌溉的记载。《水经注》卷三九《耒水》篇记耒水北过便县(在今湖南永兴县)之西,"县界有温泉水,在郴县之西北,左右有田数十亩,资之以溉。常以十二月下种,明年三月谷熟。度此水冷,不能生苗;温水所溉,年可三登"⑤。然所记似为特例。《太平寰宇记》卷一〇九江南西道袁州宜春县"昌山"条载:"旧名伤山,袁江流其间,巨石枕岸潀激,舟人上下多倾覆,故名伤山。按顾野王《舆地记》:'晋永嘉四年,罗子鲁于山峡堰断为陂,从此灌田四百余顷。梁大同二年废。'"⑥则此陂当于昌山脚下遏袁江而成堰,引水灌溉。这是今见文献记载中南方山区较早的引水灌溉设施。至唐代,南方

　　①　《元和郡县图志》卷三三,剑南道下,渝州"壁山县"条,第 855 页。
　　②　方勺:《泊宅编》(十卷本)卷三,中华书局 1983 年版,第 15 页。
　　③　《宋会要辑稿》食货七之四十六至四十七,"水利",中华书局 1957 年,影印本,第 4928—4929 页。
　　④　范成大:《骖鸾录》,见《范成大笔记六种》,中华书局 2002 年版,第 52 页。
　　⑤　《水经注疏》卷三九《耒水》,第 3216 页。
　　⑥　《太平寰宇记》卷一〇九,江南西道袁州宜春县"昌山"条,中华书局 2006 年版,第 2196 页。

山区的水利设施渐次兴筑。《新唐书·地理志》记昇州句容县有绛岩湖，在句容县西南三十里，"麟德中，令杨延嘉因梁故堤置，后废；大历十二年，令王昕复置。周百里为塘，立二斗门以节旱暵，开田万顷。"[①] 据唐人樊珣《绛岩湖记》所记，绛岩湖乃"吴人创之，梁人通之"，则其创制或可上溯至三国时代；大历十二年（777）重修之后，"周匝百顷，蓄为湖塘"，"开田万顷，赡户九乡"，则知其发挥较大作用乃是在中唐以后[②]。宣州南陵县之大农陂，不详筑于何时，元和四年（809）"因废陂"重修，"为石堰三百步，水所及者六十里"，"辟荒梗数万亩"，"溉田千顷"[③]。唐贞元初（758—787），戴叔伦任抚州刺史，"民岁争灌溉，为作均水法，俗便利之，耕饷岁广。"[④] 民间争水灌溉，说明小型水利设施已较多。据咸通十一年（870）抚州兵曹参军柏虔冉《新创千金陂记》载：抚州境内自上元（760—761）以后，相继修筑华陂、土塍陂、冷泉陂等水利工程；咸通九年，在抚州刺史李某主持下，于汝江之上置千金陂，引水"沿流三十余里，灌注原田，新旧共百有余顷"[⑤]。说明抚州境内农田水利确已较为发达。西川益、蜀、彭、汉、眉、资、绵、剑、陵等九州，据《新唐书·地理志》记载，共有水利工程22处，尤以绵、益二州最多，其中固多在成都平原，然位于丘陵山区者亦有不少。如眉州青神县，"大和中，荣夷人张武等百余家请田于青神，凿山酾渠，溉田二百余顷"。绵州巴西县，"南六里有广济陂，引渠溉田百余顷，垂拱四年，长史樊思孝、令夏侯奭因故渠开"。罗江县，"北五里有茫江堰，引射水溉田入城，永徽五年，令白大信置。北十四里有杨村堰，引折脚堰水溉田，贞元二十一年，令韦德筑"。龙安县，"东南二十三里有云门堰，决茶川水溉田，贞观元年筑"。剑州阴平县，"西北二里有利人渠，引马阁水入县溉田，龙朔三年，令刘凤仪

---

① 《新唐书》卷四一《地理志五》，江南道昇州"句容"县下原注，中华书局1975年版，第1057页。

② 樊珣：《绛岩湖记》，见《全唐文》卷四四五，第4540页。

③ 《新唐书》卷四一《地理志五》，江南道宣州"南陵"县下原注；韦瓘：《宣州南陵县大农陂记》，见《全唐文》卷六九五，第7140页。

④ 《新唐书》卷一四三《戴叔伦传》，第4690页。

⑤ 柏虔冉：《新创千金陂记》，见《全唐文》卷八〇五，第8468页。

开，宝应中废。后复开，景福二年又废"①。到北宋时期，除上述地区的农田水利事业继续发展外，浙闽山地也兴修了一些水利设施。如处州丽水县西五十里的通济堰，"障松阳、遂昌两溪之水，［别］为大川，分为四十八派，析流畎浍，注民田二千顷。又以余水潴为湖，以备溪水之不及。自是，岁虽凶而田常丰"②。但此类水利设施还不太多。

但总的说来，六朝以迄于唐北宋，刀耕火种性质的畲田仍是南方山区主导性的垦耕方式③。王建自襄阳南行经宜城渡蛮水趋荆门，途中见到"犬声扑扑寒溪烟，人家烧竹种山田"④。温庭筠《烧歌》描写随州南部山区（大洪山区）的农事云："起来望南山，山火烧山田。……自言楚越俗，烧畲为旱田。"⑤ 薛能《褒斜道中》谓秦岭山中"鸟径恶时应立虎，畲田闲日自烧松"⑥。兴元初（784），唐德宗南幸兴元，山南西道节度使严震奏称："梁、汉之间，刀耕火耨，民以采稆为事。"⑦ 这说明在唐代荆、襄、随、梁诸州的山区，畲田还比较普遍地存在着。到了宋代，在商洛山区和鄂西北山区，刀耕火种还是主导性的耕作方式。北宋中期，王禹偁曾贬官于商州，对商洛地区的物产民情所知甚详，其《畲田词》"序"云：

> 上雒郡南六百里，属邑有丰阳、上津，皆深山穷谷，不通辙迹。其民刀耕火种，大抵先斫山田，虽悬崖绝岭，树木尽仆，俟其干且燥，乃行火焉。火尚炽，即以种播之。然后酿黍稷，烹鸡豚。

---

① 《新唐书》卷四二《地理志六》，眉州通义郡、绵州巴西郡、剑州普安郡，第1081、1089—1090页。

② 雍正《处州府志》卷十八《艺文志》，（宋）关景晖《詹南二司马庙记》，雍正十一年刻本，第十一页上、下。同治《丽水县志》卷五《祠祀志》，"詹南二司马庙"条所录与此大致相同，"中国方志丛书"本（华中地方第186号，成文出版社1975年版，据同治十三年刊本影印），第373—374页。

③ 畲田乃是山地陆种之旱田，通常是以刀芟去草木，不用耕犁。雨前，焚烧草木，播种于暖灰中，生出的苗不用中耕，不施肥。因此，数年后，畲田便不可复种，只好任它荒废，再去其他地方耕种。参阅李剑农《中国古代经济史稿》，武汉大学出版社2006年版，第572—677页。

④ 王建：《荆门行》，见《全唐诗》卷二九八，中华书局1999年版，第3379页。

⑤ 温庭筠：《烧歌》，见《全唐诗》卷五七七，第6763页。

⑥ 薛能：《褒斜道中》，见《全唐诗》卷五六〇，第6555页。

⑦ 《旧唐书》卷一一七《严震传》，中华书局1975年版，第3406页。

先约曰：某家某日有事于畲田。虽数百里，如期而集，锄斧随焉。至则行酒啖炙，鼓噪而作，盖□而掩其土也。掩毕则生，不复耘矣。①

北宋时的丰阳、上津分别在今陕西山阳和湖北郧西县境。江南丘陵山地的情形与此相似。唐德宗时，释普愿于皖南九华山建寺，"斫山畲田，种食以饶"②；罗隐《别池阳所居》句云："黄尘初起此留连，火耨刀耕六七年。……却是九华山有意，列行相送到江边。"③ 说明皖南山区仍然盛行刀耕火种。刘长卿《送睦州孙沅自本州却归句容新营所居》句云："火种山田薄，星居海岛寒。"④ 方干途经婺州东阳县，看见"野父不知寒食节，穿林转壑自烧云"⑤。淳熙《新安志》卷二《叙贡赋》谓："新安为郡，在万山间，其地险狭而不夷，其土驿刚而不化，水湍悍少潴蓄……大山之所落，深谷之所穷，民之田其间者，层累而上，指十数级不能为一亩，快牛剡耜不得旋其间，刀耕而火种之。"⑥ 说明皖南梯田多为旱作，亦行刀耕火种之法。南岭山地亦普遍盛行畲田。唐大历中（766—779），戴叔伦经过道州，见到"渔沪拥寒溜，畲田落远烧"；过桂阳岭，又看到"种田烧险谷，汲井凿高原"⑦。《五灯会元》卷六《南岳玄泰禅师》记玄泰与贯休、齐己为友，"尝以衡山多被山民斩伐烧畲，为害滋甚，乃作《畲山谣》"，其中有句云："年年斫罢仍再鉏，千秋终是难复初。又道今年种不多，来年更斫当阳坡。"⑧ 正是畲

---

① 王禹偁：《畲田词》，见王延梯选注《王禹偁诗文集》，人民文学出版社1996年版，第28—29页。

② 赞宁：《宋高僧传》卷十一《唐池州南泉院普愿传》，中华书局1987年版，第256页。

③ 罗隐：《别池阳所居》，见《全唐诗》卷六五六，第7602页。

④ 刘长卿：《送睦州孙沅自本州却归句容新营所居》，见《全唐诗》卷一四九，第1487页。

⑤ 方干：《东阳途中作》，见《全唐诗》卷六五三，第7504页。

⑥ 淳熙《新安志》卷二《叙贡赋》，《宋元方志丛刊》本（中华书局1990年版），第7624页。

⑦ 戴叔伦：《留别道州李使君》，《桂阳北岭偶过野人所居聊书即事呈王永州邕李道州圻》，分别见《全唐诗》卷二七三、二七四，第3080、3110页。

⑧ （宋）普济：《五灯会元》卷六《南岳玄泰禅师》，中华书局1984年版，第314页。

田的形象写照。川鄂湘黔边山地的情形与此相类。北宋仁宗天圣八年（1030），曾有诏川峡路不得造着鉝刀，利州路转运使陈贯上奏反对，说："畲刀是民间日用之器，川峡山险，全用此刀开山种田，谓之刀耕火种。今若一例禁断，有妨农务。"① 说明川峡诸路直到北宋时代，刀耕火种仍很普遍。

虽然田土日辟，但山林采伐、渔猎在山区民众生计中仍占有相当位置。《宋书》卷四七《刘敬宣传》记东晋末年，刘敬宣为宣城内史（治宛陵，辖境在今皖南），"宣城多山县，郡旧立屯以供府郡费用，前人多发调工巧，造作器物。敬宣到郡，悉罢私屯，唯伐竹木，治府舍而已。亡叛多首出，遂得三千余户"②。刘宋宣城郡所属广德、宁国、怀安、泾、安吴、广阳、临城诸县皆在山区，故得称为"山县"。据上所引，则知凡此诸县出产山货竹木，其民则多"工巧"，以致宣城郡竟置立私屯，专事营求财货，"供府郡费用"。这说明其地民众生计多靠经营山货，砍伐竹木，并"造作器物"。至唐代，植茶逐步成为歙、宣、饶诸州部分民众最重要的生计方式。《文苑英华》卷八一三录张途《祁门县新修阊门溪记》称：祁门县"山多而田少，水清而地沃。山且置茗，高下无遗土，千里之内业于茶者十七八矣。由是给衣食，供赋役，悉恃此"③。北宋时期，歙、睦、宣诸州山内多营漆楮松杉等山林物产。方勺《泊宅编》卷五载："青溪为睦大邑，梓桐、帮源等号山谷幽僻处，东南趋睦而近歙。民物繁庶，有漆楮材木之饶，富商巨贾，多往来江浙。"④ 南宋乾道九年（1173）正月，范成大经过严州（治在今浙江建德东），见到"歙浦杉排毕集"于浮桥之下，故而述及："休宁山中宜杉，土人稀作田，多以种杉为业。杉又易生之物，故取之难穷。"⑤ 则知种杉已成为歙州山区的重要产业。在巴蜀丘陵及其周边山地，早在

---

① 《宋会要辑稿》兵二六之二六至二七，"刀制"，中华书局 1957 年版，影印本，第7239—7240 页。

② 《宋书》卷四七《刘敬宣传》，第 1412 页。

③ 《文苑英华》卷八一三，张途：《祁门县新修阊门溪记》，中华书局 1966 年版。影印本，第 4296 页。

④ 方勺：《泊宅编》（十卷本）卷五，第 30 页。

⑤ 范成大：《骖鸾录》，乾道九年正月三日，见《范成大笔记六种》，中华书局 2002 年版，第 45 页。

汉代，广汉郡什邡县即以"山出好茶"著称，南安、武阳亦皆出名茶①。江阳郡汉安县"土地虽迫，山水特美好。宜蚕桑，有盐井。鱼池以百数，家家有焉。"② 唐长庆二年（822），曾任开州（治在今重庆市开州）刺史的韦处厚上疏概述山南风俗，谓：

> 山谷贫人，随土交易，布帛既少，食物随时，市盐者或一斤麻，或一两丝，或蜡或漆，或鱼或鸡，琐细丛杂，皆因所便。③

则知蜡漆鱼鸡等物产在山区民众生计中具有重要地位。在密弥平原的低山丘陵地带，商品作物更受到重视。北宋庆历七年（1047），苏舜钦尝游历太湖洞庭山，谓洞庭山山"地占三乡，户率三千，环四十里"，"皆树桑栀柑柚为常产。每秋高霜余，丹苞朱实，与长松茂树参差"④。至南宋初，庄绰描述说：

> 平江府洞庭东西二山，在太湖中，非舟楫不可到。胡骑寇兵，皆莫能至。然地方共几百里，多种柑橘桑麻，糊口之物，尽仰商贩。绍兴二年冬，忽大寒，湖水遂冰，米船不到，山中小民多饿死。⑤

柑橘桑麻，已成为洞庭山中民众的常产、生计之主要依靠。

从开发区域言之，唐北宋时期，江南山区的开发很不均衡。皖南山区、浙赣山地、湘中丘陵、四川盆地西北部丘陵山地的开发程度相对较高。唐贞元十八年（802），韩愈在《送陆歙州诗序》中说："当今赋出于天下，江南居十九。宣使之所察，歙为富州。"⑥ 杜牧《吕温墓志铭》

---

① 《华阳国志校补图注》卷二《蜀志》，广汉郡"什邡县"，犍为郡"南安县"，第166、175页。

② 《华阳国志校补图注》卷二《蜀志》，江阳郡"汉安县"，第180页。

③ 《唐会要》卷五九《度支使》，中华书局1955年版，第1017页。

④ 苏舜钦：《苏学士文集》卷十三《苏州洞庭山水月禅院记》，《宋集珍本丛刊》本（线装书局2004年版，据康熙三十七年震泽徐氏刻本影印），第六册，第364页。

⑤ 庄绰：《鸡肋编》卷中，"中原避祸南方者遭遇之惨"条，中华书局1983年版，第64页。

⑥ 韩愈撰、马其昶校注：《韩昌黎文集校注》卷四"序"，《送陆歙州诗序》，上海古籍出版社1986年版，第231页。

记武宗时，吕温出为宣歙池等州观察使，辖区"赋多口众，最于江南"。宣、歙、池三州已得与苏、润、常、湖诸州并驾齐驱，得称为"富州"。婺、衢、睦（严）、饶、信、抚、吉、袁等以山地为主的州郡发展也较快。婺、衢二州地处金衢盆地，唐北宋时期，发展甚速。唐贞观时，婺州五县，有著籍户 37819 户；垂拱二年（686），自婺州析置衢州；天宝中，二州共有 212558 户①。在百余年时间里，著籍户口增加五倍，可见其发展之速。饶州亦以富庶为称。南唐昇元二年（938），刘津说："太和中，以婺源、浮梁、祁门、德兴四县茶货实多，兵甲且众，甚殷户口，素是奥区。"② 除祁门外，其余三县均属饶州。北宋元祐六年（1090），余干进士都颉作《鄱阳七谈》，极言其滨湖蒲鱼之利，膏腴七万顷，柔桑蚕茧之盛，以及林麓木植之饶，铜冶铸钱，陶埴为器③，足见饶州之富饶。抚州则"号为名区，翳野农桑，俯津阛阓，北接江湖之脉，贾货骈肩；南冲岭峤之支，豪华接袂"④。开元七年（719），抚州刺史卢元敏以"田地丰饶，川谷重深，时多剽劫"为由，奏请复置南丰县⑤。"川谷重深"的南丰县已被称为"田地丰饶"，可知赣东山区已有较好开发。信州大部分都是山区，其元和户为 28911 户，宋初主客户合计 40685 户，熙宁户 132717 户，崇宁户 154364 户⑥，在约三百年时间里增加四倍，著籍户口之增长速度非常惊人。在荆楚地区，黄、鄂、安、荆、岳、潭诸州丘陵山地的开发相对较好。晚唐僧人齐己曾久居潭州大沩山同庆寺，其《暮游岳麓寺》句云："回首何边是空地，四村桑麦遍丘陵"⑦，反映出潭州湘江西岸的岳麓山已遍布桑麦。《宋史·地理志》谓潭、鄂、岳、全、邵诸州"大率有材木、茗荈之饶，金、铁羽毛之利。其土宜谷稻，赋入稍多。而南路有袁、吉壤接

---

① 《旧唐书》卷四十《地理志三》婺州、衢州，第 1592—1593 页；

② 刘津：《婺源诸县都制置新城记》，《全唐文》卷八七一，第 9116 页。

③ 洪迈：《容斋随笔》，《五笔》卷六，"鄱阳七谈"，中华书局 2005 年版，第 892 页。

④ 张保和：《唐抚州罗城记》，见《全唐文》卷八一九，第 8626 页。

⑤ 《太平寰宇记》卷一一〇，江南西道抚州"南丰县"条下，第 2238 页。

⑥ 《元和郡县图志》卷二八江南道四"信州"条，第 678 页；《太平寰宇记》卷一〇七江南西道"信州"，第 2148 页；《元丰九域志》卷六江南路"信州"，中华书局 1984 年版，第 246 页；《宋史》卷八八《地理志四》江南东路"信州"，中华书局 1977 年版，第 2187 页。

⑦ 齐己：《暮游岳麓寺》，见《全唐诗》卷八四五，第 9628 页。

者，其民往往迁徙自占，深耕穊种，率致富饶"①。在长江上游，四川盆地西北部丘陵山地的开发程度较高。如蜀州有"金砂银砾之饶……即山而鼓，民拥素封之资；厥筐之华，户赢玩巧之利"②；绵州"处二蜀之会，人饶地腴，赋货繁茂"③。

相较而言，浙闽山地、南岭山地以及秦巴山地、湘鄂川黔边山地、云贵高原，则处于比较落后的后进阶段。唐代台、处、温、福、建、汀、泉、漳诸州山区，鲜有农田水利工程之记载。汉水上中游以至荆楚北部的梁、金、商、房、均、邓、唐、随、郢诸州境内的秦巴山地、大别山区、大洪山区的经济开发也较落后。后晋天福七年二月诏书丙午云："邓、唐、隋、郢诸州，多有旷土，宜令人户取便开耕，与免五年差税。"④ 直到北宋仁宗、英宗间，唐、邓间"尚多旷土"⑤，更遑论与唐、邓相邻的商、均、襄、随诸州山区了。湘鄂西山区的峡、归、施、沅、靖、辰以及夔、渝等今川东、重庆诸州，也比较落后。在《新唐书·地理志》中，上述诸州鲜有关于农田水利工程的记载。即便是处于四川盆地中央的潼川府路，直到南宋初，仍被汪应辰称作"多是山田，又无灌溉之利"；而夔州路"最为荒瘠，号为刀耕火种之地，虽遇丰岁，民间犹不免食草木根实，又非潼川府路之比"⑥。据此可以想见四川盆地周边山区的状况。

第三阶段，自南宋以迄于明清时期，浙闽山地、南岭山地、川东丘陵山地、粤桂山地、秦巴山地以及西南云贵高原山地渐次得到全面开发，山区种植农业、山林资源的多种经营、矿冶、手工业等均得到长足发展；特别是到明清时期，各省际交边山区，如川陕楚交界的秦巴山地、湘鄂川黔边的武陵—雪峰山区、闽浙赣交边的武夷山地、湘赣粤交

---

① 《宋史》卷八八《地理志四》，"荆湖南北路"后叙，第2201页。

② 张方平：《乐全集》卷三二《蜀州修建天目寺记》，《宋集珍本丛刊》本（线装书局2004年版）第五册，第596页。

③ 文同：《新刻石室先生丹渊集》卷二三《绵州通判厅伐木堂记》，《宋集珍本丛刊》本（线装书局2004年版）第九册，第233页。

④ 《旧五代史》卷八十《高祖纪》天福七年二月丙午，中华书局1976年版，第1058页。

⑤ 《宋史》卷一七三《食货志》，第4165页。

⑥ 汪应辰：《文定集》卷四，《御札问蜀中旱歉画一回奏》，学林出版社2009年版，第27页。

边的南岭山地等，成为山区开发的主要对象，山地利用达到了新的高度。

南宋至元代，除上述在唐北宋时代即已得到相当程度开发的皖南山区、浙赣山地、湘中丘陵、四川盆地西北部丘陵山地继续发展之外，浙闽山地、南岭山地、川东丘陵山地、粤桂山地等山区的开发特别突出。台州位于浙闽山地东北部，负山滨海。嘉定《赤城志》卷十三《版籍门一》称其地"沃土少而瘠地多，民生其间，转侧以谋衣食，寸壤以上，未有莱而不耕者也"①。同书卷二六《山水门》又记郡属五县境内之堰、塘、泾、砩等农田水利设施，共有219处②。温、处二州大抵以括苍山为界，山中的冯公岭，至迟到南宋中期，已垦辟出梯田。楼钥《攻媿集》卷七《咏冯公岭》诗云："百级山田带雨耕，驱牛扶耒半空耕。"③ 所描述的正是典型的梯田景象。叶适《冯公岭》句则云：

> 冯公此山民，昔开此山居。屈盘五十里，陟降皆林庐。公今去不存，耕凿自有余。……瓯、闽两邦士，汹汹日夜趋；辛勤起芒履，邂逅乘轮车。④

瓯、闽之人日夜争趋而来，说明冯公岭有大量外地移民进入。处于括苍山中的冯公岭尚且已垦辟出大量梯田，温、台、处三州山地的开发固可推知⑤。福建山区的梯田更有全面发展。《宋会要辑稿》瑞异二之二九载嘉定八年七月二日臣僚奏称："闽地瘠狭，层山之巅，苟可寘人力，未有寻丈之地不垦而为田，泉溜接续，自上而下，耕垦灌溉，虽不得雨，岁亦倍收。"⑥ 则知福建山地梯田已有引水灌溉之设施。淳熙《三

---

① 嘉定《赤城志》卷十三《版籍门一》，"田"，《宋元方志丛刊》影印本（中华书局1990年版），第7389页。

② 嘉定《赤城志》卷二六《山水门八》，第7483—7477页。

③ 楼钥：《攻媿集》卷七，《冯公岭》，《丛书集成初编》本（中华书局1985年版），第2004册，第109页。

④ 叶适：《冯公岭》，见《叶适集》，《水心文集》卷六，中华书局1961年版，第35页。

⑤ 关于浙南山区的开发，请参阅陈桥驿《历史上浙江省的山地垦殖与山林破坏》，《中国社会科学》1983年第4期。

⑥ 《宋会要辑稿》瑞异二之二九，嘉定八年七月二日臣僚奏，第2096页。

山志》卷十五《版籍类六》"水利"云：闽地"山多于田，人率危耕侧重，塍级满山，宛若缪篆。而水泉自来迁绝，崖谷轮吸，口口忽至"①。福州所属古田、闽清、永福三县辖境均属于内地山区。据淳熙《三山志》载，古田县各里共有陂、洋等水利设施27处，永福县有塘、陂8处，闽清县"村落各堰成陂，溉田种五万余石"②。建宁府（建州）崇安、松溪、政和二县并处大山之中。《永乐大典》卷二七五五引淳祐《建安志》记三县陂塘，崇安县有13处，松溪县3处，政和县10处③。汀州各县亦皆在重山之中，"山多田少，土瘠民贫"④。汀州著籍户口，北宋末（崇宁户）为81454户，庆元间（1195—1200）增至218570户，开庆间（1259）见管222433户⑤，已是北宋末的三倍。开庆《临汀志》于"山川"下记有各县陂塘，其中长汀县有郑家陂、西田陂、南拔桥陂、官陂、中陂、何田大陂等7处，宁化县有大陂、吴陂等2处，上杭县有梁陂、高陂等2处，武平县有黄田陂1处，莲城县有24处⑥。南岭山地的开发，则以虔（赣）州最为突出。《永乐大典》卷二七五四引南宋末成书的《章贡志》记虔（赣）州各县陂塘，其中赣县有279处，宁都县有366处，雩都县有362处，兴国县有3处，龙南县有69处，信丰县有18处⑦，则知赣州境内山地已普遍兴修陂塘等农田水利，基本脱离了刀耕火种的旱作形态。大庾岭南麓的南雄州，"近岭下"，"地据上流，田有肥瘠"，在南宋之前，既已修有凌、连二陂，"千百顷亩皆藉以灌溉之利"，惜"岁月浸久，荒湮不治"。嘉定九年

---

① 淳熙《三山志》卷十五《版籍类六》，"水利"，《宋元方志丛刊》影印本（中华书局1990年版），第7905页。

② 淳熙《三山志》卷十五《版籍类六》，"水利"，第7922—7923页。

③ 《永乐大典》卷二七五五，"陂"字韵下《建安志》，中华书局1986年版，影印本，第1407页。又见马蓉等点校《永乐大典方志辑秩》第二册，中华书局，第1171—1172页。

④ 《永乐大典》卷七八九〇，"汀"字韵引开庆《临汀志》，第3622页。又见《永乐大典方志辑佚》第二册，第1227页。

⑤ 《永乐大典》卷七八九〇，"汀"字韵引开庆《临汀志》，第3621—3622页。又见《永乐大典方志辑佚》，第1225—1227页。

⑥ 《永乐大典》卷七八九一，"汀"字韵引开庆《临汀志》，第3628—3632页。又见《永乐大典方志辑佚》第二册，第1250—1270页。关于宋代福建山区的开发，请参阅郑学檬《论宋代福建山区经济的发展》，《农业考古》1986年第1期。

⑦ 《永乐大典》卷二七五四，"陂"字韵下引《章贡志》，第1403—1405页。又见《永乐大典方志辑秩》第二册，第2037—2051页。

（1216），郡守黄成主持重修①。南岭山地西端的衡、郴、道、永诸州及桂阳军，南宋时期也已垦辟出梯田，并兴修了部分水利设施。乾道九年（1173）春，范成大行经衡、永二州间的黄罴岭（在今湖南祁阳、祁东二县间），作《过黄罴岭》诗云：“谓非人所寰，居然见锄犁。山农如木客，上下以飞。”② 则在“极高峻”的黄罴岭上已有山农垦殖。在范成大南行之前，乾道元年（1165），张孝祥出知静江府（治在今桂林），亦经过衡、永一带。其《湖湘以竹车激水，粳稻如云，书此能仁院壁》描述了筒车车水的情形：

> 象龙唤不应，竹龙起行雨。联绵十车辐，伊轧百舟橹。转此大法轮，救汝旱岁苦。横江锁巨石，溅瀑叠城鼓。神机日夜运，甘泽高下普。老农用不知，瞬息了千亩。③

按：此诗所书之能仁院在衡州。《前日出城苗犹立槁，今日过兴安境上，田水灌输，郁然弥望，有秋必成。乃知贤者之政，神速如此。辄寄呈交代仲钦秘阁》句云：“筒车无停轮，木枧着高格。粳秫接新润，草木丐馀泽。”④ 则知南宋时衡、永、桂诸州山区已普遍使用筒车灌溉。四川盆地东部与南部山地也有较大发展。泸州位于四川盆地南部边缘，境内大部分为低山丘陵。《永乐大典》卷二二一七“泸”字韵下录南宋末成书的《江阳谱》，记泸州及所属江安、合江二县乡都保甲聚落户口甚悉，颇可见出南宋川南山地之发展状况。如泸州“衣锦乡白芳里”下原注称：“有溪通大江，地产荔枝，最富。”全里有著籍户 4599 家，集聚村落 26 个，其中至少有 6 个称为“市”的聚落可基本确定为集市。又如清流乡沿江里，原注称：“在县西九十里，有溪连大江，地产牛乳、蔗、柑桔、盐。”其所属“怀德镇”原注称：“旧名落来镇。宣

---

① 《永乐大典》卷六六六（中华书局影印本《永乐大典》无此卷），引《南雄府图经志》所录寅亮撰《重修凌连二陂记》，见《永乐大典方志辑佚》，第 2550—2552 页。

② 范成大：《范石湖集》卷十三，上海古籍出版社 1981 年版，第 170 页。

③ 张孝祥：《张孝祥诗文集》卷四，《湖湘以竹车激水，粳稻如云，书此能仁院壁》，彭国忠校点，黄山书社 2001 年版，第 40 页。

④ 张孝祥：《张孝祥诗文集》卷五，《前日出城苗犹立槁，今日过兴安境上，田水灌输，郁然弥望，有秋必成。乃知贤者之政，神速如此。辄寄呈交代仲钦秘阁》，第 60 页。

和三年安抚司状奏：据落来市乡老称：落来镇初因夷人落来归明于本镇住，遂呼镇市为落来，乞改撰。得旨，落来镇改为怀德镇。"则其地归化未久。而全里共有著籍户 2196 家，集聚村落 15 个，其中至少有 5 个可以确定为市镇①。

经过南宋至元代的长期开发，到明清时期，南方大部分低山丘陵地区已开发殆尽，进一步开发的重点乃集中在各省边缘的中高山区以及云贵高原及其周边的中高山地，特别是川鄂陕豫交边的秦岭—大巴山地、闽赣湘粤交边的武夷—南岭山地、湘鄂川黔交边的武陵—雪峰山地等。明清时期秦巴山区的开发大致有两个高潮：一是在明中后期，主要集中在秦巴山区东部的襄阳、郧阳、南阳地区及荆州西部山区②。二是在清中期，特别是乾隆至道光间，鄂西北、豫西南、陕南、川北山区均得到全面深入的开发③。到嘉庆、道光年间，秦巴山地的丛山密林中，到处都有客民的足迹，崇山峻岭，无不开辟垦殖。同治《房县志》卷四《赋役》云："房居万山中，林木阴森，刚卤交错。自国初以来，日渐开垦，小民择高陵大阜，凡可树艺处，几至无地不毛。"④ 土地资源条件较差的竹山县，"幅员宽广，昔时土浮于人，又山多田少，水田十之一，旱地十之九。近则五方聚处，渐至人浮于土，木拔道通，虽高岩峻岭，皆成禾稼"⑤。大

---

①　《永乐大典》卷二二一七，"泸"字韵下录《江阳谱》，第 632—633 页；又见《永乐大典方志辑佚》，第 3150—3153 页。

②　参阅樊树志《明代荆襄流民与棚民》，《中国史研究》1980 年第 3 期；钮仲勋：《明清时期郧阳山区的农业开发》，《武汉师范学院学报》1981 年第 4 期；马雪芹：《明中叶流民问题与南阳盆地周边山地开发》，《陕西师范大学学报》1995 年第 1 期；吕卓民：《明代陕南地区农业经济开发》，《西北大学学报》1996 年第 3 期；张建民：《明清长江流域山区资源开发与环境演变——以秦巴山区为中心》，武汉大学出版社 2007 年版，第 85—201 页。

③　参阅李蔚《乾嘉年间南巴老林地区的经济研究》，《兰州大学学报》1957 年第 1 期；萧正洪：《清代陕南地区的移民、农业垦殖与自然环境的恶化》，《中国农史》1986 年第 6 期；《清代陕南种植业的盛衰及其原因》，《中国农史》1988 年第 4 期、1989 年第 1 期；《清代陕南的流民与人口地理分布的变迁》，《中国史研究》1992 年第 3 期；B. 费梅尔：《清代大巴山区山地开发研究》，《中国历史地理论丛》1991 年第 2 期；陈良学：《清代前期客民移垦与陕南的开发》，《陕西师范大学学报》1988 年第 1 期；张建民：《明清长江流域山区资源开发与环境演变——以秦巴山区为中心》，第 242—466 页。

④　同治《房县志》卷四《赋役》，《中国方志丛书》本（华中地方第 329 号，据同治四年刊本影印），成文出版社 1976 年版，第 248—249 页。

⑤　同治《竹山县志》卷七《风俗》，《中国方志丛书》本（华中地方第 323 号，据同治四年刊本影印），成文出版社 1975 年版，第 164 页。

巴山深处的砖坪厅处川陕交界地带,海拔大都在 1500 米左右。到道光初年,砖坪厅"境内皆山,开垦无遗,即山坳石隙,无不遍及"①。秦岭南坡西安府、汉中府、兴安府与商州四府州交界的地区,在清初还是人迹罕至的深山老林,约自乾隆四十年(1775)前后,"四川湖广等省之人陆续前来开垦荒田,久而益众,处处俱成村落"。所以于乾隆四十八年(1783)增设五郎厅(后改为宁陕厅)。到嘉庆二十年(1815),"屈指建治方三十二年,昔之鹿豕与游、上巢下窟者,今则市廛鳞接、百堵皆兴矣;昔之林木阴翳、荆榛塞路者,今则木拔道通、阡陌纵横矣"②。至迟到道光中期,秦巴山区已经得到普遍的开发。武夷—南岭山地、武陵—雪峰山地以及云贵高原山地的开发进程、深度与秦巴山地大致相似,只是在时间上略有早晚,开发深度略有差别③。

　　在汉魏六朝以迄于唐北宋时期的文献中,虽然也有不少文献记载"逃户"、"逃人"、"流移"、"亡命"进入山区,从事垦辟、山伐、矿冶,但总的说来,南方山区的开发的主力应当是包括诸种被称作蛮、山越、獠的南方古代族群在内的山区土著居民。而南宋以后特别是明清时期,南方山区开发的主力则主要是被称为"棚民"、"流民"之类名称的山外移民。乾隆四十六年(1781),陕西巡抚毕沅称:兴安州及所属六县,"从前俱系荒山僻壤,土著无多。自乾隆三十七八年以后,因川

---

　　① 卢坤:《秦疆治略》,"砖坪厅"条,《中国方志丛书》本(华北地方第 288 号,据道光间刊本影印),成文出版社 1970 年版,第 127 页。

　　② 道光《宁陕厅志》卷四《艺文》,《中国地方志集成·陕西府县志辑》本(据道光九年刻本影印)第 56 册,凤凰出版社 2007 年版,第 93 页。

　　③ 关于明清时期闽赣粤边武夷—南岭山地的经济开发,请参阅徐晓望《明清闽浙赣边区山区经济发展的新趋势》,见傅衣凌、杨国桢主编《明清福建社会与乡村经济》,厦门大学出版社 1987 年版,第 193—226 页;刘秀生:《清代闽浙赣的棚民经济》,《中国社会经济史研究》1988 年第 1 期;陈支平:《闽江上下游经济的倾斜性联系》,《中国社会经济史研究》1995 年第 2 期;刘永华:《九龙江流域的山区经济与沿海经济》,《中国社会经济史研究》1995 年第 2 期;张芳:《明代南方山区的水利发展与农业生产》,《农业考古》1997 年第 1 期;曹树基:《明清时期的流民和赣南山区的开发》,《中国农史》1985 年第 4 期。关于湘鄂西武陵—雪峰山地的开发,请参阅杨国安《明清鄂西山区的移民与土地垦殖》,《中国农史》1999 年第 1 期;朱圣钟:《鄂西民族地区农业结构的演变》,《中国农史》2000 年第 4 期。关于云贵高原山区的开发,请参阅方国瑜《清代云南各族劳动人民对山区的开发》,《思想战线》1976 年第 1 期;施宇华:《明代云南的山区开发》,《云南民族大学学报》1992 年第 2 期;陈国生等:《清代贵州的流民与山区开发》,《贵州师范大学学报》1994 年第 3 期;何萍:《玉米的引种与贵州山区开发》,《贵州文史丛刊》1998 年第 5 期。

楚间有歉收处所，穷民就食前来，旋即栖谷依岩，开垦度日。而河南、江西、安徽等处贫民，亦多携带家室，来此认地开荒，络绎不绝，是以近年户口骤增至数十余万，五方杂处，良莠错居。……兼有外来无业匪徒，因地方僻远，易于匿迹潜踪，出没无定"①。严如熤则描述说：

> 流民之入山者，北则取道西安、凤翔，东则取道商州、郧阳，西南则取道重庆、夔府、宜昌，扶老携幼，千百为群，到处络绎不绝。不由大路，不下客寓，夜在沿途之祠庙、岩屋或密林之中住宿，取石支锅，拾柴作饭。遇有乡贯便寄住，写地开垦，伐木支椽，上覆茅草，仅蔽风雨。借杂粮数石作种，数年有收，典当山地，方渐次筑土屋数板，否则仍徙他处，故统谓之"棚民"。②

显然，这些携带家室、络绎不绝进入山区的"穷民"构成了山区开发的主力军。正因为如此，明清时期南方山区开发、经济增长的进程遂与山外流移人口大量进入山区的过程相对应，而流移人口进入较多、集中落居的地区，也就是山区资源开发利用程度相对较高的地区，并进而成为生态环境受到破坏较为严重的地区。在流移人口与山区开发的动态过程中，流移人口占据着主导性的能动作用：流移人口是因，资源开发是果，资源开发的进程与特征主要受到流移人口之进入及其特性的影响与制约。

流移人口进入山区之初，也往往会采用刀耕火种的方式垦辟土地。严如熤尝描述秦巴山区的开荒之法云："大树巅缚长缅，下缒巨石，就根斧锯并施。树既放倒，本干听其霉坏，砍旁干作薪，叶枝晒干，纵火焚之成灰，故其地肥美，不须加粪，往往种一收百。间有就树干中挖一大孔，置火其中，树油内注，火燃不息。久之，烟出树顶，而大树成灰矣。"③但山区山林所有权既渐次明晰，流移人口实际上已不能随意烧荒垦山，亦不能随意撂荒，所以这种方式主要适用于垦辟土地之初，流

---

① 毕沅：《兴安升府奏疏》，见严如熤《三省边防备览》卷十七《艺文下》，江苏广陵古籍刻印社 1991 年版，据道光兴安府署刻本影印，第 3 页上、下。
② 严如熤：《三省边防备览》卷十二《策略》，第 19 页上、下。
③ 《三省边防备览》卷十二《策略》，第 19 页下。

移入户留居下来之后，便尽可能经营灌溉设施与梯田，实行连作制。严如熤说："山内垦荒之户，写地耕种，所种之地，三两年后，垦荒成熟，即可易流寓成土著。偶被雨水冲刷，不能再耕，辄搬去，另寻山地。"① "棚民既有水田，便成土著。"② 然则，棚民起初常常是"迁徙无定"，没有固定的产业与住居；时间既久，则或"渐治田庐"，遂营治水田与梯田，连续耕种；除非迫不得已，一般不会轻易舍弃已开垦的田地。汉中府留坝厅，"本无水利，近年以来，川楚徙居之民，就溪河两岸地稍平衍者筑堤障水，开作水田。又垒石溪河中，导小渠以资灌溉"。"各渠大者灌百余亩，小者灌数十亩、十数亩不等。"③ 定远厅（今镇巴县）处大巴山中，"山大林深，然过一高山，即有一田坪。星子山之东为楮河，厅西为九军三坝，南为渔肚坝、平落、盐场，西南为仁村、黎坝，均为水田，宜稻。九军坝产稻最美，其粒重于他处"④。说明即便是在中高山区的河谷平坝，灌溉水利亦已有相当程度的发展。在这些条件较好的河谷平坝中，至迟到清中后期，无论是水田还是旱地，均已较广泛地推行了稻麦复种制。《三省边防备览》卷九《民食》云："（汉中）水田夏秋两收，秋收稻谷，中岁乡斗常三石（京斗六石）；夏收城（固）、洋（县）浇冬水之麦亩一石二三斗，他无冬水者，乡斗亩六七斗为常。稻收后即犁而点麦，麦收后又犁而栽秧，从不见其加粪，恃土力之厚耳。旱地以麦为正庄稼，麦收后种豆、种粟、种高粱、糁子。上地曰金地、银地，岁收麦亩一石二三斗，秋收杂粮七八斗。兴安、汉阴亦然。"至于中高山区，"溪沟两岸及浅山低坡尽种包谷、麻、豆，间亦种大小二麦。山顶老林之旁，包谷、麻、豆清风不能成，则种苦荞、燕麦、洋芋"⑤。虽主要采用一年一熟或两年三熟制，然较之刀耕火种式的撂荒制，实已为极大进步。因此，虽然与平原地区

① 严如熤：《三省边防备览》卷十七《艺文下》，"会勘三省边境拟添文武官员事宜禀"，第54页下。

② 严如熤：《三省边防备览》卷十二《策略》，第41页上。

③ 嘉庆《汉南续修郡志》卷二十《水利》，《中国地方志集成·陕西府县志辑》本（据民国十三年刻本影印）第50册，第293页。

④ 严如熤：《三省山内风土杂识》，《丛书集成初编》本（第3114册，中华书局1985年版，排印本），第4页。

⑤ 《三省边防备览》卷九《民食》，第12页下至13页上。

精耕细作的农耕方式相比还有很大差距，但总的说来，自南宋以迄于明清，南方山区的土地利用方式已逐步脱离刀耕火种式的撂荒制，而普遍推行连耕农作制，在水热条件较好的河谷平坝及部分低山丘陵地区，已普遍实行一年两熟或两年三熟的轮作复种制，即便在中高山区，一年一熟的连种制也是基本得到保障的。

　　明清时期南方山区经济开发的另一个重要特点，乃是玉米、番薯、洋芋等高产旱作物的普遍引种、推广。在明中期之前，南方山区种植的旱地作物主要是黍、粟、豆、麻、荞等。玉米等作物在山区引种后，迅速推广开来，到清中期，已成为山区的主要种植作物。在秦巴山地，严如熤《三省山内风土杂识》云："数十年前，山内秋收以粟谷为大庄。粟利不及包谷，近日遍山漫谷，皆包谷矣。包谷高至丈许，一株常二三包。山民言大米不耐饥，而包谷能果腹，蒸饭作馍，酿酒饲猪，均取于此，与大麦相当。故夏收视麦，秋成视包谷，以其厚薄，定岁丰歉。"[1]郧阳府各属"崇山峻岭，平畴水田十居一二，山农所恃以为饔餐者，麦也，荞也，粟也，总以玉黍为主。至稻麦，惟士官与市廛之民得以食之"。在商州各属，"镇安、山阳寸趾皆山，绝少水利；商南商雒间有水田，然亦不多。故商自本州而外，属城四邑，民食皆以包谷杂粮为正庄稼"。兴安府七邑水田总计"不逮南（郑）、城（固）一邑之多，山民全资包谷杂粮"。汉中府属留坝、定远、凤县、略阳、洋县等，也"均以包谷杂粮为正庄稼。"[2] 洋芋在秦巴山地的推广，比玉米要迟一些，大约是在嘉庆年间。童兆荣《童温处公遗书》卷三《陈报各属山民灾歉请筹拨籽种口食银两禀》云："查洋芋一种，不知始自何时，询之土人，佥称嘉庆教匪乱后，各省客民来山开垦，其种渐繁。高山地气阴寒，麦豆包谷不甚相宜，惟洋芋种少获多，不费耘锄，不烦粪壅，山民赖此以供朝夕。其他燕麦、苦荞，偶一带种，以其收成不大，皆恃以洋芋为主。"[3] 光绪《续修平利县志》卷九《土产志》"洋芋"条下称："旧《志》未载。相传杨侯遇春剿贼于此，军中采以供食，山中居民始

　　① 严如熤：《三省山内风土杂识》，第 22 页。
　　② 《三省边防备览》卷九《民食》，第 5 页下—6 页上。
　　③ 童兆荣：《童温处公遗书》卷三《陈报各属山民灾歉请筹拨籽种口食银两禀》，宁乡童氏桂阴书屋藏板，光绪末刊本，第 6 页。

知兴种，故俗又称为杨芋。或云，乾隆间杨□仕广东，自外洋购归。"①
看来乾隆间山中已有种植，嘉庆以后才全面推广②。

　　山区的作物种植呈现出典型的垂直分布的特征。在河谷和山间平
坝，尽可能地利用一切条件，兴修渠堰，开发水田，种植水稻；在低山
丘陵地带，以种植玉米、小麦为主；在中高山地带，则只能种植洋芋、
番薯和部分杂粮。道光《石泉县志》卷二《田赋志》"物产"栏称：
"五谷不尽种。水田种稻，坡地种包谷，麦豆则间种焉。"又说："石邑
水田十仅有二，稻谷无多，高山随便播种，更难概论，惟坡地须酌种
麦。"③ 道光《紫阳县志》卷三《食货志》"树艺"栏也说：浅山低坡，
尽种包谷、麻、豆；山顶老林之旁，包谷麻豆清风不能成，则种荞麦、
燕麦、洋芋、红苕。④ 道光《宁陕厅志》卷一《风俗》谓："其日用常
食以包谷为主，老林中杂以洋芋、苦荞，低山亦种豆、麦、高粱，至稻
田惟近溪靠水，筑成阡陌，不过山地中十分之一。"⑤ 但在道光以后，
由于山区人口压力越来越大，而地力下降，产出减少，所以高产的洋芋
的种植面积逐渐扩大。光绪《定远厅志》卷五《地理志》"风俗"云：
"高山之民；尤赖洋芋为生活。道光前惟种高山，近则高下俱种。"⑥

　　除垦辟田地、种植粮食作物之外，南方山区木材采伐、经济林特产
品的采集与加工、矿产资源的开采与冶炼也得到长足发展。福建西部的
延平、建宁、邵武三府处丛山之中，林木资源丰富，南宋以来，即有大
量林木及漆、茶、蔗糖、纸等林特产品沿闽江下运，如建瓯县，"杉木
遍地可以种植。……除本地供用外，岁出京筒二百余厂，……均输出省

---

　　① 光绪《续修平利县志》卷九《土产志》"洋芋"条，《中国方志丛书》本（华北地方
第 275 号，据光绪二十二年刊本影印），成文出版社 1970 年版，第 255 页。

　　② 关于玉米、红薯、洋芋在秦巴山地的引种与推广，请参阅萧正洪《清代陕南种植业
的盛衰及其原因》，《中国农史》1988 年第 4 期、1989 年第 1 期；张建民《明清长江流域山区
资源开发与环境演变——以秦岭一大巴山区为中心》，第 293—322 页。

　　③ 道光《石泉县志》卷二《田赋志》"物产"栏，《中国方志丛书》本（华北地方第
278 号，据道光二十九年刊本影印），成文出版社 1969 年版，第 52、54 页。

　　④ 道光《紫阳县志》卷三《食货志》"树艺"栏，《中国地方志集成·陕西府县志辑》
本（据光绪八年补刻本影印）第 56 册，凤凰出版社 2007 年版，第 166 页。

　　⑤ 道光《宁陕厅志》卷一《风俗》，《中国地方志集成·陕西府县志辑》本（据道光九
年刊本影印）第 56 册，凤凰出版社 2007 年版，第 63 页。

　　⑥ 光绪《定远厅志》卷五《地理志》"风俗"，《中国方志丛书》本（华北地方第 270
号，据光绪五年刊本影印），成文出版社 1969 年版，第 257 页。

会，运售上海、宁波、天津等处"①。在秦巴山地，严如熤描述说："山内营生之计，开荒之外，有铁厂、木厂、纸厂、耳厂各项，一厂多者恒数百人，少者亦数十人。""丛竹生山中，遍岭漫谷，最为茂密。取以作纸，工本无多，获利颇易，故处处皆有纸厂。"②

总之，自南宋以迄于清中后期，南方山区的开发在广度与深度上不断拓展、深化，很多中高山区均得到程度不同的开发。与六朝至北宋时期南方山区的相比较，这一时期的山区开发主要有三个特点：（1）山区开发的主力以自山外移入的诸种流移、移民为主力；（2）山区的土地利用方式已逐步脱离刀耕火种式的撂荒制，而普遍推行连耕农作制；（3）玉米、番薯、洋芋等高产旱作物的普遍引种、推广。至于山区开发在空间上向中高山区的拓展、山林资源开发利用的加深，则主要是在此前发展基础之上的进一步延伸。

二 南方山区开发的社会经济与政治文化特征

与平原地区相比，历史时期南方山区的社会经济与政治文化特征主要表现为以下四个方面：

第一，山区可耕地资源相对匮乏，且开发利用难度较大，而山林、矿产资源则相对丰富，从而使山区民众采取多种多样的生计方式，并由此形成了经济形态的多样性。

一般说来，山区可耕地资源远远低于平原区，土地开发利用的难度既较大，土壤肥力以及人力、资金方面的投入均无法与平原地区相比，故山区单位耕地面积的农业生产率一般远低于河谷平原地带③。换言

---

① 民国《建瓯县志》卷二五《实业志》，《中国方志丛书》本（华南地方第95号，据民国十八年铅印本影印），成文出版社1967年版，第282页。关于闽江上游林木资源的开发及其外销，请参阅陈支平《闽江上下游经济的倾斜性联系》，《中国社会经济史研究》1995年第2期。

② 严如熤：《三省山内风土杂识》，第22—23页。关于秦巴山区经济林特产与经济作物的种植、经营以及竹木铁盐资源的开发，请参阅张建民《明清长江流域山区资源开发与环境演变——以秦岭一大巴山为中心》，第376—465页。

③ 参阅 G. William Skinner, "Presidential Address: The Structure of Chinese History", *Journal of Asian Studies*, Vol. 44, No. 2. (Feb. 1985), pp. 271–292. 中译本见《中国封建社会晚期城市研究》，王旭译，吉林教育出版社1991年版，第1—24页，特别是第10—12页。

之，山区民众的生计较之平原地区，要艰难得多。嘉庆《山阳县志》卷十二《杂集志》录何树滋《禀恳山地免升科》云：商州所属洛阳、山阳诸县"跬步皆山，平川可耕之地不过百分之一。其可耕者大半皆山水冲刷，非同平原。民间力耕之外，半恃采樵、饲猪。屡丰之年，仅供正赋；岁歉，则多逃逋。……其山皆峭壁险崖，间有带土者，无非石棱错杂，仅生树木。乾隆二十年以后，始有外来流民向业主写山，于陡坡斜岭之间开作耳杌、木筏。迨杌筏罢后，或种包谷，或种苦荞。而山地寒冷，三月布种，九月乃获，从无可种两季者。幸而雨旸时若则有收，少或愆期则无获。又必初开之山方可成实，至三四年后则不堪再种，故旋开旋弃，迁徙靡常"①。据此当可窥见山区民众生计之艰难。因此，在山区，单纯依靠种植业很难维持生计，必须想方设法，开发利用较为丰富的矿产与山林资源，种植经济作物，经营手工业；而山区民众在农耕之外，开发利用山区林特产资源与矿冶资源，实为基于资源与环境条件的自然选择。乾隆《续商州志》卷八《风俗》云："民间生计，农事而外，担柴、烧炭、锯板、割漆、采药、植果、猎禽取兽，皆可度日。故虽不称殷富，而饥寒交迫者亦少。"② 严如熤说："山内木、笋、纸、耳、香蕈、铁、炭、金各厂，皆流寓客民所藉资生者，而木厂为大。"③ 实际上，充分利用山区林木与矿产资源，很可能是一种"原始的倾向"，并不一定是进入山区的人口大幅度增加、形成人口压力之后才出现的现象。上引《宋书·刘敬宣传》记东晋末宣城郡民众生计多靠经营山货，砍伐竹木，并"造作器物"。刘宋中期，宣城郡著籍户口为 10120 户、47992 口④，其晋末实际户口即使倍于此数，也无以形成人口压力。又如：唐代饶州乐平县东北境有银山，出产银、铜。高宗总章二年（669），"邑人邓远上列取银之利。上元二年，因置场监，令百姓任便采取，官司什二税之，其场即以邓公为名，隶江西盐铁都

---

① 嘉庆《山阳县志》卷十二《杂集志》，《故宫珍本丛刊》本（据嘉庆元年刻本影印），海南出版社 2001 年版，第 327 页。

② 乾隆《续商州志》卷八《风俗》，《中国地方志集成·陕西府县志辑》本（据清乾隆二十三年刻本影印）第 30 册，凤凰出版社 2007 年版，第 288 页。

③ 严如熤：《三省边防备览》卷十《山货》，第 1 页上。

④ 据《宋书》卷三五《州郡志一》，扬州"宣城太守"条，第 1034 页。

院。"① 显然，邓远与百姓，都不是因为受到人口压力而入山采矿的。《太平寰宇记》卷一○二江南东道十四"汀州"条下引牛肃《纪闻》称："江东采访使奏于虔州南山洞中置汀州，州境五百里，山深，林木秀茂，以领长汀、黄连、杂罗三县。地多瘴疠，山都、木客丛萃其中。"② 其时今闽赣粤边界地带人烟稀少，木客入山伐木，亦非受人口压力所驱使。

　　第二，王朝国家对山区的政治控制相对较弱，地方社会秩序的之建立多有赖于土豪等地方势力；而国家为达到控制山区之目的，多采取因地制宜的变通方法，充分利用地方各种势力，遂形成了政治控制方式的多元化。

　　汉魏六朝时期，长江中游地区诸蛮所居，多在"深山重阻，人迹罕至"的边缘山区。《宋书·夷蛮传》"荆雍州蛮"条谓：诸蛮"分建种落，布在诸郡县"；"蛮民归附者，一户输谷数斛，其余无杂调，而宋民赋役严苦，贫者不复堪命，多逃亡入蛮。蛮无徭役，强者又不供官税，结党连群，动有数百千人，州郡力弱，则起为盗贼，种类稍多，户口不可知也。"③ 则官府于蛮民集聚区之控制实相当薄弱，而真正控制其地者，则为诸蛮渠帅。《后汉书·蛮传》谓长沙武陵蛮"有邑君长，皆赐印绶，冠用獭皮。名渠帅曰精夫，相呼为姎徒"。在其下的记载中，又见有武陵蛮精夫相单程、零阳蛮五里精夫、充中五里蛮精夫等④。南北朝之世，南北政权为控制、利用淮汉间山区的诸蛮势力，采取封爵、授官、别建蛮左郡县等多种手段，以笼络蛮酋。如刘宋中期，西阳蛮酋田益之、田义之、成邪财、田光兴等起兵助明帝有功，明帝乃"以益之为辅国将军，都统四山军事，又以蛮户立宋安、光城二郡，以义之为宋安太守，光兴为龙骧将军、光城太守。封益之边城县王，食邑四百一十户；成邪财阳城县王，食邑三千户"⑤。北魏延兴中（471—475），大阳蛮酋桓诞"拥沔水以北、潢叶以南八万余落"。投附北魏，

---

① 《太平寰宇记》卷一○七，江南西道五饶州"德兴县"条，第2146页。
② 《太平寰宇记》卷一○二，江南东道十四"汀州"条，第2034页。
③ 《宋书》卷九七《夷蛮传》，"荆雍州蛮"条，中华书局1974年版，第2396页。
④ 《后汉书》卷八六《南蛮西南夷列传》，中华书局1965年版，第2829—2833页。
⑤ 《宋书》卷九七《夷蛮传》，第2398页。

孝文帝"拜诞征南将军、东荆州刺史、襄阳王，听自选郡县"①。质言之，南北政权多依靠当地豪酋，因俗而治②。

　　唐前中期，歙、宣、饶三州所统多为山区，官府的控制力极为薄弱。永泰初（765），"宣、饶二州人方清、陈庄聚众据山洞，西绝江路，劫商旅以为乱"③。乱平之后，唐于其地增立池州，分置绩溪、祁门、归德、石棣、旌德、太平等六县。其中，歙州祁门县"本名阊门，著于秦汉之代……唐永泰元年，土人方清作乱，屯石埭城，故取其城置邑，因权立阊门县。其城拒险作固，以为守备。至二年平方清，因其城邑定为县，分饶州浮梁县及歙县、黟县六乡广焉，遂以所近祁山为名，因曰祁门县"④。归德县乃分歙县立，在歙州西南五十里，"永泰元年，草贼方清陷郡城，而县人自割据八乡之地，保于此山，不属贼。贼平，因请置县。大历五年废"⑤。又宣州旌德县，"本汉泾县地，唐初为太平县地。永泰初以兵寇初平，尚储戎器，此土征赋或有不供者，因聚而为盗，以其山谷深邃，舟车莫通，不立城邑，无以镇抚，遂割太平县九乡以置焉，冀其邑人从此被化，故以旌德为县名"⑥。则凡此数县在立县之前，实处于边缘地带，官府并无有效控制，故方清、陈庄得据其地而为乱。而在方清之乱中，歙县西南之民割据八乡之地，与"贼"相抗，乱平后请求置县而获准，可知据有其地的土豪势力较大。增置诸县之

---

　　① 《魏书》卷一〇一《蛮传》，中华书局 1974 年版，第 2246 页。

　　② 参阅周一良《南朝境内之各种人及政府对待之政策》，《北朝的民族问题与民族政策》，见氏著《魏晋南北朝史论集》，北京大学出版社 1997 年版，第 33—101、127—189 页，特别是第 45—50、96—101、180—187 页；川本芳昭《六朝における蛮の理解についての一考察——山越・蛮漢融合の問題を中心としてみた》，见氏著《魏晋南北朝時代の民族問題》，汲古书院 1998 年版，第 443—486 页；谷口房男：《華南民族史研究》，（东京）绿荫书房 1996 年版，特别是其第一编《古代華南民族史研究》第 11—154 页；陈金凤、姜敏：《南北朝时期北魏与中间地带蛮族合作探微——以北魏和桓诞、田益宗合作为中心》，《中南民族大学学报》2002 年第 6 期；程有为：《南北朝时期的淮汉蛮族》，《郑州大学学报》2003 年第 1 期；鲁西奇：《释"蛮"》，《文史》2008 年第 3 期；罗新：《王化与山险——中古早期南方诸蛮历史命运之概观》，《历史研究》2009 年第 2 期。

　　③ 《旧唐书》卷一三二《李芃传》，中华书局 1975 年版，第 3654 页。

　　④ 《太平寰宇记》卷一〇四，江南西道二，歙州"祁门县"条，第 2068 页。另请参阅《元和郡县图志》卷二八，江南道四，歙州"祁门县"条，第 688 页。

　　⑤ 《太平寰宇记》卷一〇四，江南西道二，歙州歙县"废归德县"条，第 2063 页。

　　⑥ 《太平寰宇记》卷一〇三，江南西道一，宣州"旌德县"条，第 2050 页。另请参阅《元和郡县图志》卷二八，江南道四，宣州"旌德县"条，第 685 页。

后，境内仍或有官府所不及之"隙地"。《太平寰宇记》记黟县境内有
谯贵谷，谓："《舆地志》云：黟县北缘岭行，得谯贵谷。昔土人入山，
行之七日，至一斜穴，廓然周三十里，地甚平沃，只有十余家，云是
秦时离乱，人入此避地。又按《邑图》，有潜村，昔有十余家，不知
何许人，避难至此。入石洞口，悉为松萝所翳。每求盐米，晨出潜
处。今见数十家，同为一村。"① 这里的谯贵谷，当即黟县境内的
"隙地"之一。

明清时期，郧阳府地处湖广（湖北）之西北隅，毗邻豫、陕、川
三省，位于秦巴山地东部。万历《湖广总志》卷三十五《风俗》总论
郧阳府风俗，谓其地乃"荆楚之上游，犬牙雍蜀，直通宛洛。旧因箐
林啸聚乌合，致烦大兵抚宁，肇建府治。七邑之民，什九江南流寓，
土著无几。故其流俗户别巷鳌，不可揽摄。大都冠裳礼仪之风落落，
而市井椎埋欢呼、酗逞积沿，酿之渐矣。同姓婚媾，习以固然，父子
异姓，紊无统系"。而"顽民潜匿其中者，恃险负固，贡赋不输"②。
自明中叶始，为加强对此一地区的控制，相继采取了诸如增置州县、
屯驻大军、建立关堡、推行保甲等一系列措施，但直到清中期，此一
区域仍然变乱频生，官府控制力相当薄弱③。事实上，崎岖的地形、
复杂的道路、险恶的生存环境，使这样的边缘区域很难建立起较完备
的统治秩序。道光初年，严如熤在谈到秦巴山区的地方治安制度
时说：

    保甲本弥盗良法，而山内州县则只可行之于城市，不能行于村
落。棚民本无定居，今年在此，明年在彼，甚至一岁之中，迁徙数
处。即其已造房屋者，亦零星散处，非有望衡瞻宇、比邻而居也。
甲长、保正相距恒数里、数十里，讵能朝夕稽查？而造门牌、取户

---

① 《太平寰宇记》卷一〇四，江南道二，歙州黟县"谯贵谷"条，第 2067—2068 页。
② 万历《湖广总志》卷三十五《风俗》，"郧阳府"条，"上津县"条，《四库全书存
目丛书》本（据万历刻本影印），齐鲁书社 1996 年版，第 196—197 页。
③ 参阅李景林《从〈三省边防备览〉一书看十八世纪至十九世纪二十年代陕川鄂三
省交界地区社会关系的一些特点》，《史学集刊》1956 年第 2 期；樊树志：《明代荆襄流民
与棚民》，《中国史研究》1980 年第 3 期；张建民：《明清长江流域山区资源开发与环境演
变——以秦岭一大巴山区为中心》，武汉大学出版社 2007 年版，第 202—241 页。

结，敛钱作费，徒滋胥吏之鱼肉。①

不仅治安秩序难以建立，包括赋税征收在内的经济秩序也难以确立。边缘山区赋役负担本即相对较轻，又难以征收，遂使官府常常在财政上陷入困境，也就削弱了其统治能力。统治秩序的混乱与官府力量的削弱又极大地加剧了山区的"自由"程度，从而吸引了更多的逃亡与流离人口。

第三，山区人口来源复杂多样，很多为逸出于社会体系之外的流民、亡命等，属于所谓"边缘人群"；其社会关系网络多凭借武力，或以利相聚，或以义相结，或以血缘、地缘相类，具有强烈的"边缘性"。

僻远的山区乃流民、亡命汇聚之"乐土"、盗寇之渊薮，亦自不待言。《三国志·吴书·诸葛恪传》记孙权时诸葛恪请讨丹杨郡所属山区的山越，而众议咸以为难，谓：

> 丹杨地势险阻，与吴郡、会稽、新都、鄱阳四郡邻接，周旋数千里，山谷万重，其幽邃民人，未尝入城邑，对长吏，皆仗兵野逸，白首于林莽。逋亡宿恶，咸共逃窜。山出铜铁，自铸甲兵。俗好武习战，高尚气力，其升山赴险，抵突丛棘，若鱼之走渊、猨狖之腾木也。时观间隙，出为盗寇，每致兵征伐，寻其窟藏。其战则蜂至，败则鸟窜，自前世以来，不能羁也。②

是边缘山区之"民人"既不隶版籍，"仗民野逸"，逸出于官府之控制；又有诸多"逋亡宿恶"，逃窜其中；"民人"与"逋亡"且伺机出山掠略，乃成为盗寇。又，《太平寰宇记》卷一〇〇江南东道十二南剑州"尤溪县"条称："其地与漳州龙岩县、汀州沙县及福州侯官县三处交界。山洞幽深，溪滩崄峻，向有千里，其诸境逃人，多投此洞。开元二

---

① 严如熤：《三省边防备览》卷十二《策略》，第25页，江苏广陵古籍刻印社1991年，据清道光刻本影印。

② 《三国志》卷六四《吴书·诸葛恪传》，第1431页。

十八年，经略使唐修忠使以书招谕其人，高伏等千余户请书版籍，因为县，人皆胥悦。"① 是尤溪洞内多杂"诸境逃人"。同书卷一〇六洪州"分宁县"条引《邑图》称："本当州之亥市也。其地凡十二支，周千里之内，聚江、鄂、洪、潭四州之人，去武宁二百余里，豪富物产充之。唐贞元十六年置县，以分宁名之。"② 则武宁县西北境汇集江、鄂、洪、谭四州之人，其间多有豪富，并形成一个中心市镇（亥市），故得以据市而立县。

山区人口来源的复杂性，在明清时期更形突出。在楚、豫、川、陕交界的秦巴山区，上引万历《湖广总志》谓郧阳"七邑之民，什九江南流寓，土著无几"；而万历《郧阳府志》卷十四《风俗》则称：郧阳府境内"陕西之民五，江西之民四，德、黄、吴、蜀、山东、河南北之民二，土著之民二，皆各以其俗为俗焉"③。嘉庆《汉南续修郡志》卷二一《风俗》附"山内风土"谓："土著无多。……所云老民不过元、明、国初，若新民则数十年内侨寓成家。南（郑）、襄（城）、城（固）、洋、沔平坝之中，老民尚多；南北两山及西、凤、宁（羌）、略（阳）、留（坝）、定（远）之属，则老民十之二三，余均新民矣。新民，两湖最多，川民亦多，次（湖籍）则安徽、两广，次则河南、贵州间亦有之。"④ 山区人口来源之多元性由此可见一斑。

边缘山区既逸出于官府之控制或官府控制薄弱，其人口来源又复杂多元，故其社会关系网络与社会组织的原则乃与核心区域不同，而表现出强烈的"边缘性"。《三国志·吴书·贺齐传》记东汉末（建安十三年，208 年）贺齐奉命讨丹阳黟、歙山越，"歙贼帅金奇万户屯安勒山，毛甘万户屯乌聊山，黟帅陈仆、祖山等二万户屯林历山"⑤。此处不言诸"贼帅"团聚民众之原则，然上引《诸葛恪传》谓丹杨郡山区"俗好武习战，高尚气力"，则知"贼帅"赖以团聚民众者，当即"气力"。

① 《太平寰宇记》卷一〇〇，江南东道十二南剑州"尤溪县"，第 2000 页。
② 《太平寰宇记》卷一〇六，东南西道四洪州"分宁县"条，第 2110 页。
③ 万历《郧阳府志》卷十四《风俗》，万历六年刻本，第二页下。
④ 嘉庆《汉南续修郡志》卷二一《风俗》附"山内风土"，《中国地方志集成·陕西府县志辑》本（据民国十三年刻本影印）第 50 册，凤凰出版社 2007 年版，第 308 页。
⑤ 《三国志》卷六〇《吴书·贺齐传》，第 1378 页。

又《陈书·熊昙朗传》记熊昙朗初起时据地自专，谓："熊昙朗，豫章南昌人也，世为郡著姓。昙朗跅弛不羁，有膂力，容貌甚伟。侯景之乱，稍聚少年，据丰城县为栅，桀黠劫盗多附之。梁元帝以为巴山太守。荆州陷，昙朗兵力稍强，劫掠邻县，缚卖居民，山谷之中，最为巨患。"① 又同书卷《周迪传》云：

> 周迪，临川南城人也。少居山谷，有膂力，能挽强弩，以弋猎为事。侯景之乱，迪宗人周续起兵于临川，梁始兴王萧毅以郡让续，迪召募乡人从之，每战必勇冠众军。续所部渠帅，皆郡中豪族，稍骄横，续颇禁之，渠帅等并怨望，乃相率杀续，推迪为主，迪乃据有临川之地，筑城于工塘。②

则熊昙朗、周迪等土豪得以称霸乡里者，多藉其膂力武技；而赖以团聚乡人、豪族者，则为劫掠之利。

称雄边缘之豪强，除多具膂力武技、且有豪族背景外，又往往以"侠义"称。《三国志·吴书·甘宁传》记甘宁居巴郡临江县，"少有气力，好游侠，招合轻薄少年，为之渠帅；群聚相随，挟持弓弩，负毦带铃，民闻铃声，即知是宁"③。甘宁吸引诸轻薄少年群随的原因，即在其"有气力，好游侠"。又《周书·韦祐传》记韦氏世为州郡著姓，祐"少好游侠，而质直少言。所与交游，皆轻猾亡命。人有急难投之者，多保存之。虽屡被追捕，终不改其操。……正光末，四方云扰，王公被难者或依之，多得全济，以此为贵游所德"④。韦氏于乱离之际而得据地自保，所赖者当即其游侠所交结之"轻猾亡命"及诸"贵游"。《太平御览》卷四七三《人事部·游侠》引荀悦《汉记》曰："立气势，作威福，结私交，以力强于时者，谓之游侠。"又引刘劭《赵都赋》称："游侠之徒，晞风拟类，贵交尚信，轻命重气，义激毫毛，节成感

---

① 《陈书》卷三五《熊昙朗传》，中华书局 1972 年版，第 477 页。
② 《陈书》卷三五《周迪传》，第 478—479 页。
③ 《三国志》卷五五《吴书·甘宁传》，第 1292 页。
④ 《周书》卷四三《韦祐传》，第 774 页。

橅。"① 然则，任侠之要旨乃在"立气势，作威福"，而其基本原则则是
尚信重义。一些土豪往往藉其武力财富，以信、义为基础，广结私交，
逐步营立地域社会关系网络。因此，任侠尚义也是将边缘地带的人群组
合起来的重要途径之一。

上引《三国志·吴书·贺齐传》另记贺齐少时，尝为剡县长，"县
吏斯从轻侠为奸"，为山越所附，齐斩之；"从族党遂相纠合，众千余
人，举兵攻县"。又记建安十六年，"吴郡余杭民郎稚合宗起贼，复数
千人"②。都是土豪藉宗亲关系而得团聚之例。又《周书·泉企传》记
泉氏"世雄商洛"，世袭上洛丰阳县令；企少年丧父，"乡人皇平、陈
合等三百余人诣州请企为县令"，朝命依其所请；至萧宝夤据关中反，
袭据潼关，"企率乡兵三千余人拒之，连战数日，子弟死者二十许
人"③。则泉氏之据有上洛，除凭藉宗族关系外，尚多赖地缘关系。然
血缘、地缘关系乃传统中国社会关系的基本原则，边缘山区藉血缘、地
缘关系而形成的社会关系网络并不特别突出。事实上，在一些人口来源
复杂多元的地区，如明清时期的秦巴山地，血缘、地缘关系的作用是相
当有限的。严如熤指出："川陕边徼土著之民十无一二，湖广客籍约有
五分，广东、安徽、江西各省约有三四分，五方杂处，无族姓之联缀，
无礼教之防，维呼朋招类，动称盟兄；姻娅之外，别有干亲，往来住
宿，内外无分，奸拐之事，无日不有。"④ 他又描述被称为"啯匪"的
一种山区组织形式，谓："啯匪之在山内者，较教匪为劲悍。往往于未
辟老林之中，斫木架棚，操习技艺，各有徒长，什伯为群，拜把之后，
不许擅散，有散去者，辄追杀之。其长曰老帽，曰帽顶，其管事之人曰
大五、大满。"⑤ 然则，盟誓、拜把等乃是边缘山区社会关系网络得以
建立的重要途径，而其基础仍是所谓"侠义"、"信义"。

第四，在文化方面，山区呈现出强烈的多元性，特别是异于正统意
识形态的原始巫术、异端信仰与民间秘密宗教在边缘区域均有相当的影

① 《太平御览》卷四七三《人事部·游侠》，中华书局影印本，第 2171—2172 页。
② 《三国志》卷六〇《吴书·贺齐传》，第 1377、1379 页。
③ 《周书》卷四四《泉企传》，第 785—786 页。
④ 严如熤：《三省边防备览》卷十二《策略》，第 21 页。
⑤ 严如熤：《三省边防备览》卷十二《策略》，第 22 页。

响，使这些地区在文化上表现出独特性来。

《隋书·地理志》"荆州"后叙述长江中游诸郡，"多杂蛮左，其与夏人杂居者，则与诸华不别。其僻处山谷者，则言语不通，嗜好居处全异，颇与巴、渝同俗。诸蛮本其所出，承盘瓠之后，故服章多以班布为饰。其相呼以蛮，则为深忌"①。蛮人所居多为偏僻山区，其文化面貌自与"夏人"所居之核心区域大不相同。又同书卷二九《地理志上》"梁州"后叙述汉中"傍南山杂有獠户，富室者颇参夏人为婚，衣服居处言语，殆与华不别"，则獠户平民之"衣服居处言语"，殆与"华夏"有别。汉中介川、陕之间，早即纳入帝国控制体系之内，然其文化面貌却长期表现出强烈的边缘性。《汉书·地理志》谓"汉中淫失枝柱，与巴蜀同俗"②。《华阳国志·汉中志》称魏兴郡（治在今陕西安康）"土地狭隘，其人半楚，风俗略与荆州、沔中同"③。《隋书·地理志》所述较详，谓："汉中之人，质朴无文，不甚趋利，性嗜口腹，多事田渔，虽蓬室柴门，食必兼肉。好祀鬼神，尤多忌讳，家人有死，辄离其故宅。崇重道教，犹有张鲁之风焉。每至五月十五日，必以酒食相馈，宾旅聚会，有甚于三元。"④ 然则，汉中地区的文化既受巴蜀、荆楚诸地域文化因素之影响，又兼有獠人文化特色，故表现出强烈的多元性。

上引《隋书·地理志》谓汉中之人"好祀鬼神"，又"崇重道教"，则其原始巫术及宗教信仰之影响较大。此点山区的重要文化特征之一。北宋时期，浙南温、台二州山区"村民多学妖法，号吃菜事魔，鼓惑众听"，"结集社会，或名白衣礼佛会，及假天兵，号迎神会。千百成群，夜聚晓散，传习妖教"⑤。至南宋庆元四年（1198），臣僚上言在述及浙右所谓"道民"时说：

　　　　浙右有所谓道民，实吃菜事魔之流，而窃自托于佛老以掩物

---

① 《隋书》卷三一《地理志下》"荆州"后叙，中华书局 1973 年版，第 879 页。
② 《汉书》卷二八下《地理志下》，中华书局 1962 年版，第 1666 页。
③ 常璩撰、任乃强校注：《华阳国志校补图注》卷二《汉中志》，上海古籍出版社 1987 年版，第 83 页。
④ 《隋书》卷二九《地理志上》，"梁州"后叙，第 829 页。
⑤ 《宋会要辑稿》刑法二之一一一，绍兴七年十月二十九日，枢密院奏，中华书局 1957 年版，影印本，第 6551 页。

议，既非僧道，又非童行，辄于编户之外，别为一族。……一乡一聚，各有魁宿。平居暇日，公为结集，曰烧香，曰燃灯，曰设斋，曰诵经，千百为群，倏聚忽散；撰造事端，兴动工役，黉缘名色，敛率民财，陵驾善良，横行村疃。①

显然，以"吃菜事魔"为标识的摩尼教在浙闽山区的影响非常大，方腊之起事即是在这一背景下发生的②。

明清时期，楚豫川陕间的秦巴山区向为异端信仰与民间秘密宗教之策源地。洪武、永乐间，即有妖贼王金刚奴、高福兴等聚于沔县黑山寺等处作乱，"以佛法惑众"，"其党田九成者，自号汉明皇帝，改元龙凤；高福兴称弥勒佛，金刚奴称四天王"③。天顺初（1457），"妖僧"王斌、韦能于洋县天台山、胡城山作乱，"制斧钺及五方日月旗，号所居为'钱龙川八宝台'，建国名曰极乐，改年号曰天绣"，"且假天将言：斌乃紫薇星下世，当王天下。至正月元旦，衣黄朝众，号令之，斩男子一人祭旗，即率以攻掠傍近诸县，得众数千人"④。至成化元年（1465），刘通（刘千斤）、石和尚（石龙）在房县大木厂山区树旗起事。乱平后，抚宁伯朱永与总督军务白圭在捷奏中称刘通"伪造妖言，聚众作乱"⑤，则刘千斤自必利用秘密宗教作为起事之手段。这些利用秘密宗教发动的起事，显然有其区域性的民间信仰作为基础。万历《湖广总志》卷三五《风俗》称，郧阳府上津县"地滨汉江，邻秦境，顽民潜匿其中者，恃险负固，贡赋不输。每年四月十八日各于寺观结立坛场，会集男女千百余人，罗跪于野，执经授受，谓之'传经'"⑥。其所传之"经"虽不详，但绝不是儒家经典，却可肯定，这里的"传经"

①　《宋会要辑稿》刑法二之一三〇，庆元四年九月一日臣僚言，第6560页。

②　参阅竺沙雅章《喫菜事魔について》，《方腊の乱と喫菜事魔》，《浙西のについて道民》，见氏著《中国佛教社会史研究》，日本京都同朋社1982年版，第199—292页。

③　沈德符：《万历野获编》卷二九《叛贼》，"再僭龙凤年号"，中华书局1959年版，第748页。

④　《明英宗实录》卷二七七，天顺元年四月戊午，台北中研院历史语言研究所1964年版，第5927页。

⑤　《明宪宗实录》卷二九，成化二年四月辛酉，第574页。

⑥　万历《湖广总志》卷三五《风俗》，郧阳府"上津县"条。

很可能是某种民间秘密宗教的活动。清乾隆中后期，白莲教进入楚豫川陕交界地区后，迅速传播开来，并最终酿成规模巨大的白莲教大起义，更充分说明民间秘密信仰在这一地区有着悠久的传统和深厚的社会基础①。

三　南方山区开发在中国历史进程中的意义

然则，南方山区及其开发，在中国历史进程中究竟具有怎样的地位呢？换言之，研究这样的区域，究竟有怎样的意义？

首先，南方山区的开发，"充实"了中华帝国政治经济与社会文化体系内部的"空隙"，将山区各土著族群融汇到"中华民族"大家庭中，强化了王朝国家对南方地区的控制。

许倬云先生在探讨中华帝国的体系结构及其变化时，曾论及中华帝国体系之成长，有两个层面：一是向外扩大，"由中心的点，扩大为核心的面，再度由核心辐射为树枝形的扩散，又由树枝形整合为网络，接下去又以此网络之所及，作为下一阶段的核心面，继续为下一阶段的扩散中心。如此重复进行，一个体系将不断地扩大，核心开展，逐步将边陲消融为新的核心，而又开展以触及新的边陲"。这一层面上的成长，基本可理解为帝国体系在空间上的扩展。二是向内充实，即体系内部的充实。许先生说：

　　一个体系，其最终的网络，将是细密而坚实的结构。然而在发展过程中，纲目之间，必有体系所不及的空隙。这些空隙事实上是内在的边陲。在道路体系中，这些不及的空间有斜径小道，超越大路支线，连紧各处的空隙。在经济体系中，这是正规交换行为之外的交易。在社会体系中，这是摈于社会结构之外的游离社群。在政治体系中，这是政治权力所不及的"化外"；在思想体系中，这是

① 参阅刘广京《从档案材料看一七九六年湖北省白莲教起义的宗教因素》，中国第一历史档案馆编《明清档案与历史研究》下册，中华书局 1988 年版，第 776—815 页；李健民：《清嘉庆元年川楚白莲教起事原因的探讨》，《中研院近代史研究所集刊》第 22 期（1993）。

正统之外的"异端"。①

中华帝国体系"向内充实"的过程，就是不断"填充"这些"体系所不及的空隙"、将"空隙"中的"游离社群"纳入社会结构之中、将"化外"之区置于王朝国家的控制之下、将其信仰与思想"教化"为"正统的"信仰与思想的过程。

自秦汉以来，南方山区的大部分地区，即已纳入中华帝国的版图，因此，南方山区开发的意义，主要是帝国体系内部的"充实"。如上所述，在开发的早期阶段，大部分南方山区实际上未被纳入王朝国家的有效控制之下；在相当长的历史时期内，一直有相当部分的山区，王朝国家的控制相对薄弱。经过较长时期的开发，王朝国家强化了对山区的控制，逐步将山区土著居民及流移人口纳入到国家版籍系统之中，使之成为王朝国家的编户齐民，同时建立起乡里控制与赋役征纳系统。同时，山区开发也加强了山区经济与平原经济之间的内在联系，特别是南方山区林木及林特产品的外运、粮食及其他生活必需品的输入，往往是通过河流水路或河谷陆路通道进行的，所以，山区的开发促进了流域经济的一体化进程；而不断一体化的支流流域经济又通过干流，汇入更大的流域经济体系，并最终进入全国性经济体系之中。在这一过程中，南方山区开发中发挥重要作用的山区土著族群，在其内在需求的驱使及王朝国家的"教化"之下，逐步接受并运用"正统的"权力话语，从而逐渐淡化了其自身的族群特征，融入"华夏"族群或"中华民族"中来。凡此，都填充了中华帝国内部的空隙，使中华帝国的政治经济与社会文化体系进一步细密而坚实。

其次，南方山区的大规模开发，是在平原地区社会经济的发展相对饱和的背景下展开的，它缓解了日益加剧的人口压力，成为中国传统社会后期新的经济增长空间之一，为维系全国经济体系的稳定与缓慢增长，保障粮食供应，发挥了不可忽视的作用。

南方山区各部分的经济开发进程虽各不相同，但一般说来，大部分

---

① 许倬云：《试论网络》，《新史学》第二卷第 1 期（1993），又见《许倬云自选集》，上海教育出版社 2002 年版，第 30—34 页，引文见第 32 页。

是南宋以后，特别是明清时期，随着经济核心区域的经济发展已趋于饱和、人地关系日趋紧张，才真正开始大规模开发的，是在人口激增背景下对土地的压力越来越大的结果。在中国传统社会后期，很多地区特别是发达的经济核心区，耕地面积停滞而人口暴增，人均占有田地的面积持续降低，地价不断上升；田地稀缺迫使人们必须倚赖副业、工资劳动以及劳动力密集的棉丝和手工业生产的收入；精耕细作虽然越来越普遍化，但很多地区的粮食产量却呈现出停滞状态，说明在固有技术条件下，已经达到了单产量提高的上限。当所有这些手段都不能较好地应对暴涨的人口及其相应的粮食与其他需求时，余下的惟一出路就是开垦湖沼低地、山区以及边疆草原乃至半荒漠地区。一个显明的事实是，明清时期，人们不断向洪水泛滥的平原湖区与虎狼出没的山区进发的根本原因，就是日趋严重的人口压力；向未开垦的湖区、山区迁移，成为缓解人口压力的最主要的方式之一。

南方山区的大规模开发，吸收和容纳了大批富余人口，不仅为山区开发提供了源源不断的劳动力，推动了山区经济的发展和社会生活的进步，同时也缓解了经济重心所在之平原地区人多地少的矛盾。更重要的是，南方山区的经济开发，在一定程度上，缓解了平原地区的社会矛盾与冲突，也给全国经济的整体增长带来了新的契机。一般说来，新开发山区的地租剥削相对较轻，官府的控制不是很严，赋税额也相对轻一些，这对于生产的发展是有利的。当的生产关系发展到了顶点、已成为束缚生产力的因素之后，人们就可以到边缘山区寻找发展的机会，生产方式也就因之而转移到一个开发地区；在这个新开发地区，移民所带来的生产关系往往还是一种新的生产关系，不仅不阻碍生产力的发展，还能起到促进作用，从而表现出某种生命力。因此，南方山区的不断开发，也是传统的生产关系不断扩展的过程。生产关系及其相关经济方式的不断扩展，加大了中国传统社会经济方式的弹性，生产关系的调整提供了更大的选择余地。同时，我国国土中山地丘陵所占的比例很大，所以这些地区的经济开发与发展，对于改变全国的经济格局，缩小各地区经济发展的差距，有着深远意义。

第三，在南方山区的开发过程中，在经济领域、社会领域与思想文化领域，均出现了一些新因素；这些新因素的性质、演化方向虽未易确定，但至少丰富了中国社会发展的多样性，并给历史发展提供了多元的选择空间。

傅衣凌先生曾指出：在中国封建社会后期，中国有些山区的经济，商品性颇有一定程度的发展。这主要表现在两方面：一方面，"我国有不少商人，即出现于山区里，河南的武安商人，系在太行山下。福建的将乐、建宁、永定、连城，江西的金溪、南城、瑞金、雩都、吉安等，都有不少的商人，他们都在闽赣山区之中"；另一方面，在一些边缘山区的某些行业，有可能出现资本主义生产的萌芽因素，如明末浙东山区蓝靛种植业中，拥有山地所有权的"山主"将山地出租给"颇有资本"的"蓝主"，蓝主建好"蓝蓬"，招徕"菁民"，"给所艺之种，俾为锄植，而征其租"；"菁民"则"数百为群，赤手至各邑，依蓝主为活，而受其佣值。"显然，蓝主与菁民的关系，是不同于租佃关系的新型经济关系①。傅先生还曾主要依据《三省边防备览》的有关记载，论证清中期川、陕、湖三省边区的手工业形态，"已不是原始的家内工业的生产形态，而极接近于工场手工业的发展阶段"②。其说虽不无可商之处，然将这些新型经济关系与生产形态视为新因素，则应无疑义。

一些新的思想因素也可能在正统思想控制或影响较弱的山区萌蘖、成长。如南宋中期，吕祖谦、薛季宣、郑伯熊、郑伯英、陈傅良、叶适、戴溪、蔡幼学、陈亮、唐仲友、倪朴诸氏相继居于壤地相的婺、温二州，相互间多得斟酌商讨，便逐渐形成了偏重于实用之学的共同趋向，成为南宋极为重要的学术思想派别之一，即"浙东学派"。浙东学派之形成固然有其复杂的政治经济与社会文化背景，然与婺、温二州在南宋政治经济格局中所处之相对边缘的位置，亦不无关联。万历《金华府志》卷五《风俗》谓兰溪县"在上古僻处荒服，不迩王化；降用中世，风气渐开，文教日兴；……迨乎宋之南渡，中原名胜之所萃，诸

---

① 傅衣凌：《关于中国资本主义萌芽的若干问题的商榷》，见氏著《明清社会经济史论文集》，中华书局2008年版，第1—15页，引文见第10—11页。

② 傅衣凌：《清代中叶川陕湖三省边区手工业形态及其历史意义》，见《明清社会经济史论文集》，第160—177页。

贤道学之讲明，然后蔚然为文献之邦"①。所说虽为兰溪一县之状况，然亦大抵适用于婺、温二州。盖其地既处群山之间，相对安全，又山清水秀，物阜风华，故衣冠萃止，名士辈出，切磋学问，砥砺思想，故得独领风骚，成就一影响甚巨之学术派别。

作者单位：厦门大学历史系

① 万历《金华府志》卷五《风俗》，"兰溪县"条下，《中国方志丛书》本（华中地方第 498 号，据万历六年刊本影印），成文出版社 1983 年版，第 320 页。

明清江汉平原地区的堤垸水利
与地方社会
——以《白莒垸首总印册》为中心

周 荣

明清时期，湖北江汉平原地区的人们以堤为命、以垸为生，该区的堤垸为此引起学界的关注和重视，有关垸田的起源、演变及其在区域农业开发中的意义，学者们已经作了详细的研究。然而，在明清两湖地区，"垸"不仅仅是一种水利设施，它更是一个社会单元。对于明清时期堤垸修防、经营与地方社会的关系，除了日本学者在"水利共同体"范式下的探讨之外，张建民教授 90 年代初的研究成果中也涉及江汉平原堤垸水利经营中的社会关系①。此后，这一领域鲜有进一步的研究成果，其中一个重要原因是传统文献的记载过于简略，缺少有关垸区基层社会运作实态的文献资料。本文以在田野调查中搜集到的江陵县《白莒垸首总印册》为中心，就此问题作一初步探讨。

一 《白莒垸首总印册》和白莒垸的农业水利环境

在中国传统社会，以册籍的形式来协调一定水利区域内复杂的权

---

① 参见〔日〕森田明《清代水利史研究》（亚纪书房 1974 年版）、彭雨新、张建民《明清长江流域农业水利研究》（武汉大学出版社 1993 年版）等。值得说明的是彭雨新、张建民《明清长江流域农业水利研究》（武汉大学出版社 1993 年版）和梅莉、张国雄、晏昌贵《两湖平原开发探源》（江西教育出版社 1995 年版）两部著作中曾引用《白莒垸首总印册》，只是限于研究主题，未进行进一步的个案研究。笔者对《白莒垸首总印册》的搜集正是从此两著中获得的资料线索。

利、义务关系是极为常见的现象。这些册籍若能流传至今，便是进行社会史研究的极其珍贵的第一手资料。近年，各种形式的"渠册"、"堰簿"相继被发现①。在江汉平原垸田地区，用以协调垸内事务的册籍通称为"垸册"。令人遗憾的是，这些垸册鲜有存留，江陵县《白莒垸首总印册》是迄今所见该区幸存下来的唯一的垸册②。不过，从田野访谈和《白莒垸首总印册》中有关"勘丈兴修牒册"和"白头册"的文字记述可知，垸区曾经有过各种版本和形式多样的垸册。只是由于各个方面的原因，这些垸册都相继损毁、失传了③。《白莒垸首总印册》宣统元年《整理印册序》讲述了该印册穿过漫长的历史时空，艰难流传下来的过程：

> 印册之可尊而可贵也如此。我白莒垸自明万历三十九年请为印册及本朝顺治十六年、康熙三十七年、乾隆二十七年凡四络印册。恳委恳刊，修堤修到，请册请印，凡可以保障阖垸，有裨民生，先人无一不竭力为之，乃知先人之功德，盖我后人所能及其万一也憶！自乾隆二十七年迄今，又有一百四十五年不复请造印册，各总印册存亡莫保，惟余总印册尚在，而鼠咬霉烂，亦多残缺零落之恨，使不从而修整之，则册废而垸废矣。无但迩来年岁不一，人心不古，堤到尚难修理，安有余力谋及于册，余不猶己，爰将印册逐页苏表，补其缺而填其漏，且从而叙其源，案□异日者再请印册，可为可无耳，不然，则所册将金玉珍之，中袭藏之，形赖百世，与我白莒垸而永垂矣。

---

① 例如在中法学者有关华北水资源和社会组织的国际合作项目中，项目组成员深入乡村，收集整理了为数可观的渠册等民间水利文书。相关成果可参见 [法] 蓝克利、董晓萍等主编《陕山地区水资源与民间社会调查资料集》各集（中华书局 2003 年起陆续出版）。另，据称在山西大学中国社会史研究中心还收藏有一些不被该书所收录的渠册。笔者与同事在湖北崇阳县也收集到《华陂堰堰簿》。

② 《白莒垸首总印册》的原件在江陵县已经找不到，现在所能看到的是湖北省水利厅资料室所藏的抄本复印件。

③ 谈及垸册毁损、失传的原因，当地人最直接的记忆是中华人民共和国成立后大规模的水利建设运动使得垸区地貌和农田水利环境发生了翻天覆地的变化，垸册因此失去了存在的意义。不过从《白莒垸首总印》的情况看，该区垸册毁损的年代可能也要比人们印象中的时代早得多，垸册的毁损缘自多方面的原因。

从万历三十九年至民国二十五年，白茅垸至少六次订立、刊印或整理垸册。《白茅垸首总印册》之所以叫做"首总印册"，目前尚无一致认同的说法，但它与江汉垸区的堤垸管理制度直接相关是确信无疑的。明清以来，江汉地区以"总"为基层单位负责垸堤的督修、经营事务，白茅垸共设五总，由刘、陈、彭、马、张五姓承充堤老，称为"五姓堤老"。与全垸水利相关的大事均由"五姓堤老"会同垸绅商定条规，并求得地方官府的认可，络印成册。所谓"印册"，即络有官府印照的册籍。册成之后，各总保存一份。在田野访谈中，对《白茅垸首总印册》的得名主要有两种看法：一种意见认为，"首总册"是垸区的"首"、"总"们协调垸区水利事务所凭依的册籍，它是各种垸册中级别最高的一种，册中内容由垸内高级决策层商定，并由官方认可，是垸内堤防水利事务的最高纲领；另一种意见认为，白茅垸的"五总"是按一定的顺序编排的，"首总"是五总中的第一总，"首总印册"就是由第一总收藏的印册①。

今天所能见到《白茅垸首总印册》是民国二十五年的抄本，其主要内容其实是万历三十九年以来形成的各种文件的汇编，这些文件和条款基本从旧册中转录，但在编订过程中显然没有转录旧册中的全部内容，而只收入了在民国二十五年时仍然可作为协调垸内事务的指针的内容。民国二十五年《白茅垸首总印册》的内容按编排顺序依次为：

1. 宣统元年重订首总印册封面题字，原文为：《大清宣统元年岁官己酉孟秋月吉日重订首总印册》②。

2. 宣统元年《整理印册序》。该序部分内容如前所引。

3. 民国二十五年复造印册封面题字，原文为：《民国式拾伍年岁

---

① 《白茅垸首总印册》中对五总的称呼为：头总、一总、二总、三总、四总。

② 从宣统元年《整理印册序》可知，宣统元年并未有全垸重订印册的活动，只是垸内有心人对所藏旧册，即乾隆二十七年的首总印册进行了整理，作了"逐页苏表，补其缺而填其漏"的工作。因此，宣统元年的印册实即乾隆二十七年的印册。民国二十五年刊印的印册仍保留宣统元年的封面，大致有两个方面的原因。其一，民国二十五年所做的工作只是对宣统元年印册的确认，而无新增的内容；其二，因目前所见印册是以抄本为依据的复造件，原印册和抄件的原件皆不得见。或许可以作这样的推测：今本复造时所依据的抄件极有可能是抄录者在抄录印册时省略了宣统印册的内容，而只抄录了民国"复造印册"的内容，因为两者显然有很多重复之处，而且从实用的角度看，毕竟民国年间有用的条款才是对现实直接起指导作用的。

在丙子春三月复造印册，永远为据，吉立江陵县正堂徐、左堂余计缝印册》①。

4. 印册正文。

通读《白茅垸首总印册》可知，民国编印的首总册的主体部分是乾隆二十七年首总册的内容。包括乾隆二十七年白茅垸贡生、堤老等人向县、府、道、省各宪请求刊印首总册的呈文以及明万历三十九的以来的条规、热照、刴口尺寸、垸堤弓尺等规范性条文。呈文中回顾了万历三十九年以来历次整理和请印印册的历程，内含各级官员批复的内容。《白茅垸首总印册》所引录的规范性条文主要有（按抄录顺序）：

《康熙八年印册抄录万历三十九年册载条款》

《(康熙八年印册)抄录顺治十六的册载条规》

《康熙三十七年册载十三子垸水道并刴口宽窄尺寸》

《乾隆二十五年左堂潘照旧册督修牌示》

《万历四十三年九月初八日吉照》

《天启元年七月初六日公议合约》

《乾隆二十五年八月初八日立公议合约》

《顺治十六年册载田亩》

《康熙三十七年册载各垸周围长堤宽窄丈尺》

《乾隆二十五年前厅宪潘勘丈兴修牒册》

《白茅垸首总印册》是并经过官府确认的比较正式的册籍，在江汉平原地区访谈中得知，并不是所有的垸都有这样正式的册籍，许多垸只需将精英会议的协议编成草册，或凭借垸内士绅的口头承诺即能协调好垸内的事务。

《白茅垸首总印册》的编订和在官府主持下付印除了有人为原因外，还与白茅垸所处的地理位置和垸的规模、结构紧密相关。白茅垸是

---

① 查阅顺治《江陵志余》、康熙《荆州府志》、光绪《续修江陵县志》和民国《湖北通志》可知，清代江陵县徐姓知县只有乾隆二十四年至乾隆二十八年在任的知县徐浤（大兴人，举人）。据 1990 年版《江陵县志》，民国二十六年徐承熙曾任"专员兼县长"一职。故民国年间的印册抄本所言的"正堂徐"有可能是乾隆年间的徐浤，也有可能是民国二十六的徐承熙。据印册的内容和"左堂余"，结合访谈的情况，笔者初步断定，此处的"正堂徐"是指乾隆年间的徐浤。也就是说，民国年间所谓"复造印册"实际上是对乾隆印册内容的再次确认。

位于江汉平原腹地江陵县的大垸之一。江陵县及周边地区的自然和农业水利环境历代地方志都有概要的总结。康熙《荆州府志》指明了荆州地区的水利形势及江陵县在荆州的地位："自荆襄而下，江以北之地如江陵、监利、潜江、沔阳、荆门，皆如建瓴之势，……一遇水势突奔，咫尺不坚，千里为壑"，长江之"决害多在荆州，夹江南北诸县各沿岸为堤，以御水势，由来已久矣。江北之堤，自当阳以下，之逍遥、万城，以至监利，不下四百余里，而江陵之黄潭堤在县东南二十余里，一决则江陵、潜江、监利、沔阳、荆门皆为鱼鳖。古所谓冲巫峡以迅疾，跻江津而起涨者"①。

光绪《江陵县志》则对江陵县的堤垸水利格局作了这样的概括：

> 江陵，泽国也。纪山八岭，势踞高阜，特西北一隅耳。由郡城而东南，疆域愈阔，地势愈卑，江汉夹流，腹背皆水，惟恃堤塍为保障。岷江出峡口，势如建瓴，顷刻千里，自枝邑刘店尾下入江陵，起万城，经沙市黄潭及鹤穴，交石首、监利，百六十余里，挽堤御水，旁无捍卫，而江流回折，震荡撼激，每当其冲，咫尺不坚，千里为壑。沮漳之水，自当阳合流，入江陵，迳凤台，旧有窑口吐泄杀势，下流至水师营即会大江，为害尚浅。近窑口淤塞，又水师营外州，淤长至御路口，水势阻逼汹涌，万城以下大堤，受害弥甚。况高踞郡治上游，一有溃决，直冲郡西城郭，尤阖郡之要害也。襄江自潜江圻口，逆灌草市，顺流至直路河，亦百余里。扬水出自纪山北，南流会纪南诸水，出板桥，迳龙陂，入海子、太晖港，至草市入太白瓦子诸湖，与襄水会，夏秋一涨，浩淼无垠，江湖之间，筑堤为垸，大垸四十八，小垸一百余。国赋强半出其中焉。大江以南，邑所属广袤数十里，与松滋、公安、石首接壤者，以滨江为堤，长二万二千余丈，是江陵以水为国，以堤为命，其形势使然也。②

从《白莒垸首总印册》可知，白莒垸"南临荆江之险，北当襄水

---

① 康熙《荆州府志》卷8《堤防》。
② 光绪《续修江陵县志》卷8《建置·堤防》。

之冲"，正处于江陵县地势最为低下的地方，乾隆年间大垸之内又包含有十三个小垸，呈现出复合型的结构：

> 西自普济观以南与监利县地方交界地势稍高，自普济观迄北而东逼近白螺湖转裹河地势最卑，内包十三子垸，为田万有余亩，周围四十余里，庐舍市场、业民绅士星罗棋布。

乾隆年间白莒垸这种大垸之内又包含有十三个小垸的"复合型"结构经历了一个较长的演变过程。据 1984 年江陵县组织编写的《江陵县水利志》，白莒垸位于今秦家场以北，始建于 1611 年，毁于 1961 年[①]。不过，根据印册可以确定，白莒垸的建垸时间应早于明万历三十九年（1611），白莒垸的复合结构也经历了一个较长的演变过程。明万历年间，白莒垸的子垸尚没有十三个，大致在明天启年间形成内包十三子垸的格局。今见《白莒垸首总印册》抄本在抄录十三子垸相关条规时有所遗漏，参照前后文基本可以确定，这十三个子垸分别为：付家垸、荡湖垸、靛花垸、薛家垸、董家垸、祝家垸、台湖垸、斗湖垸、廖家垸、张三垸、古堤垸、念家垸、张家垸。

今天当我们重访普济观、秦家场以北一带时，呈现在眼前的是一片沟渠交错的农场景象，这里仍是江陵和监利交边地势最低洼、易受渍涝的地方，只是解放后的"四湖地区综合治理"和"合堤并垸"运动使得本地面目全非，四湖总干渠从垸区穿过，现在已完全看不到当年大垸套小垸的复合结构。所幸的是，1984 年《江陵县水利志》保存了《民国时期江陵县水系图》，该图与《白莒垸首总印册》的描述基本一致，可作为了解明清白莒垸的地理位置和自然环境的一个参照物。兹将该图白莒垸周边的部分复制如下：

---

① 江陵县水利局、江陵县志编纂委员会《江陵县水利志》，1984 年，内部资料，第 66 页。另注，该志引用了《白莒垸首总印册》中《整理印册序》和《牌示》的部分内容，笔者推测该志将白莒垸的建垸时间定为 1611 年，即万历三十九年是以《白莒垸首总印册》为依据的，因为万历三十九年正是白莒垸首次请官府刊印首总的时间。但，万历三十九年首次经官刊印册只能算是白莒垸发展历程中的一次重要事件，白莒垸的建垸时间应该远在万历三十九年以前，因资料缺乏，本文难以详细追述万历三十九年以前白莒垸及其内包十三垸的开发和发展史。

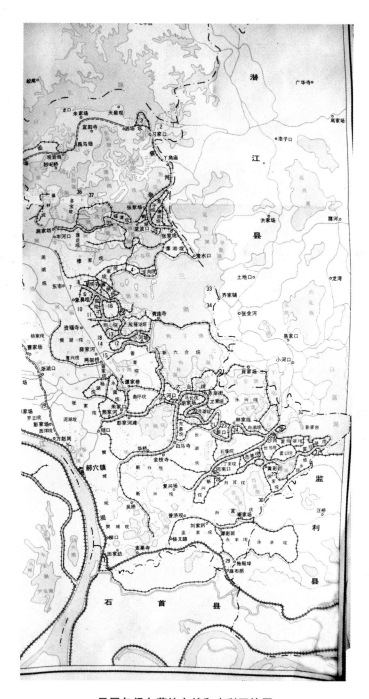

民国年间白莒垸自然和水利环境图

资料来源：《江陵县水利志》，内部发行资料，1984年，第21页插图。

二 《白莒垸首总印册》的编纂和明至
民国白莒垸水利社会关系的演变

《白莒垸首总印册》编纂刊印的历史在一定程度上就是白莒垸开发和发展中所凝聚的社会关系的演变史。以现存民国《白莒垸首总印册》中所记录的印册的编纂历史为线索我们很容易重建明万历三十九年至民国二十五年白莒垸社会生态有关系的演变脉络：

明万历三十九年白莒垸五姓堤老刘袁[①]、彭緘概、陈见辑、马祥羲、张文旦等呈请县宪石赴垸勘查，首次络印印册。其核心内容是为垸堤的修防经营确立了最初的条规。条规的主要内容主要有如下八条：

> 柳口干系合垸出水总训，水泛之时多备船只赴口应用。如头人不行起夫救护、闭塞者，公将花豆禾苗罄毁勿论。
>
> 垸长堤年久未修，逐被居民毁坏堤面、堤脚，致而水发崩溃，如临工修筑阻土者，通行告官，以毁挖古堤论，其总内之人有阴柔愿惜者，一并公治。
>
> 圩甲垸长集夫监堤，各行督修约束，不许讪言相毁，如犯紊者，咎为本总下头人。
>
> 垸长堤内虽系粮土，关系受利，蒙上批谕，有阻土者，定行拿究公议，□□之明，取土宽窄在于堤老量式厚簿，裁处人夫，不敢擅便。
>
> 修堤如有阻抗告争者，公照牛具出办，不得偏累。
>
> 南堤野猫观一带倾废三百余弓，坚厚照式挽筑，如遍年犁耕堤脚之人有阻土者，公呈。
>
> 新渊中堤一带干系告修、预防堤埵，自马家堤至丁港口柳口止，不得私开到口，责成居民闭塞，以免水泛崩溃之患。
>
> 古堤原系分江各修，今临襄江水势逼近，合议公修，内有丁港口独出伊垸之水，[水] 泛，闭塞。旧有责任，如不坚守者，吴姓

---

① 原字左有"亻"旁。

自甘罪落。

　　据《白莒垸首总印册》，万历三十九年首次请官府给照络印之后，在明代，白莒垸又分别于万历四十三年和天启元年两次请官府出面协调该垸与相邻的台湖、斗湖两垸因排水引起的水利纠纷。通过这两次调解，台湖、斗湖两垸正式加入白莒垸"五姓堤总"的修防联盟，成为白莒垸的子垸。这两次调解后所形成的合约性文件即《白莒垸首总印册》所收录的《万历四十三年九月初八日吉照》和《天启元年七月初六日公议合约》。这两份文件清晰地记述了万历四十三年和天启元年白莒垸两次水利纠纷的起因和协调过程，兹全文引录如下：

　　《万历四十三年九月初八日吉照》：

　　白莒垸堤老刘、陈、彭、马、张告恳赏照修闸，永益民患事。垸粮三千，额设五总，历修有牒。内土高下荒熟不一，腹心制到启闭以防雨水，概由柳家口消杀。北连襄河，水泛来势甚急，递年闭塞非次，附近粮土废尽。今水四月未消，垸民星散难防，协议自损私财，给与石匠詹荣，买备石条，修砌桥闸。本口深长，工资浩大，按［接］壤台湖，南近枝河。古有大堤、观陵一二到，因高未疏，六月天雨滂沱，遭张天匜、严袁齐决易家堤，水淹白莒垸。激告爷台，随鸣布政司、屯盐道，愿请仁天，蒙拘审问臣等亏情，中证付什、齐贵议息，承认伊垸中堤坚修，不致疏虞，将台湖新入印册，合为一垸，均北岸长堤，照亩出资修闸，刑害均承，各较烟到分减尺寸。水发各到同闭，水退自上及下，次第开疏，永定良规，各听天命消纳，恳赏印照，流恩万代　上告

　　准照

　　堤老彭纯概、陈见揖、刘袁、张文旦、马祥羲，临总到垸长简邦贤、槁啟。

　　《天启元年七月初六日公议合约》：

　　立公议约人黄文豹、袁俊茂、陈宏道等。因豹等住居太斗湖垸，在白莒垸中堤之上，五月霾雨绵长，田禾浸没，斗湖水出潭门到口。豹等住居低洼，水泄稍缓，取权疏水，流入白莒垸，有刘、

陈、彭、马、张讼告本府太爷台前，提［据］审问各忖利害、自甘悔悟情节，情愿请到乡戚付李海等在内①，公议中堤新开刽口二处，各阔二尺，以溏豹等急水，但思白营垸堤塆东南地势稍高，西北临襄江最为险要，豹等既开刽受利，自应按亩派土，协力一体兴修，并愿出费助修柳口石闸与倾废古创水府庙，嗣以垂永远也。柳口湘［襄］泛，中堤之口即闭；襄水将退，柳口先开，中堤之口次开，不得专先。倘依恃高阜，抗夫擅开，不遵议，听从五总呈愬府县，甘罪无辞，今恐无凭，立此合约永远为照。

　　　　凭中　陈文尚　邹永时

　　　　代笔、证：傅李海

　　清顺治十六年，白营垸五姓堤老再次呈请官府刊行印册，本次呈请经历了由省至府，由府至县，由县至司的自上而下的过程："本朝顺治十六年九月十一日堤老刘太任、陈方、彭元奇、马元秀、张伦德赴湖北按院李宪以'亟委修筑，裕国救民'呈请，蒙批'仰荆州府查报'，蒙府宪耿信牌抄词发县，蒙县主戴给示饬委郝穴司督修，给有印册。"本次编纂印册的核心内容是新增了有关修堤取土，洪水涨落时刽口取闭、垸外泄水古河河道的维护等方面的条规，并详细登记了各垸的田亩数②。新增条规主要有：

　　一柳口外明万历年间置买旦三面刘子凤荒土一百余亩，载秋粮一石，五总分收，过户已久，递冬起额夫，俱土以防水泛筑刽。

　　一柳口明置魏林荒土，秋粮八斗，以备取土筑刽，明朝已五总分收，万历三十九年印册据。后因水涨堤溃，连沉大渊三口，小渊四十八口。递年五总公禁，公取鱼利，除完本年田赋外，余作修堤公费。内垸自有台斗湖、洗马堰、新口、念家桥、张公垱、中砖桥、邓家桥、魏家桥一带水道，俱宽一丈四尺，惟中砖桥系消泄上

---

　　①　原文为"提审问各忖利害自甘悔悟情愿情请到乡戚李海等在内"，因难以断句，笔者以为其误抄，此处是按笔者的理解进行修正的。

　　②　关于各垸田亩数，在下文讨论堤总、垸长管理制度及修防负担的分配时再详细列举。

垸九湖之水，宽二丈四尺，公议不得私设□□，私挖渊坑，绝取鱼利，渊近人户不得黑夜盗取鱼，违者公呈。

一本垸内包十三湖，凡出水剅口，务要同时启闭。水泛，柳口将闭，内腹心各口俱闭；水退，柳口先开，各口次第开疏。丘总分认防守，两朝有印册据，如有不遵者以"违议强挖，决水殃民"公呈治罪。

一边江长堤愿［原］无车剅，止因屡遇天旱，被近（人）①堤人户擅开私剅，多成渊潭，上年堤溃，皆因私剅失事，从今公议，一概永闭，不许擅挖，病国殃民，违者治罪。

一垸外泄水古河，自柳口起由龚家垱、马家河、萧公潭、温家埠出白螺湖，除两岸淤滩外，宽五丈八尺，近河人户相传遵守，无得阻碍。

康熙三十七年，白茆垸第三次请官府刊行印册，其基本经过为："康熙三十七年九月初八日，堤老刘尚宾、陈尔卿、彭若松、马祥瑞、张公臣以'恳祈天恩，赏络印册，似便督修，以固剅口'呈明戎府宪李牌行前县宪张，通垸丈修堤脚弓口，给有印册。"本次刊行印册的核心内容是规定了十三子垸排水水道、各垸剅口宽窄尺寸和各垸周围长堤宽窄丈尺。具体规定如下②：

康熙三十七年册载十三子垸水道并剅口宽窄尺寸：

付家垸水由围湖落、刘世湖走中砖桥归沼湖出黄柳二口；

荡湖垸水由江家垱、落北湖由新口走，念家垱同落淤家湖，由中砖桥归沼湖出黄柳二口；

靛花垸水由徐家桥走长鎗湖出张公垱北岸，由淤湖出中砖硴，出沼湖，出黄柳二口；

薛家垸北岸水由本湖落世湖走中砖桥出黄柳二口；

董家垸水由董家垱走淤湖，由中砖桥归沼湖出黄柳二口；

---

① 此"人"字当为抄录时误添，当删除。
② 其中黄才剅一口为康熙五十一年新挖。

祝家垸西岸水田由洗马桥口走北湖，由新口、念家桥同落淤湖，由中砖桥归沼湖出黄柳二口；

百湖垸东岸水由许家港走祝家垸西岸，由中堤落河湖，由易家口出洗马桥，由北岸走念家桥、新口落淤湖，出黄柳二口；

斗湖垸水由中堤袁家剅走河湖，由易家口走洗马桥，由北湖走念家桥、新口落淤湖，由中砖桥归沼湖，出黄柳二口；

杨汉湖水由鹦儿树归沼湖，出黄柳二口；

廖家垸水由郭万垱归沼湖，出黄柳二口；

张三垸东岸水由龙船头归沼湖，出黄柳二口；

古堤垸水由吴家渊归沼湖出黄柳二口。

以上一十三垸俱系本垸内包子垸，凡出水剅口，堤老总率圩甲依时启闭，违者该总自甘认罪。

一傅家垸剅口宽二尺；

一薛家垸剅口宽二尺；

一斗湖垸剅口宽二尺；

一台湖垸剅口宽二尺；

一祝家垸剅口宽二尺；

一念家桥剅口宽二尺；

一荡湖垸剅口宽二尺；

一靛花垸剅口宽二尺；

一董家垸剅口宽二尺；

中砖桥剅口宽（以上九垸水由所消泄沼湖，因新添黄才剅一口），公议宽一丈[①]。

一廖家垸剅口宽二尺；

一张家垸剅口宽二尺；

一古堤垸剅口宽二尺；

一柳口、黄才剅俱系十三垸泄水总剅，各宽八尺[②]。

以上诸剅口五总头人齐集一处，接地土之低，形势之利害，公

---

① 此条当为康熙五十一年以后加入。

② 此条关于黄才剅的尺寸当为康熙五十一年以后加入。

议额载尺数，务宜遵前规启闭同时，不许私挖宽大，如有违者，该头人自甘认罪。

康熙三十七年册载各垸周围长堤宽窄丈尺：

本垸应修长堤张钦刂起，黄才刂止，长一千九百七十号；

张钦刂至张帝珍基后：脚一丈六尺，面六尺，陡五六尺不等；

张宅后至袁家渊：脚二丈八尺，陡九尺不等，面九尺；

袁家渊至宋家湾：脚三丈六尺，面二尺，陡一丈二尺；

宋家湾河口至黄才刂：脚五丈，面一丈二尺，陡一丈五尺；

黄才刂、丁港口、柳家口、谢家渊四处接连襄江，险工数四千五百二十号。

黄才刂至李瑞湾渊：脚三丈九尺，面一丈二尺，陡一丈三尺；

李瑞湾至彭圣之基：脚四丈七尺，面一丈二尺，陡一丈四尺；

彭宅后至柳家口：脚五丈，面一丈二尺，陡一丈五尺；

柳家口至新渊、谢家渊：脚五丈五尺，面一丈二尺，陡一丈五六尺不等；

谢家渊至李家渊：脚四丈七尺，面一丈二尺，陡一丈三尺；

李家渊至明堂圭西角小渊：脚三丈五尺，面一丈，陡一丈一尺

西角小渊至刘家刂：脚二丈，面七尺，陡八尺；

刘家刂至杜家庙：脚二丈，面六尺，陡七尺；

杜家庙至袁家堤东角：脚一丈，面四尺，陡五尺；

袁家堤至易家堤：脚一丈，面五尺，陡五尺；

易家堤至斗湖堤：脚一丈，面五尺，陡五尺；

斗湖堤至谭门刂：脚一丈，面五尺，陡五尺；

谭门刂（乃斗湖堤西北出水古刂）至普济观：脚一丈，面四尺，陡三四尺不等；

以上新观至普济观共九千零九十四号，俱系应修险工。

普济观南岸至斗湖堤一千一百一十七号，脚一丈，面四尺，陡三尺；

斗湖堤至大观刂七百五十三号，脚一丈，面四尺，陡四尺；

大观刂至秦家榨二千七百七十九号，脚一丈，面五尺，陡六七尺不等；

秦家榨至新观张钦剅止二千八百一十三号，脚一丈不等，面五尺，陡四五尺不等。

康熙五十一年，五姓堤总因有感于柳口排出负担过重，经公议又开挖了黄才剅剅口，并"置买马总粮田一十八亩，开挖黄才剅河道"，河道所占田亩共载秋粮三斗八升，由五总分收完纳。黄才剅成为与柳口同等重要的"合垸出水总剅"。黄才剅口开挖之后，五姓堤总又公议闭塞了古堤垸的丁港口。

雍正十一年（1733）至乾隆七年（1742），不到十年的时间内，白莒垸两次遭受较大的水灾。这引起了垸内绅民对垸内"堤面多被占压，堤脚多被侵削，更有便水人户擅开私剅"等现象的不满。乾隆二十五年，襄水泛涨，白莒垸士绅利用官府重视堤务的时机，组织了第四次请官府络印印册的行动。因本次络印之印册是今见《白莒垸首总印册》的主体部分，印册对本次请印的过程记录得最为详细，其过程也最为曲折，大致经过为：

乾隆二十五年八月初八日，白莒垸刘、陈、彭、马、张、严、袁、齐、熊、黄、鲁等各姓绅首、堤老、垸长等相约至崇道观集议，认为近年堤垸失修、连遭水灾的原因，"一以承平日久，坐视怠玩；一以垸阔人众，难以统理也"。经商议，决定通垸合作，星夜抢筑垸堤，并就协作修垸的原则和有关事项订立合约，合约的主要内容为：

> 五总地势略低，宜遵旧规，齐①公平血心者，呈请委员星夜督修，以尽终始；台斗地势虽高，亦宜遵旧规按亩派土协修；黄柳一带边襄江险工，务其努力。至夫役不前，责在圩甲，圩甲不前，责在垸长，垸长不到，责在堤老。倘有恃凶藐法，抗夫阻土，并侵削、占压、擅开之处，不愿照旧册施行者，通垸公齐②恳究，不得偏累呈请头人。如此则苦乐均而人心服，堤工亦易告竣矣。

---

① 此字为上下结构，上为"文"字头，下为"年"的下半部，暂以"齐"字代替。
② 上字同上。

　　此次会议的另一项重要决定，即借"各宪整饬堤务，垸内踊跃议修"之机，呈请官府委员督修堤工，并给照络印刊行印册。乾隆二十五年九月二十八日，堤老刘光邑、陈彰五、彭廷珍、马良楚、张天太向荆州府宪①提出修垸编册的呈请，府宪批示："白苴垸堤塝向来作何督修，仰江陵县议详夺"。乾隆二十五年十月初二日，白苴垸生员刘顺昌和堤老刘义精、陈远宗、彭渭林、马元表、张席宾等又向湖广总督苏②呈请，恳求刊行印册，总督苏批示"饬该地方官办理"。十月初三日，白苴垸生员、堤老等获得荆州府宪的两道批复："该垸应否加修，仰江陵县查勘具报"；"候移水利厅督修可也"。其第二道批复显然是接到总督的批示后下达的。根据府宪的批示，荆州左堂、水利厅主事潘"亲诣该垸巡行"，并"将实在应修情形绘图四纸"向府宪做了回复。府宪又将"照依旧册，逐一加帮高厚，以资保固等因"申详道宪，道宪又申详戎宪③，终获得戎宪的明确答复："白苴垸应修情形已悉，速饬令照依旧册，逐一加帮高厚，以资保固。"同时，又指示江陵县宪及水利县丞等官员"仍不时亲往查察"。由于总督的重视，荆州府将白苴垸的水利修防事务交由荆州府左堂、水利厅主事潘负责办理，左堂潘为此颁发了"照旧册督修牌示"和"勘丈兴修牒册"，此即《白苴垸首总印册》所收录的《（乾隆）二十五年左堂潘照旧册督修牌示》和《乾隆二十五年前厅宪潘勘丈兴修牒册》。牌示和牒册规定了白苴垸水利工程时限、任务，明确了堤老、垸长、圩甲、烟户人等各自所承担的责任，确立了"照亩派夫"的原则和具体的操作办法，制定了相应的惩处办法。并严申全垸的排水规则："合垸出水总剅西有柳口，东有黄才剅水泛，历来通均〔修〕筑，倘无案据，擅开私剅者即行闭塞，如堤老狗〔徇〕情容忍，查出重究"，"从谢家渊至黄才剅系边临襄江险要重地，

---

　　① 据民国《湖北通志》（卷115，《职官志九·职官表》）是年有二人先后担任荆州知府，分别为：赵芝垛，宁夏人，贡生；高麟勳，汉军镶黄旗人，荫生。

　　② 据民国《湖北通志》是年湖广总督为苏昌。又，从垸册可知，白苴垸担任五姓堤老的每姓不止一人，如，此处刘义精和上文刘光邑、陈远宗和上文陈彰五为同一时期的堤老。堤老在各垸内如何确定，两堤老之间的如何分工，目前尚无法弄清。垸长的情况也大体相同，即各垸同时不止一个垸长。

　　③ 此处戎宪应指荆州府清军同知，据光绪《续修江陵县志》（卷十七，《秩官》），乾隆二十五年荆州府清军同知为张春芳，归安人，监生。

加修撑邦〔帮〕，并宋、王、李一里之地，私剖三口，严为闭塞。"

荆州府左堂潘在督修白莒垸堤工期间，考虑到古堤垸堤段是地临汉水的险工，下令堵塞该垸宋、王、李三姓私自所开的三个剖口，由此引发了古堤垸抗修堤工的水利纠纷案。当彭、马二姓堤老按印册规定催派夫役时，古堤垸垸长黄又邦等人不服调度，并"煽众蔑册"。左堂潘未及调处两者之间的争执，黄又邦已向戎宪上报呈词，声称本垸之田已出卖给邻垸别总，请戎宪谕令"隔属买田人等，各照田亩赴工"。黄又邦等在呈词中还声明，他们的呈请是以顺治、康熙年间的印册为根据的。戎宪遂按黄又邦等人要求作了批复。乾隆二十六年初，白莒垸生员刘顺昌，俟生张源，堤老刘光进、陈远宗、彭渭廷、马元表、张敬五等向戎宪提出了"恳恩勘验饬催，以惩巧抗"的呈请。戎宪回复：黄又邦等人的呈请以顺治、康熙年间旧册为凭，本府对此事已作了批示和谕令，"着抄批向谕可也"。乾隆二十六年三月二十九日，刘顺昌等又以"沐恩祈恩再叩赐文，饬勘立劈"为题向戎宪提出第二次呈请，戎宪批示："仰江陵县丞勘覆。"在此期间，荆州府水利厅发生人事变动，厅主潘被调赴他任。新上任的厅主余接手查办此案。与此同时，古堤垸一带遭受水灾，垸民四散。厅主余在勘讯此案时，因无法召集双方当事人而未果。水退之后，刘顺昌等于乾隆二十七年三月初六日"以逞刁捏抗，蒙赏讯详等情再禀厅主"，厅主余作了"刁徒延讼滋累，冀图恳案紊规，着即拘讯详夺"的批复。厅主余"正拘审问"，有监生王焕、秦宗亮、王尊三、黄耀南等出面调解，双方就堤工修护责任重新达成一致意见，上报府宪同意之后，持续一年的水利纠纷得以"息详销案"。厅主余在向府宪的报告中将此案的前因后果和调处经过表陈述得非常明白，兹引录如下：

　　卑职窃查白莒垸士民刘顺昌，堤老刘光邑等呈黄又邦等抗修堤工一案，缘该垸分立五总，刘、陈、彭、马、张五姓承充堤老。内包台湖、斗湖、古堤等一十三垸。各设垸长一名，开载印册，历历有据。向例修筑堤工，各垸俱属五总督修，不致紊乱。祇因古堤垸堤临襄江险要，垸长难以承充，迨至顺治十六年，经五总公议，将古堤垸修堤俱属彭、马二总堤老催督，吴十罹等处田亩分属马总，下剩田一百八十亩拨补彭总。每年修堤赶修，其各依水道，俱由黄才刦、柳口二刦消泄，历来无异。于上年修堤，黄又邦等因前职潘督修，查古垸系当襄江险工，而一里三刦难保无虞，鲁押筑伊垸宋、王、李私刦三个，伊等不照历年修堤之例，藉称古堤垸名色，不服彭、马二总催督，悬堤不修，两相互争口角，士名刘顺昌等具呈宪辕。黄又邦具诉，均蒙前职查勘，因职奉调任事，未讯详覆。经卑职便道勘讯，因犯佐不齐，验供难以据详，随令职役齐集两造覆讯，该垸又被水灾。值本年饬役督修，拘讯间有监生王焕、秦宗亮等恳息前来，复查伊等已经查明该垸八百之田，按照旧规，处令黄王张之田三百八十亩应属五总催督，万廷国等一百八十亩为彭总督修，下剩田、胡友枚等之田分属马总催督。逐一分晰清楚，堤工修竣，并无诿卸，彼此和睦，各出输服甘结具呈，请息详，销立案，所有两造互衅情节，邀免根究，应否念值农忙，准予赏息销案，恩出宪裁，卑职未敢擅议。缘奉批查事，理应将勘讯过两次供由，抄录词檄，息结粘连，奉批原词，另缮书册，具文详覆。

乾隆二十七年，古堤垸抗修堤工案平息之后，白莒垸完成了第四次经官络印印册的工作。该印册汇集了万历三十九年至乾隆二十七年的主要条规，是今见《白莒垸首总印册》的主要内容。

自乾隆二十七年至宣统元年的一百四十多年间，白莒垸再没有"恳委恳刊"、"请印请册"的举动。各总印册损毁严重，至宣统元年，各首印册相继失传，五总中仅有一总存有印册，而且"鼠咬霉烂，亦多残缺零落"，垸内士绅深为之忧虑，虽有重修旧册的愿望，但因年景不佳、人心不古而力不从心。心有不甘的垸内有心人遂"逐页苏表，补其缺而填其漏"，并留下一篇《整理印册序》，寄希望于来者，希望将来有一天能再请印册，使印册与白莒垸共存而永垂。

民国二十五年，白莒垸再请印册的愿望终得以实现，署有江陵县"正堂徐、左堂余"之名的"计逢印册"得以刊印。今见《白莒垸首总印册》没有记载民国二十五年刊印印册的具体过程，从印册的内容看，民国二十年似乎没有新增内容，而仅仅是对乾隆二十七年印册内容的重新确认。

三　垸区基层社会关系的构建与延续：
白莒垸官、绅、民关系分析

由明至清，白莒垸及其子垸利用修堤开刬、抗灾惩弊、调解纠纷等契机，多次整合，一些重要的条规以编印印册的形式固定下来。这一过程向我们展示了明清以来江汉平原地区一个作为社会单元的"垸"的形成过程及其自我组织、自主管理的重要环节。也就是说，《白莒垸首总印册》及其所反映的明代到民国时期水利社会关系的演变，为我们透视垸区基层社会关系的构建和运行提供了一个相对清晰的微观视屏。

（一）白莒垸绅民自主管理机制的形成

已有研究成果揭示：江汉平原地区的"台（坮）"、"墩"等地势较高的地方是人们的早期居住地。"垸"作为人们主要的生产和生活区域源于明清以来的人口增加和持续的移民运动①，这些移民常常是亲戚族党，接踵而至。或群聚于一处，或散处邻近地区，以垦荒或佃种等形式投入江汉平原的垸田开发②。先期移入的移民往往经历了"挽草为据，辟荆而居"的艰难创业过程，后来便逐步繁衍为有一定规模的家族。始迁祖创业的事迹则成为后人的教材或土地所有权的证据③。总之，以血缘为纽带的亲戚族党关系是垸田开发初期很常见的一种社会关系。虽然我们暂时无法考证万历三十九年以前白莒垸的开发和发展史，

---

①　参见梅莉、张国雄、晏昌贵《两湖平原开发探源》，江西教育出版社1995年版；鲁西奇《区域历史地理研究：对象与方法——汉水流域的个案考察》，广西人民出版社2000年版等。

②　如民国《胡氏族谱》记载了其祖先在明代迁入湖北江陵县的情况："公等兄弟四人同生于江西南昌县中林乡，后迁湖北荆州江陵县。源海公择住龙湾司，宽海公仆居郝穴新孟院，洪海公住居白鹭湖谭家港温家埠，汪海公住易家口横石刬。"（民国二年《胡氏族谱》卷9，《南北二分支世系》）参见张国雄《明清时期的两湖移民》，陕西人民教育出版社1995年版，第110页。

③　如民国《甘氏宗谱》（卷首，《原序》）记载了其祖先在枝江开荒创业的过程："我始迁祖宏魏公原籍江西南昌县铁楼巷，明成化间，移居湖北枝江县东八十里之古生江湖，……我祖至时，挽草为据，辟荆而居"，"开垦之功，犹存口碑"。参见张国雄《明清时期的两湖移民》，陕西人民教育出版社1995年版，第167页。

但宗族血缘关系是万历三十九年以前白莒垸所在地区的基本社会关系是很显的。刘、陈、彭、马、张是白莒垸最有势力的五大姓，他们自然成为官府所推选的堤长制中堤老的人选，被称为"五姓堤老"。从《白莒垸首总印册》可知，这"五姓堤老"是世袭的，从明代至民国时期，堤老一直由刘、陈、彭、马、张五姓族人担任。除了这五姓之外，白莒垸各子垸也与一定的姓氏相对应。如印册有条文称"古堤子垸原有丁港口，源出伊垸之水，明万历三十九年册载，吴姓承认启闭"；"宋、王、李一里之地，私开三口，严为闭塞。"万历、天启年间的合约表明，台湖垸的大姓有严、袁、齐等，斗湖垸的大姓有熊、黄、鲁等。顺治十六年册载田亩中，直接用"严齐袁"、"熊黄鲁袁"、"黄王张"这样的姓氏首字排列称呼台湖、斗湖和古堤垸的垸长。乾隆二十五年订立的合约，开头的第一句话为"立公议修堤约人白莒垸刘、陈、彭、马、张、严、袁、齐、熊、黄、鲁"。这些都表明，血缘宗族关系是白莒垸的社会组织中最底层的关系，在垸民心目中，姓什么不是一个简单的符号，它不仅对应着一群人，而且对应着某某子垸、某某剅口，对应着某种权利和义务。

对于先期到达的开发者而言，在土旷人稀，"听客民插草为界"的时代，也许各个姓氏家族能各自为垸，相安无事。而且，在开发规模较小的情况下，即使不幸遇灾，也较容易重新开始或转徙他处。随着移民的涌入，姓氏的增多，开发密度的增加和开发规模的扩大，垸田区日益成为一个相互联系、相互影响的整体，人们所熟知的挤占水道、与水争地、病邻壑邻等现象也随之出现。与此同时，开发成形的田庐成为人们身家性命所系衣食所资、田粮所系，不可离弃的家园。在这样的环境中求生存，垸区的居民、家族势必跨越血缘宗族关系进行彼此之间的合作与交流，就一些关系到彼此利害和生死存亡的问题达成协议。万历三十九年以前，白莒垸刘、陈、彭、马、张五姓所在的子垸之间已完成了彼此间的这种磨合与交流，他们的结盟表明白莒垸地区的这几个家族已经超越血缘关系，走向了以地缘为纽带的联合。五姓的结合成为包含众多子垸的白莒垸的前身。刘、陈、彭、马、张为此成为在当地有影响的家族，并获得官府授予的"堤老"职务。万历三十九年首络印册，实际上是一次更大范围的谈判和协作，白莒垸的成员进一步增加。万历三十九年的条规正是以五姓为首的众多成员谈判的结果。条规的内容也正是对事关全体加盟子垸整体利益的相关问题所作的规定。从上文所引可知，各加盟子垸获得了从柳口排水的权利，柳口也因之成为"合垸出水总剞"，水泛时对柳口的救护成为各子垸无条件的义务，各子垸的局部利益必须服从这一整体利益，否则"公将花豆禾苗罄毁勿论"。"垸长堤"也是关系合垸利益的堤防，在修筑该堤时，可直接在垸内取土，"虽系粮土，关系受利"也得作出牺牲，"有阻土者，定行拿究公议"。对"犁耕堤脚"、"私开剞口"等危害公益的行为则严行禁止。因水情和环境的变化，对原先的协议也可作临时更改："古堤原系分江各修，今临襄江水势逼近，合议公修"。从万历三十九年的条规还可以看出，为了共同的利益，"五姓堤老"对其他族姓已拥有公认的支配、督率权：如"（古堤垸）内有丁港口独出伊垸之水，［水］泛闭塞，旧有责任，如不坚守者，吴姓自甘罪落"。总之，万历三十九年条规的订立，标志着以刘、陈、彭、马、张"五姓堤老"为核心的白莒垸共同体的结成。

万历四十三年和天启元年与邻近垸区的纠纷以及台湖、斗湖两垸的最终加盟表明子垸之间以及白莒垸共同体与邻近子垸之间的协调和整合并不是一帆风顺的，而是经历了纠纷、冲突、协调、和解、结盟的曲折过程。它们在一定程度上反映了绅民自主组织管理的白莒垸"共同体"逐步形成和壮大的实态。不难理解，白莒垸最初结盟的五姓之间的磨合都经历了类似的艰难过程。以地缘为基础的共同利益最终促使他们作出"交易成本"最低和彼此利益最大化的最优选择。这种最优选择实际上是以牺牲各子垸的部分利益为代价的。例如台湖、斗湖两垸的加盟实际上牺牲了地势较高的优势，而必须与地势低洼的子垸一样接受排水的约束。而白莒垸共同体对台湖、斗湖两垸的接纳进一步加大了垸内排水的压力。这些让步和局部利益的牺牲换来了大家彼此相安的共同利益。对这种共同体益的确认和追求又为各加盟子垸规定了相应的权利和义务。这种权利和义务通常借助合约的形式固定下来。如台湖垸："承认伊垸中堤坚修，不致疏虞，将台湖新入印册，合为一垸，均北岸长堤，照亩出资修闸，刑害均承，各较烟剞分减尺寸。水发各剞同闭，水退自上及下，次第开疏，永定良规"；斗湖垸："既开剞受利，自应按亩派土，协力一体兴修，并愿出费助修柳口石闸与倾废古创水府庙，嗣以垂永远也。柳口湘泛，中堤之口即闭；襄水将退，柳口先开，中堤之口次开，不得专先。"可见，白莒垸共同体是一个以地缘为纽带，在彼此认同的基础上求得最大化共同利益的民间自我管理组织。至此，我们可以将白莒垸共同体的形成机制归纳为：以血缘为起点，以地缘为纽带，以彼此磨合和认同为途径，以求得共同利益最大化为目标。白莒垸共同体正是在这种原则的驱使下滚雪球式地壮大。天启元年斗湖垸加盟之后，白莒垸基本形成了内包十三子垸的较稳定的结构。以十三子垸为范围的共同利益便是白莒垸"共同体"的最高利益。

天启元年之后，利用修堤开剅、抗灾惩弊、调解纠纷等契机，白莒垸又多次整合，一些重要的条规都以编印印册的形式固定下来。从明到清，白莒垸历次编印印册的过程，事实上就是相关规则的补充、修订、积累和传统不断延续的过程。乾隆二十五年水利纠纷成功调解之后，垸内各项管理制度日趋完善，白莒垸的自我组织机制到达其发展历程中高峰阶段。从《白莒垸首总印册》可知，至乾隆二十七年，白莒垸已从各个方面理顺了垸内的权、责、利关系规范了垸内事务，形成了一套组织严密、制度完备，井然有序的垸内管理制度。

其一，垸长堤（又称边江长堤）被确立为本垸的命堤，在堤上私开剅口成为人所共愤的行为。自张钦剅起至黄才剅止，全长一千九百七十号。修护任务都分段落实到垸到户，并规定了各堤的堤脚、堤面和堤身的具体丈尺。

其二，已经建成柳口和黄才剅口两个全垸泄水总剅口，并确立了这两个剅口高于其他子垸剅口的地位，汛期对这两个剅口的抢护成为全体垸民共有的责任。

其三，对十三子垸排水水道作了统一的规划和疏通，对各子垸排水剅口的宽窄尺寸也作了统一的规定。

其四，形成了一套水涨、水退时剅口有序启闭的规则。诸如"凡出水剅口，务要同时启闭。水泛，柳口将闭，内腹心各口俱闭；水退，柳口先开，各口次第开疏"等等。

其五，明确了修堤取土、沿堤树木、公取渔利等公共务事的责权利。

其六，具备了一套由"堤老—垸长—圩甲—烟夫"组成的逐级负责的管理机构，并建立了堤老统理垸长，"烟夫不前，责在圩甲。圩甲不前，责在垸长"的管理责任制。

以上情况表明，在白莒垸所在地区，"垸"已不仅仅是一种水利设施，也不是一种单一的生产区域。"垸"已在垸民的冲突、协作和整合中逐步发展成为地缘性的社会经济组织，与此同时，这一社会经济组织的政治功能日益增强，出现了向基层行政组织演变的趋势。阅读《白莒垸首总印册》不难发现一个极有意义的现象，即《白莒垸首总印册》是对农村基层赋役负担、民间纠纷等事项的记录，官府也多次介入这些事务，但是我们在印册的通篇却很难找到里甲、保甲等基层行政组织的影子，堤老、垸长及各大姓的会议对垸内夫役负担等项事务作出决策，并执行官府的相关政策规定。这表明，白莒垸的自我管理机构已经代替基层行政组织履行了与垸内行政管理职责，他们作为全垸的代言人直接与官方打交道。类似的情形在江汉平原其他地方也很常见。如论者所言："在很多清代地方文献中，'垸'往往取代保甲或村，而成为江汉平原最基层的乡村政治地域单元。……在潜江县，康熙中所分各'垸区'（水利协作区域）与同时划定的'乡区'（钱粮征收区域）之间即大致对应；至咸丰间，潜江组织乡团抗御太平军，各团即基本以垸区为单位，团下之'旗'则以各垸为单位，垸区已具地方军政区域之雏形。"① 显然，管理制度的相对完善和运作的有效性是"垸"由社会经济组织向乡村政治单元演变的必备条件。

白莒垸的完备的自主管理制度制度取得了一定的效果，较好地维护了白莒垸各子垸垸民的共同利益。光绪年间重修江陵县志时，修志者仍然对乾隆年间白莒垸的组织和管理机制大加赞赏：

> 乾隆戊申大灾，江汉合流，下乡田禾尽没，惟白莒、葫芦两垸堤岁稳，通垸合修，不计强弱，不分远近，不专任垸总，分段计亩派夫，富者捐赀，贫者出力，各举一老成人督之，彼此纠察，浮薄

---

① 鲁西奇：《台、垸、大堤：江汉平原社会经济区域的形成、发展与组合》，《史学月刊》2004 年第 4 期。

处，众共罚之，令及时赔补，不阅时，而堤岸屹立巩固，卒保无虞。孟家、永丰二垸恃白莒为保障，亦未被灾。人定胜天，其信然耶？①

　　宣统、民国年间的两次整理、编印印册，体现了人们试图重建昔日的制度，重现旧日辉煌的努力。从明天启元年至民国二十五年，中国历史叠经变乱，明清鼎革、三藩之乱、外夷入侵、农民起义、辛亥首义、北伐战争等等。无疑，历次变局或多或少都会对白莒垸所在地方社会带来破坏、冲击和影响。然而，从《白莒垸首总印册》可知，从明代至民国，白莒垸内包若干子垸的复合结构一直未变，白莒垸以"五姓堤老"为核心的自我管理机制一直未变，首总印册在人们心目中的地位和重要性一直未变。尽管在一些特定的时段，《白莒垸首总印册》所规范的管理机制不一定能正常、有效地运转，但垸民们对这样的管理机制和原则却始终是认可的。晚清时期虽然很长一段时间无力重印印册，但垸内绅民对以印册轰轰烈烈地编印为标志的"全盛时代"充满怀念之情，期待有一天能实现重络印册的壮举。民国年间，仍然以恢复乾隆年间的旧规为务、为荣。这种状况启示我们，白莒垸的自我管理机制的形成是以垸区特定的自然地理环境所决定的生存条件为前提的，只要这种地理格局存在，只要垸区的生存和生产条件不发生大的改变，《白莒垸首总印册》所体现的民间自我组织机制就有存在和延续的土壤。

　　白莒垸绅民自主管理机制的维持无形中减轻了官府的财政和行政压力。可以认为，明清官方长期未在江汉平原地区设立专门的水利管理机构，除了财政困难、远离国家政治中心等原因外，类似白莒垸这样的民间自主管理制度的形成和有效运转当是一个重要的原因。

　　（二）官民互动及官、绅作用的评价

　　《白莒垸首总印册》所展示的以水利事务为媒介的官、绅、民之间多彩复杂的互动关系，不仅可以使我们直观地感受官民互动的动态过程，也有助于认识官、绅、民各阶层在堤垸水利中的担任的角色和起作

---

　　① 光绪《续修江陵县志》卷8《建置五·堤防》。

用的方式，从而对各自的作用作出合理的评价。

地方绅耆在江汉平原堤垸水利中的作用一直被论者所强调，日本学者的"水利共同体"理论中起关键作用的是士绅和"本地有势力的农民"①。张建民也指出，"绅衿富豪成为堤垸修防管理的实际主持者或领导者"②。前文的论述在一定程度上印证了这些观点。白莒垸历次编修印册的过程十分清晰地表明，地方绅耆在垸内各项事务中发挥着重要的作用。与此同时，我们还可以看到，他们在具体起作用的方式上体现出一定的层次性。从《白莒垸首总印册》可知，白莒垸的绅耆阶层，或曰垸内精英人物大体分为两个层次，即有功名的士绅和有势力的农民。册中所见士绅都是生员、监生等较低级的功名获得者，但他们在这样一普通的垸中已属稀见，因此，他们的功名在册中一般会放在姓名之前专门提及，如"生员刘顺昌"、"俊生张源"等。从册中所载地方官的公文中对垸内绅耆姓名的排列情况看，这些有功名的士绅并未担任堤老或垸长的职务。以下两段文字分别是乾隆年间垸内士绅的一篇呈文和地方官的一则详文关于白莒垸精英层的姓名排列和行文方式：

> ……是以生同生员刘顺昌、堤老刘义精、陈远宗、彭渭林、马元表、张席宾于乾隆二十五年十月初二日具"遵谕恳委，以固堤剗，以□赋命"等情呈请督宪苏，蒙批已饬该地方官办理矣。
> ……讵意有古堤垸黄又邦等梗规煽众，笺册逞奸，希图私剗埋案，捏田卖邻垸别总，掣示抗修，以致生员刘顺昌，俊生张源，堤老刘光进，陈远宗、彭渭廷、马元表、张敬五于二十六年具"恳恩勘验饬催，以惩巧抗"等情呈请戎宪。

显然，"生员刘顺昌"、"俊生张源"都未担任堤老，他们的名字与"五姓堤老"并列，而且排在堤老之前。这表明垸内绅民和地方官都已习惯于将垸内精英层分为士绅和堤老、垸长这样两个层次。其中，士绅

---

① ［日］森田明：《清代水利史研究》，亚纪书房 1974 年版。参见 ［日］山根幸夫主编《中国史研究入门》下册，田人隆、黄正建等译，社会科学文献出版社，第 857 页。
② 彭雨新、张建民：《明清长江流域农业水利研究》，武汉大学出版社 1993 年版，第 229 页。

是垸内的知识精英层，堤老、垸长是垸内实力阶层。这种实力，既包括财力，也包括劳动能力和组织、指挥能力等等。从两者起作用的方式来看，士绅阶层侧重于垸内思想教化、文字起草、政策咨询等"软"事务，侧重于与外部世界的联络，特别是与官方打交道的事务。从《白茆垸首总印册》可知，历次印册的编纂、修订，条规、合约的起草，堤工的测量，夫役的测算、分配，向官府的呈请等事务都是由士绅牵头完成的。士绅在沟通垸民与官方的关系方面的作用尤为突出。在《白茆垸首总印册》编纂付印的历程中，士绅将垸民的愿望按官方的办事程序和官府接受的行文方式上报给各级官员，他们充当了垸民与官府打交道的代言人的角色。另一方面他们熟悉国家的水利政策，将官方的政策和思想传递给垸民，并尽可能按官府的要示落实水利工程任务的计划与分配。从印册可知，白茆垸士绅对官府"官督民修"垸区水利政策精神和"按亩派夫"等夫役分派原则有深刻的领会。他们也善于抓住江、汉二水泛涨，朝廷重视整饬堤务等时机向官府提出络印印册、派员督修堤工等请求。与此相当，白茆垸应修垸堤长、宽、高丈尺的勘丈，土方量的测算和刬口尺寸的设定等都非常规范和精确。当垸内外发生矛盾和纠纷，特别是有了惊动了官府的讼案时，士绅则常周旋于官府和冲突双方之间，起协调、调解的作用。例如，乾隆二十五年古堤垸抗修堤工案发生后，双方都向官府提出呈词，正当官府准备审理追究时，"有监生王焕、秦宗亮等恳息前来"，将堤垸修防任务"逐一分晰清楚，堤工修竣，并无诿卸，彼此和睦，各出输服甘结具呈，请息详，销立案，所有两造互禀情节，邀免根究"。

由堤老—垸长—圩甲组成的实力阶层是垸内事务的骨干和中坚力量，以"五姓堤老"为核心的刘、陈、彭、马、张、严、袁、齐、熊、黄、鲁等众姓会议决定着垸内事务，垸民的事就是他们的事，他们的利益就是白茆垸的利益。对于堤垸修防任务，他们既是组织者，也是实施者；在与垸外的冲突和械斗等事务中，他们既是"指挥员"，也是"战士"。这里需要辨明的是，尽管一些有功名的士绅没有担任堤老、垸长职务，但这并不意味着堤老、垸长都是没有功名的士绅。事实上，江汉平原士绅担任堤老、垸长的也是较常见的。《荆州万城堤志》称：万城堤岁修之际"即由各该县传集沿堤绅耆眼同勘估，……金派粮多大户为董事"①。这里的绅耆和大户有一部分是有功名的士绅。站在官府的立场上，他们也更乐于委派士绅担任堤老、垸长之类的职务。不过，从白莒垸的情况看，士绅并不是堤老、垸长的主体。担任白莒垸堤老的首要条件是他们必须是刘、陈、彭、马、张五姓的族人。《白莒垸首总印册》的记载表明，从明至民国，堤老都有这五姓人员世袭，各子垸的垸长一般也对应着相应的姓氏。而且每总的堤老一般为两人，垸长至少一名。这样，在正常年份，白莒垸的"五姓堤老"和各子垸垸长加在一起是一个23人以上的群体。笔者曾就印册中所记录的堤老、垸长的姓名作过访谈，但是当地人都讲不清这些人的来历，目前也尚未找到记载确切的家谱。不过，访谈对象都认为，在白莒垸这块地面上的五姓人中，如果在同一时代出了10名以上的士绅，而且成立了一个董事会式的组织，一定会是一件在当地极有影响，被后人传为美谈的事情，但是，他们的记忆中没有这样的事。因此，可以认为，白莒垸"堤老—垸长—圩甲"等为代表的实力阶层的主体是当地有势力的农民，白莒垸的自主管理机制实质上是以农民为主体的地缘性结合。

从明代至民国时期，白莒垸绅民请求官府出具印照、编印垸册的活动如火如荼，在《白莒垸首总印册》中处处可以看见地方官府活动的影子。但是，查阅官方文献的记载时，却是另一番景象。不仅国家的典章和官府的公文中没有出现"白莒垸"的名字，从明代至民国时期的省、府、县志中，也很难找到对白莒垸的记述。白莒垸的垸名偶尔在方志中出现，也只是顺便提及。这种强烈的反差恰好成为我们评价江汉平原堤垸水利中官府作用的一个切入点。

官方文献对白莒垸的忽视是与国家对江汉地区水利事业的政策背景相联系的。尽管江汉平原的人们以堤为命，官员和议者也素有"治鄂必先治水"的说法，但明清时期，朝廷并没有像黄河、运河那样设置专门的水利管理机构。康熙十三年以前，荆江修防和垸田水利只是地方官员众多职责中的极平常的一项。康熙十三年，经工部议准，清廷强调了滨江沿汉府州县地方官员的农田水利职责，规定江陵县由荆州府同知督率江陵县丞负责防汛、岁修事务的管理。雍正七年（1729）加授荆

---

① 《荆州万城堤志》卷末《志余》。

州分守道"兼理水利衔"①。乾隆五十三年（1788）荆州万城堤溃后，朝廷决定由荆州水利同知专管荆江堤防，并迁其衙署于李家埠堤上②。此举可视为湖北省常设的专门水利管理机构的开始，但仅限于荆江大堤的管理。此后，道光、咸丰年间又就荆江堤防的修护颁发过一些谕令，但在管理机构和官员的设置上没有大的变革。民国二年，北京政府成立全国水利局，并通令各省成立水利分局。民国三年湖北省水利分局成立，但基本处于裁撤无常的非正常运转状态。民国十六年之后，湖北水利机构才有逐步健全的趋势，省水利局先后在荆州、郝穴等地设立万城堤工局、荆河水利分局等直属机构（旋即裁撤）。同时，经国民党中央党部、中央政府联席会议议决，由财政部通令，决定建立由湖北省特税、厘金及沿江沿襄之 36 州县加征堤工捐等项经费组成的鄂省修堤专项基金。民国二十一年（1932），因"鄂豫皖剿匪"的形势，湖北堤工经费移交全国经济委员会接管，水利事务出全国经济委员会直属的江汉工程局接管。江汉工程局于民国二十一年十一月成立，在民国二十一至三十二年间曾对湖北水利和堤防管理进行一系列的改革，但其工作重心实际只限于江汉堤防，而且许多措施只停留于计划阶段，并未落到实处③。

　　总之，明清以来，就管理机构、资金方面而言，国家对江汉地区水利堤防事务的重视力度远不及黄河流域。特定时期虽偶有动用官帑的举措，多出于灾后以工代赈的需要，乾隆五十三年荆州水利同知的移署和专理荆江大堤直接源于特大水灾的影响。民国年间虽设有专门的水利机构，且有专项资金的筹集。但水利工作的重点仍限于江汉堤防和水灾善后工作。而且由于当时动荡的政局，水利管理部门难有大的作为。国家和政府对白茆垸所在的江陵县的水利堤防事务的态度，民国十四年官方所编的《湖北堤防纪要》表述得非常明白：

　　　　江陵南以万城大堤为屏障，……北以阴襄直路为命脉，计二百余里，上捍沮漳之水，河泓逼堤，急流如矢，险工林立。黎家月、

①　嘉庆《大清会典事例》卷 704《工部·各省江防》。
②　民国《湖北通志》卷 42《堤防》。
③　参见湖北省水利志编纂委员会编《湖北水利志》，中国水利水电出版社 2000 年版。

李家滩等处尤关重要……该县堤防情形与他县少异，所重者仅北南两堤，内部子垸隔堤勿须修挽，一旦南北堤塍不固，势必全县覆没，两堤关系之重如此。论者谓该县土费过钜，议设法补助。惟以全县之财力修南北之堤防，诚不为重。较之他县民垸棋布，节节布防，稍有不同也。①

这段文字表明，官方对江陵县水利的关注全在荆江和汉水。民国湖北政府对江陵县堤防的轻重缓急的论述在一定程度上代表了明清以来官方对该县堤防的态度。显然，在政府有限的关怀中，江陵县南北的滨江、防汉大堤，尤其是县城以南的荆江大堤是官方关注的重点。在这种政策背景下，白苣垸自然很难列入官方文献记载的纲目中。官方的这种态度在一定程度上促成了江汉平原地区民间自主管理组织的发达，另一方面，民间自主管理组织的发达也在一定程度上缓解了政府的资金和管理压力。但是，这种状况并不意味着官府在江汉平原的水利社会中无足轻重，《白苣垸首总印册》对官府力量的强调和倚重便是一个明证。站在官府的衙署俯瞰江汉平原，白苣垸也许没有什么特殊之处，它和其他数以千计的垸田一样，只是一些高圩低田而已。然而，从一个普通的垸向上仰视，各级官员的衙署总是被庄严肃穆的神秘气氛笼罩着。在明至民国的漫长历史进程中，国家对基层社会的控制有宽严之别，政府财力有强弱之变，但官民之间这种不对等的地位和感觉则一以贯之。在白苣垸水利社会关系的演变中，官方的作用至少体现在以下几个方面。

其一，官方提供的安全保障是白苣垸绅民自主管理机制形成和发展的前提。江汉平原的开发得益于国家提供的和平环境，国家的保护成为他们安居乐业的坚强后盾，政治和社会的安定使得垸民们萌生谋求更理想的生存环境和更富足的生活的愿望，并有可能一步步将他们的愿望付诸实施。回顾《白苣垸首总印册》的编印历程可以发现一种很明显的趋势：垸内绅民订立条规、请求印册等行为活跃的时期，多为国家相对稳定的时期；垸内自我管理制度趋于完善和有效运转的时期多是国家相对富强的时期。乾隆年间是白苣垸自主管理的顶鼎阶段，清末民初，国

---

① 民国《湖北堤防纪要·图说·江陵县》。

家政局动荡，垸内士绅发出"堤剋尚难修理，安有余力谋及于册"的叹息，白莒垸基本陷入"册废而垸废"的境地。

其二，对圩垸合法性的确认。在江汉平原的开发历程中，移民的入住、定居和垦荒围垸原则上必须在国家的法令和垦荒政策规定的范围内进行。自明中叶以来，江汉平原圩垸的过度挽筑，已严重影响到江湖洪水的调蓄和本区的生态环境，"人与水争地为利，水必与人争地为殃"的道理也渐被人们认识。明清政府对垸田的态度历来都是有筑有禁有毁，尤其乾隆十三年（1748）湖北巡抚彭树葵禁筑私垸之后，对垸田的禁毁成为国家对江汉平原围垸政策的主导方面，嘉庆、道光、咸丰、同治、光绪诸朝，朝廷禁令不断。但由于人口膨胀和生存压力等多方面的原因，江汉平原的垸田在政府的禁令声中有增无减。到民国时期，盲目围垸之势愈演愈烈，官府禁垸之令出现的频率也越来越密集[1]。其情形恰如江汉工程局的一份公文所言：

> 自宋荆南留屯，开与水争地之端，……明清以还，江则穴口多湮，汉是支流半废，洪流决决，概莫能容。堤垸纵横，复相阻隔，遂致溃决频仍，灾害迭见……惟当时鉴于堤增患著，对私筑堤垸，迭经严令限制，此风稍杀。迫入民国，私筑更多。纷歧凌乱，莫可究诘。水面日窄，蓄泄两穷，是本为防患而筑堤，复因筑堤而增患。[2]

---

[1] 　清代有关江汉平原垸田的禁令论者已有较多论述，民国时期亦屡屡颁布严禁围筑私垸的命令。兹略举数例：1912 年 10 月，内务部曾批示荆江堤工局的提议，"对已筑之私垸饬令平毁，未筑之淤洲今后严禁私挽"；1930 年 10 月，湖北省水利局请求省政府通令各县县长严禁私垸；1931 年大水之后，行政院核准施行《废田还湖办法》；1933 年内务部重申"废田还湖"；1937 年 9 月，行政院饬令湘鄂两省，"凡洪水经过或停蓄之沿江沿湖区域，应一律保持现有状况，绝对不许再作沿江建堤、沿湖建垸之举"；1938 年 5 月，湖北省政府重申禁令："围垦筑堤，阻滞江流，妨碍消泄，早经中央严令限制。兹重申：……所有各干堤以及民垸洲堤，无论堵复或培修工程，暂以修复原状为限，不得再行加高"；1945 年以后，江汉工程局曾在不同的文件中提出"值此战后复原初"，"禁止任意围垦"的意见，并通令各有堤州县；1947 年湖北省政府颁布《湖北省管理各县民垸办法》，明文规定"一律不得增挽民垸。如有擅自盗挽者，除勒令自行刨毁外，并严惩其主办人"。更多相关内容参见湖北省水利志编纂委员会编《湖北水利纪事》上册，内部资料，2004 年。

[2] 　江汉工程局文件：《干民堤划分办法》，民国二十六年十月十六日，湖北省档案馆《水利》第 360 卷。按：此《办法》民国二十六年提交省政府后，二十七年又由建设厅作了修正，但并获批准，省府会议批示意见为："现值非常时期，不便多所纷更，着仍照成案办理。"

　　在这场旷日持久的垸田禁和筑的官民博弈中，江汉平原的垸田便有了"官垸"、"民垸"、"私垸"等不同的名目，垸田的"名份"以此成为江汉地区官民关系的一个重要连接点。关于"官垸"和"民垸"的区分，通常的解释为，民间自筑之垸为民垸，康熙五十五年和雍正六年，朝廷两次动用官帑修筑或修复的堤垸为官垸。张建民考证后指出，曾经领官帑修过的堤垸并未持续不断地享受官款的待遇，江汉地区官垸与民垸的区别并不在于修防费用。"官、民垸之区别在于是否接受官府督查。"① 可见，江汉地区所谓官垸、民垸和私垸其实都是民间修筑的垸田，将其划属何种类型全凭官府的认定，而官府如何认定在一定程度上取决于垸内绅民的活动能力。曾经获得官帑资助的围垸，自然以此作为证明本垸属于官垸的铁证。未获资助的围垸可以自己的祖先是官府组织的合法移民、本垸历史如何悠久、如何不阻碍河道等理由向官府提出呈请，一旦被官府确认为官垸，该垸便在"垸"满为患的众多垸田中具备了修堤建垸的合法身份，从此可以合理合法地占道阻水，安居乐业。白莒垸绅民之所以不厌其烦地一次又一次向官府请求络印垸册，一个重要的出发点就在于向官府反复申请和诉求本垸的合法性。绅民们在呈文中一再强调："自前明及今，历年久远，非淤填滩浅、阻塞河道者可比"；地方官向上级官员汇报处理意见和向垸民作出批复时，决不会遗漏"转移水利县丞勘明并无阻碍河道、实在应修情形，绘图前来"这样的措词。显然，白莒垸每进行一次较大规模的修建，或官府每颁布一次禁垸令，白莒垸的绅民就有可能要与地方官府进行这样的往来和互动，白莒垸的合法地位因此也在官府的公文往来中不断得以巩固。总之，官民之间这种"呈报"和"审批"的程式及其所包含的复杂内容和过程，是官府呈示权威，推行国策或谋取私利的重要手段，也是垸民维护权益的可能途径。民国年间，江汉平原的垸民们仍然借助这种途径向官府求得合法的生存和生产权利。例如，民国十九年（1930）湖北省水利局长彭介石呈请湖北省政府向各县发布通令："嗣后各该县、垸所有河湖港泽，如有呈请修建垸围剅闸，不分公私须由该县长将工程状

---

　　① 彭雨新、张建民：《明清长江流域农业利研究》，武汉大学出版社 1993 年版，第 210 页。

况、筹款方案等分别造具图说，呈经职局派人查勘，确与全省或地方水道消泄无碍，方得报请省府备案。"① 其行文方式和内容，与《白茆垸首总印册》所载乾隆年间公文如出一辙。

其三，对堤垸修防事务的规范和督导。在明清至民国江汉平原的农田水利建设中，尽管国家财政资助、专门机构管理等方面的业绩不算突出，但历代官府对江汉平原堤垸水利的修防经营在政策、制度、措施上同样有着丰富的内容，而且经历了一个渐趋完善的过程。这些制度主要包括地方官员水利政绩的考成制度，冬春岁修制度，保固制度，协修制度，夫役分派制度等等②。这些制度虽以江汉堤防为中心，但也有一些兼及民工、民垸。更为重要的是，这些以江汉堤防为中心的制度对垸田水利的修防和经营有重要的示范和指导作用。《白茆垸首总印册》所登载的条规，土方量分配办法，堤身、剅口的尺寸等都是仿照这些制度议订、测量、汇编而成的。其中许多工作是在水利官员的直接指导和主持下完成的。森田明、张建民等学者的研究成果均显示，江汉平原的垸田农业水利，主要以"官督民修"的形式进行，张建民进一步将"官督民修"归结为宋代熙宁变化以来中国传统社会农业水利的重要特点之一③。白茆垸的情况表明，"官督民修"的顺利实施正由于国家的水利政策、法规和制度被人们接受，并成为垸民日常农业水利活动的行为规范。"官督民修"的实施过程实际上是国家的水利政策、制度和原则以较低的成本在基层贯彻落实的过程。

其四，充当垸内外矛盾、纠纷的协调和仲裁者。中国传统社会的官府、衙门向来是权威的象征，这一权威在一定程度上成为白茆垸自主管理制度的必要条件，在垸内自主管理无法顺利进行时，垸绅常常借助官方的权威来惩戒"豪棍"，慑服众人。乾隆年间，垸绅和"五姓堤老"在向官府的呈词中列举了本垸水利修防中的诸种问题和困难，并陈述了官府出面的干预的重要性，恳请地方官员出具印照，清查奸玩：

---

① 《省府通令各县县长严禁私筑垸闸》，《湖北水利月刊》第二卷第一期。
② 参见彭雨新、张建民《明清长江流域农业水利研究》，武汉大学出版社1993年版。
③ 张建民：《试论中国传统社会晚期的农田水利》，《中国农史》1994年第2期。

　　欣逢各宪整饬堤务，生等会议各总圩甲均应按亩加修。但垸大人众，醇顽不一。沿堤业民剥削堤脚；便水人户擅开私剅；或恃富豪占堤隐亩；或居高阜不赴险工；或私剅捏情不闭；或圩甲索规不前；或倚外垸推躲，或因佃种拖延耳。数十年来，癸酉、壬戌两次溃淹，……生等五姓堤老之责谊，后患之忧方大，按亩派土，务宜刻期告竣，清脚筑剅，遂照古迹式样，上下或修，以均苦乐，始终如一，以惩怠玩，若不恳印清查，奸玩倖得免脱，若不请委押修，堤塍终属累卵。

　　可见，在垸民的心目中，官府是凌驾于"五姓堤老"之上的更高级的权威。在垸内外发生冲突和纠纷时，官府自然成为矛盾的协调和仲裁者。在乾隆年间古堤垸抗修堤工案中，双方都争相向官府提出控、辩呈词，希望得到官府的支持。明代以来，白茅垸斗湖、台湖等垸的几次较大纠纷都是由官府出面协调解决的。

四　结语

　　中国传统的小农经济社会常给人一种"一盘散沙"的印象，而魏特夫的"治水社会"理论却将水利工程的建设和管理视为高度组织化的"东方专制主义社会"的根源。大江大河的整治和重大水利工程的建设一向被视为传统官府的职责，然而，同为大江大河，为什么黄河、运河有专门的河督、河道，而江汉地区却长期没有官方专门管理机构？"水利共同体"理论虽然体现出一定的解释力，然而从"水利共同体"的理论框架中我们却看不到水利共同体形成和运作的具体形态，看不清"共同体"中官、绅、民各种力量的构成和互动方式，而且围绕着对"共同体"的理解等问题又产生旷日持久的论争。要解决这些问题，也许只有回到具体的个案场景中来。

　　通过对《白茅垸首总印册》所蕴含的水利社会关系的分析，似乎可以得出这样的结论：江汉平原特定的自然生态环境所提供的生存条件催生了垸民自我组织、自我管理的内在要求，《白茅垸首总印册》所揭示的社会关系过程其实是垸民由血缘过渡到地缘，不断组织化，最终形成替代基层行政组织的民间自主管理机制的过程。这一过程也是白莒垸内包十三子垸由孤立的水利设施和普通的自然区域整合为一个基层社会经济单元的过程。在这一过程中，士绅、耆民等垸内精英起到了基础性的作用，而官府的存在也是不可缺少的必要条件。由明清至民国，官府一直作为公认的象征性权威和竞相争夺的资源，在白莒垸的发展、整合中起到了维护社会稳定，给予合法性认可，协调纠纷、仲裁矛盾，政策指导和施工督导等多方面的重要作用。这其中的每一个方面都为官民关系的演绎提供了广阔的活动空间，使得白莒垸所在社区的官、绅、民关系呈现出双向互动的动态过程。在这种双向互动中，国家的政策、地方官的个人意志、基层民众的愿望和士绅的聪明智慧等来自不同出发点的多种欲求、多种策略和多重利益交织在一起，形成一种微妙的动态平衡关系。在这种动态平衡中，水利基础设施的修护，农民生存的维持，国家政策的推行，民间纠纷的调处等多重目标既得到一定程度实现，也产生不同程度的折扣和让步，同时也在一定程度上降低了官府的管理成本，缓解了国家的财政压力。这种传统在江汉平原地区一代代沿袭下来，形成一定的水利社会习惯和有效的基层社会运行机制。

作者单位：武汉大学历史学院

清代的私盐

陈　锋

私盐乃走私之盐，与官盐处于对立地位，私盐多则官盐滞，私盐少则官盐畅。盐法之弊莫甚于私贩，盐法之要莫急于缉私。即所谓"盐政之坏，皆归咎于官盐之壅滞；官盐之壅滞，皆归咎于私盐之盛行。故讲求盐政者，莫不以禁私为首务"①。本文主要从私盐种类和缉私律令与缉私卡巡两个方面加以叙述。

一　私盐种类

有清一代，私盐泛滥成灾，名目亦多。杨士达云："私有数种，枭私特其一耳。有官商夹带改捆加斤者，有岸商巡捕获盐，名为功盐，作官售卖，而不按斤配引输课者，有盐艘售私于中途者，其名有商私、功私、船私之殊。"② 包世臣云："私有十一种，枭私特其一二，而为数至少。正引额三百四十斤，而淮南捆至五百余斤，淮北且及倍，此官商夹带之私也。官盐船户自带私盐，沿途销售者，船私也。灌安、襄、荆、郧者，潞私也，灌宜昌者，川私也，灌永宝者，粤西私也，灌南赣者，粤东与闽私也，灌归、陈者，芦私也，灌饶州、宁国者，浙私也。回空粮艘夹带以灌江广腹内者，漕私也。又有各口岸商巡捕获私盐入店，名曰功盐，作官售卖，而不遵例按斤配引输课者，功私也。"③《清史稿·

---

① 卢询：《商盐加引减价疏》，《皇朝经世文编》卷 49《户政》。

② 杨士达：《与王御史论淮盐第一疏》，《皇朝经世文续编》（葛士浚辑）卷 43《户政》。

③ 包世臣：《中衢一勺》卷 3《庚辰杂著五》，见《安吴四种》卷 3；又参见包世臣《淮盐三策》，《皇朝经世文编》卷 49《户政》。

食货志·盐法》云："有场私、有商私、有枭私，而邻私、官私为害尤钜。"对私盐之种类，各有不同的归结。大要说，主要的私盐有下列诸种：场私、军私、官私、邻私、船私、商私、枭私①。

（一）场私

场私，或称灶私，是食盐生产地区的走私，即盐场透漏之私盐。场私向来被视为"贩私之源"。两浙盐课监察御史卫执蒲曾说："场舍为产盐之所，灶户乃煎办之人，除此而外，盐无他出，故官引之配销不足，枭徒之肆横行私，皆场灶多煎偷卖之所致。"② 道光帝亦云："私贩私带之盐，皆出于场灶，缉私而不究私所自出，则弊源未遏，安望盐务日有起色。"③

场私在顺治年间已经较为突出，顺治十七年（1660）十一月，两淮巡盐御史李赞元的奏疏中已透露出这种信息。李赞元说："臣稽往制，各场原有铁盘，灶户皆系官丁，立有团煎之法。今灶户已输折价，不纳丁盐，官煎之法已废，所以多寡听其自煎，官、私由其自卖，弊孔百出。"④ 之后，场私日趋严重。

其在长芦，雍正二年（1724），直隶巡抚李维钧说："直隶私盐，多由南场卖出。"⑤

其在两浙，雍正三年（1725），巡视两浙盐课都察院左副都御史谢赐履奏："两浙地方私盐充斥，虽饬地方文武官弁严加侦缉，而贩私之

---

① 日本学者佐伯富在《清代盐政之研究》（京都东洋史研究会 1956 年版）和《中国盐政史的研究·清代盐政》（京都法律文化社 1987 年版）中，曾对漕私、船私、枭私、商私作过研究。徐弘《清代两淮盐场的研究》（台北嘉新水泥公司文化基金会 1972 年版）也涉及到灶私、枭私、粮私、商私、船私、官私、邻私。徐安琨《清代大运河盐枭研究》（台北文史哲出版社 1998 年版），是专门研究枭私的著作。张小也《清代私盐问题研究》（社会科学文献出版社 2001 年版），梳理了私盐运销活动及发展情况，并探讨了各地区的私盐活动及其特点。均可以参看。包括我本人研究的评论参见陈锋《近百年来清代盐政研究述评》，台湾，《汉学研究通讯》2006 年 5 月第 25 卷第 2 期。

② 档案，康熙十八年六月二十日卫执蒲呈：《奏缴事迹文册》，中国第一历史档案馆藏。

③ 《清宣宗实录》卷 297，道光十七年五月乙未。参见陶澍《陶文毅公全集》卷 18《覆奏筹议稽察场灶章程折子》。

④ 嘉庆《两淮盐法志》卷 31《场灶》。

⑤ 《清盐法志》卷 27《长芦·缉私门》。

徒究未能绝，因思盐产于灶，奸徒兴贩，往往勾连灶户。查两浙各场旧制，有聚团煎烧之法，今日久废弛，各场灶舍聚处煎烧者固多，而零星散漫者亦复不少，贩徒、灶户易于串售。"①

其在两广，康熙四十六年（1707），广东巡抚范时崇说："两广场商尽皆赤手空拳，灶丁所晒之盐，场商无力收囤，灶丁枵腹难支，不得不售私盐，至埠商又皆赤手空拳，不能向场商买运到埠，民间岂能食淡，不得不买食私盐。民间之私盐盛行，则官盐愈滞矣。"② 雍正十年（1732），两广总督鄂弥达说："粤东私贩充斥，总由沿海灶丁偷卖所致。"③ 鄂弥达在雍正十一年（1733）又说："有一班无赖赤徒，名曰'浪子'，盈千累百，到场贩私，……不能堵擒。"④

其在两淮，雍正四年（1726），漕运总督张大有疏言："两淮产盐之处，奸民串通灶丁，私卖私贩，伺回空粮船经过，搬运上船，地方官稽查不及。"⑤ 道光十年（1821），两江总督陶澍等奏称："灶户煎丁，滨海穷民，最为艰苦，宜加体恤。查收盐桶秤，旧有定制，近来场商每以大桶重秤，任意浮收勒掯，致灶户以交官盐为累，而乐于透私。"⑥

场私何所以透漏，何所以盛行？究其原因，不外五端：

一曰地理因素。冯桂芬在《利淮鹾议》中即云，淮盐产于沿海，"海滨数百里，港汊百出，白芦黄苇，一望无际，村落场灶，零星散布于其间。不漏于近署，漏于远地矣；不漏于晴霁，漏于阴雨矣；不漏于白昼，漏于昏暮矣"⑦。

二曰食盐产价太低。屠述廉在《请改云南盐法议》中称："因薪价日昂，原定薪本实有不敷，灶户无项培垫，不得不搀和沙土，以低潮充数交官，而（以余盐）卖给私贩，则成本之外得沾余润。故利于私贩，

---

① 《朱批谕旨》卷 36，朱批谢赐履奏折。

② 《清盐法志》卷 228《两广十五·征榷门三·引饷三》。

③ 《皇朝政典类纂》卷 75《盐法·盐课》。

④ 档案，雍正十一年三月十二日鄂弥达奏：《议覆广西抚臣金鉷所奏收买廉州私盐事宜》。

⑤ 《清世宗实录》卷 43，雍正四年四月。

⑥ 《清盐法志》卷 133《两淮三十四·征榷门·商课》。

⑦ 《皇朝经世文续编》（葛士濬辑）卷 43《户政》。

不乐于交官，反偷煎净盐，以招徕私贩"①。在煎晒盐斤所需工本日益增加的情势下，灶户所卖额定食盐难以换回工本，不走私难以维生。闽浙总督杨景素言福建盐场的情况云："计煎盐一担，需柴四五担，从前每担只需钱三十余文，近年每担需九十至百余文，柴本已增至两倍有余，而灶价则仍前给发。"② 两广总督鄂弥达在谈到广东场灶的情况时亦称："查两广盐政弊窦丛生，私盐充斥，皆缘额定盐价实不敷灶晒工本。若不姑容卖私，穷民衣食无资，势必抛荒走漏。"③ 广东场区虽然后来"准部咨行，每包加价一分五厘，亦仅足敷灶晒工本。灶丁偷盐私卖，尚可多得价值"④。鄂弥达为此作了比较：

> 以廉场而论，官价不过一厘六毫零；若以私卖，每斤可得银三厘。至官埠引盐，则将课饷、运费各费，并入定价，虽近场至贱之埠，亦系每斤五厘。晒丁若偷盐私卖，每斤可得一厘三四毫；百姓若买食私盐，每斤可省银二厘。故灶丁乐于卖私，而百姓亦利于买私。⑤

鄂弥达表述得十分清楚，要想根绝场私，其手段之一就是要提高产盐之价，使灶户增加收入，不至于卖给私贩。亦即包世臣所说，"池价增则内私不出"⑥。而同时又必须限定食盐的销售之价，保持官盐的竞争地位，不至于人民利于买私。但实际上是非常困难的，即"池价增而成本重"，高额利润难以保持，往往遭到盐商的反对⑦。

三曰盐商对灶户的剥削太重，迫使灶户卖私。包世臣说："夫盐法最苦者，透私。而私之所以不可止者，在科则之征于商也太重，而场商

---

① 《皇朝政典类纂》卷76《盐法·盐课》。

② 道光《福建盐法志》卷2《奏议》。

③ 档案，雍正十一年三月十二日鄂弥达奏：《议覆广西抚臣金鉷所奏收买廉州私盐事宜》。

④ 同上。

⑤ 同上。

⑥ 包世臣：《中衢一勺》附录四，《上陶宫保书》，见《安吴四种》卷7。

⑦ 王守基：《河东盐法议略》，《皇朝政典类纂》卷72。

之待灶户也太刻。灶户苦累，非卖私则无以自赡。"① 盐商对灶户的剥削，大致分为两种形式。一是在灶户"停煎之时，举钱济灶"，即放高利贷，然后在"旺煎"之时，"大桶中其盐，重利收其债"，从而造成"灶户交盐不得值，非透私无以为生"②。一是盐商视灶户为"可啖之肉"，在收盐之时少报多收。对于此点，两淮盐政普福言之甚详，他说：

> 　　各扬商（指居住扬州的两淮运商）俱有代办之人，在场收买灶盐，名为场商。……若辈虽称扬商亲友，其实惟知自利，并不体恤灶户艰辛。而灶盐交易，向系用桶量收，实多滋弊。曾经高恒较准四百斤之秤，又饬各分司照四百斤之数核定每桶二百斤，两桶配成一引，合称发运，立法已属尽善。乃该场商等渐次懈弛，奉行不善，奴才亲至通、泰两属二十二场堆盐各包垣，将伊等自置收灶盐之桶，用前发官秤，逐一称较，每桶实多一二十斤不等，总无与官秤相符者。而伊等转售扬商，仍以官秤四百斤捆发，并不遵照官秤收买。且有一班掀手量盐，轻重松实，从中取利。若按一纲所出一百五六十万额数，每引多收三四十斤核计，则浮收灶盐十五六万余引，各场商竟侵渔众灶盐价银十数万两。③

　　四曰盐难以尽卖。随着盐引的滞销，盐商的倒歇衰微，盐商无力全部收买灶户之盐，"以致灶户有盐无售，坐待饥寒，遂至私卖济枭，甘蹈法网"④。在清代中期，清廷还用"发帑收买余盐来解决"⑤，但到清代后期，盐政日益败坏，这一问题更趋严重，遂至议论纷纭。如陶澍所称："私枭所贩之盐，即系场灶所产之盐，如果商人能收买余盐，何至有私盐可贩。只因商不能收，而灶户穷困，偶有透漏，以资朝夕，遂至

---

①　包世臣：《中衢一勺》附录四，《上陶宫保书》，见《安吴四种》卷 7。
②　包世臣：《中衢一勺》卷 3《庚辰杂著五》，见《安吴四种》卷 3。
③　档案，乾隆三十年十一月十八日普福题，《为奏闻清厘场商渔利多收灶户盐斤事》。
④　档案，乾隆三十三年十二月一日尤拔世题，《收买余盐以杜私贩以济灶事》。
⑤　同上。

辗转负载，积少成多，而无资本无身家之匪类聚而成枭。"① 又云："口岸滞销，商运裹足，间有领运，无非藉官行私，弊端百出。现届庚寅（道光十年）年终，尚未开纲，即己丑（道光九年）一纲，行销尚不及十分之七，约计两年销不足一纲之盐。灶户以盐为生，商不收盐，势不能禁灶户之透漏，而私贩由此益甚。透私既甚，则运销益滞。"② 又如王赠芳称："灶户煎盐，总期各商收买，以资糊口。今则商力日乏，每至旺煎之时，商不收盐。加以商之于灶，大桶重斤，多方取赢，又复勒令短价，拖欠不清，于是灶户之盐，不乐售于商，而售于私。"③

五曰盐场各官接受贿赂，监守自盗，在走私中通同分肥。各盐区均有这种现象。如云南各井场："井上司事者，分润走漏，枭徒益无忌惮，百十为群，塘汛不能堵截。"④ 如长芦盐场各官直接参与售私，"官役分肥"⑤。这种"场私"，有目共睹，而又难以肃清，以致时人感叹："禁民必先禁官，惟官不守法，故民敢横行。"⑥

（二）军私

"军私"或称"兵私"，是军队中将官和士兵的走私。王庆云在《纪盐禁》中称："世祖入关，威令严肃，奸民未敢犯，乃诱满兵贩私，车牛成群，弓矢入市。"⑦ 王庆云所谓"奸民""诱满兵贩私"，未必确切，但清初处于战乱之中，八旗兵丁蛮横称雄，加上军纪松弛，不法将士兴贩私盐以渔利，却是实际问题。

顺治四年（1647），上谕户部："兴贩私盐，屡经禁约。近闻各处奸民，指称投充满洲，率领旗下兵丁车载驴驮，公然开店发卖，以致官盐壅滞。殊可痛恨。尔部即出示严禁，有仍前私贩者，被获，鞭八十，其盐斤、银钱、牲口、车辆等物入官。巡缉员役，纵容不行缉拿者，事

---

① 陶澍：《陶文毅公全集》卷 11《敬陈两淮盐务积弊附片》。

② 陶澍：《陶文毅公全集》卷 12《会同钦差筹议两淮盐务大概情形折子》。

③ 王赠芳：《谨陈补救淮盐积弊疏》，《皇朝经世文续编》（盛康辑）卷 51《户政》。

④ 屠述廉：《请改云南盐法议》，《皇朝政典类纂》卷 76。

⑤ 《清盐法志》卷 27《长芦·缉私门》。

⑥ 档案，雍正十一年三月十二日鄂弥达奏：《议覆广西抚臣金鉷所奏收买廉州私盐事宜》。

⑦ 王庆云《熙朝政纪》卷 7。

发一体治罪。"①

顺治五年（1648），以地方土棍串通满兵，车牛成群，携带弓矢，公然贩卖私盐，谕各省管旗官员严行禁止，并敕部再严加申饬，地方巡缉擒拿解部，依律治罪②。

顺治六年（1649），两浙盐课监察御史杨义专疏题称："无赖兵丁每纠合土棍，肆狐假之威，射私贩之利，张弓挟矢，列械连樯，虽设巡缉员役，如塞羊之遇虎狼，谁敢过而问哉！……彼设兵原以防剿，而反兴私贩。是御暴而为暴也。"③ 杨义在该题本中谈到的军私，当不是个别"无赖兵丁"贩私的问题，从巡役"如塞羊之遇虎狼"，不敢过问的情景来看，显然是大伙兵丁有组织的贩私。

顺治十年（1653），长芦巡盐御史张中元在谈到山东兵丁贩私时说："数十州县尽食私盐，官吏巡役不敢禁止，为害不小。"顺治帝在该题本上批道："著给满汉字告示，严行整饬。有不遵的，指名参奏。"④ 随后，又议谁："将领、卫所官弁纵兵贩私，许州县官缉拿，揭报参处。"⑤

尽管有上谕和条例禁止，并无改观，终顺治一朝，军私仍然盛行。

顺治十三年（1656），户科给事中王益朋题称："两淮盐弊，种类甚繁，非可一端尽也。臣请言其大者，莫如经略军前之食盐。虽奉有令牌，户部批照，然其弊不在军前之食盐，而在差官之夹带。连樯巨艘，蔽江而下，御史不敢问，关津不敢诘。湖南诸处所食之盐，大率皆军前夹带之盐。"⑥

顺治十六年（1659），两浙巡盐御史迟日巽奏云："驻防将领原以捍卫疆圉，……今则有等不肖兵弁，每借巡哨名色，坐驾双桅船只，兴贩私盐。或护送盐枭发卖村市，狐假虎威，横肆无忌。虽经盐臣历历参拿，恬不知警。"⑦

---

① 《清世祖实录》卷 32，顺治四年六月丙戌。
② 《清朝文献通考》卷 28《征榷三》。
③ 档案，顺治六年六月十二日杨义题：《为兵贩纵横无法引盐壅堕可虞事》。
④ 档案，顺治十年正月十二日张中元题：《为盐政切要事》。
⑤ 《清盐法志》卷 4《通例·缉私门》。
⑥ 档案，顺治十三年四月二十二日王益朋题：《为直陈盐政之本末事》。
⑦ 《清盐法志》卷 181《两淮·缉私门》。

顺治一朝的军私，在清初各种类别的私盐中，占有突出的地位。这一方面固然是因为将兵横行不法所致，但更为重要的原因则在于：清初处于连绵的战乱之中，清廷需要将士卖命，军饷却不能及时发给，因而不可能、也难以对泛滥的军私采取果决的措施。

顺治以降，军私虽然不像以前那样盛行，但在一定程度上，仍然是一个严重的问题。

如康熙十八年（1679），两浙巡盐御史卫执蒲称："营兵借巡兴贩，久有严禁。……近闻有等不法兵丁，妄借游巡名色，暗与私贩往来，……横行水陆，恣意泼贩。病商害灶，莫此为甚！除移会将军、提镇严禁外，今后各营将领务须严诫兵丁，恪遵纪律，如有违犯，定当照例题参，必不轻宥。"①

再如，雍正六年（1728），江南松江提督柏之蕃奏称："松郡滨海，私贩公行，从前文武官弁并未实力查拿，以致绅民兵役，无不买食私盐。甚至不法兵捕，通同兴贩，遂致私盐日盛，官引难销。"② 同年，浙闽总督李卫题称："京口旗营驻防，及各项大小头舵水手，无不装载淮盐，……或藉称公差名色，假写灯笼旗号，扬帆竟过，不服盘验。"③ 雍正八年（1630），浙闽总督李卫又称："查松江府城旧时附郭华娄二县，今又分出奉贤金山，地方不为不大，更有提督重兵驻扎，宜乎私枭屏迹，而从前片引不销，皆由向日提标及附近各营，无不通同济私，大船装载，贮于兵丁屋内，令其子弟家属提携篮筐满街趁卖，地方官不敢过问，以致商人无可如何，将此数县弃出，不复营销。"④

又如，嘉庆十六年（1811），闽浙总督奏；"查南路一帮，逼近场灶，水陆私枭最易充斥。现在帮地愈办愈疲，甚且私枭愈拿愈横，皆缘营前各处船只，率藉营兵装载马草，公然带私贩运，直抵城厢。以及换班回省并按月领粮各船，概系旗营兵丁，带私不容检验，以致贻害。"⑤

直到清末，军私始终是清廷明禁暗弛的一个问题。

---

① 档案，康熙十八年六月二十日卫执蒲呈：《奏缴事迹文册》。
② 《朱批谕旨》卷165，朱批柏之蕃奏折。
③ 《清盐法志》卷181《两浙·缉私门》。
④ 乾隆《浙江通志》卷84《盐法》。
⑤ 《清盐法志》卷208《福建·缉私门》。

（三）官私

官私大致分两种，一是贪官之走私，一是缉私官役之走私。

官私关乎吏治，为害甚大，"私盐之充斥，皆由官自为私，官蠹烹分，遂逋正赋"①。但史籍记载官私较少，只有经清廷发觉并予以惩治者，才见于记载。

康熙四十四年（1705），大学士李光地疏劾云南布政使张霖："假称奉旨，贩卖私盐，得银百六十余万两。"②

雍正三年（1725），议政大臣等题奏年羹尧"贪黩之罪"十八款中，有两款与行私有关："一、遍置私人，私行盐茶。一、私占咸宁等盐窝十八处。"③

雍正五年（1727），刑部侍郎黄炳等审奏夔州知府程如丝案内称："程如丝在夔州知府任内，贩卖私盐，重贿蔡珽，依势横行，杀伤多人，残忍已极。蔡珽身任巡抚，利欲熏心，袒护保举程如丝为四川第一好官，负恩罔上……此案内程如丝所差巡兵甚多，黄炳未曾详究。又据程如丝自认，贩卖私盐四万余包，而蔡珽推为不知。程如丝私贩之事，焉有私盐至四万余包之多，而蔡珽不知之理。"④

雍正七年（1729），两江总督范时绎参奏原任户部郎中王图炜，纵容家人张象九，夹带私盐⑤。

雍正十一年（1733），两广总督鄂弥达云："廉州知府刘梦正等悉皆借官行私。"⑥

道光十六年（1836），温州知府刘煜"承办票盐，任令家丁私自收卖"⑦。

从云南布政使张霖贩私得银一百六十余万两来看，贪官之"借官行私"已达到十分猖狂的地步。虽然"罪重者论斩"，但难以"有犯必

---

① 《清盐法志》卷 228《两广十五·征榷门三·引饷三》。
② 蒋良骐：《东华录》卷 20，第 322 页。
③ 蒋良骐：《东华录》卷 27，第 446 页。
④ 《清世宗实录》卷 59，雍正五年七月。
⑤ 《清世宗实录》卷 87，雍正七年十月壬子。
⑥ 档案，雍正十一年三月二十日鄂弥达奏：《廉州盐务事宜》。
⑦ 《清宣宗实录》卷 286，道光十六年七月丙午。

惩"。

　　缉私官役之走私，较为普遍。或借缉私之名，"在产地购买私盐，运往销地贩卖"；或"捕获私盐入店，名曰功盐，作官售卖"①；或"获盐不报，隐没烹分"②；或"暗与枭徒勾结，通同兴贩"③；或"捕巡私盐之官役与场司等官朋比作奸，而四境兴贩"④。可谓无所不为。雍正六年（1728）五月初四日，奉上谕："朕闻山东地方私盐甚多，每遇营汛拿获，一交州县，便称有引开释，盖因东省每年有积引二十六万余道，俱系截角残引，以资其营私之弊，一遇拿获到官，则将残引重复影射，奸商侵蚀，牢不可破。前令山东巡抚塞楞额彻底清查，以肃盐政。随据塞楞额奏请，将残引邀销，每年另给新引五万余道，抵作补春引目等语。比经户部驳诘，塞楞额至今尚未查明题覆。而营汛拿获私盐，该州县即以有引开释，显系官吏奸商通同固结作弊营私，盐务何由清肃。"⑤ 乾隆三十四（1769），长芦盐政高诚奏："州县拿获私盐，例应交商变价，因例内准其减价售卖，是以州县官不将私盐交商，任胥役领卖侵渔。"⑥ 担任过两淮巡盐御史的胡文学亦曾痛言其弊："有司设立捕役，原为巡缉私盐，给以腰牌。因系在官人役，愈便行私，他人不敢缉拿。即有盘诘，借口功迹（绩）盐斤，可以朦混。故多一捕役，即多一私贩！甚有问革蠹役，仍称捕快，结连兴贩。"⑦ 由于缉私官役处于贩私的有利地位，其若贩私，"问所难问"，"拿所难拿"，胡文学叹称为"不可禁之私盐"。

（四）邻私

　　邻私出现于销盐引岸的交界之外，因为是邻区之盐违例越界兴贩，故曰"邻私"。李澄曾云："私盐之由场出者，常十之三四，由邻入者，

---

①　包世臣：《中衢一勺》卷3《庚辰杂著五》，见《安吴四种》卷3。
②　档案，康熙十八年六月二十日卫执蒲呈：《奏缴事迹文册》。
③　档案，道光二年十月十六日英和题：《为酌筹盐法等事》。
④　档案，顺治十三年四月二十二日王益朋题：《为直陈盐政之本末事》。
⑤　《清世宗上谕内阁》卷69，雍正六年五月初四日
⑥　《清高宗实录》卷838，乾隆三十四年七月。
⑦　胡文学，《疏稿》，见《清史资料》第三辑，第152页。

常十之五六。虽欲不受其害而不能。则盐引之缺，实岸界害之也。"①
足见邻私之严重以及邻私问题之来由。

　　各盐销区均有邻私，如雍正二年（1724），两江总督查弼纳在《为
请将镇郡改食淮盐等事》内谈及淮盐侵灌浙盐销区："窃查镇江旧食浙
盐，浙盐产于松江沿海，盐臣盘掣之后，船载赴镇六七百里，道路既
远，脚费自多，官盐所以价贵。淮盐产于如皋、通泰等处，去镇江止隔
带水，私贩片帆渡江，即至镇郡，脚价无几，比浙盐价值甚贱。且浙盐
灰多味苦而淡，淮盐味洁而咸，其价又贱。民情惟利是趋，避浙盐之贵
而偷买淮私，势所必至。淮私至镇透越甚易，大江辽阔，稽查甚难。镇
江私贩既多，遂流行内地，如句容、溧阳、高淳等处，无非私盐充斥
矣。欲绝镇江买私，莫若将镇江所属三县改食淮盐，盐臣在仪真盘掣之
后，船载渡江，相隔百有余里，抵镇甚易，则价自贱。官盐既贱，则民
不食私，枭棍何从射利，将不禁而自散矣。"对此，浙江布政司佟吉
图、两浙盐驿道王钧遵旨议驳称："查两浙行盐办课，原以江南镇江为
界，镇属行盐，隶于浙省者，揆厥画疆之始，盖缘淮以瓜洲为门户，浙
以镇江为咽喉，有大江以为之限，则彼此不相侵害，原属因地制宜，是
以京口奉旨设立盘盐官厅，专责防守稽查，以杜淮私侵浙之患。历年以
来，两浙引课从无亏缺者，职是故也。今两江督宪奏请改食淮盐，钦奉
俞旨，镇江之盐，起初舍近而就远者，其中或有不便情由所致。仰见圣
主睿鉴如神，糜远弗届。本司道不揣蠡测，窃谓欲禁淮私，而将镇属三
县改食淮盐，恐贩徒借官行私，连艘飞越，并奸商飞渡夹带影射重照之
弊，更难稽查。且枭贩尚能私渡大江，苏常之地支河小港繁多，尤易透
入。至于价值，久经核定饬遵，味之咸淡，水土相宜，况屡次严饬地方
文武实力巡查，枭贩自可屏绝。镇江改食淮盐，在两淮，幅员辽阔，增
此一府，不足见多，而在浙地，失此大江之界，将来苏、常以西，淮私
透入，不无侵越之虑。两淮、两浙总属引地，淮商、浙商总属办课，可
否仍循旧界，疏引行盐，则淮浙诸商，各安其业，而永保国饷于无亏
矣。"② 江督意在将镇江改食淮盐，浙江则意在固守原有引地。行盐引

---

　　① 李澄：《淮鹾备要》卷 4。
　　② 乾隆《浙江通志》卷 83《盐法上》。

地之不可改，邻私依然如故。

邻私最严重的是两淮引岸与其他引岸接壤的地区。包世臣曾有概括的说明："灌安、襄、荆、郧者，潞私（河东盐）也；灌宜昌者，川私也；灌永、宝者，粤私也；灌南赣者，粤东与闽私也；灌归、陈者，芦私也；灌饶州、宁国者，浙私也。"①

两淮引地广阔，最受邻私之害，历朝多有指陈：

雍正十二年（1734），上谕内阁："各省盐政，关系国计民生，所当加意整理，而两淮盐务之积弊，更在他省之上，此中外所共知者。大约盐法之行，必以缉私为首务。两淮行盐地方，江西、河南有浙私、芦私之侵越，而湖广之川私、粤私，为害更甚。现今虽于各处隘口设立巡官、巡役，而地方文武官弁不肯实力奉行，一任兵役人等避难趋易，罔利营私，以致立法虽严，而邻私之肆行如故。即在江南督臣，亦不过责成所属地方，至咨会邻省，即未必有呼輙应，此私贩之所以难禁也。年来朕留心访闻甚确，用是特颁此旨，晓谕湖广等省督抚等，务矢公心，视邻省之事为己事，严饬文武官弁同心协力，家喻户晓，使川粤浙芦之私盐，不敢越界横行，则两淮积引易销，于国计民生均有裨益。"② 同年，管理两淮盐政布政使高斌在《为密陈盐政之要务，恭恳圣恩事》中奏称："窃查盐法之行，总以缉私为首务，私靖则官引自销，转输便利。裕课恤商，皆本于此。淮南江广口岸宽广，如果私盐杜绝，何虑积引难销。臣看地方督抚大吏，非不遵奉办理，但以不关切己之务，大概有名无实，是以今年江广口岸盐壅价减，急难销售，皆由邻私充斥，实盐法受病之根源也。臣查两淮行盐地方，江西、河南有浙私、芦私之侵越，而湖广之川私、粤私为害更甚，现今虽于各处私盐隘口，设立巡官巡役，颇为周密，但地方文武官弁不肯实力奉行，一任兵役人等避难趋易，罔利营私，以致立法虽严，而邻私充斥滋甚。"③

雍正十三年（1735），长芦巡盐御史三保在《为敬陈盐政要务事》中题称："查行销引盐，原以缉私为要务，私靖则官引自销，所以分别

---

① 包世臣：《淮盐三策》，《皇朝经世文编》卷49《户政》。

② 《清世宗圣训》卷7，雍正十二年甲寅九月辛丑；《清世宗实录》卷147，雍正十二年九月辛丑。

③ 《朱批谕旨》卷205下，朱批高斌奏折。

疆界各销各引，如有侵越即干法纪，惟是两淮行盐地方邻私最易透漏，屡奉谕旨严饬该管官加意整理在案。……今浙、闽、川、粤及长芦之商乃于淮盐接界地僻人稀之处，广开盐店，或五六座、十余座至数十余座不等，多积盐斤，暗结枭徒，勾通兴贩。是私枭藉官店为囤户，盐商以枭棍为生涯。"①

嘉庆二十三年（1818），上谕内阁："孙玉庭等奏，湖广、江西纲引滞销，请将盐道惩处一折。湖广、江西丁丑纲盐引，运销不及十分之一，实属惰玩，盐道章廷梁、胡稷，俱着革职留任，摘去顶带，责令将积引督属上紧疏销，如能依限足额，由该督等奏请开复，倘始终怠玩，即参奏离任。至官引滞销，由于私盐充斥，该二省行引地界辽阔，所有缉私事宜，并着湖北、江西各督抚督饬地方文武官员，一体认真查办。其应如何设法疏通积滞，堵缉邻私，及稽查夹带偷漏之处，着该督抚、盐政等会同妥议章程具奏。"② 同年，上谕军机大臣等："兹据御史吴杰奏称，巫山、大宁一带盐埠口岸，素有奸商私造引张，名为墨引，串通土豪，勾引私贩，各船到彼，捏称提载，由水路浸入荆州、宜昌等处，陆路则由灶户出卖于竹溪、房县肩挑背负之民，每日不下数百人，听其贩往楚界各乡村售卖。又闻陕西商南、平利一带私盐，即自潞商各店中贩来，由汉中顺流而下，至襄阳之谷城，德安之安陆，分途暗售，河南私贩即自南阳之李官桥店中贩来，亦至谷城、安陆等处，请饬令各督抚查办等语。私盐充斥，以致官引滞销，亟应设法整顿，着孙玉庭、庆保、张映汉、钱臻、阿克当阿，会同确查。并将该御史指出开设店铺，兴贩私盐各地界，移咨四川、陕西、河南各督抚，一体查明究办。其应如何设法堵缉稽查之处，归入会议章程内，一并妥议具奏。"③

嘉庆二十五年（1820），上谕军机大臣等："据延丰奏，淮南各口岸邻私浸灌，场灶透漏，以致累年销绌引滞，课悬本搁。楚岸则有四川巫山、大宁一带盐埠口岸越境侵销，一由水路入宜昌、荆州等处，一由陆路入房县、竹溪等处。其陕西之商南、平利一带私贩，由汉中顺流而

---

① 档案，雍正十三年十一月六日，长芦巡盐御史三保题：《为敬陈盐政要务事》。
② 《清仁宗实录》卷339，嘉庆二十三年二月丙子。
③ 《清仁宗实录》卷339，嘉庆二十三年二月。

下，至襄阳、德安等处分售，名曰潞私。河南自南阳之李官桥各铺，贩至谷城等处售卖，名曰豫私。湖南衡州府属之常宁、耒阳、安化各县，界连广东永州府属之江华、永明、零陵、东安，各县界连广西，俱由各该商埠越界浸灌。江西口岸，则有闽浙粤东私盐，处处可通。粤私陆路由兴国县入吉安府属之万安等处，水路由赣县入下游之吉安、临江等府，闽私一由崇安县经过江西之铅山、弋阳入饶州府属，一由光泽县入江西新城县境，赴建昌、抚州等府销售。浙私一由广信府属之贵溪入饶州府属之安仁等县，一由徽州府属之祁门、建德等县入江西之饶州府属浮梁、德兴等处。至安庆、池州、太平、江宁，为淮南纲食口岸，又为场盐偷漏，船户夹带，沿途偷卖，侵占引额，请饬各该督抚实力缉私。又疏销引盐，为盐道专责，向来各省因考核过严，虑干处分，不免有多开轮售，捏报分数之弊等语。近年楚西各口岸私枭充斥。官引滞销，国课既多虚悬，商力亦虞支绌。现据该盐政查明私盐浸灌处所，着该督抚等，各饬所属文武地方官，无分畛域，实力侦缉，务将巨枭窝囤随时随地严拿惩办，不得互相诿卸，或仅将寻常小贩缉拿数案，藉以塞责。总期私枭敛迹，俾官引得以畅销，以裕国课。"①

两淮引地其所以深受邻私之害，一是由于淮盐引地辽阔，与邻界相接之处运盐不易；二是由于淮盐课税重于它区，加上远程运输的耗费，盐价相应较贵。如两淮引地的鄂西"道州、巴东等属，地处万山，自汉口至彼，水陆间关二千余里，合算脚价非三四分莫办"②，而四川引地的川东云阳、大宁等县，"下至一二百里即是湖北地方，……每斤价止四五厘"③。盐价相差达数倍。这在买食盐斤者，势必是"舍贱买贵，人情所难"，不顾法律的约束，乐于买食邻境所贩之私盐④；这在贩卖邻私者，势必是趋利若鹜："私载盐包，雇觅熟识水性之人，乘夜逸去者有之。或由山崖曲径，巡查不及之处，背负偷越者亦有之。"⑤ 贪图重利的盐商，更是想方设法"借官引之名而行邻私"。长芦巡盐御史三

---

① 《清仁宗实录》卷三六七，嘉庆二十五年二月辛卯。
② 嘉庆《两淮盐法志》卷6《转运一》。
③ 档案，雍正十二年正月十七日黄廷桂奏：《楚省兴山等处请改行川盐疏》。
④ 朱轼：《请定盐法疏》，《皇朝经世文编》卷50。
⑤ 档案，雍正十二年正月十七日黄廷桂奏：《楚省兴山等外请改行川盐疏》。

保即奏称："查行销引盐，原以缉私为要务，私靖则官引自销，所以分别疆界各销各引，如有侵越即干法纪，惟是两淮行盐地方邻私最易透漏，屡奉谕旨严饬该管官加意整理在案。……今浙、闽、川、粤及长芦之商乃于淮盐接界地僻人稀之处广开盐店，或五六座、十余座至数十余座不等，多积盐斤，暗结枭徒，勾通兴贩。是私枭藉官店为囤户，盐商以枭棍为生涯。"① 林则徐更进一步指出："夫以重课之盐（淮盐），而与邻界之轻课争售，即彼此同一官盐，亦必彼盈此缩。况又加以无课之私贩纷纷侵灌，其势之不能相敌更不待言。"②

（五）船私

船私或称"漕私"、"粮私"、"夹私"，是船户水手的走私。

船私大致有三类：

一是运盐船户的走私。亦即包世臣在《淮盐三策》中所说，"官盐船户自带私盐，沿途销售者，船私也"③。在盐船装载官盐运赴销场的过程中，船户水手往往私带盐斤，于沿江停泊之处，售给私贩以谋利。如浙江，"杭所盐船，有藏头之名，每于装盐出场之时，串通押运人等夹带私直，窝顿僻地，俟本船掣后过坝，偷运上船带贩。有坝上奸徒包做私盐售与船户发卖，大干法纪，本都院察访甚确，除一面查拿究治外，今盐船过坝，着令坝夫、船户开具逐日盐数，并具不致夹带甘结送查，如有前弊，严拿重处。一厘夙弊。嘉所河港四通，支流杂出，兼之地近盐场，贩徒络绎，运掣之际流弊极多，如装盐船户藉以船只宽大，有散舱夹底、鸳鸯搭配名色，以致夹带零盐，分藏遮掩，其弊繁滋"④。又如淮盐运赴湖广，"私贩每驾小船停泊等候，……而屯船于夹带之外，遇兴贩者多，则又偷爬引盐卖"⑤。"开江以后，沿江沙洲，聚集枭徒，收买各场透漏之盐，或由支河汊港偷运出江，或由海转运，至焦山口门，偷上江船。或向驳运场盐之屯船户收买偷爬盐斤，装载赴岸，

① 档案，雍正十三年十一月六日三保题：《为敬陈盐政要务事》。
② 林则徐：《整顿矶务折》，《皇朝经世文续编》卷 42。
③ 包世臣：《淮盐三策》，《皇朝经世文编》卷 49《户政》。
④ 《清盐法志》卷 171《两浙十二·运销门·掣验》。
⑤ 嘉庆《两淮盐法志》卷 12《转运七》。

谓之外带跑风。"① 周济《淮鹾问题并序》认为:"计仪征买私,每斤二十余文,汉口卖私,每斤五十余文,实有加倍之利。每船带至一千五六百石,方敷二年一运之用。又须加带数百石,以抵买私借本之利。是以千引之船,大约必带私二千石,江广焉得不滞销。欲清江船之私,第一以轻成本减卖价为主。"② 陶澍《再陈淮鹾积弊折子》认为:"私盐充斥固应首重缉私,然岸销之滞,不尽关私贩。其商运官引之重斤与装盐江船之夹带,实为淮纲腹心之蠹。在商人,于正引之外,本有耗卤无课之加斤,即无异官中之私。而又有包内包外之私。其包内者,系运商捆盐出场多带重斤,商厮、商伙亦复如之。且又短发江船水脚,以盐斤私敌船价。其短发所给之价,复被厮伙埠头等勒扣过半。甚至船户不领脚价,转以重贿向商厮埠头等图谋装盐,下至商宅之婢役亦有馈费。彼江船何苦为此,无非借公装私而已。"③ 运盐船户之所以夹带私盐,固然是希图获利,但按包世臣的说法,似乎也有不得已者:"运官盐必以官船,律有明文","官船旧时受载,大者三千引,小者亦千余引,每引水脚银一两,一年受载两三次,故船户不俟为奸而自足。今船一载,需年半乃能回空,而大船才受七八百引,小者三四百引,水脚如旧,而埠头之抽分,较前四倍,船户所剩,以酬商伙商厮而犹不足。约计造一船之费以万计,每年须归船主官利银二千,每船舵水四十人,辛食之费并篷缆油索,每年又需二千。计年半非得银六千两则不能,偿本皆取给于卖私。"④ 此乃船价贵费用多而水脚银不足,导致船户夹带。更何况还有克扣水脚或不给水脚者:"船户水脚,本为充裕,今则商人克扣不

---

① 蒋攸铦:《筹议缉私以疏官引疏》,《皇朝经世文续编》(盛康辑)卷 51《户政》。
② 《皇朝经世文续编》(盛康辑)卷 51《户政》。
③ 陶澍:《陶文毅公全集》卷 11。
④ 包世臣:《淮盐三策》,《皇朝经世文编》卷 49《户政》。按:盛康辑《皇朝经世文续编》卷 51《户政》所载周济《淮鹾问题并序》所论意旨略同,具体算法,更为细致:"盐船乃盐户私产,凡造船成本,大约每装(盐)一石,须工料银一两。其船用至十年,必须拆卸重造,是以造船本银,须作十年飞算。装盐一千引,须用五千石大船,每年飞本五百两,二分息加利银一千二百两,岁修一百两,舵水工食一百五十两。装盐一千引,照报部水脚,实给不过一千两,内除关税一百二十两,实得水脚八百八十两。而一年船本、船利、岁修、工食,实须一千九百五十两。除水脚八百八十两,实短银一千零七十两。此尚就一年一运而计,若如近来两年一运,则共短银三千余两。若非带私,谁肯装盐。"

清，听其夹带私盐。"① "运盐原有定例水脚，近为埠头串通商伙、商贩，从中勒扣。"② "前因船户不得水脚，夹带私盐，影射销售。"③

二是漕船的夹带。大量运粮的漕船从江南沿运河抵达北京附近的通州卸运后，空船南返，因有"粮船旗丁水手，南北往返，必须食盐，……于交卸回空处，亦准其（每人）带盐四十斤"之令④，往往经过芦盐、淮盐产区时，趁机偷买私盐，装载南下，随处偷卖，"以灌江广腹内"⑤。这对淮盐的运销是一个极大的威胁，所谓"至粮船夹带私盐，以致病商误课，则关系尤重"⑥。

顺治十七年（1660），巡盐御史李赞元奏称："回空粮船，约有六七千只，皆出瓜仪二闸，其船一帮，夹带私盐，奚止数十万引，合而计之，实侵淮商数十万引盐之地。"⑦

康熙四十六年（1707），上谕刑部："漕船往来，河道运丁人等夹带私钱、私盐，并装载一切货物，遇有稽察员役，动辄抗拒伤人放火诬赖，沿途商民船只悉被欺凌，种种不法之事甚多，朕所深悉。漕运总督倘不严察惩处，则运丁恣意横行，必致重为民害，这案着该督再行确审定拟，以为悍丁生事病民者之戒。"⑧

康熙五十一年（1712），长芦巡盐御史穆哈连疏称，"每岁回空粮船买载私盐，自德州直抵江南，任意售卖，请勅漕运督臣遴选能员，协同德州卫弁，专司盘查私盐，如有夹带，事发将地方官即行题参送部，

---

① 王赠芳：《谨陈补救淮盐积弊疏》，《皇朝经世文续编》（盛康辑）卷 51《户政》。王赠芳又说："船户不以水脚为利，而以私盐为利。"

② 陶澍：《陶文毅公全集》卷 12《会同钦差拟定盐务章程折子》。

③ 俞德渊：《论淮商》，《皇朝经世文续编》（葛士浚辑）卷 43《户政》。按：道光十年十二月，奏准归场灶窒碍难行，并定筹办淮盬积弊章程。尚书王鼎、侍郎宝兴、两江总督陶澍会奏："运盐原有定例水脚，近为埠头串通商伙商贩，从中勒扣，该船户亦恣意带私，甘心忍受，且有出钱买装者，遂至脚私日恣。应将水脚例价照实核发，毋许商贩辈丝毫克扣，并明定章程，将各船挨次编号，连环保结，不准仍蹈买装旧辙，亦不准盗卖食盐。查出严行惩办，并将该埠保一并治罪。"《清盐法志》卷 133《两淮三十四·征榷门·商课》。

④ 《清盐法志》卷 4《通例·缉私门》。

⑤ 包世臣：《中衢一勺》卷 3《庚辰杂著五》，见《安吴四种》卷 3。

⑥ 《清仁宗实录》卷 231，嘉庆十五年六月甲辰。

⑦ 《清朝文献通考》卷 28《征榷三》。

⑧ 《圣祖御制文集》卷 13。

照新例严处"①。

雍正元年（1723），上谕："天津一带地方，向有贩卖私盐等弊，粮船不许停泊，火速趱行，直抵通州。至抵通后，速行起卸交仓，毋得需索抑勒，苦累军丁。"②

雍正二年（1724），刑部等衙门议覆漕运总督张大有疏奏："请严回空粮船夹带私盐及闯闸闯关之例。嗣后，如回空粮船夹带私盐，拒捕杀人，将为首者立斩，为从者边卫充军。其闯关闯闸，将船丁舵户枷号充军，为从者杖徒。押运等官不行约束，知情故纵者革职。请着为令。从之。"③

雍正三年（1725），上谕大学士等："天庾积粟，漕运最为紧要，而通商裕国，关税亦应留心。朕上年因恐粮船迟滞，曾有旨，船至大江不可拦阻搜查，致生事端，有误漕运。今闻各粮船有于兑粮起运之后，即多包揽货物，及回空时，又多夹带私盐。此皆由经过马头处所停留装卸，而地方官不行严查之故也。夫穷丁装带些微货物，情尚可恕，至私盐乃大干法纪之事，况断无沿途零买零卖之理，必有一定地方，其装卸亦必非俄顷可办，必须二三日工夫，若该地方官果实力稽查，自然弊绝。其如何稽查，如何劝惩，必使裕课通漕，两得其宜，并行不悖，着总漕张大有，安徽巡抚李成龙，会同虚公详议具奏。"④

雍正七年（1729），上谕户部："朕闻各省粮船过淮抵通之时，该管衙门官吏胥役人等，额外需索陋规，以致繁费甚多，运丁重受其累，特命御史前往稽查，禁革苛索等弊。又查向来之例，每船北上，许带土宜六十石。朕思旗丁运驾辛苦，若就粮艘之便，顺带货物，至京贸易，以获利益，亦情理可行之事，着于旧例六十石之外加增四十石，准每船携带土宜一百石，永着为例。惟是运丁人等繁多，素有恶习，如偷盗米石、挂欠官粮、夹带私货、藐视法纪，此向来之通弊也。又如昔年浙江、湖广二省粮船，因私忿小怨，遂操刃持戈杀伤多命，又从前偶值回空守冻，遂致纵容水手公然抢夺，扰害居民，此皆众所共知者。是以数

① 雍正《畿辅通志》卷37《盐政》。
② 《清世宗上谕内阁》卷9，雍正元年七月十三日。
③ 《清世宗实录》卷19，雍正二年闰四月丙申。
④ 《清世宗上谕内阁》卷33，雍正三年六月二十日。

年以来，内外臣工条奏旗丁不法者不下数百纸。前又有奏称，贩卖私盐之弊，在粮船为尤甚。有一种积枭巨棍，名为风客，惯与粮船串通，搭载货物，运至淮扬，托与本地奸徒，令其卖货买盐，预屯水次，待至回空之时，一路装载，其所售之价，彼此朋分，粮船贪风客之余利，风客恃粮船为护符，于是累万盈千，直达江广。私贩日多，而官引日滞等语。观此，则旗丁之作奸犯科，诚难以悉数也。"①

嘉庆十五年（1800），上谕："似此明目张胆，肆无忌惮……看来亦非尽旗丁水手之故。押运官弁，恐不免包揽纵容，地方文武及总运催趱各员弁，亦必有得规卖放情事。"②

嘉庆二十三年（1818），上谕内阁："江省回空粮船，装载淮扬一带私盐，最为积弊，着照所请，于每年空船回江之先，在湖口县梅家洲及北姑塘，分别设卡，派委员弁，遇有粮船，随查随放，仍令该盐道亲往督查，如有违例夹带多盐者，查拿惩办，总须行之以实。若稽察不力，或得赃卖放，虽更定章程，仍难收实效。该督等务慎选妥员，认真经理，以期鹾政日有起色。"③

道光十年（1830），两江总督陶澍奏："道光十年六月初五日奉上谕；据御史朱壬林奏，私盐侵占淮纲最甚，而为害尤甚者，莫如粮私。粮船收买芦盐以及高宝兴化地棍屯积私盐，每船约计千余石，沿途售卖，各岸均被侵占……臣思粮船夹带，非芦私即淮私。而芦盐价值较贱，故所带尤多。一入江境，即系淮北淮南地方，为商人办盐之所，丁舵人等盗买私载，实繁有徒。其中故多积惯窝囤之匪类为之包揽暗运，而不肖之商店与商伙、商厮乘机偷卖分肥，贪小利而不顾大局者盖亦不少。"④

道光十一年（1831），陶澍上"船私七弊"云："奏为筹议粮船夹带私盐，请治其源，扼要稽查，以收实效，仰祈圣鉴事。窃照江西、湖南、湖北、安徽等省回空军船，夹带私盐，定例甚严，连年条陈利病者多，而弊仍未除，并且日有甚焉。固有掩耳盗铃，奉行未力，实亦稽查

---

① 《清世宗圣训》卷7，雍正七年己酉五月甲子。

② 《清仁宗实录》卷231，嘉庆十五年六月甲辰。

③ 《清仁宗实录》卷三四三，嘉庆二十三年六月辛未。

④ 陶澍：《严查回空粮船夹带私盐折子》，《陶文毅公全集》卷11。

鲜要，弊源未清之故。何谓弊源未清？天津商人利于鬻私，甚至在于公埠明目张胆而为之，其弊一。公埠虽有印票限以斤数，而带私者并不请票，鬻私者并不填票，徒法难行，其弊二。青县、静海、沧州、交河、南皮各州县，临河商店存盐过多，并不按应领应销实数，率付粮艘，以邻为壑，其弊三。私盐窝囤存积河干，专候粮船经过，千夫运送，万人共见，兵役巡查，翻无知觉，其弊四。粮船装私，均用小船载送，天津河下小船如织，围绕粮艘，白昼上载，地方文武熟视无睹，其弊五。江广粮道赶办新漕，不能亲押回空，查私之责，惟资帮弁，其懦者畏难苟安，不肖者知情故纵。遇有缘事革职，往往粮船代为捐复，按股摊资，即在夹带之内，其弊六。丁舵水手资本无多，缘有奸民，名为'风客'，出本贸盐，哄诱分利。在南则装载木植、纸张、瓷器、杂货，抵津易盐；在北则天津土棍预买囤盐，候船装载。盈千累万，几及淮引全纲之数。纵有犯案，舵水甘心认罪，从不将风客供出，固结不解，其弊七。"①

道光十三年（1833），陶澍又奏："漕船回空带私，为历来之痼弊。芦私居十之八九，淮私居十之一二，年甚一年。竟有银主随帮而行，谓之'风客'，除本分利，前数年已坐占淮南数十万引之纲额，人所共知。是既大害于盐务，且勾引枭匪，纷纷聚集，贩运上船，明目张胆，肆行无忌，亦有碍于地方。而漕船停泊买私，尤有误于趱运。……以官事而论，长芦课绌有藉词，两淮盐壅无去处；以实情而论，所销尽长芦之盐，所缺尽两淮之国课。总计湖广、江西漕船，满载盐斤，可及二三十万引。江广帮既准带盐，安徽帮亦不能禁止，不啻占淮南半纲之额。"②

足可见漕船夹带之私的严重。

三是铜铅船只的夹带。铜的产区主要是云南，铅的产区主要是贵州，云南的铜料经四川泸州、重庆运往汉口；贵州铅料经涪陵、万县运往汉口。然后都从汉口东下，经仪征、扬州沿运河北上，径达北京。在经过川盐产地之时，船户便私买川盐到湖北境地偷卖。

---

① 陶澍：《筹议稽查粮船夹带私盐折子》，《陶文毅公全集》卷 12

② 陶澍：《陈奏回空粮船未便任带芦盐折子》，《陶文毅公全集》卷 15。

在乾隆年间，运铜铅船只的夹带私盐，已成为一种积弊。乾隆四十六年（1781），湖广总督舒常奏称："运铜铅船只多有夹带之弊"，"倚势装载铜铅，公然藉差偷漏，如现审滇省委员李治铜铅船载私之案，可为明验。"①

道光年间，铜铅船只的夹带更趋严重。道光十五年（1835），上谕："讷尔经额等奏，查铜铅船只，自四川装运北上，一路收买私盐，入楚售卖。经由卡隘，并不听候查验。自非督饬严拿，不足以镇压。"②道光十七年（1837），上谕："林则徐奏，铜铅船只夹带私盐，请将运员、总兵分别议处一折，所奏甚是。滇黔铜铅，向由川船装载，藉差夹带私盐，为弊滋甚。"③陶澍亦云："铜铅船自四川装运北上，一路收买川私入楚售卖者，经由卡隘，并不听候查验，以致宜昌一郡尽食川私，并灌及下游荆州各属与荆门之远安、当阳，湖南之澧州、石门等处，大为淮纲之害。"④

（六）商私

商私是盐商的走私。盐商享有专利之权，并雇有缉私人役以作掩护，其走私更为猖獗，"如江淮、两浙之商，例有管理上场下河等伙计。其不肖之徒，纠合无赖，连檣运载，明插旗号，执持官引以为影射，江河四达，莫敢伊何"⑤。孙鼎臣《论盐》认为："总船私、漕私、邻私、枭私之数，不敌商私。船私、漕私、邻私、枭私可以法载，而商私不能禁。"⑥

有清一代，商私连绵不绝。顺治三年（1646），户部为申明掣验之规等事，覆两浙巡盐御史王显题称："浙盐滨海，私贩繁多，旧设杭嘉绍温等四所，四季委官专司掣验，杜绝私盐。一切夹带有禁，影射有禁，越渡漏掣有禁，借引重照有禁，以及观望耽延、违限停泊，莫不有

---

① 光绪《四川盐法志》卷 34《缉私三》。
② 光绪《四川盐法志》卷首《圣谕》。
③ 同上。
④ 陶澍：《会同两湖督抚筹议楚省艖务疏》，《皇朝经世文续编》（葛士濬辑）卷 42。
⑤ 徐文弼：《缉私盐》，《皇朝经世文编》卷 50。
⑥ 《皇朝经世文续编》（葛士濬辑）卷 43《户政》。

禁。孟起季竣，过限铣毁，法甚严也。今各商急公者固多，而营私者亦复不少，每遇掣期，或观望以待市价之高，或漏掣以酿重照之弊，或越渡以开影射之门，一绳以铣毁之法，则借口伤本，不加以惩，创之规则，挨季堕压，今臣立法掣盐，过限半月者，铣引目十分之二，过限一月者，铣引目十分之五，此外免铣，则各商既惮铣毁之法，又怀免铣之仁，庶掣放依期等因到部。查盐引掣验，原有定期，过限即为铣毁，此旧例也。今盐臣酌定日期，分别铣毁，以示招徕，相应允从。"①

顺治十七年（1660），礼科给事中杨雍建疏称："两浙年额行盐六十六万七千引零，每引额盐二百斤，加包索、卤耗二十五斤，浙西包补溧课，又加七斤，此定例也。比闻迩年以来，运盐有重至二百六十斤者，及赴所称掣，尚有余斤割没。夫每包之数加重至三四十斤。是十引之中夹带几及二引。"②

雍正六年（1728），山东登州总兵万际瑞奏称："莅任东省一载有余，凡遇营汛拿获私盐，一经交县，便称有引开释，臣实未解其故，随细心访察，始知东省每年有积引二十六万余道，俱系截角残引，以资其营私之弊，一遇拿获到官，将残引重复影射，奸商侵蚀，牢不可破。"③

乾隆十五年（1750），上谕："捏报淹销沉溺，则可盗卖肥橐，是以半年之间，多至二百六十余万（斤）。不然，自扬至楚，虽冒涉湖江，究系内地，且岁岁往来，其于风涛平险、进止停泊，榜人舟子无不熟悉，何至连樯淹损，数盈钜万耶！此亦不可不留心设法查办。"④

嘉庆二十三年（1818），上谕："巫山、大宁一带盐埠口岸，素有奸商私造引张，名为'墨引'，串通土豪，勾引私贩……又闻陕西商南、平利一带，私盐即自潞商各店中贩来，由汉中顺流而下，至襄阳之谷城，德安之安陆，分途暗售。河南私贩，即自南阳之李官桥店中贩来。"⑤

道光六年（1826），上谕："御史陈肇奏，请饬禁盐商浮春盐斤一

① 乾隆《浙江通志》卷83《盐法上》。
② 《清盐法志》卷171《两浙十二·运销门》。
③ 《朱批谕旨》卷159，朱批万际瑞奏折。
④ 《清高宗实录》卷367，乾隆十五年六月乙亥。
⑤ 光绪《四川盐法志》卷首，《圣谕》。《清仁宗实录》卷339，嘉庆二十三年二月。

折，盐务积弊已久，近年严缉私枭，官引仍未畅销，如该御史所奏，山东盐引，每引浮春多至三五十斤至百余斤不等。通计山东每年五十万引，多春十千万斤，抵官引二十余万道。一经控告，或将盐包戳漏，或浇水渗消，官吏得规袒护。一省如此，各省恐亦不免。果有此弊，必当严行剔除。"①

道光十年（1830），户部尚书王鼎、侍郎宝兴、两江总督陶澍会奏："两淮正引三百六十四斤，现在各场捆盐，多者几至加倍，此商从引盐之夹带也，其余伙商、商厮、舵工水手，无不各有重斤私捆，搀杂多装，是以沿途则有买砠跑风名目，到岸则有过笼蒸糕情弊，并有粮船影带之食，盐商巡报获之功盐，无非假公行私，将无课之盐，先尽售卖，纲食各岸安得不滞。"②

盐商之走私有多种方式，一般通过下列手段进行。

一是浮春夹带。所谓浮春夹带，是盐商在场区捆载盐斤时，不按额定引重而多捆多载盐斤。由于盐商是按引行盐，按引纳课，额定引重之外多出的盐斤，自不必纳课，所以盐商浮春夹带的私盐实际上是一种"无课之私"，盐商因此可以谋得厚利。按说，这样浮春夹带之私，掣验官员可以在称掣盐斤时发觉，并予以处置。但是由于盐商的行贿和盐官的受贿，掣验往往有名无实。所谓"贿通官长，捆载多斤，公然行掣"就是指的这种情况。

二是淹销兴贩。所谓"淹销"，本是清廷对运盐船只失事后的一种抚恤措施，盐商报"淹销"之后，既可以免纳盐课，又可以重新补运。但奸猾之商往往借淹销之名以贩私。早在乾隆十五年，乾隆帝即对盐商的"捏报淹销"之弊有所察觉。据两淮盐政吉庆奏称，该年正月至六月，两淮报淹销盐多达2664200余斤，乾隆帝因而指出，"捏报淹销沉溺，则可盗卖肥橐，是以半年之间，多至二百六十余万（斤）"。到清代后期，这种"捏报淹销"更为突出。陶澍言之甚详："每船装官盐十之五六，余舱尽以装私，谓之'跑风船'。即装盐，将全引一船之盐，分为三四船，遇有一船遭风失浅，即捏报全引淹销，将并未失事之二三

① 《清朝续文献通考》卷35《征榷七》。
② 《清盐法志》卷133《两淮三十四·征榷门·商课》。

船亦请补盐。既得照例免课，又得通纲津贴，到岸之后，并得提前发卖，谓之淹销补运。是以一引而换数引。明目张胆之私也。"①

三是与私枭勾结兴贩。盐商为了大肆贩私，往往"暗结枭徒，勾通兴贩"②。这种情况也非常普遍。包世臣说："至于私盐之多，实由官受商制，而纵商夹私；商被船挟，而纵船买枭私，随带赴岸……枭徒与船户交密，洞悉各弊。五六年来，枭私竟有长船赴岸者矣。"③

（七）枭私

枭私即武装走私。在康熙年间，枭私已经成为一个十分突出的问题。康熙五十一年（1712），李煦奏称："淮扬一带地方，有山东、河南流棍，聚集甚多，兴贩私盐。其中各有头目，或率党数十人，或率党一二百人，横行白昼"，甚至杀死巡役，烧毁巡船，"而捕役寡不敌众"④。

雍正二年（1724）议准："闽省盐斤，现交与地方官行运，应将旗兵停其查缉，私盐交与地方官严查，倘有大伙私枭，总督与将军会同拨旗兵协捕。江宁、两浙亦照此例。长江自京口至湖广、江西等省，盐俱出于江海交会之所，大伙私枭，常在此等处所聚集，京口将军管下兵丁，既有船只，应照常派出旗兵，于扬子江之三江口、瓜洲、仪征口，截江巡查。"⑤

雍正五年（1727），浙江巡抚李卫奏："浙地私盐出没之所，独海宁、海盐、平湖、桐乡为最，且系嘉湖二府贩私门户。……苏松常镇各州县，四面水乡，港汊杂沓，巨枭大船，百十为群，巡捕兵丁力难制伏。即如一女枭沈氏，久惯贩私，联结党羽徐二等，大船装载，动辄统众执械，拒捕逞凶，伤兵殴官，横行于两省之间，犯案累累，皆莫能制。"⑥

---

① 陶澍：《再陈淮鹾积弊折子》，《陶文毅公全集》卷11。
② 档案：雍正十三年十一月六日三保题：《为敬陈盐政要务事》。
③ 包世臣：《中衢一勺》卷5《小倦游阁杂说二》，见《安吴四种》卷5。
④ 《李煦奏折》，第129页。
⑤ 光绪《大清会典事例》卷763《刑部四·户律课程二·盐法二》。
⑥ 《朱批谕旨》卷174，朱批李卫奏折。

雍正六年（1728），浙江总督李卫奏："松江府娄县女枭沈氏，胆力过人，武艺高强，历来纠众贩卖，大伙私盐，列械连樯，羽党数百，各船排列于前，沈氏押送于后，如保标相似，若遇巡船盘诘，无不打败受伤拒捕，殴官通盗诬命之事，不一而足。"[1]

由于"向因各省盐务，办理未妥，往往纵放大枭，拘拿小贩"[2]。到乾隆年间，枭私更盛。不但杀死巡役，而且发展到砸盐店、抢官盐。据《盐徒聚集滋事清单》所载，仅乾隆三十年的几个月内，山东一地就发生抢砸盐店的事件三十六起，杀死杀伤巡役的事件三起，被杀死杀伤的巡役达十六人[3]。另据枭贩杨三《口供清单》称，杨三一伙从乾隆二十七年三月初六日到五月十三日的两个多月内，共抢砸盐店十二处，遍布于山东蒙阴、沂水二县[4]。

清代中后期，枭私更加猖獗。

道光五年（1825），上谕："江南地方，私枭充斥，所在多有。而洪泽湖口，尤为伊等必经之处。大伙枭徒，每起百余人或数百人不等，水路则船数十只，陆路则车数十辆。为首者谓之'仗头'，惧为鸟枪器械，拒捕伤人。更有一种枭匪，在泗州，谓之'黑头批'，在和州，谓之'白抢子'。平日或结会拜盟，或强抢行劫，各分党类。"[5]

道光十年（1830），陶澍奏："至老虎颈，地隶仪征，本名老河影，俗讹今称。仪征为淮南监掣捆盐之场，兼系泊船码头，役夫猬集，舟航栉比，常时不下十数万众。肩摩踵接之下，难免纳污藏垢，私盐船只杂出其中。其代为雇觅掩藏抽分微利者，谓之'外代'，（盐枭）黄玉林其一种也。尚有回侉各匪与之争占码头，其实皆无食之游民，聚则为枭。"[6]

道光十五年（1835），上谕："直隶天津府沧州、盐山各属，滨海回民，多以爬卖私盐为事。……每帮自三百人至六百人不等，南路直至

① 《朱批谕旨》卷 174，朱批李卫奏折。
② 《清高宗实录》卷 14，乾隆元年三月。
③ 档案，乾隆三十年六月四日高诚呈：《盐徒聚集滋事清单》。
④ 档案，乾隆二十七年：《口供清单》。
⑤ 《十一朝圣训·宣宗》卷 81，道光五年十二月乙卯。
⑥ 陶澍：《复奏筹办巨枭黄玉林等大概情形折子》，《陶文毅公全集》卷 11。

河间献县、交河、阜城一带，东路直至宝坻、武清、香河一带。各用驴头驮载盐斤，名曰'盐驴'。动以百计，并携带火枪器械，以防兵役缉拿。"①

道光十八年（1838），湖广总督林则徐奏："向来匪类，大半出于盐枭。即如襄阳之捻匪、红胡，因逼近豫省，以越贩潞私为争，遂至无恶不作。"②

道光二十七年（1847），上谕："直隶河南、冀州及顺天之霸州、文安一带，盐枭结伙百数十人至二三百人不等，用驴驮载私盐，执持枪炮器械，强行售卖。经地方官查拿，辄敢拒捕，施放枪炮。……此等匪徒，大半籍隶沧州，以驴驮为记，以枪炮为号，一闻枪炮之声，则各处枭匪，闻声往助。"③

咸丰七年（1857），上谕称："直隶天津、河间与山东毗连等属，向多盐枭出没，数百为群，每经商巡拦阻，拒捕抢劫，横行无忌。"④

由是观之，清代中后期，枭贩的规模比此前扩大，枭贩亦有了严密的组织。据刘坤一称："江浙之间，汊港纷歧，匪徒踪迹诡秘，……枭匪之领帮者，名为'总老大'，……煽惑勾结，党羽甚多。"⑤ 据王赠芳称："淮南北之枭，又私贩于场灶以灌腹内。其为首者，有'大仗头'、'副仗头'之目，资本多至数十万。大伙以数千计，小者二三百为群，炮位枪矛刀戟鞭锤之器毕具。所过关隘，辄鸣钲施枪，衔尾飞渡。凡安徽之颍、亳、庐、凤，江苏之徐、邳，河南之南、光，山东之曹州，湖北之襄阳，江西之南、赣、吉，红须、教匪、捻匪、会匪，以及粮船水手，皆其党类。处处充斥，阻害盐法，扰害地方。"⑥ 包世臣对枭贩的组织亦有细致的描述：

枭徒之首，名大仗头，其副名副仗头。下则有称手、书手，总

① 《十一朝圣训·宣宗》卷84，道光十五年十二月己巳。
② 《清朝续文献通考》卷35《征榷七》。
③ 《清宣宗实录》卷447，道光二十七年九月甲申。
④ 《清文宗实录》卷230，咸丰七年六月庚午。
⑤ 《刘坤一遗集·奏疏》卷27，第999页。
⑥ 王赠芳：《请更定盐法疏》，《皇朝经世文续编》（盛康辑）卷50。

名曰当青皮。各占马头。私盐过其地则输钱，故曰盐关；为私贩过称，主交易，故又曰盐行。争夺马头，打仗过于战阵。又有乘夜率众贼杀者，名曰放黑刀。遣人探听，名曰把沟。巨枭必防黑刀，是以常聚集数百人，筑土开濠，四面设炮位，鸟枪长矛大刀鞭锤之器毕具。……淮南以深江、孔家涵子为下马头，而瓜州、老虎颈为上马头。淮北以新坝、龙苴城下马头，而钱家集、古寨为上马头。大伙常五六百人，小亦二三百为辈，皆强狠有技能。①

而且，他们还发展到结帮反抗官府。咸丰十一年（1861），上谕："山东教匪，勾结盐匪、土匪，于阳谷等处滋扰，叠陷县城。"② 光绪三年（1877），丁宝桢奏称：

> 川省川东一带，水路冲烦，私枭最伙。近年以来勾结益众，到处横行，又复烧香结盟，与各路会匪通气，抗官拒捕，其势渐不可制。……查著名巨枭，重庆以下以江大烟杆、罗贵兴、谭登心、杨海亭为最；泸州以下以谭二疯亡、任韦驮、任长蛮为最。而谭二疯亡、江大烟杆又系著名会匪。该匪等纠众贩私，已十余年。谭、任各匪则盘踞于泸、合、江、永一带；江、罗各匪则出没于巴、江、涪、合、夔、万一带。动辄号召一二千人或数百人，均置有枪炮器械、炮船，拒敌官兵。③

枭贩的武装走私，不但影响着清代食盐的运销和征课，亦对清廷的封建统治产生着威胁。

二　缉私律令与缉私卡巡

（一）缉私律令

面对泛滥成灾的私盐，为禁止、惩罚各种贩私行为，清廷颁布了各

---

① 包世臣《中衢一勺》卷 3《庚辰杂著五》，见《安吴四种》卷 3。
② 《十一朝圣训·文宗》卷 81，道光十一年三月甲辰。
③ 光绪《四川盐法志》卷 34《缉私三》。

种严厉的律例。凡此律例，若按类型区分，可分为灶丁贩私律、兵丁贩私律、漕船、盐船等夹私律、盐商贩私律、枭徒贩私律、一般贩私律等①。

对灶丁售私的处罚与缉私规定——

禁止私盐，首先必须从场灶开始，清廷对此尤为重视。并先后具体颁布了《灶丁私盐律》、《灶丁售私律》、《获私求源律》等②，不但明确规定了对售私灶丁的处罚，而且注意到了对"失察"官员的处分。其律例沿革略如下示：

顺治元年（1644）规定："场灶照额煎盐，大使亲验，按月开报运使，如有隐匿，以通同治罪。其商人不许滥委杂役，行盐水程填明卖销地方，完日同引缴察，不得告改。或盐引焚溺，取具地方官印结，察实补买。"

顺治十七年（1660）题准："盐场设立公垣，场官专司启闭，凡灶户煎盐，均令堆贮垣中，与商交易，如藏私室及垣外者，即以私盐论。商人领引赴场，亦在垣中买筑，场官验明放行，倘有私贩夹带等弊，该场官役一并重处。"

顺治十七年（1660）定："倘有拿获私贩、夹带等弊，即根究系何场之盐，查出，将该场官役、灶户一并重究。"③

康熙十八年（1679）题准："如有奸灶违禁私卖，立行提解究惩；倘官役疏忽透漏，察出，……团保照知而不举之律与本犯同科，分司场员照失察私盐之例特参处分。"④

---

① 以下所引律例条文凡引自《清盐法志》卷4《通例·缉私门·盐法》；《清盐法志》卷4《通例·缉私门·刑部事例》；乾隆《大清会典则例》卷46《户部·盐法》；乾隆《大清会典则例》卷18《吏部·考功清吏司·盐法》；光绪《大清会典事例》卷80《户部·盐法·禁例》；《大清律例》卷13《户律·盐法》；《大清律例》卷13《户律·条例》等集中记载贩私律典籍者，不再另注。

② 按：《大清律例》卷13《户律·盐法》载有灶私一条："凡盐场灶丁人等，除岁办正额盐外，夹带余盐出场，及私煎盐货卖者，同私盐法。该管总催知情故纵，及通同货卖者，与犯人同罪。"同书《户律·条例》又称："凡灶丁贩卖私盐，大使失察者，革职；知情者，枷号一个月发落，不准折赎。该管上司官，俱交该部议处。""凡拿获私贩，务须逐加究讯，买自何地，卖自何人，严缉窝顿之家，将该犯及窝顿之人，一并照兴贩私盐例治罪。若私盐买自场灶，即将该管场使并沿途失察各官题参议处。其不行首报之灶丁，均照贩私例治罪。"

③ 嘉庆《两淮盐法志》卷31《场灶五》。

④ 档案，康熙十八年六月二十日卫执蒲呈：《奏缴事迹文册》。

康熙二十一年（1682）题准："凡私盐经沿途官兵捕快盘获者，徇纵场官及失察官一并议处。"

康熙三十四年（1695）题准："嗣后兴贩私盐事发，该管吏目、典史、知州、知县、守备、千把总等官失察一次至三次者，照例议处，道、府、直隶州、副将、参将、游击等官失察一次至四次者，照例议处，运使、运同、运判、盐场大使，均系专管盐务之员，以后灶丁贩卖私盐，大使失于觉察及知情者，分别处分，运同、运判照该管州县官例处分，运使照府道例处分。"

雍正四年（1726）议准："该管盐务运使等官掣盐出场，务将余盐严行巡察，不许夹带，如有徇隐疏纵，发觉之日，将运使等官令该巡盐御史照失察私盐例题参议处，其灶丁人等亦照贩卖私盐律治罪。"

嘉庆二十三年（1818）议准："凡拿获私盐，数在三百斤以上者，将买自何人何地及窝囤之人讯明确据，关提审究，按律惩治。若审出买自场灶，将该管场员并沿途失察各官一并题参。灶丁按私贩例治罪。"

对兵丁贩私的处罚与缉私规定——

顺治四年（1647）定："凡奸民指称投充满洲，率领旗下兵丁车兴贩私盐者，仗八十，其盐斤银钱牲口车辆等物入官。巡缉员役不行缉拿者，治罪。"此乃首次规定对兵丁贩私及巡缉员役的处罚。对兵丁贩私"仗八十"，比一般私贩的处罚要轻。

顺治五年（1648），以地方土棍串通满兵，车牛成群，携带弓矢，公然贩卖私盐，始谕令"依律治罪"[①]。所谓"依律治罪"即："凡犯私盐者，杖一百，徒三年。"

顺治十六年（1659）又议准："将领、卫所官弁纵兵私贩，许州县官缉拿，揭报参处。"约略指明对负有管束之责的将领要实行处罚，但只有"揭报参处"一语。

雍正三年（1725）颁布的《兵丁贩私律》始规定："凡军人有贩私盐，本管千百户有失钤束者，百户初犯笞五（四?）十，再犯笞五十，三犯仗六十，减半给俸，并附过还职。若知情容纵及通同贩卖者，与犯人同罪。"

---

① 《清朝文献通考》卷 28《征榷三》。

乾隆五年（1740），又制定了《巡盐兵捕贩私律》，对有巡缉私盐职责的兵丁贩私，加倍处罚："巡盐兵捕自行夹带私贩，及通同他人运贩者，照私盐加一等治罪。"

对漕船、盐船等夹私的处罚与缉私规定——

综合性的漕船、盐船夹私律主要有三款。

一曰：凡回空粮船，如有夹带私盐，闯闸闯关，不服盘查，聚至十人以上，持械拒捕杀人及伤三人以上者，为首并杀人之人拟斩立决，伤人之犯斩监候，未曾下手杀伤人者，发近边充军。其虽拒捕，不曾杀伤人，为首绞监候，为从流三千里。十人以下，拒捕杀伤人者，俱照兵民聚众十人以下例，分别治罪。头船、旗丁、头舵人等，虽无夹带私盐，但闯闸闯关者，枷号两个月，发近边充军。随同之旗丁、头舵，照为从例，枷号一个月，杖一百，徒三年，不知情不坐。卖私之人及灶丁将盐私卖与粮船者，各杖一百，流二千里。窝藏寄顿者，杖一百，徒三年。其虽不闯闸闯关，但夹带私盐，亦照贩私加一等流二千里，兵役受贿纵放者，计赃以枉法从重论，未受贿者，杖一百，革退。贩私地方之专管官、兼辖官及押运官，并交部议处，随帮革退。其虽无夹带私盐，倚恃粮船闯闸闯关者，押运等官革职，随帮责三十板，革退。不服盘查，持械伤人者，押运等官革职，随帮责四十板，革退。倘关闸各官勒索留难，运官呈明督抚参处。

二曰：凡运盐船户偷窃商盐，整包售卖者，照船户行窃商民例，分别首从，计赃科罪，各加枷号两个月，仍尽本法刺字，所卖之赃，照追给主，如追不足数，将船变抵。其押运商厮，起意通同盗卖者，依奴仆勾引外人同盗家长财物，计赃递加窃盗一等例治罪，如非起意，止通同偷卖分赃者，依奴仆盗家长财物，照窃盗例计赃科断。若商厮稽察不到，被船户乘机盗卖者，照不应重律杖八十。如押运之人或系该商亲族，仍分别有服、无服，照亲属相盗律例科断。

三曰：埠头明知船户不良，朦混揽装及任意扣克水脚，致船户途间乏用盗卖商盐者，照写船保载等行恃强代揽勒索使用扰害客商例治罪，外加枷号一个月。船户变赔不足之赃，并令代补。如无前项情弊，止于保雇不实者，照不应重律杖八十。

三款分别针对漕船、盐船和埠头。

具体的律例沿革如下所示：

顺治十六年（1659）题："商人载盐大小船均用火烙印记，船头不许滥行封捉。"

康熙三十三年（1694）议准："运丁夹带私盐，沿途各官失察，谎称出境者，降调。"

康熙三十四年（1695）题准："关津过往回空粮船、官坐船，如有夹带私盐在船者，将夹带私盐之人照兴贩私盐例治罪。管船同知、通判、守备、千总文武官弁，知情不知情，分别处分。"

康熙三十八年（1699）覆准："江广粮艘回空，至扬州关，令押运官弁于该御史衙门先递册单，总漕并该御史选委能员公同盘验，如有夹带私盐，将押运官弁失察各官一并参劾。并令龙江·三关，凡遇回空粮船到关，亦一例盘察，如有私盐，即移报督抚、御史会同题参。"

雍正元年（1723）议准："杜绝粮船私贩，将为首旗丁按律重处。"

雍正四年（1726）议准："回空粮船经过产盐所在，该地方文武官弁不行力催，任其逗留，与游客、囤户等私相交易，致有夹带之事者，将该地方文武官弁并押空官弁参劾，照例议处。运丁、游客、囤户等，照贩卖私盐人等例，加等治罪。又覆准，每年粮船回空之时，于瓜洲江口，分委瓜洲营弁协同厅员实力搜察。又覆准，粮船旗丁水手南北往返，必须食盐，准其于受兑上船处，每船带盐四十斤，于交卸回空处亦准其带盐四十斤，多带者同私盐例，从重治罪。"

雍正六年（1728）议准："拿获私贩，本贩脱逃者，即将装盐之脚夫水手拘获到案，详究本犯踪迹，勒限务获，照例于私贩上加治逃罪。售于之人，亦照私贩例治罪。其脚夫水手分别惩治。若大伙兴贩，照强盗例，勒限严缉，地方文武官弁，照溺职例议处。"

雍正六年（1728）议准："镇江闸口盘察私盐，责成江常镇道督同镇江府及海防同知就近分班轮流盘验，无论粮艘兵船、大小差船，均令亲身察验，如有夹带整包私盐，即行拿究，照兴贩律治罪。其一切水陆私贩，并严饬该管官分头缉拿，如有疏纵失察，照例参究。仍严禁官役，毋得借拿私盐名色，故意抑勒商民，需索进闸使费，倘该道员不能实力整顿，或有夹私而不能缉拿，或有勒索而不能惩禁，该督即行指参。失察私盐，照失察例处分，不能惩禁勒索，照失察衙役犯赃例处分，不能察禁属官，照约束不严例处分。"

乾隆元年（1736）覆准："沿河文武官弁，凡粮船经过，在于河干竭力稽查，除留食盐外，其余夹带之盐，照私盐例入官。"

乾隆十六年（1751）定："埠头明知船户不良，朦混揽装，及任意扣克水脚，致船户途间乏用，盗卖商盐者，照写般保载等行恃强代揽、勒索使用、扰害客商例治罪，外加枷号一个月。船户变赔不足之赃，并令代捕，如无前项情弊，止于保雇不实者，照不应重律杖八十。"

乾隆二十九年（1764）覆准："粮船每只准带食盐四十斤，至经过查验处所，将食盐摆列船头，听官查验。零星称出余多之盐，每船不得过二三斤，如有多带，入官变价充公，不得以私盐混报，致滋扰累。"

乾隆四十六年（1781）议准："四川重庆一带入楚船只零星食盐，仿照巴东易食零盐之例，每船不得过十斤以上。倘有任意售卖过数，除买盐越贩者照例究拟外，其卖给多盐之铺即以通同货卖例治罪。"

道光十一年（1831）谕："嗣后如有拿获贩私舵工水手，即着追究风客住址姓名，拿获到案，按律惩办，舵工水手免其治罪。若甘心包庇，不肯供指，即比照贩私三百斤以上不供出卖盐人姓名之例，于本罪上加一等治罪。倘系挟嫌诬攀。仍照诬告例加等办理。"

对盐商贩私的处罚与缉私规定——

盐商贩私律主要有以下七款，分别针对不同的情况。

一曰："凡起运官盐，每引照额定斤数为一袋，并带额定耗盐，经过批验所，以（引目）数掣挈秤盘（随手取袋，挈其轻重），但有夹带余盐者，同私盐法。若客盐越过批验所不经掣挈（及引上不使）关防者，仗九十，押回（逐以）盘验。"此乃针对盐斤的掣挈。

二曰："凡客商将（验过有引）官盐，插和沙土货卖者，仗八十。"此乃针对食盐的质量。

三曰："凡伪造盐引、印信，贿嘱运司吏书人等，将已故远年商人名籍、中盐来历，填写在引转卖，诓骗财物，为首者依律处斩外，其为从并经纪、牙行、店户、运司、吏司一应知情人等，但计赃满数应流者，不拘曾否支盐出场，俱发近边充军。"此乃针对运盐凭证的伪造。

四曰："凡起运官盐并灶户运盐上仓，将军器及不用官船起运者，同私盐法。"此乃针对运盐的器具。

五曰："凡客商贩卖（有引）官盐，（当照引发盐），不许盐（与）引相离，违者同私盐法。其卖盐了毕，十日之内不邀退引者，笞四十，若将旧引（不邀），影射盐货者，同私盐法。"此乃针对盐与引的相符以及盐引的邀销。

六曰："凡将有引官盐不于拘（定应）该行盐地方发卖，转于别境犯界货卖者，仗一百；知而买食者，仗六十，不知者不坐，其盐入官。""越境（如淮盐越过浙盐地方之类）兴贩官司引盐至三千斤以上者，问发附近地方充军，其客商收买余盐，买求挈挚至三千斤以上者，亦照前例发遣。经过官司纵放及地方甲邻里老知而不举，各治以罪。巡捕官员乘机兴贩至三千斤以上，亦照前例问发（须至三千斤，不及三千斤在本行盐地方虽越府省仍依本律）。"此乃针对越境兴贩。

七曰："盐船在大江失风失水者，查明，准其装盐复运。倘有假捏情弊，以贩私律治罪。""引盐淹消，具报到官，该地方州县官即会同营员查勘确实，限一月内通详盐道，该道于详到之日起，限半月内核转，以凭饬商补运，限三月内过所运口岸。该盐政仍将淹消补运盐斤数目报部，其沿途督抚及该管盐道、知府，随时查察，如有州县营员扶同商人捏报及勒索捺搁情弊，即行指名题参，商人照例治罪。"此乃针对淹消补运。

对枭徒贩私的处罚与缉私规定——

枭徒的贩私，因为是聚众武装走私，危害甚巨，清廷最为重视，处罚也最为严厉。先后颁布有《豪强贩私律》、《武装贩私律》等，一经捕获，非斩即绞。《豪强贩私律》云："凡豪强盐徒，聚众至十人以上，撑驾大船，张桂旗号，擅用兵仗响器，拒敌官兵，若杀人及伤三人以上者，比照强盗已行得财律，皆斩。为首者，仍枭首示众。其虽拒敌，不曾杀伤人，为首者依律处斩，为从者俱发边卫充军。若止十人以下，原无兵仗，遇有追捕拒敌，因而伤至二人以上者，为首者依律处斩；下手之人，比照聚众中途打夺，罪人因而伤人律绞；不曾下手者，仍以为从论。"《武装贩私律》云："凡兵民聚众十人以上，带有军器，兴贩私盐，拒捕杀人及伤三人以上，为首并杀人之犯斩决，伤人之犯斩监候，未曾下手杀伤人者，发近边充军。伤二人者，为首斩，下手者绞，俱监候。伤一人者，为首，绞监候，下手者，发黑龙江等处给与披甲人为奴，为从，满流。其虽带有军器，不曾拒捕者，为首发近边充军，为从流二千里。若十人以下，拒捕杀人，不论有无军器，为首者斩，下手者绞俱监候，不曾下手者，发近边充军。伤至二人以上者，为首者斩监候，下手之人绞监候。止伤一人者，为首绞监候，下手之犯，杖一百，流三千里，其不曾下手者，仍照私盐本律治罪。其不带军器，不曾拒捕，不分十人上下，仍照私盐律，杖一百，徒三年。若十人以下，虽有军器，不曾拒捕者，为首亦照私盐带有军器加一等律，杖一百，流二千里，为从，杖一百，徒三年。其失察文武各官，交部议处。有拿获大伙私贩者，交部议叙。"

有关对缉拿枭私的规定也更为具体，包括了对窝家、经纪以及对地方专管官、兼辖官、武职官的追究、督责。

顺治十七年（1660）题准："凡获大伙私盐，必究讯窝家、经纪，所过地方有无徇纵，管盐司道扶同不举者，一并参究，不许以肩担背负奇零小贩塞责。"

康熙十五年（1676）题准："凡旗人兵民聚众十人以上，带有军器兴贩私盐，失于觉察者，将失事地方专管官革职，兼辖官降二级，皆留任，限一年缉拿，获一半以上者，复还官级。若不获者，照此例革职、降级。该督抚、巡盐御史如有失察官员徇庇不行题参，照徇庇例议处。专管官一年内拿获十人以上带有军器大伙私贩一次者，纪录一次，二次者纪录二次，三次者加一级，四次者加二级，五次者不论俸即升。兼辖官一年内拿获三次者，纪录一次，六次者纪录二次，九次者加一级。拿获次数多者，均照次数纪录、加级。"

康熙十七年（1678）题准："兴贩私盐，文武失于缉捕者，如不及十人或十人以上不带军器，仍照例议处。十人以上带有军器者，专管官革职，兼辖官降级留任。限一年内缉获一半以上者，还职。不能缉获者，照例降革。该督抚、巡盐御史、提督、总兵官不题参者，照徇庇例议处。若专管官一年内能获大伙私贩一次至五次者，分别议叙，兼辖官亦照例议叙。"

康熙二十八年（1689）议准："私枭全获，沿途失察武职免议。又议准，武职拿获别汛私枭者，准予议叙。"

康熙三十年（1691）覆准："十人以上带有军器兴贩私盐，失察各官，系本处拿获一半者，免其处分外，其本处虽未拿获，被别处全获者，亦免其处分。若别处虽拿获少一二人者，仍照例分别革职、降级、留任。缉拿处分至限年缉拿之后，计未获人数拿获一半以上者，将拿获各官原参降级、革职、留任之案，准其开复。未经拿获各官仍照二参例处分。已经全获者，不论何处拿获，将原参各官降革留任之案，准其一例开复。"

康熙三十九年（1700）议准："私枭党众，官兵不能拿获，或止获一二名，及兵丁被杀伤者，专管官兼辖官皆免其处分，限一年缉获，如不获，仍照旧例处分（照失察大伙私盐例处分）。又议准，大伙兴贩，聚众拒捕，及执持器械杀伤巡拿人等，脱逃之枭徒，照缉拿强盗例，勒限严缉务获，按律拟罪。倘有不行擒拿，故为疏纵情弊，将该地方专管官革职，兼辖官降二级调用。如上司容隐不参，将上司照徇庇例议处。"

康熙四十六年（1707）覆准："私贩致碍官引，皆系积枭巨囤所致，嗣后盐法衙门将私贩之徒准其用刑拷讯，除正罪外其余不得滥用刑讯。"

康熙五十六年（1717）题准："两淮河曲江汉、湖港海滨地方，皆系私犯要隘，嗣后各省棍徒来境私贩，地方官失察，照从前九卿所定处分例处分，其地方官有能拿获私贩盐千斤以上者，将该管官弁核实题请议叙。"

康熙五十九年（1720）议准："嗣后盐枭就抚，复行贩私，审实者，将本贩解部，发往和扑多、乌兰古木地方。其出结之地方专汛、兼辖及该管各官，俱照例降级议处。"

雍正二年（1724）议准："私贩盐枭，由他处入境，巡役缉拿拒捕，杀伤或当场人盐并获，或于疏防限内拿获过半以上者，将事由据实呈报咨部，免其疏防处分，余犯照案缉拿。其有大伙兴贩隐讳不报，及人盐并获，轻为开脱者，将专管官革职，兼辖官降二级调用，不知情者各照失察私盐例处分。"

雍正二年（1724）议准："贩卖私盐，交于地方官不时严加查缉，除奇零肩卖者不必缉拿，倘有大伙私枭，督抚会同将军拨旗兵协捕，其贩私为首之人与装载私盐之船户，拿获一同治罪。拿获及出首之人照盐数议叙。又议准，嗣后如有积枭藉称贫民，将私盐潜行窝囤兴贩贸易者，令地方官弁及盐政衙门一同稽查。”

乾隆四十三年奏准：“大伙枭徒拒捕伤役之案，一经审究得实，将得赃包庇之兵役问拟斩候，私售之灶丁及窝囤之匪犯，一体拟发伊犁、乌鲁木齐为奴。”

对一般贩私的处罚与缉私规定——

一般性的私盐律主要有以下数款：

其一，“凡贩私盐者，仗一百，徒三年。若有军器者，加一等（流二千里），污指平人者，加三等（流三千里），拒捕者斩。盐货、车船、头匹并入官。引领牙人及窝藏、寄吨者，仗九十，徒二年半。（受雇）挑担驮载者，仗八十，徒二年。非应捕人告获者，就将所获私盐给付告人充赏，有能自首者免罪，一体给赏”。

其二，“凡妇人有贩私盐，若夫在家或子知情，罪坐夫男。其虽有夫而远出，或有子幼弱，罪坐本妇”。

其三，“凡买食私盐者，仗一百，因而货卖者，仗一百，徒三年”。

其四，“凡守御官司及有司、巡检司，设法差人于该管地面并附场紧关去处，常川巡禁私盐，若有透漏者，关津把截官及所委巡盐人员，初犯笞四十，再犯笞五十，三犯仗六十，附过还职。若知情容纵及容令军兵随同贩卖者，与犯人同罪。受财者，计赃以枉法从重论。其巡获私盐，入己不解官者，仗一百，徒三年。若装污平人者，加三等”①。

其五，“除行盐地方大伙私贩严加缉究外，其贫难小民，年六十岁以上，十五岁以下及年虽少壮、身有残疾，并妇女年老孤独无依者，于本州岛县报明，验实注册，每日赴场买盐四十斤挑卖，只许陆路，不许船装，并越境至别处地方及一日数次出入，如有违犯，仍分别治罪”。

其律例沿革主要体现在三个方面。

一是对旗人贩私的处罚。康熙九年（1670）题准：“凡旗人贩卖私盐，照例治罪外，其主系官罚俸，系平人鞭责，佐领内管领骁骑校罚

---

① 按：附过还职，雍正三年改作并留职役。又，守御官司及有司、巡检司，乾隆五年改作管理盐务及有巡缉私盐之责文武各衙门。又，初犯笞四十，再犯笞五十，三犯仗六十，宣统二年改作初犯处四等罚，再犯、三犯递加一等。

俸，领催、屯长鞭责。其马场牧人有犯私盐者，领去之营总、参领等皆罚俸，领催等各鞭责。"

康熙十五年（1676）题准："各官该管界内有私煎贩卖者，系伊衙役革职，系军民人等降调，如旗人私煎贩卖，本主自行拿获者免议。"

二是对小伙兴贩私盐的稽查。康熙四十四年（1705）题准："小伙兴贩私盐，该管吏目、典史、知州、知县等官，失察一次者降职二级，失察二次者降职四级，皆留任，戴罪缉拿。一年限满无获，罚俸一年，各带原降之级缉拿。如又年限已满不获，仍罚俸一年，各带所降之级缉拿。拿获私盐之日，皆准其开复。失察三次者革职。道府、直隶州知州等官，失察一次者降职一级，失察二次者降职二级，失察三次者降职三级，皆留任，戴罪缉拿。一年限满无获，罚俸六月，各带原降之级缉拿。如又年限已满不获，仍罚俸六月，带所降之级缉拿。拿获私盐之日，皆准其开复。失察四次者降三级调用。至上司因属官失察，带所降之级缉拿，自行拿获者，固应开复，若原参案内所辖属官降级之案，因拿获私盐开复，其本案之上司亦准其开复。又议准，小伙盐徒拒捕，杀伤兵丁，不能擒获者，仍照例处分，照失察小伙私盐例分别议处。全获者免议。拿获一半者，专兼统辖官免其处分，余贼限一年缉拿。如一年内不获，将专管官罚俸一年，兼辖官罚俸六月，统辖官罚俸三月，余贼照案缉拿。"

三是对私盐斤数的规定、重申和具体化。顺治十七年（1660）议准："贫民食盐四十斤以下者，免税，四十斤以上者仍令纳课。"

雍正二年（1724）议准："贫难男妇藉盐资生，肩挑背负，易米度日者，照例免罪，毋须官弁兵役生事扰民。"

雍正七年（1729），上谕："两浙私盐向来充斥，前经督臣李卫竭力清厘，多方整饬，是以巨窝敛迹，枭贩潜踪，官引疏通，弊端禁止。近闻江南地方文武官员视为膜外，奉行不力，以致苏松一带人心懈弛，滨海盐徒遂借肩挑背负四十斤以内不在禁约之例，号召老少男妇百十成群，公然交易，因而运送窝囤，无从究诘。夫肩挑背负四十斤以内不在禁约之条者，乃国家恩恤小民之至意，若因此而广开盐枭私贩之门，是朝廷之恩例转令不法棍徒藉以长奸而滋弊矣。闻李卫先经行令每县查报贫难小民四五十名，给与木筹，每日许赴官店买盐二十斤挑卖，以为糊口之计，此法甚善，穷民既得觅利以资生，奸贩不致营私而亏课，于鹾政实有裨益。"①

乾隆元年（1736）题准："六十岁以上，十五岁以下及少年之有残疾者，其妇女亦止老年而孤独无依者，许其背负盐四十斤易米度日，如不合例之人概不许藉端兴贩。其稽察之法，令于本县报名验实注册，给以印烙腰牌木筹，每日卯辰二时赴场买盐担卖，一日止许一次，并止许行陆路不许船载。"

乾隆四十二年（1777），上谕："据（山东巡抚）国泰奏，续获要犯宋四夸子等一折，严讯该犯等，供系在海赣交界之处，零星偷买老少盐，积有一二百斤不等，先后装车推买等语，因思山东曹、沂一带，盐枭之案，已经屡犯，由于其地与海赣盐场相近，而各场所出余盐，旧例原为赡谢贫乏之用，日久遂为奸民牟利之资，即或严为查禁，非肩挑背负，不许出场，而此等枭众，无难私雇穷人在场，如数携出，彼即从旁收买。一落其手，仍可积少成多，贩行无忌，是此例不除，流弊终难尽绝，不可不通盘筹画，以期妥善也，且此等肩挑背负之盐，期使濒海贫户，稍获微利以谋生，乃积久法弛，穷民之沾润有限，奸贩之影射寖多，以老少之利源，而为私枭之弊薮，不急改弦更张乎。朕意与其存此例以滋弊，莫若去此例以防奸。自应将各盐场所出余盐，穷民肩挑背负，岁可获利若干，通行核计，即照数官为收买，散给贫民，其一切肩挑背负之例，悉行停止，则贫民仍得倚以糊口，奸徒无得藉以犯科，实为两便。其收买之盐，或仍给商领销，或并听商买用，务使挑负之众，仍免向隅，而场灶所余，亦无狼籍，正本清源之道，莫过于此。着传谕有盐各省分督抚及各盐政等，将如何设法办理之处，就各省实情，公同悉心妥议，详晰覆奏。"②

（二）缉私卡巡

为缉捕防阻私盐，除上述缉私律例外，还采取了许多具体的措施，其主要者，是在产盐之地推行"保甲法"、"编查法"，实行火伏制，在

① 《清世宗上谕内阁》卷85，雍正七年八月十七日。
② 《清高宗实录》卷1046，乾隆四十二年十二月辛丑。

行盐口岸设立缉私卡巡。

《清盐法志》称："凡编保甲，户给以门牌，书其家长之名与其丁男之数而岁更之。十家为牌，牌有头；十牌为甲，甲有长；十甲为保，保有正。稽其犯令作匿者而报焉。……所雇工人随灶户另注，令场员督查。"实施保甲制的目的是"互相稽查"。凡揭发首报隐匿私盐的可以立功受奖，如果"有挟仇纠党、诬攀报怨之事，加倍治罪"①。

康熙五十五年（1716），两浙巡盐御史诺米疏请，州县实行的保甲法，增加"严察私盐之条，责任地方官力行查缉，使总保里民互相稽察"。户部议覆认为："应如该御史所题，严饬所属行盐地方该管官员，将奸究聚众兴贩私盐者，令总保里民互相稽察，有能拿获者，照律给赏，倘有容隐狗纵等情，发觉之日，照律治罪"奉旨，依议②。

雍正六年（1728），在"严饬（地方）力行保甲"的基础上③，两淮盐区首先实行保甲法，"凡州县场司俱令设立十家保甲，互相稽查。遇有私犯，据实首明，将本犯照例治罪，私盐变价，分别赏给；诬者治以反坐之罪。倘有徇隐等情，被旁人告发者，该州县场司官照失察私盐例参处"④。

乾隆九年（1744），在此基础上，又详细制定了保甲法规条，并同时新定编查法。

其保甲法规条规定："凡编保甲，户给以门牌，书其家长之名与其丁男之数而岁更之。十家为牌，牌有头，十牌为甲，甲有长；十甲为保，保有正。稽其犯令作匿者而极焉。……所雇工人随户另注，令场员督查。"完善了从场官到保正、甲长、牌头的逐级管理稽查制度，并且特别强调了保甲长的责任，如果有私煎私卖以及窝赃、赌博等事，如不及时禀报，一经发觉，首先将其治罪。

编查法与保甲法相辅相成，亦制定有详细的规条，主要在于编定灶籍，清查灶户，令"每一户姓名并亲丁男妇若干名口，僮仆若干名口，现办何处引盐，有无执业，灶地第几总，均于门牌内逐一开载"，悬挂

---

① 《清盐法志》卷 1《通例·场产门》卷 4《通例·缉私门》。
② 乾隆《浙江通志》卷 83《盐法上》。
③ 《清朝文献通考》卷 23《职役三》。
④ 《清朝文献通考》卷 28《征榷三》。参见《清朝通志》卷 91《食货十四》。

门首，以便于保甲长、场官等检查①。

火伏法于雍正五年（1727）应巡盐御史噶尔泰之请在淮南实行，李澄叙火伏之法甚详，他说：

> 火伏者，自子至亥，谓之一伏火。凡六乾，烧盐六盘，盘百斤。语见《嘉靖盐法志》。是火伏之名，其来已久。而办理章程，则自雍正五年巡盐（御史）噶尔泰之请，而法始备。其法于通（州分司）、泰（州分司）所属各场，按灶地亭鐅之繁简，酌设灶长、灶头、巡商、巡役、磨对、走役，又委扬商督率稽查。凡灶户名下盘几角、鐅几口，以煎烧一昼夜为一火伏，每一火伏得盐若干为定额，造册立案。每户给印牌一面，于同灶中选举数人为灶头，分管各户；又于数灶中选举一人为灶长，统辖各灶头。各户印牌，灶长收藏，灶户起火煎盐，报明灶头，向灶长领牌，悬于煎舍，煎毕止火，将印牌缴还灶长。其灶头照领牌、缴牌时刻，登记一簿，按时刻赴煎舍盘查。如有缺额，立同灶长报场官查究。又预给用印根票、联票，存于灶长，逐日将各户起、伏时刻，应得盐数，填入根单存查，即于联二印票前页内，填明灶户姓名、盐数，给该灶运盐入垣。又于各商垣总汇之处，分设磨对公所。灶户运盐经过，将联票交磨对挂号，截存前页，将后页仍给灶户赴垣，场商量收若干桶，一面给发盐价，一面于后页内注明收盐数目。磨对日遣失役赴各垣收比后票，与前票核对，灶长仍每月十日一次，将逐日所填根单，赍送磨对，与各票核对，一有参差，立即禀明查究。
>
> 后因灶长、灶头均属同灶丁户，恐其捏改火伏时候，复招募熟谙盐务之消乏商裔，充为巡商，带巡役二名，分派灶地，逐日游巡。遇煎盐之户，查其有无印牌，于循环簿内登记，每月底将循环二簿轮流缴送磨对，与灶长根单联票查核。②

---

① 嘉庆《两淮盐法志》卷29《场灶三》。参见《清盐法志》卷1《通例·场产门》；卷4《通例·缉私门》。

② 李澄：《淮鹾备要》卷2《灶煎灶具》。

由上可见，在场大使、灶长、灶头、巡商、巡役①、磨对、走役的严密控制下，既稽查灶户的生产工具，又核定每一火伏的煎盐数额，凡灶户名下，盘几角，鐅几口，"每盘鐅一火伏得盐若干，即为定额，造册立案"②。这也就是李澄所谓的"盘鐅与火伏，相为表里"。既不许产盐缺额，"如有缺额，立同灶长报场官查究"，更不许产盐过限或蒙混煎盐，"一有参差，立即禀明查究"③。以防止灶户的偷煎私卖。希图从根本上肃清贩私之源。

行盐口岸缉私卡巡的设置，历朝都非常重视。凡是易于走私的关口要冲，均设立有关卡，并且组织起了一支包括军队巡役、地方巡役、商人巡设在内的庞大的缉私队伍。

随着私盐的日趋泛滥，缉私关卡和缉私巡役越设越多。

雍正五年（1727），浙江巡抚兼理两浙盐务李卫称："查浙地私盐出没之所，独海宁、海盐、平湖、桐乡为最，且系嘉湖二府贩私门户，而海宁之长安镇，乃其往来适中孔道，请专设巡盐把总一员，兵一百名，在此镇分巡隘口，归臣标左营管辖。于海宁等四县及嘉、湖接壤江南之处周围巡查，选募勇健兵丁充当，以商人向日雇用巡役之工食，给为月饷，不足者即以所获私盐变价添补。但恐兵少地广，不能周巡，查抚标额兵八百名，可于此中暂为抽派一百名，酌委千把总一员，帮同巡盐把总协缉，令其彼此稽查。至出门船脚盘费，即以商家所出盐院承差巡费拨给，俟一二月后酌量调换，使不致熟识久而作弊。"④

乾隆三十五年（1770）奏准："湖北宜昌设卡处所，自东湖县属平善坝，立卡盘验，又自平善坝至南津关，设立巡役、巡船，专司堵御。

---

① 按：乾隆二十九年，因巡商、巡役安居街市，并不前往灶地巡查，遂裁汰之，令场大使督率场员巡查。

② 嘉庆《两淮盐法志》卷 30《场灶四》。

③ 按：当时曾规定了各盐场各色锅鐅每一火伏的产盐定额。日本学者佐伯富依据《盐法通志》卷 35《盐具》已经作过示例，如：丰利场上卤鐅每一火伏的煎盐定额为 1 桶，下卤鐅为 3 分；掘港场上卤鐅为 1 桶 2 分，上中卤鐅为 1 桶 1 分，中卤鐅为 1 桶，中下卤鐅为 9 分；下卤鐅为 3 分；吕四场上卤鐅为 1 桶，下卤鐅为 4 分。大致各场上卤鐅每一火伏煎盐 1 桶（200 斤）左右。参见佐伯富《清代盐政之研究》，日本东洋史研究会 1956 年版，第 40 页。另可参见徐泓《清代两淮盐场的研究》第 37—38 页所列表，台湾嘉新水泥公司文化基金会 1972 年版。

④ 乾隆《浙江通志》卷 84《盐法中》。

又自津关至西坝，令宜昌通判分派巡役，督率稽查，自西坝至白洋河，设立巡船、巡役稽查。又议准，江西吉安府属阜口等五处，凡山僻小径、要隘处所，多拨兵役，协同卡巡，常川巡缉。"①

乾隆三十九年（1774），吏部议覆浙江巡抚三宝疏称："海宁州城西北三十里之长安镇，居民稠密，为来往米布货物聚集之区，又为私盐出没要隘，素多窃匪，巡缉宜严，该处虽设有千总一员，专司巡缉私盐，因系武弁，民人非其所属，请将该州州判，移驻该镇，俾其就近弹压，以资佐理。"②

嘉庆二十三年（1818），上谕：军机大臣等："湖北历来邻私浸灌各口岸，均已添建官厅、卡房，并酌给口粮薪水。饬令派出各员弁，分率兵役，常川驻宿巡缉。其余水陆交冲各处，随时委员巡查。并令各商公举在楚年久，熟悉盐务商人专司缉私，自选商伙，分投巡缉，一有枭犯踪迹，随地报官擒拿。"③

道光十二年（1832），户部议准两江总督陶澍等奏筹定堵缉粤私章程："一、万安县所辖之良市口，为粤私入淮门户，应增设大卡，派委文武各一员，带兵二百名驻扎，原设现澜、罗塘二卡官兵，应即移驻良市口。其吉安府城外原委该营官兵，无关紧要，应行裁撤，另由赣标各营派委守备或千总各一员，兵五十名，并委文职丞倅一员，巡役二十名，均驻良市口会同查拿，以杜私贩绕道之弊。一、龙泉县之汤村塘，为攸县私盐经过，应添派守备或千总一员，兵二十名，佐杂一员，巡役十名，驻扎巡堵。一、泰和县之白羊坳，系粤私经过，尤为紧要，原设弁兵无多，势难兼顾，应酌委守备或千总一员，添兵二十五名，并派佐杂一员，巡役十名，分路巡缉。一、赣县茅店，系潮桥、东江二埠私船经由之区，应设立官卡，酌派守备或千总一员，外委一员，带兵四十名，周流巡缉。一、赣县所属之攸镇、大湖江等处，逼近淮界，私盐充斥，不特占碍淮纲，亦属有妨粤引，应责成赣南道，将粤省雄赣埠运盐过关时，核实查验，其转发各该处，亦令报数呈验，仍咨查粤省，是否

---

① 光绪《大清会典事例》卷80《户部·盐法·禁例》。

② 《清高宗实录》卷960，乾隆三十九年六月癸未。

③ 《清仁宗实录》卷341，嘉庆二十三年四月。

与派拨盐数相符，查明核办。一、各处邻私，如果认真查拿，则枭贩何至肆行无忌，请嗣后每季将各县所销引目及所获私盐，核其多少之数，分别记过记功，于年终咨部，分别议叙议处。"①

又如，道光二十九年（1849），为了防止船私，直隶省在已有的于家堡、杨柳青等关卡外，又添设了交河、东光等五处关卡②。咸丰二年（1852），为了防止邻私，湖北省在鄂西已有的众多关卡外，又在东湖县属的平善坝、南津关、西坝，宜都县属的白洋河、红花套等处设立关卡③。

由于缉私卡巡的不断增置，缉私经费成为最主要的盐务经费之一。就缉私经费而言，在盐场有场灶巡费，在州县有州县巡费，在兵营有兵役巡费。其中以场灶巡费为最少，以州县巡费为最多。即如最少的场灶巡费，在某些场也多达一千余两。如两淮泰州分司所属安丰场巡费为1795 两，富安场为1397 两，伍佑场为1354 两等等。至于州县巡费，两淮盐区每年额设银为94813 两，"设有不足，仍于杂项拨补"④。缉私经费的摊征不但数额巨大，而且弊端丛生。光绪三十一年（1905），户部议覆兵部尚书铁良疏称："各岸缉费原备雇勇巡缉之需，今该大臣查明，缉私有名无实，并声称局委以此款为应得之利，半入私囊，是缉费之多浮支可知。而皖岸则支至十五万余两之多，尤为漫无限制。"⑤

从清廷颁布的贩私律例以及缉私卡巡的设置来看，不能说对私贩防范不严、措施不力。为何贩私难以遏止呢？其主要原因可以归结为二端。

首先是巡官巡役玩忽职守。

康熙十八年（1679），两浙巡盐御史卫执蒲称："巡缉私盐，虽地方官均有专责，而总巡一官更甚焉。故巡官若秉公，则捕役必畏法。上无苟且，下不欺朦，何患私枭之横贩？其如年来，怠玩成风，上下徇

---

① 《清宣宗实录》卷 212，道光十二年五月。
② 《清盐法志》卷 27《长芦·缉私门》。
③ 《清文宗实录》卷 51，咸丰二年正月壬戌。
④ 嘉庆《两淮盐法志》卷 29《课程十·经费下》。
⑤ 《清朝续文献通考》卷 38《征榷十》。

庇，以致国法不申，枭徒无忌。"①

康熙四十六年（1707），广东巡抚范时崇疏："盐院到任，即遣内司承差坐守各处场口，名为缉私，而奉差去者，止知私收私利，勒索商人盘费，以致私盐充斥，为害无穷。该臣查得，巡缉私盐，责在文武员弁，原无藉于内司承差，况勒索商人，供其糜费，是有一场口即添一巡盐也。"②

康熙五十一年（1712），两淮巡盐御史李煦在谈到淮扬一带枭贩猖獗时称："文武官员总不认真严禁，纵容兵丁衙役受贿，以致盐徒罔知顾忌。"③

雍正六年（1728），山东巡盐御史郑禅宝称："查东省盐枭之得以贩私者，缘与营兵议定规礼，则任意卖路放行，甚而至于护送出境，……种种不法，俱有卷案可稽。"④ 同年，浙江巡盐御史李卫说："江南苏、松、常、镇四府属县，为浙引疏销最巨之区，而京口地方，尤为两浙行盐之门户，……今盘查之名虽存，而该管文武各官俱不亲身盘验。所有官厅仅存其址形迹。经臣屡次严饬，止差一二兵役在彼处虚应故事，漫不盘查。"⑤

雍正十二年（1734），上谕："各省盐政关系国计民生，所当加意整理，而两淮盐务之积弊更甚于他省，此中外所共知者。大约盐法之行，必以缉私为首务，私靖则官引自销，转输便利，裕课恤商，皆本于此。淮南江广口岸宽阔，如果私盐杜绝，何虑积引难销，惟是缉私一事，地方督抚大吏非不遵奉办理，但以不关切己之务，有名无实。闻今年江广口岸盐壅价减，急难销售，皆由邻私充斥之所致。盖两淮行盐地方，江西、河南有浙私、芦私之侵越，而湖广之川私、粤私为害更甚。现今虽于各处私盐隘口设立巡官、巡役，似为周密，而地方文武官弁不肯实力奉行，一任兵役人等网利营私。如商船夹带，原应秉公盘查，而往往视为利薮，多方需索，恣意搜求，以塞巡查之责，转为平民之扰

---

① 档案，康熙十八年六月二十日卫执蒲呈：《奏缴事迹文册》。
② 《清盐法志》卷228《两广十五·征榷门三·引饷三》。
③ 《李煦奏折》，中华书局1976年版，第129页。
④ 《清盐法志》卷66《山东·缉私门》。
⑤ 《清盐法志》卷181《两浙·缉私门》。

累。至于大伙枭贩，则虑其拒捕，或畏难故纵，或受贿得钱，其拿获到案者，该地方官弁又视非专责，姑息养奸，以重作轻，以多报少。朦混草率，不能据实审结，以致立法虽严，而邻私之肆行如故。在江南督臣，亦不过责成所属地方，至咨会邻省，即未必有呼辄应，此私贩之所以难禁也。年来朕留心访闻甚确，用是特颁此旨，晓谕湖广等省督抚等，务矢公心，视邻省之事为己事，严饬文武官弁同心协力，使川粤浙芦之私盐不敢越界横行，则两淮积压之引易运、易销，于国计民生均有裨益。倘既经晓谕之后，仍有失于觉察者，一经发觉朕必于该督抚是问。"①

乾隆元年（1736），上谕："至于官捕，业已繁多，而商人又增私雇之捕，水路又增巡盐之船，州县毗连之界四路密布，此种无赖之徒，藐法生事，何所不为，凡遇奸商夹带，大枭私贩，公然受贿纵放，而穷民担负无几，辄行拘执，或乡民市买食盐一二十斤者，并以售私拿获，有司即具文通详，照律杖徒，又因此互相攀染，牵连贻害，此弊直省皆然。"②

乾隆八年（1743），上谕："闻江西私盐充斥，官引至于难销，此皆地方官玩忽真纵之所致。可寄信与巡抚陈宏谋，严饬所属，实力查拿，务使私贩杜绝，官引通行，以肃盐政。"③

乾隆五十六年（1791），两淮盐政全德称："向来缉私之法，未尝一日或废，而枭贩未能尽净者，大抵兵役不实心任事之故。"④

道光二十六年（1846），直隶总督纳尔经额奏称："各处设立卡巡，如四党口、高家湾两处，专驻武弁兵丁，岁给薪水口粮银二千二百两，止知按月请领，未闻报获功盐，如同虚设。永平府之卢龙等七州县，为芦纲紧要门户，虽于道光二十三年添设卡房兵役，筹给经费银六千两，亦无成效。此外永东、永西、蓟州、遵化、丰润、玉田、宁河、宝坻、青县、静海、沧州、盐山、清丰、汤阴各口岸，及严镇、丰财等场，每

① 《清世宗上谕内阁》卷 147，雍正十二年九月二十九日。
② 乾隆《大清会典则例》卷 46《户部·盐法下》。
③ 《清高宗实录》卷 191，乾隆八年闰四月壬申。
④ 嘉庆《两淮盐法志》卷 14《转运九》。

年巡费又不下四万两，皆系贴给商人，更属有名无实。"①

卡巡的虚应故事，显然是一种普遍的现象，有关题奏可谓连篇累牍。缉私官役之所以玩忽职守，最重要的原因就是其贪利受贿。

其次是乱缉"私盐"。

顺治十七年（1660）议准："贫民食盐四十斤以下者免税。"这表明，对四十斤以下的零星贩卖，清廷是允许的，不在"私盐"之列。其后，雍正二年（1724）和乾隆元年（1736），清廷又反复重申："贫难男妇藉盐为生，肩挑背负易米度日者，照例免罪，毋许官弁兵役生事扰民。"②

可是，缉私巡役为了应付上司的考成督责，往往置真正的私贩于不顾，对"不在禁约之列"的贩盐贫民大肆缉拿。如两淮康熙十七年"株连百余人"的私贩案，就是肩挑背负的"失业之民"。③

盐商巡役更是横行不法，杨三的《口供清单》即称："沂水、蒙阴二县盐商郭东兴，于各处盐店多设巡役，四路巡防，凡遇穷民挑背私盐赴集售卖，那巡役们不论盐斤多寡，一概送官严究，倘若不服拘拿，巡役们就用鸟枪击打，不肯丝毫放松。"④

更有甚者，人民买食盐斤，也遭到巡役们的缉拿，其残暴程度，令人发指。姚廷遴说："即买食盐三斤二斤者，盐巡撞见，必拿到舡（巡船）上，极刑吊打。"⑤ 张起元说："东村买盐，西村获之，已为盗贩。……考略索取，备极惨毒。"⑥ 包世臣说："小民向商店买盐一包，例给

---

① 《清盐法志》卷 27《长芦·缉私门》。

② 档案，乾隆元年七月十一日张廷玉题：《为遵旨议奏事》。参看《清盐法志》卷 4《通例·缉私门》。

③ 嘉庆《两淮盐法志》卷 44《人物·江演传》。

④ 按：据《清盐法志》卷 4《通例·缉私门》载，在清初，盐商所雇募的巡役是不允许携带鸟枪的："其雇募巡役，不许私带鸟枪，违者，照私藏军器律治罪；失察地方官，交部照例议处。"从乾隆年间盐商巡役携带鸟枪，并用鸟枪任意击打来看，这条律例并未实施，也可见盐商巡役之不法与残暴。只是到了清末，随着私盐的严重，清廷才改变了这一规定，允许携带鸟枪。《清史列传》卷 47《谭廷襄传》记载：咸丰七年正月，任直隶总督的谭廷襄"以直隶盐枭充斥、奏请从严惩办。得旨：'嗣后商巡缉匪，准其携带鸟枪。如遇大伙枭贩拒捕，格杀弗论'"。另外还可参看《清文宗实录》卷 230，咸丰七年六月庚午。

⑤ 姚廷遴：《历年记》下，见《清代日记汇抄》，第 123—124 页。

⑥ 张起元：《上高念东先生论地方利弊书》，见陆耀《切问斋文抄》卷 16。

店票一纸。而巡役见小民柔弱者携带盐包，斥为买私；示以店票，随手抢去，即捕盐送官。委官祖役贪功，横加诬枉，民不堪命。"①

上述情况表明了缉私巡役的乱缉"私盐"及其残暴性。就是乾隆帝也不得不指出："凡遇奸商夹带、大枭私贩，公然受贿纵放；而穷民担负无几，辄行抱执；或乡民市买食盐一二十斤者，并以售私拿获，有司即具文通详，照拟杖徒。又因此互相攀染，牵连贻害。此弊直省皆然。"②

乱缉"私盐"，使贫苦人民深受其害，不但无法遏止原有的私贩，而且必然促使贩私队伍不断扩大，以致走上武装贩私的道路，乾隆年间杨三等人的武装走私、抢砸盐店是一例。据杨三供称，他"平日务农度日"，间或"零星散卖"，因遭到盐商巡役的违法乱缉，并打死他的伙伴李鸿儒，"实在恼恨不过"，才"抗（扛）了鸟枪，挑了私盐"进行武装走私的，并沿途号召贫民百姓说："盐商刻薄可恶，你们要吃贱盐，跟着我们同去吧！"结果："巡役见小的们人多，不敢查拿。"③

总之，因为私盐有产生的必然原因，缉私有其难以克服的弊端，所以尽管清廷对缉私非常重视，终不能把私盐根绝。正如包世臣所说，所谓朝野上下议论纷纷的缉私，不过是"徒增官费，而无成效"的下策。④

作者单位：武汉大学中国传统文化研究中心

---

①　包世臣：《中衢一勺》附录四上，《江西或问》，见《安吴四种》卷 7 上。
②　档案，乾隆元年七月十八日张廷玉题：《为钦奉上谕事》。
③　档案，乾隆二十七年杨三，《口供清单》。
④　包世臣《中衢一勺》卷 3《庚辰杂著五》，见《安吴四种》卷 3。

清代湖北的县衙

陈　典

一　研究意义及相关问题

明清时期，县是地方基本的行政区。清代县的建置时有增减，或一事减之州改为县，或以事繁之县升为州，或因地增治新设，或因时裁治，以及改土归流等原因，都对清代县的数量有所影响。据《大清会典》记载，康熙年间全国设县 1261 个①，到雍正年间减少到 1211 个②。乾隆年间又有所增加为 1282 个③，其后一直成增长趋势，嘉庆年间1293 个④，至光绪时期全国设县 1303 个⑤。光绪年间，各省设县情况如下：盛京 14 个、吉林 2 个、直隶 123 个、山东 96 个、山西 85 个、河南 96 个、江苏 62 个、安徽 51 个、江西 75 个、福建 58 个、浙江 75个、湖北 60 个、湖南 64 个、陕西 73 个、甘肃 47 个、新疆 11 个、四川 112 个、广东 78 个、广西 49 个、云南 39 个、贵州 33 个⑥。

谈到县，就离不开县衙，就其建筑本身来说，蕴含着很多意义。中国古代一直有着严格的封建等级制度，这同样影响到了中国古代的建筑。清代的各级衙署，因等级、级别、职能的不同，表现在衙门的大

---

① 康熙《大清会典》卷十八、卷十九。
② 雍正《大清会典》卷二十四、卷二十五。
③ 乾隆《大清会典》卷四、卷八。
④ 嘉庆《大清会典》卷四、卷十。
⑤ 光绪《大清会典》卷六。
⑥ 光绪《大清会典》卷十三至卷十六。

小、布局、结构乃至油漆、图案都有所不同。清代对衙署的建置有严格的规定，要求治事之所为大堂、二堂；外为头门、仪门；宴息之所为内室、群室；吏员办事之所为科房。

总的来说，大多数县署都具有以下共同特点：

其一是居中而建，县署通常位于城市的中央，且坐北朝南。

其二是封闭性，四周都有高墙与外界相隔。

其三是形制四方，有明显的中轴线，且县署的主体建筑都位于中轴线上，依次分为头门、仪门、大堂、二堂、三堂、北厅、鼓楼等。中轴线大致可以分为三段：仪门之前是礼仪性的建筑；大堂、二堂、三堂为县署的核心部分，是知县审判、办公的地方；三堂以后，则是供知县及其家人居住的地方。

县衙主体建筑的两侧，则是佐贰官县丞、主簿、典史的衙门和宅邸，以及库房、厨房、监狱、祠舍等建筑。如同治《公安县志》卷二《官署》中记载：

　　大堂一重三间，左为库房，右为钱粮柜。两廊下各起科房五间：东为吏、户、礼、仓、税、承发各科，西为兵、刑、工、粮、户、南各科，中为甬道，立戒石牌。前为仪门，左右角门外，四班房各一间，左为衙神祠，右为柬房、班房，西为廨房、为捕卡、为羁所，头门外两旁八字墙，正面照墙一道，东西栅阑各立木栅一座，大堂后为宅门，进加官门直接二堂、三堂间，中为维新堂，左为签押，右为帐房，两廊为东西门房，由二堂东首转入为仓神祠，前为西花厅，后为大厨房，二堂后为三堂，再进为四堂。自前八字墙起，统作围墙一道。①

通常情况下，一个完整的县署，除满足日常办公和居住的需要外，还有仓库、监狱、县学、宾馆、驿站等相关机构和设施。

县衙是一县之中心，是政权的象征，就必然成为改朝换代、农民起义、斗争的第一目标。很多县署都毁于明清变革之季，立国之初，百废

---

① 《公安县志》，同治十三年修，民国二十六年重印本。

待举，由于没有银两重修或是新建县署，很多知县只好借民居审案办公。如乾隆《汉阳府志》卷六对汉阳县县署有这样的记载：

> 县署旧在府治西凤山之南，明洪武二年建成，成化间修，正德间毁于火。知县龚锐重建，嘉、隆间屡修。万历庚子（二十八年），知县黄思重修，明季兵毁。清顺治初，知县梁箩借居民舍，康熙年，知县张介眉即旧基鼎建。①

有些地方则是在明朝遗留下来的小行署中办公，之后，通过朝廷拨款、捐款等方式逐步转移、重修、新建，不断完善县署的各项配套设施。如同治《恩施县志》卷二《官署》中记载：

> 县署在城东门内，即明兵备道行署基。雍正六年，改衙为县治，仍衙署。寻陆为府治，乃移县署于今考棚地，后因建立考棚，始移于此。嘉庆二年，知县尹英关作奖义堂。道光十二年，知县如朝绾修理西廊文案房六间。十六年，知县王令仪立建平首邑坊于署前之东，振武厂疆坊于署前之西，修理客厅。二十九年，知县李嘉瑞修理大堂并修东西廊十二房。咸丰十一年，知县多寿补修差房、狱舍数间。同治元年，复捐廉修补头门、仪门。四年，捐廉建立照墙一座。②

除朝代的更迭，战争等等之外，火灾、自然灾害等往往也会破坏或摧毁县署。县署的不完备或被破坏，必然影响到县治，影响到地方行政职能的发挥。因此，清廷对县署的修建十分重视，在《钦定工部则例》中，就对衙门的修建人、修建款、修建期限、保固期等等，衙门修缮方面的问题做了详细、严格的规定。

清代的县衙，因为所在地区的不同、地理环境的不同以及当地经济条件的不同，有的衙门较为宽敞，设施齐备，有的则较为寒酸，只有最

---

① 《中国地方志集成——湖北府县志》第一册，乾隆《汉阳府志》卷六。
② 《恩施县志》，清同治三年修，民国二十三年铅字影印本。

基本的设施。就清代湖北地区的县署而言，不同时期、不同的地方各有不同，从一个侧面反映出一个县在不同时期的发展状况以及经济发达程度。

除建制方面的特点外，县衙与其他中央到地方的各类行政机构相比，也具有一些不同之处。其一，除县衙以外的其他国家机关，无论地位高低，都只存在官与官之间的联系。而县衙作为最底层的国家机构，除与其他上层机关联系之外，更多的是面向广大的基层社会和穷苦百姓。其二，与县以上的各级机构相比，我们可以发现县衙内官员少，但事物繁多。县衙集吏、户、礼、兵、刑、工各项职能于一身，此外还是各级繁杂政令的具体实施者。作为清代最下层的地方政权，上连整个国家官僚政权，下接广大的基层群众社会，具有很大的研究价值。

二　县衙的形制与经费来源

（一）清代湖北地区县衙的结构特点

清代湖北地区的县署，大多是四合院式封闭型建筑。县衙前有照壁一道，照壁后为牌坊。牌坊以里为大门，大门两边的墙呈"八"字形，所谓"八字衙门"即由此而来。八字墙上可张贴告示、榜文，公布科举考试录取结果等，有的加上顶棚和栅栏，称"榜廊"或"榜棚"。牌坊以里，设有医学、阴阳学，右侧设有总铺，以便于县衙公文的快速递送。牌坊正北为鼓楼或谯楼，为两层，是县衙中最高的建筑，便于报时和瞭望。鼓楼外墙左右，分别建有申明亭、旌善亭，或申明在左、旌善在右，或反之，无一定之规。道光《安陆县志》："又前为府门，其外左为申明亭，右为旌善亭，左右为榜房。"[①] 进入鼓楼，也就正式踏进了县衙的大门。有的县没有鼓楼或谯楼，而以县门代之。

鼓楼之后，即是仪门。有的县鼓楼之后还有一道二门，仪门为三门。仪门之左，一般设土地祠、衙神庙、寅宾馆，仪门右侧为县狱。仪门中间为正门，平时关闭，只有迎接上级或同级官员造访时才打开，两侧开有角门。

仪门内为衙中最大的一进院落，院中树立一座小亭，称"戒石

---

① 《中国地方志集成——湖北府县志》，道光《安陆县志》卷四。

亭"。亭中石碑南面刻"公生明"三字，语出《荀子·不苟》："公生明，偏生暗。"碑阴书"尔俸尔禄，民膏民脂；下民易虐，上天难欺"十六字。戒石碑下有甬道向北，到达月台，台上即是县衙的核心建筑——大堂。大堂为知县审案、办公之所，一般建得高大轩敞，正中设桌案，堂前设栅栏，前有飞轩螯，其下为露台，上有审案时供人犯下跪的跪石。大堂又称"县厅"、"正厅"、"治厅"、"琴堂"、"牧爱堂"、"亲民堂"、"节爱堂"等。大堂两侧耳房可用作仪仗库、銮架库等库房。大堂左侧或右侧，有的还设有"典史厅"、"典幕厅"、"幕厅"、"县幕"或"赞政亭"，为幕官典史办公之所。

大堂院内两侧厢房为吏员办事之六房所在，左侧为吏、户、礼三房，右侧为兵、刑、工三房，粮科（房）、马科及承发房、铺长司等也排列于左右厢房中。粮科（房）从户房分出，二者的分工是："户房止是分派钱粮，收解俱是粮房。"马科从兵房分出，"承发吏设管公文及管词状"。铺长司为急递铺铺长办公之所。储藏册籍档案的架阁库、册房，以及存放各种器具财物的卤簿库、帑库、銮驾库（仪驾库、銮仪库）等，也位于大堂附近。

大堂之后是二堂。二堂是知县预审案件和大堂审案时的退思、小憩之所，又称"退思堂"、"改弦堂"、"省观堂"等。由于它是一个过渡性的建筑，因而相对较小，也叫"穿堂"、"川堂"、"过堂"等。二堂后一般有宅门，将南边的外衙与北边的内衙分开。宅门内为三堂和知县廨，二者有时合而为一。三堂又称"后堂"、"便堂"，在一些县它是仅次于大堂的建筑；知县廨又称"正衙"、"知县衙"。三堂是知县接待上级官员、商议政事和办公起居之所，有些事涉机密的案件和不便公审的花案，亦在此审理。内衙中一般还有住宅、书房、花厅、后花园等，为知县的生活区。

同治《公安县志》卷二《官署》中记载：

> 大堂一重三间，左为库房，右为钱粮柜。两廊下各起科房五间：东为吏、户、礼、仓、税、承发各科，西为兵、刑、工、粮、户、南各科，中为甬道，立戒石牌。前为仪门，左右角门外，四班房各一间，左为衙神祠，右为柬房、班房，西为廨房、为捕卡、为

羁所，头门外两旁八字墙，正面照墙一道，东西栅阑各立木栅一座，大堂后为宅门，进加官门直接二堂、三堂间，中为维新堂，左为签押，右为帐房，两廊为东西门房，由二堂东首转入为仓神祠，前为西花厅，后为大厨房，二堂后为三堂，再进为四堂。自前八字墙起，统作围墙一道。①

县丞、主簿、典史的衙、宅，分布于县衙后部中轴线两侧，一般典史衙只有一个，县丞衙、主簿衙则可能有多个，视该县所设佐贰官多少而定。

吏舍，即吏员的居所，也分布在县衙中。吏舍一般集中位于六房之东西侧，或散布于官廨之间的空地。官吏都须按规定在县衙内居住，一般不许杂处民间。然而由于吏员众多，吏舍难以容纳，许多人只好借住衙外民居。官舍和吏舍合称"公廨"。

监狱是县衙不可或缺的部分，一般占据了县衙的西南角，故俗称"南监"。分内监（关重犯）、外监（关一般犯人），男监、女监。附近还设有狱神祠或狱神庙。此外，县衙中还有马政厅、马房、官仓、门房、里舍（里甲房）。

县衙之外还有其他官署和设施，亦为一县行政之所需，计有县学、社学、城隍庙、际留仓、禄米仓、预备仓、便民仓、养济院（疏养孤老无靠之人）、漏泽园（收集埋葬无人认领的遗骨）、府馆（府级官员到县办事驻扎之所）、布政分司、按察分司（省级两司官员巡历所至驻扎之所）、都察院（巡抚至县驻扎之所）、察院（为巡按至县驻扎之所）、公馆（接待过往官员之所）、管河厅（理河厅）、巡捕厅、巡检司、水马驿、急递铺、递运所、社稷坛、山川坛、邑厉坛、僧会司、道会司、税课局、河泊所、工部分司等。

（二）清代湖北地区县衙的破坏与损毁

乾隆《汉阳府志》卷六对汉阳县县署有这样的记载：

县署旧在府治西凤山之南，明洪武二年建成，成化间修，正德

---

① 《公安县志》卷二，同治十三年修，民国二十六年重印本。

间毁于火。知县龚锐重建，嘉、隆间屡修。万历庚子（二十八年），知县黄思重修，明季兵毁。①

同治《施南府志》卷五《官署》中对建始县署有这样的记载：

> 县署在城正中，自明季兵毁后，悉皆草房。②

同治《宜昌府志》卷四《建置》中对长阳县署有这样记载：

> 长阳县署在凤栖山东，明洪武初建，正德中重修，明末兵毁。③

同治《宜昌府志》卷四《建置》中对巴东县有这样记载：

> 巴东县治南，依巴山北，向大江。明洪武初建，正统中重建，屡毁于火，万历间高尚德复学移修，后悉废……④

朝代的更迭，战争等等之外，火灾、自然灾害等往往也会破坏或摧毁县署。同治《宜昌府志》卷四《建置》中对长阳县教谕署有这样的记载：

> 教谕署在治东，嘉庆初年毁……，十二年重修。道光元年重建头门，咸丰七年毁……⑤

同治《施南府志》卷五《公署》中关于来凤县署有这样的记载：

---

① 《中国地方志集成——湖北府县志》，乾隆《汉阳府志》卷六。
② 《中国地方志集成——湖北府县志》，同治《施南府志》卷五。
③ 《中国地方志集成——湖北府县志》，同治《宜昌府志》卷四。
④ 同上。
⑤ 《中国地方志集成——湖北府县志》，同治《宜昌府志》卷四。

嘉庆元年，……毁，二年重建。咸丰十一年，……陷城复毁，仅存头门、仪门、大堂、厨房。同治二年，重建西书房五间，余未修。①

光绪《德安府志》卷四《建置》中对安陆县署有这样的记载：

光绪九年，知县茹朝政修仪门外东厅。十年春二月不戒于火，二、三堂具毁。②

光绪《荆州府志》卷九《公署》中对公安县署有这样的记载：

公安县署，同治十二年夏，大水城溃。③

在湖北各府县地方志中，关于县衙的损毁有较多记载。笔者选取其中一部分列表如下。

表 1　　　　　　　　　　襄阳府县衙破坏的原因

县　衙	朝代更替	兵　乱	灾　害
襄阳县衙	明末崇祯十四年兵毁		雍正八年大堂火
宜城县衙	崇祯末毁		
光化县衙	明末焚毁	咸丰六年红巾毁	
谷城县衙	崇祯十二年毁	咸丰六年毁	
均州州衙	崇祯末毁		道光十二水灾毁头门 同治六水灾署多毁

资料来源：《中国地方志集成——湖北府县志》，光绪《襄阳府志》卷六。

---

① 《中国地方志集成——湖北府县志》，同治《施南府志》卷五。
② 《中国地方志集成——湖北府县志》，光绪《德安府志》卷四。
③ 《中国地方志集成——湖北府县志》，光绪《荆州府志》卷九。

表2   施南府县衙破坏的原因

县　名	朝代更替	兵　乱	灾　害
宣恩县		咸丰十一年毁	
来凤县		嘉庆元年毁 咸丰十一年复毁	
建始县	明末兵焚		日久房塌

资料来源：《中国地方志集成——湖北府县志》，同治《施南府志》卷五。

表3   黄州府县衙破坏的原因

县　名	朝代更替	兵　乱	灾　害
黄冈县	崇祯十六年毁	咸丰三年毁	
析水县	崇祯十六年毁	咸丰四年毁	
麻城县		顺治二年毁 咸丰四年毁	
黄安县	崇祯末毁		
罗田县	崇祯八年毁	咸丰四年毁	
靳　州	明末焚毁	咸丰年间毁	
广济县	崇祯八年毁	咸丰三年毁	
黄梅县	崇祯十五年毁	咸丰七年毁	

资料来源：《中国地方志集成——湖北府县志》，光绪《黄州府志》卷四。

表4   荆州府县衙破坏的原因

县　名	朝代更替	兵　乱	灾　害
江陵县			戊申大水毁
公安县			同治十二年夏大水城溃
石首县	明末焚毁		乾隆后期大堂、后堂、荷花厅水灾毁
监利县	崇祯末毁	咸丰四年兵毁	丞厅康熙二十一年复毁 丞厅康熙八年建后塌
松滋县	崇祯末毁		道光二十七年三堂四堂朽
枝江县	崇祯末毁		
宜都县	崇祯十七年毁	康熙十三年毁	

资料来源：《中国地方志集成——湖北府县志》，光绪《荆州府志》卷九。

表5 德安府县衙破坏的原因

县　名	朝代更替	兵　乱	灾　害
安陆县		咸丰四年毁于兵焚	光绪十年二月不戒于火二、三堂居毁
云梦县		咸丰四年毁	康熙四年火毁大堂、川堂、元堂
应山县	明末毁于兵	咸丰四年毁	

资料来源：《中国地方志集成——湖北府县志》，光绪《德安府志》卷四。

表6 宜昌府县衙破坏的原因

县　名	朝代更替	兵　乱	灾　害
归　州	明末焚	嘉庆四年屡被焚	
长阳县	明末兵焚毁	教谕署嘉庆初年毁 咸丰七年毁	乾隆五十三大水毁数处 嘉庆三年二堂东偏焚毁
巴东县	明末悉毁		

资料来源：《中国地方志集成——湖北府县志》，同治《宜昌府志》卷四。

由上表可见，各县衙署的损坏，大多集中在明末清初之际，以及咸丰、嘉庆年间的兵乱、农民战争时期。除此之外，水灾和火灾也在一定程度上影响了清代湖北地区的县衙建筑。

（三）清代湖北地区县衙的修葺与增建

县衙作为一县之中心，在遭遇破坏之后，重建就成了不可忽略的问题。笔者选取湖北州县地方志中，一些关于县衙修缮、重建等史料，就部分地区县衙的修建过程列表如下：

表7 襄阳府有关县衙的修建沿革

县　衙	修建过程
襄阳县衙	康熙四十七年重修　乾隆二年建坊　光绪三年增修
枣阳县衙	康熙十年增修　雍正三年建内宅　乾隆二年建圣谕坊　嘉庆十五改修厅壁 咸丰七增建
宜城县衙	康熙六年购民舍为署　乾隆十一年修复　光绪五重修
南漳县衙	旧署明洪武建　乾隆六年增修介福楼、仪门、钟楼等　乾隆五十六年重修

续表

县　衙	修建过程
谷城县衙	顺治五年建草署　康熙年间修缮　同治五重建　同治六年增修
均州州衙	康熙八年重修　道光十二修复头门　同治十一年、光绪三年先后增修

资料来源：《中国地方志集成——湖北府县志》，光绪《襄阳府志》卷六。

表 8　　　　　　　　　　**施南府有关县衙的修建沿革**

县　衙	修建过程
恩施县衙	嘉庆二年做奖义堂　道光十二年修文案房　道光十六年修客厅　道光二十九年修大堂、东西廊　咸丰十一年修差房、狱舍　同治元修头门仪门　同治四年建照墙
来凤县衙	乾隆四年建堂房、仪门、厨房、马房等　嘉庆二年重建　同治二年重建西书房
建始县衙	明末兵火后皆草房　康熙二十六年修瓦房　康熙四十二年加修棚、科房　乾隆二年增修　乾隆三十九年重修头门、各堂、厨房、书房等

资料来源：《中国地方志集成——湖北府县志》，同治《施南府志》卷五。

表 9　　　　　　　　　　**黄州府有关县衙的修建沿革**

县　衙	修建过程
黄冈县衙	顺治三年、十年、康熙三年、九年、五十年、雍正二年、乾隆二十八年、四十二年、五十年、五十二年、嘉庆二十年、道光十年、二十七年先后创建增修　光绪元年旧基修建
麻城县衙	顺治四年、十三年、康熙六年、八年、乾隆二年、三十五年相继修建　同治十一年重建
黄安县衙	顺治年间修　乾隆三年重修　咸丰七年重建　同治元年增修
罗田县衙	顺治八年、乾隆二十五年先后建置增修　同治八年重建
蕲州州衙	顺治十八年修复　乾隆九年、嘉庆十八年、道光十二年、二十四年、咸丰元年、二年先后休整　同治元年、十二年修复
广济县衙	顺治八年重建　康熙十一年、乾隆十五年重修　光绪三年重建
黄梅县衙	顺治十一年重建　康熙四十三年、乾隆二年、七年、十七年先后增修　光绪元年重建

资料来源：《中国地方志集成——湖北府县志》，光绪《黄州府志》卷四。

表 10   荆州府有关县衙的修建沿革

县　衙	修建过程
江陵县衙	康熙二十二年移建　道光十九年复建　同治十一年重建三堂　光绪元年、五年重修花厅、二堂、四堂
公安县衙	顺治间修大堂川堂　康熙二十八年增修　康熙三十三年重修内宅、土地祠、宾馆、监舍等
石首县衙	顺治四年官居民舍　康熙二十二年旧址建署　乾隆三十九年围建修围墙　乾隆四十九年增修科房　乾隆五十六年增修大堂、后堂、荷花厅　咸丰四年重修
松滋县衙	康熙六年建　康熙二十二年建土地祠等　道光二十七年三堂四堂朽改造增廊
枝江县衙	康熙三年建大堂内厅　康熙二十九年建鼓楼　康熙三十二年建吏舍　康熙五十年重建仪门　雍正元年建圣谕亭　雍正七年改建正堂及后衙　乾隆四十三年建一览亭　乾隆五十年建后堂东西耳房　嘉庆十七年重建后堂　道光元年增修二堂、东书房　道光七年年建仪门外东西差厅　同治四年重建大堂、二堂、左右耳房
宜都县衙	康熙元年重建大堂、川堂　康熙三十六年重修川堂　康熙三十八年建大堂东西吏舍等　道光年间重建　咸丰七年续修

资料来源：《中国地方志集成——湖北府县志》，光绪《荆州府志》卷九。

表 11   德安府有关县衙的修建沿革

县　名	修建过程
安陆县	康熙四年重建　康熙十七年再修　康熙二十四年补修　道光十三年重修三堂及水晶亭　咸丰十二年修复头门、二门、二堂、三堂、花厅、书房、厨房、监狱　光绪九年修仪门外东厅　光绪十三年修仪门外西厅署外规模较备
云梦县	顺治六年建　顺治七年增修　康熙六年修　乾隆五十八年添建照壁左右木栅门、添建署内书厅　道光十四年重修头门　道光十六年补修监房　道光十八年重修大堂、川堂、元堂添花厅　光绪八年重修
应山县	顺治八年修复　康熙年间补修　同治十年重建

资料来源：《中国地方志集成——湖北府县志》，光绪《德安府志》卷四。

　　从以上各表中我们不难发现，虽然各地区经济发展状况不同，修衙顺序不同，但是他们之间大的走向还是相同的。康熙以前，除个别地区外，大部分地区的衙署都处在最初的恢复起步时期，有的地方甚至无钱修衙。到康熙、雍正时期，大部分地区衙署的主要组成部分基本都修缮完毕，衙署初具规模。到乾隆年间，除继续完善衙署配置外，一些地区开始修缮前期建筑，增建亭、花厅、园、照壁等一系列设施。乾隆年间达到衙署的修缮高峰。嘉庆往后，衙署修缮的规模、步伐较前代都相对不如，大多集中在对前期建筑的完善和对部分损毁建筑的重建上。

（四）清代湖北地区县衙修建的经费来源

清代州县衙门并非像人们想象的那样富丽堂皇，相反，大多数简陋不堪，以致广泛流传着"官不修衙"的说法。

光绪《施南府志续编》卷二《公署》中有这样一段描述：

> 乾隆元年始以衙署故址创建府署今一百四十余年矣，署旁吏舍榱栋楹椽半被虫蚀，垣墙亦多偏倚。乃稍稍以时补葺。数年以来，虫蚀益甚，偏倚者渐而倾废。夏秋之间，风雨并作，则屋摇摇者欲覆。①

同治《施南府志》卷五《公署》中关于来凤县署有这样的记载：

> 嘉庆元年，……毁，二年重建。咸丰十一年，……陷城复毁，仅存头门、仪门、大堂、厨房。同治二年，重建西书房五间，余未修。②

同治《施南府志》卷五《公署》对来凤县学记载如下：

> 嘉庆元年毁，二年重建，至咸丰四年倾坏过半。③

光绪《荆州府志》卷九《公署》对监利县丞厅有这样的记载：

> 丞厅在县署左，康熙八年建，后圮。二十一年重建被毁，未修。僦居民房为署。④

---

① 《中国地方志集成——湖北府县志》，光绪《施南府志续编》卷二。
② 《中国地方志集成——湖北府县志》，同治《施南府志》卷五。
③ 同上。
④ 《中国地方志集成——湖北府县志》，光绪《荆州府志》卷九。

一个原因是风水理论。官员们普遍认为，衙门建筑讲风水，前人是请了堪舆家"相地"之后建造的，后人不能随意改动，改动则不利于官。另一个原因是，修衙门就会靡费钱粮，轻则官声不好，重则容易造成亏空。"官不修衙"的第三个原因是地方官任期短，流动性大。俗话说"官不修衙，客不修店"，"铁打的衙门流水的官"，这些谚语特别适用于清朝。清代州县官大多数不能终其一任，即使能够任满而迁，至多也不过三五年，衙门修得再好，也不能跟随官员搬走。相反，新官上任却愿意捐钱捐物大修寺庙，然后刻碑留名，以"永垂不朽"。

以上种种，仅是"官不修衙"的表面原因，而背后的最主要原因是地方财政根本没有这项支出，要修衙必须官员自己掏腰包。乾隆四十八年，陕甘总督李侍尧在分析"官不修衙"的原因时，可谓一语中的。他说官员之所以将衙署视同传舍，甚至朽坏不堪，也不愿去修，是因为"人情各顾其私"。这句话，道出了"官不修衙"的真实原因所在。因为在雍正帝实行耗羡归公以前，地方官通过加征赋税来弥补办公经费的不足，实行耗羡归公以后，养廉银实际包含了薪金补贴及地方杂项支出两部分，因此清政府不希望在养廉银之外另拨款项修缮衙署，只允许州县衙门动用闲款，但必须在三年之内从其养廉银中坐扣。

民国《恩施县志》卷二《公署》中记载：

> 咸丰十一年，知县多寿补修差房、狱舍数间。同治元年，复捐廉修补头门、仪门。四年，捐廉建立照墙一座。[1]

而这项规定之所以难以落实，就在于养廉银的受益人是官员个人而非衙门集体。在道德操守好的官员那里，能够拿出一部分用于公共事务，而在"各顾其私"的普遍情态下，官员们往往将养廉银全部视为己有，岂能拿出来修缮衙署。

"官不修衙"带来的弊病是衙门规制不完善，为官吏舞弊提供了方便。州县官与百姓最近，所有大小案件，无不始于州县衙门，也无不终于州县衙门。按照州县衙署独具匠心的设计，六房书吏的办公场所，通

---

① 《中国地方志集成——湖北府县志》，民国《恩施县志》卷二。

常在大堂的两侧，这种设计是为了便于州县官监视书吏。但直到乾隆初年，各州县衙署的六房多有倾圮，州县官也不修葺，致使书吏栖身无所，往往抱着卷牍，在自己家里办公，每当遇到急需调阅的案件，原案档册是否保存，完全由书吏的一张嘴说了算。中间隐匿、抽换等弊端，更是不可枚举。乾隆帝为此下令各省督抚，检查所属州县内，如六房屋宇没有修造的，立即按照原有基址，如式建造，将所有案牍慎密收藏，否则从重治罪；如果本官失察，一并议处。修造的费用，由督抚藩司在本省公用银两内估价给发。

道光《安陆县志》卷四《城池》中记载：

> 道光十三年，知县任秉钧重修三堂及水晶亭。咸丰四年，毁于兵焚。十二年，前署县赵会裕禀以毁废日久，请拨款重修。奉上宪批拨厘税钱五千缗，其不足者就地勤捐。①

尽管这是一项好的措施，但效果并不理想，因而直到乾隆三十年，各省州县衙署，仍多数倾圮。

三　衙官与运行体制

（一）县官的设置与任用

县是地方行政最基层组织，其长官称知县，正七品。《清史稿·职官三》中将知县的职责概括为："知县掌一县治理，决讼断辟，劝农赈贫，讨猾除奸，兴养立教。凡贡士、读法、养老、祀神、靡所不综。"②清代划全国县 1369 个③，清末光绪、宣统间又增置了 55 个。

县的佐贰官有县丞 1 人（正八品），主簿无定员（正九品），典史 1 人（未入流）。《清史稿·职官三》中记载："县丞、主簿、分掌粮马、征税、户籍、缉捕诸职。典史掌稽检狱囚。"④ 事繁之县，县丞、

---

① 《中国地方志集成——湖北府县志》，道光《安陆县志》卷四。
② 《清史稿·职官三》，中华书局 1977 年版。
③ 《清史稿·职官三》仅载 1359 个，台湾省 11 个县未计在内。
④ 《清史稿·职官三》，中华书局 1977 年版。

主簿设置周全，事简之县，则不全设。全国共设县丞 345 人，主簿 55 人（乾隆间全国有县丞 414 人，主簿 98 人），若不设县丞、主簿之县，则由典史兼领其事。县的属官还有巡检、驿丞、闸宫、课税大使、河泊所大使等。其职掌与州属官同。

此外，各县均设有儒学，一般都有教谕 1 人，训导 1 人，掌本县生员学习事务。各县还设典吏若干人，协助知县办事。每县少者 5—6 人，最多的有 18 人，一般都是 12—14 人。县丞、主簿以及典史、巡检、儒学等。亦各设攒典 1 人，协助办事。各省的县衙门，一般都分吏、户、礼、兵、刑、工六房办事。

州县官常被认为是真正的治民之官，而他们的上司，以及上司的上司，包括知府、道台、按察使、布政使、巡抚、总督，都是"治官之官"。晚清的方大湜在《平平言》中说道："兴利除弊，不特藩臬道府能说不能行，即督抚亦仅托空言，惟州县则实见诸行事，故造福莫如州县。"

清朝皇帝对州县官在整个国家行政系统中的重要地位，有清楚的认识。雍正帝把州县官看作"吏治之始基"，他形象地比喻说："全省吏治，如作室然。督、抚，其栋梁也。司、道，其垣墉也。州、县，其基址也。书云：'民惟邦本，本固邦宁。'夫所以固邦本者在吏治，而吏治之本在州县。苟州县之品行不端，犹基不立，则室不固，庸有济乎！"他还多次强调："县令乃亲民之官，最为紧要。得其人，则一县之事无有不理。不得其人，则一县之事必多废弛。盖以县令于百里之内，民事可以周知，若果实心办理，则古人所谓无一夫不获其所者，乃力所能为，非空文也。"有作为的封疆大吏都很看重做官是否由州县官起家。林则徐为江苏巡抚时，经常对僚属说："吾恨不从牧令出身，事事由实践。"曾国藩总督两江时也说："做官当从州县做起，才立得住脚。"

就州县官的职责而言，包括司法、税收、治安、教育、公共工程、邮驿、风俗礼仪、社会福利等方方面面。知州掌一州之政治，以县之地大而事繁者升而置之，所统辖一如县制；知县掌一县之政令，平赋役、听治讼、兴教化、厉风俗，凡养老、祀神、贡士、读法，皆躬亲厥职而勤理之。清朝同以往一样，每县设知县一人。据《光绪会典》等书记载，全国总计有 1342 个县，因此全国有 1342 个县太爷。品级比县高，职能完全相同的还有厅、州，全国共有 78 个厅，129 个州。厅的长官是同知或通判，分别是正五品、正六品。州的长官知州为从五品。

州县官的任用有一整套法定程序，各类缺位空出时，分别按不同方式任命。题缺空出时，由该省督抚在应升、应调官员中题补；调缺空出时，由督抚在本省现任官员中拣调；留缺空出时，准许督抚在分发本省候补人员中任用；选缺空出时，先由各省督抚任命合格人员署理，然后再由吏部确定有关人员前往接替。督抚委任调缺、题缺、留缺人员，均为署理，报请吏部批准后方为实缺。

根据任职地方的不同，清代又将地方府州县缺大体划分为两类，即在内地任职的"腹缺"和在边远地区任职的"边缺"。在内地任职，五年无过失，按例即可升迁。而在两广等地任职"烟瘴缺"、云贵川等地任职"苗疆缺"，只要三年没有过失，即按例升迁。此外，江苏上海、浙江海宁、广东东莞等"沿海缺"，山东德州等"沿河缺"，其任职升迁视同"边缺"。

尽管州县官缺实行分类管理，吏部也要求按章程办事，但大权实际操在督抚手中，因而那些热中升迁的官员，一味逢迎上司，以求速化，视官如传舍，不但谈不上吏治民生，背后还隐藏着跑官卖官的巨大黑幕。

州县官的出身主要有两类，一是"正途"，即常规途径，包括进士、举人、贡生（经国子监培养）、荫生（恩荫、难荫及特荫）；另一类是"异途"，即非常规途径，包括吏员、生员、捐纳、军功等。

清代知县的"出身"确实关乎吏治好坏。瞿同祖先生在《清代地方政府》一书中，根据乾隆十年的《缙绅全书》统计，知州中监生（在国子监就读，包括恩监、荫监、例监等）所占比重最大，达 27.8%，进士 22.9%，举人 13.9%；知县中进士 44.6%，举人 22.3%，监生 12.7%。另一位学者徐炳宪没有统计比例，但他根据自乾隆二年恩科始，到光绪三十年甲辰科止，统计出进士除授知县的总计有 4871 名。这说明"正途"出身尤其是进士、举人选任州县官的占了多数。

州县官获得职位三种主要途径即科举考试、阴袭保举和捐纳。古语有云"学而优则仕"。为了进入仕途，学子们自入学堂接受教育以来，就整日埋首学习儒家经典和撰写文章，而对于世事却是知之甚少。科举考试导致"有登甲第、年期耄，不知古今传国之世次，不知当世州郡之名、兵马财富之者"。等到通过科举考试，被授予官职，诸多繁杂的行政事务更是令其措手不及。正如《请废八股疏》言"目不通古今，耳不知中外，以至理财无才，治兵无才，守令无才"①，因此任职者不得不在到任后，寻找辅佐之才。捐纳是仅次于科举考试的入仕途径。捐纳，亦称捐例、捐输，就是我们通常所说的卖官鬻爵。清代捐纳始于顺治，目的在于筹措军需和河工费用。清朝初期，清政府对捐官者的资格限制较为严格，待到后来捐纳只惟钱是图。捐纳入仕者大多素质较低，更谈不上对州县事务的管理。况且大多靠捐纳入仕者待到任后，就大肆盘剥。道光帝曾言："我最不放心者是捐班，他们素不读书，将本求利，廉之一字，成有难言。"清朝入关是从马背上得天下，为了巩固其统治地位，还一直保持本民族的传统。旗人不必通过科举考试，也可以进入官僚集团。其中更是不乏对行政管理不知者。《清朝野史大观卷五·不通之御史》记载一位汉官不通政务后说："此汉员不通也，至满人之为御史不通并此不如者多矣。"因此他们大多依靠幕友的帮助，幕友应运而生并且在清朝不断发展壮大。

（二）县吏的任用与吏治

由于清代地方各级衙门实行"长官负责制"，僚属佐贰人员的严重缺额或者不普遍设置，致使衙门有浓重的"一人独治"的色彩。而各种繁要杂事，不可能由长官一个人来完成，因而必须有"代官出治"、"佐官出治"之类的人来处理这些事务，这就是在清代发展到极盛的俗称师爷的幕友群体。

清代流行这样一句谚语："无幕不成衙。"这里的"幕"就是指幕友、幕宾，即俗称的师爷，"衙"就是衙门，这里是指地方衙门。意思是说，一个地方衙门如果没有幕友，也就不成其为衙门。按照清代从总督巡抚到州县大小几千个衙门，每个衙门有五个幕友计算，全国的幕友

---

① 徐致靖：《请废八股疏》。

至少有数万人之多。

如此庞大的幕友队伍，加上他们事实上影响甚至左右着清朝各级衙门的运转，因此他们的地位与作用在当时就是一个广受关注的话题。乾隆时期史学家邵晋涵说："今之吏治，三种人为之，官拥虚名而已。三种人者，幕宾、书吏、长随。"曾做过34年幕友的汪辉祖对此深表赞同，并说："官之为治，必不能离此三种人，而此三种人者，邪正相错。"他还说，到乾隆中叶，就幕友而言，要寻找正派的，十人中已找不到四五人了。

幕友又称幕宾、西宾、宾师等。据郑天挺《清代的幕府》研究，秦朝张耳少年为客，李斯曾做吕不韦的舍人，以及东汉时的门生故吏，都是幕友的原始称呼。师爷虽然出现得早，但只有到清代才真正发达起来，因而形成专门的"幕道"或"幕学"，《幕学举要》、《入幕须知》、《办案要略》、《佐治药言》之类幕学书成为学幕者的必读书。学幕必须拜师，学成才能行幕。学习的内容也以审理裁决民刑案件，征收钱粮赋税，开支各种费用，往来文件，缮写公私函件，考核征收田赋为主。这五方面的知识，成为日后从幕的专业资本。相应地，幕友也分为刑名、钱谷、挂号、书启、征收等五大类。品德修养方面的学习，包括尽心、尽言、不合则去等内容。据清代名幕汪辉祖讲，他学刑名一幕，就用了整整六年的时间。

幕友以通晓刑名律例、钱粮会计、文书案牍等专门知识服务于官府，他们不食国家俸禄，接受主人的束脩（即薪金），其行为对幕主负责，有时也代主官查核胥吏，在官场上起着"代官出治"的作用。清人韩振说："掌守令司道督抚之事，以代十七省出治者，幕友也。"①州县官的事务繁杂，但可以归结为两大项，即刑名和钱谷，这两项也直接关系到地方官的"考成"，与他们的仕途前程息息相关。绍兴师爷龚萼所谓"刑名、钱谷之事，实为官声、民命所关"②，就是这个意思。清代当过刑钱师爷的陈天锡说，师爷对于主官，犹如"饥渴之于食饮，寒暑之于裘葛，而不可离矣"。

---

① 《清经世文编》卷二十五《幕友论》。
② 龚未斋：《雪鸿轩尺牍》，洪范注释，1998年。

　　尽管清代制定了许多严格规范幕友的法律条规，多数幕友自我约束也比较强，也不乏为人称道的名幕，而且，许多大员或名流学者往往是从做幕开始其仕宦生涯的，如赵翼、戴震、章学诚、左宗棠、刘蓉等。但劣幕之多，清代堪称其最。幕友之间不但呼朋引类，暗通信息，上下交结，甚至形成一种令主官都难以控制的社会势力。《歧路灯》第七十九回说："大凡世上莫不言官为主，幕为客。其实可套用李谪仙两句云：夫幕友者，官长之逆旅；官长者，幕友之过客。'"[①] 逆旅即旅店，幕友成为旅店主人，官长反而成为旅店客人，这就是清代衙门颇为盛行而又屡禁不止的"官转幕不转"的独特"风景"。

　　清朝官吏设置采取主官负责制，正佐辅助监督机制实际上随着主官负责制的不断加强已经被取消。政府设置僚属辅助原本是监督并负责辅助州县官，然而州县官和僚属官在利益上有冲突。正如明人张宣谈及州县官和同僚的关系所言，"相激而相附，互角而互抗，迭轧而迭排，局面偏而成心胜，朋情重而主恩轻，公事缓而私隙急"。正因两者之间存在不可调和的矛盾，再加上州县官权力加大而将僚属官的辅佐、监督权力架空。清法律规定佐贰官和杂职官不能受理刑事案件及较重大的案件。僚属官无实权且地位卑微 ，多是空置。还有就是对僚属官而言，试问既然有才华又何必屈居副职。担任副职不仅地位卑微而且升迁机会也不大。结果僚属官闲置，繁杂的行政事务落到了州县官的肩上。因而州县官需培植自己的私人辅助群体来协助自己。

　　地方官上任，在大队人马仆从中，有十几个乃至几十个是县太爷的长随家人。俗话说，宰相家人七品官，讲的就是他们的出身来历。因此，切不可因身份低贱而小看他们。实际上，他们在清代各级衙门中扮演着十分关键的角色，是掌握大印的官员掏自己的腰包雇来用于监督大大小小，少则上百、多则上千名书吏和差役人员的。

　　按照清代衙门的法律规定，地方官要实行任职回避制度，既不能在其家乡任职，也不能在其直系亲属做官的地方任职。因此，地方官每到一个新的地方，都要面临人地生疏的尴尬境地。而官要做得称职，在保住乌纱帽的前提下进而升迁，就必须用那些熟习地方风土人情、谙习当

---

　　① 　李绿园：《歧路灯》。

地官场通行已久的种种说不清道不明的潜规则的人，这些人就是庞大的实际办事的吏役队伍。这些吏役绝大多数都由当地人来充任，并长久把持一方。如果官员对他们失于督察，一则会失去当地士绅百姓的信任，落得一个极差的口碑，二则吏役们闹出事来，长官负有不可推卸的责任，到头来乌纱帽难保不说，还可能问个革职查办的罪名。因而，地方官上任伊始，带上自己的亲信长随，在衙门里建立自己的"班底"，就显得十分重要了。

清政府对哪一级官员能带多少名长随家丁早就做出明确规定，康熙二十五年，清廷正式下发了一个文件，实行携带家仆"配额制"：允许地方官除携带兄弟、妻妾、子女外，由汉人出任的总督、巡抚可带家人50名，布政使、按察使带40名，道员、知府带30名，同知带20名，通判、知州、知县带20名，州同、县丞以下可带10名。如果是旗人出任地方官，可以携带的家人是汉人的两倍。很显然，这里的家人是地位低贱的家丁、仆从之类，与主人有着或紧密或松散的半隶属关系。在清代，这些人有个形象的称谓，被笼统地称为"长随"。

长随在清代颇为兴盛，虽不在三百六十行之列，但无疑也是一种职业，因而有多种《长随论》之类"教科书"以供初入道者"加意温习"。其中有"长随十要""十不可"等内容，堪称是长随们的通常"守则"。前者包括办事谨慎、经手银钱来去清白、先公后私、食主忠禄尽心报效等。后者有不可仗势欺人、不可袖里藏刀、不可轻出重入、不可贪杯误事、不可淫人妻女等内容。

长随的种类颇为繁多，可以说，有多少种吏役就有多少种长随。《长随论》多按"出身"划分长随，有超等长随（暂随）、特等长随（且随）、次等长随等，而将上宗长随、次宗长随、下宗长随名为"孳随"。按其职能来分，有负责把门的"司阍"或"门上"，有负责文书签转的"签押"或"稿案"，有管仓库的"司仓"，有在公堂值勤的"值堂"，负责通讯的"书启"，掌管印信的"用印"，负责税收的"钱漕"，以及"管监"、"管厨"、"管号"、"跟班"等等，名目之多，甚至地方官自己都说不清楚。

书吏又称胥吏、书办，他们在清代衙门中极为活跃，对政治有很大影响。晚清首位驻外公使郭嵩焘曾说："汉唐以来，虽号为君主，然权力实不足，不能不有所分寄。故西汉与宰相外戚共天下，东汉与太监名士共天下，唐与后妃藩镇共天下，北宋与奸臣共天下，南宋与外国共天下，元与奸臣番僧共天下，明与宰相太监共天下，本朝则与胥吏共天下耳。"这段话指出了清朝政治的一大特色，即"与胥吏共天下"。

在州县衙门中担当重要角色的除了幕友外，就是书吏了。官方文献把在司道府州县供职的书吏称为"典吏"。各个州县因事务繁简有别，设置书吏的数额从几人到十几人不等，甚至多达几十人，这些定额的书吏要求上报吏部，被称为经制吏。根据光绪《大清会典事例》的统计，全国有经制吏 14369 人，平均每个县 11 人。这其中，也包括了管理钱库粮仓的书吏和州县属官衙门的书吏，他们被称为"攒典"。

除了经制吏以外，各个州县都有数目远远超出经制吏的非经制吏，主要有"贴写"、"帮差"两种。此外，还有"挂名书吏"。如果将这三种书吏加在一起，每个州县的书吏是个庞大的数目。明末清初的侯方域估计每个县有一千多人，乾隆时期的洪亮吉估计大县有一千人，中等的县有七八百人，小县也有一二百人。清后期的游百川估计的数目更高，他说大县有二三千人，小县也有三四百人。

毫无疑问，督抚司道衙门也设有数目不等的书吏。与地方书吏相区别，一般将京城的书吏称为部吏，当然也有称为书吏的时候，这种名称使用上的不规范也反映在法律上，即有时把他们作为"官"来对待，有时又视其为"役"。

按照官方的规定，充任书吏是有条件限制的。首先，他们必须身家清白，也就是出身"良民"。其次，要有邻右、亲族对其本人品行等方面所做的保证书。再次，他们必须有最基本的文字能力，包括识字、会写简单的文书等。另外，地方官还必须向吏部呈交一份盖有印信的证明书。

书吏充役期限为五年，五年役满，在外由督抚考试，将试卷封固送部，与在京各部院应考书吏等试卷一体校阅，分为四等，给以职衔选用。自乾隆十五年始，书吏考试后，由吏部严加阅核，分别去取，一等授予从九品职位，二等授予流外官职。

与中央主要由六部所构成的行政主体相适应，州县的书吏也对应设有"六房"，有关六房的职掌，大致如下：

吏房掌管书吏及本县候选官吏的人事档案，如本衙门书吏若干名、书手若干名、攒典若干名，以上人员何时承充书吏；官员到任时间，任内奖惩、升迁、委署等事项；中式考职、起文赴部；有无在籍丁忧事故，曾否申报等项。

户房经管应征应结夏税秋粮、丁差徭役、杂课等项。包括地亩多少、减免课税、未完民欠、额销盐引、田房契税、动支钱粮、仓库实存等事项。

礼房经管祭祀、考试、学校、庆贺、旌表、先贤祠墓、古迹等事项。

兵房经管门军、皂、快、民壮、铺兵、驿递、夫马等项。

刑房经管人命、盗、逃、词讼、保甲、捕役、监仓禁卒等项。

工房经管修造、置办军需等项。

除六房书吏外，各州县根据事务不同，设置了其他一些房书，如总房掌杂务，收发房掌收发文件，招房掌口供记录、整理与誊清，柜书掌管粮银征收、发放单据，粮房经管粮食保管、出入登记等，漕书经管征收漕粮事宜，仓房管看管谷仓，库房经管物品登记，柬房掌管投递传达文书。通常来说，在比较大及事务繁忙的州县，所设书吏机构远远超出六房。《长随论》所记各房书吏职掌与《福惠全书》大略相同，但数量远远多于六房。如在户房外又设户科，经管牙贴税、粮米征比、收漕兑银、孤贫户口、水旱灾歉、平粜济赈；仓房经管食米、粮厫、房屋、斗级、斛手、社仓、义仓、常平仓等项；刑房之外设招房，经管勘验以及案件、供词、堂谕、断事等项；照磨房经管差票、差禀、解犯、提审。其他如承发房经管上申下行一切出入公文，以及各房循环签稿，告期、呈词、批词、状榜等项。

概括起来，书吏的职能主要有三项。一是草拟公牍，这也是书吏最主要的职能。乾隆帝即位之初，曾对总理事务王大臣说："今之书吏，即古之府史胥徒也，各部院衙门，皆额设召募，所以检收档案，缮写文书。"草拟公牍，要求必须熟悉国家的有关章程，因此，"从来任用书吏，不过藉其谙练成例"。由于书吏很多，草拟公牍又有许多好处，因而州县官一般按照书吏在卯册上的顺序依次派这项差事。拟稿后要求草拟人在草稿上签署自己的名字和日期，草拟后要送幕友或州县官修改审定，通过后再回原房誊抄，交官复查，盖印加封。二是填报各种表册，包括填发传票、填报赋税表册等。在《福惠全书》中有很多这种表册、单据、账簿，如吏书花名册、征收钱粮总簿、流水日征簿、摘拿欠户差簿、保甲壮丁册、本县四境地界册等，有数十种之多，分别由吏、户、兵等房掌管。绍兴师爷"发明"的"江山一统"，即分别以点、直、横、撇作为部首的分类账册法，在各衙门被书吏们广泛使用。三是整理档案，将文件分类、编号等事情。

清代州县官对其辖区内的一切事情负有责任，他们催科派差，审理词讼，应酬僚属，事务繁杂。所以，他们不得不任用三个辅助集团，聘用幕友"辅官"、"佐治"、"检吏"，任用胥吏经办具体事物，利用长随监督胥吏。这三类人员之间职能相互重叠，以人制人，以事防事，互相监督，以达到防止他们作弊和加以控制的目的。

作者单位：湖北人民出版社

张之洞企业活动刍议

——以汉阳铁厂为中心

吴剑杰

　　1889 年（光绪十五年）4 月初，张之洞一件缓建津通（天津至通州），改建腹省干路的奏折，获得朝廷的认同。慈禧太后懿旨："张之洞所议自芦沟桥起经行河南达于湖北之汉口，划为四段分作八年造办等语，尤为详尽。著总理海军衙门即就张之洞所奏各节，详细核议，奏明请旨。"① 同年 8 月 8 日，为创办芦汉铁路，张之洞奉旨调补湖广总督，于 12 月 17 日经香港、上海，抵达湖北省城武昌，接篆视事。1890 年 1 月 17 日，海署来电，告知已奏准每年由户部拨款二百万两为修筑芦汉铁路的专项经费，以本年为始。经费有了着落，张之洞便按照其先储煤铁后修路的设想，设立矿务局，加速煤铁矿资源的勘探与考察。但不久事情又有变化。由于俄罗斯动工修建西伯利亚大铁路，使朝廷感到关外形势的严峻，遂从李鸿章之请，决定先修营口至珲春的关东铁路。4 月 28 日，张之洞电复海署和李鸿章，表示"廷议移缓就急，芦汉之路可徐办，谨当遵办。湖北即专意筹办煤铁，炼钢造轨，以供东路之用。惟开办炼铁，事端甚繁，所费甚巨，二百万断不敷用。然户部难筹，洞所深悉，谨当仰体苦衷，力任其难。即请先将二百万拨归鄂省，此外即不再请部款。其余不足之款，洞当竭力筹画，随时请示"② 。于是，张之洞以办铁厂（含炼生铁、炼熟铁、炼贝色麻钢、炼西门士钢、造铁轨、

---

① 《请缓建津通铁路改建腹省干路折》，《张之洞全集》第 2 册，武汉出版社 2008 年版（以下简称《全集》），第 186 页。

② 《致海署、天津李中堂》，《全集》第 8 册，第 57 页。

造铁货六大厂和机器、铸铁、打铁、造鱼尾钩钉四小厂）为中心，开展了他在湖北兴办近代企业的一系列活动。因为炼钢铁的需要，他创办了大冶铁矿、阳新银铅矿、大冶王三石煤矿、江夏马鞍山煤矿和焦炭厂。因为有了钢铁，他就近开办枪炮厂。因为枪炮需用火药和造炮需用特种钢，他又开办了无烟火药厂和罐子钢（转炉炼钢）厂，以及皮革厂（军用）。因为要开辟财源以便在经费上支持铁厂，他又开办了织布、纺纱、缫丝、制麻四官局以及毡呢厂、造纸厂、铸币厂。因为建厂房的需要，他又开办了砖瓦厂、水泥厂、制钉厂。他还计划引进技术设备，开办制洋烛、制肥皂、制香水、制糖等工厂。在晚清时代，在湖北一地，并且主要集中在武汉一隅，同时创办门类和数量如此之多的近代工业企业，唯有张之洞一人。

对于张之洞的上述企业创办活动，尤其是铁厂的创办，当时就存在极大的争议。在铁厂和枪炮厂开办之初，主持海军衙门的醇亲王奕譞就在来电中说："此举为强弱转机，旁观疑信由他，当局经营在我，执事好为之，吾侪第观成耳。"[1] 有了奕譞的鼎力支持，张之洞复电表示，当"殚此血诚，绵力为之，务期中国开辟煤铁利源风气一事必使其成为度"。两年以后，奕譞病故，张之洞从此少了朝廷的理解和支持，多了一些朝廷内外的责难与苛求。但他仍然在三年之内将铁厂建成，并且于 1894 年 6 月 30 日出铁，接着炼钢、制轨。尽管如此，他依然逃避不了"旁观疑信"者的指摘。建成投产前，大理寺卿徐致祥劾其"轻言人言，今日开铁矿，明日开煤矿，浪掷正供，迄无成效"。且继之以人身攻击："观该督生平，谋国似忠，任事似勇，秉性似刚，运筹似远。实则志大而言夸，力小而任重，声厉而内荏，有初而鲜终。徒博虚名而无裨实际，殆如晋之殷浩；而坚僻自是，措置纷更，有如宋之王安石。方今诸臣章奏之工，议论之妙，无有过于张之洞者。作事之乖，设心之巧，亦无有过于张之洞者。此人外不宜于封疆，内不宜于政地，惟衡文校艺，谈经征典，是其所长。"[2] 建成投产之后，又有人劾其"铁政局经营数年，未见明效"，原因是"铁政局与大冶产铁处相距甚远，以致

---

① 《海署来电》，《全集》第 8 册，第 39 页。

② 胡钧：《张文襄公年谱》卷 3，北京天华印书馆 1939 年版，第 6—7 页。

铁价太昂。且近处并无佳煤，炼铁未能应手"① 等等。

对于诸如此类指摘，张之洞首先强调创办铁厂，开辟煤铁利源系"奉旨饬办之件"。主意是我出的，决定是朝廷作的。言外之意，如果办铁厂有什么错，首先也应当由朝廷来承当。其次是历数创办之繁重与艰难，批评那些旁观疑信者"身居局外者既非身习其事，又未目击其难，往往以道路传闻之语，悬揣苛求。凡有关西法时务者，或则墨守旧法，以为不必办。或则言之甚易，视为不烦巨款而办，不需多日而成。此乃风气未开之故，固亦无足深辩"。至于"经营数年，未见明效"，他回答说："今自开之煤可烧焦炭，自烧之炭可化铁矿，自炼之钢可造路轨、枪炮，可得洋行善价。铁厂之效，似不外此。若时多费巨，委系创举之难。"②

平心而论，张之洞确有徐致祥所指"志大而言夸"的秉性。他要开创中国的钢铁工业，正是有远见的大志。但这不是错。他曾向李鸿章保证铁厂在两年内建成并造出合格钢轨以供东路之需，未免有些"言夸"，但这也不是什么大错，因为他荜路蓝缕，没有任何可供借鉴的经验，预见不到创业的艰难。至于徐致祥所言"力小而任重"，倒是实情。以一己之力，在一个财力薄弱的穷省，却要承载开创关系着整个国家"强弱转机"的钢铁工业的重任。但这也不是张之洞有什么错，而是他的悲哀。他时时处处为朝廷着想，为国家着想，为开利源、利民生着想，但朝廷中再没有一个像醇亲王奕譞那样能够理解和呵护他的人。张之洞的内心是痛苦的。他后来在给湖北巡抚于荫霖的信中流露了这种苦衷：

> 痛念国势艰危，任事者鲜，妄思竭其毛发之力，作一篑障河之想。十年以来，千辛万苦，众谤群疑。皮骨仅存，生意已尽，沟壑之期会已不远。于身于家，曾何利之有焉。③

---

① 《查复煤铁枪炮各节并通盘筹画折》，《全集》第 3 册，第 281 页。
② 同上书，第 283 页。
③ 《致于次棠》，《全集》第 12 册，第 74 页。

张之洞天生没有一副好身板，身短体弱，完全不像乃父张瑛"伟躯干，大声广颡，神采英毅"。三十出头便"白发已可数"，四十多岁便须发多白，并且患有心忡气喘等多种疾患。在两广任内五年，已是须发皆白，病痛缠身，曾因患有严重的肝病和心血管病，五次请病假，三次请开缺。及至垂暮之年，终因"肝病将入胃"而不治亡故。但自从调任湖广总督，已年过半百。在湖广任内的十八九年中，他一直带病工作，从未请过病假，结果弄得"皮骨仅存，生意已尽"，力心交瘁。支撑着他的，无疑是改变"国势艰危"局面的强烈信念。今天读到上面这段话，仍令人不能不对这位为了国家强盛而鞠躬尽瘁的先贤肃然起敬。诚然，当时的中国并没有因为他的"一篑障河之想"而真正强盛起来，但因为他的这一"想"，中国毕竟有了自己的钢铁工业。这是划时代的历史性创举，以致后人讲到重工业，不能不想起张之洞。

其实，在张之洞之前，有这种想法的并非没有。早在光绪初年，李鸿章即派盛宣怀聘用外国矿师郭士敦、白乃富勘明了湖北广济、当阳、荆门等地煤矿和大冶铁矿，准备创办钢铁企业，后来知难而止。1890年，贵州巡抚潘霨也曾在该省青溪地方举办过一个日出二十五吨生铁的小炼铁厂，但开炼即"炉塞停工"，因而废弃。只有张之洞梦想成真，办成了计划日产生铁二百吨，在当时堪称远东规模最大的钢铁厂。他是成功者，应当没有疑义。但事实并非完全如此。对于张之洞围绕着钢铁厂而衍生出的一系列企业的成败是非，至今仍然见仁见智，众说不一。有人说他创办的这些企业大都效益不彰，尤其在铁厂的设备引进、选址、管理等方面存在着诸多决策性失误。有人甚至在网上说他为了办企业而大肆搜括民财，弄得湖北百姓民穷财尽，社会动乱不安；湖北人不必因为张之洞在这里办过那么多企业引以为荣，张之洞这样的人也不值得纪念，更不值得大肆宣扬。笔者并不认同应当全盘肯定张之洞的企业活动，更不认同对它作全盘否定，而应当进行历史的具体的分析。哪些做对了，哪些做错了。即使是错误或失误，哪些是客观环境造成的，哪些是他个人的主观原因造成的。即使是他主观决策的错误，也要分析哪些是认识上的局限造成的，哪些是他的思维定式造成的。似乎唯有如此，才能分辨张之洞企业活动中的是是非非。

一　创办企业的动机是纯正的，但有某种盲目性

众所周知，张之洞起意办铁厂、布厂、枪炮厂，都是在他担任两广总督的后期，即他得知调补湖广总督的前后。

关于枪炮厂。他在 1889 年 8 月 3 日的奏折中说：

> 广东地方，边防海防胥关紧要。枪炮一项，最为急需。臣于光绪二十三年五月内奏明建设枪弹厂，购买机器两副，铸造毛瑟、马梯尼、士乃得、云者士得四种枪弹，只以为经费所限，故仅得小试其端。查水陆各军需用枪炮，概系购自外洋，不但耗蚀中国财用，漏卮难塞，且订购需时，运送遥远，办理诸多周折。设遇缓急，则洋埠禁售，敌船封口，更有无处可购，无处可运之虞。况所购之械种式不一，粗精各别，仓卒尤易误事。详筹时势，必须设厂自筹枪炮，方免受制于人，庶为自强持久之计。①

有钱"无处可购，无处可运"，这是鉴于他在中法战争中为前线各军筹饷济械之难的深切体验。他曾复函台南道刘兰洲（璈）："饷合台地及邻道之力，想足敷衍，惟购械极难。港、沪枪炮都已搜罗殆尽，必须购自外洋。遇有现货则需两月余，订造则需四五月。且广、桂、滇、越诸军纷来索购，正苦无以应之。来文所需枪炮及水雷、大炮、电线等物，香港皆无。但系力所能为，断难漠视。但雷、炮总需数月，大炮则有无难期。""此间无渡海兵轮，若有可运之械，当再设法雇觅洋轮耳。"② 正是基于海防边防安全的长远考虑，张之洞先是"小试其端"，中法战争刚刚结束，便创办了枪弹厂，取得了办厂的初步经验。后来预筹到足够的经费（主要为广东文武官绅及盐埠各商分年捐款），便决定创办枪炮厂，专造德国十响连珠毛瑟枪和克虏伯过山炮。

关于织布厂和炼铁厂。他在同年 8 月 31 日和 9 月 20 日的两次奏折

---

① 《筹建枪炮厂折》，《全集》第 2 册，第 214 页。
② 《复刘兰洲》，《全集》第 12 册，第 45 页。

中说：

> 中外通商以来，中国之财溢于外洋者，洋药而外，莫如洋布、洋纱。棉布本为中国自有之利。自有洋布、洋纱，反为外洋独擅其利。耕织交病，民生日蹙。再过十年，何堪设想。今既不能禁其不来，惟有购备机器，纺花织布，自扩其工商之利。官为商倡，俟办有规模，再陆续招商集股。①
>
> 今日自强之端，首在开辟利源，杜绝外耗。举凡武备所资枪炮、军械、轮船、炮台、火车、电线等项，以及民间日用、农作之所需，无一不取资于铁。两广地方产铁素多，而广东铁质优良。查洋铁畅销之故，因其向用机器，煅炼精良，工省价廉，察华民习用之物，按其长短大小厚薄，预制各种料件如铁板、铁条、铁钉、铁针等类。凡有所需，各适其用，是以民间竞用洋铁，而土铁遂至滞销。十四年贸易总册，洋铁、洋针进口值银至二百八十万余两，竟无出口之铁。再过数年，其情形岂可复问。必须自行设厂，购置机器，用洋法精炼，始足杜外铁之来。②

造枪炮是为了固国防，以免受制于人；办织布厂、炼铁厂是为了杜外耗，辟利源，与洋货争夺国内市场，动机都非常纯正。但两广并不盛产棉花；虽号称"产铁素多"，但到底有多大的藏量，是否相对集中，适合大规模开采，有没有合用的煤炭，张之洞似乎都缺少考虑。后来移建湖北，虽然对大冶产铁有所了解，但能否找到合用的煤，仍然心中无数。他对钢铁究竟怎样炼成也是茫然无知。请中国驻英公使刘瑞芬代购日产百吨的炼铁炉，询问如果日后要多炼数百吨，是否"将机炉加大加多，抑或宽留厂地，以备另添机炉"③。至于炼钢，驻德公使洪钧来电告诉他："炼钢二法，曰别色麻，曰托麦施（亦作西门士），视铁质内磷之多寡，炉亦异制。"他回电说："炉须兼能炼有磷者"④，对"磷

---

① 《筹设织布局折》，《全集》第 2 册，第 224 页。
② 《筹设炼铁厂折》，《全集》第 2 册，第 262 页。
③ 《致伦敦刘钦差》，《全集》第 8 册，第 14 页。
④ 《致柏林洪钦差》，《全集》第 8 册，第 23 页。

之多寡，炉亦异制"一语似乎并未在意。对于在当时的人才、技术、经济"一穷二白"的条件创办钢铁工业的艰巨性，他也估计严重不足。这些都带有盲目性。在这一点上，他的前辈李鸿章要清醒得多，曾经知难而退。对于张之洞想要炼铁制轨修铁路，他给继任两广总督的乃兄李瀚章写信说："即准拨部款，恐难交卷，终要泻底"，等着看张之洞出丑。但张之洞是个有着坚强信念的人，深信中国一定能够炼出自己的钢铁，修建铁路。他说，中国"度支虽绌，断无合天下全力不能岁筹二百余万两之理。中国铁虽不精，断无各省之铁无一处可炼之理，岂有地球之上独中华之铁皆是弃物。愚公移山，有志竟成"①。创业的冲动使他在情况不明时有些盲目地上马，让他吃尽苦头，但"有志竟成"的坚定信念，却支持着他在困境中摸索前进，在战争中学习战争。

二　机器设备的引进渐趋合理

张之洞调任湖广后，奏准将枪炮、炼铁、织布三厂移建湖北，原定的炼铁、枪炮机器多有增改，渐趋合理，这得益他的相关知识的增进和对情况的掌握。

1890 年 11 月 21 日张之洞离粤前，曾电请盛宣怀到上海一晤，面询有关鄂省煤铁情况。他于 12 月 3 日乘轮先期抵达上海。8 日起与盛宣怀"连日晤商一切"。他拒绝了盛宣怀铁厂"商本商办"的提议，但得到"大冶铁佳而多，惟当阳煤少，仅敷数年"等准确情报，于是商定派曾经受雇勘察过湖北煤矿的比利时矿师白乃富"再往鄂省沿江上下勘访他处煤矿"②。鄂不久，他在广东时约聘的英国矿师巴庚生，德国矿师毕盎希司瓜兹、矿匠目戈阿士及铁路工程技师时维礼，以及英国化学师骆丙生先后来鄂，化学家徐建寅、徐华封也被借调来鄂差遣，还选用了福建船政学堂、广州矿学堂的几名高才生。依靠着这一批国内外科技专家，张之洞展开了对湖北及相邻省区煤铁等矿产资源的大规模普查，基本摸清了家底。1890 年 5 月 17 日致海署的电报中说："大冶铁

① 《致海署》，《全集》第 8 册，第 27 页。
② 《致海署、天津李中堂》，《全集》第 8 册，第 34 页。

矿，据矿师及化学教习报称，铁质可得六十四分有奇，实为中西最上之矿。其铁矿露出山面者约二千七百万吨，在地中者尚不计，即再添数炉，百年开采亦不能尽。且附近之兴国州（今阳新县）兼出极好锰铁，甲于各洲，尤为两美。至湘、鄂两省多产白煤，现经详细化炼，可用者十余处，尤为他省罕见。"① 有了含量高的铁矿和可用的煤，他更坚定了"以楚煤炼楚铁"的信心。

张之洞起意办钢铁，在决定办枪炮厂之后，是为了满足造枪炮的需要以及民用所需，并没有考虑制钢轨的需要，所以 1889 年 4 月 9 日在首次致电驻英公使刘瑞芬时，只问到"开铁矿机器全副需价若干，将生铁炼熟铁、将铁炼钢、兼制造钢板钢条、铁板铁条及洋铁钉并一切通用钢铁料件，需用机器价约价几何"②。不久得知朝廷有修建芦汉铁路的意向，于是又在 6 月 29 日电知"能兼备铁路用者尤佳"③。经过数次电询商议，决定向英国谐塞德公司铁厂订购熔铁大炉两座，日出生铁一百吨，并炼熟铁、炼钢各炉，压板、抽条兼制铁路各机器，共价英金八万三千五百镑（约合白银十三万），机器分五次运粤，十四个月交清，并选定广州的珠江南岸凤凰岗地方为厂址。后来铁厂移置湖北，主要是为修铁路提供钢轨，不再是"兼制"，其次是为枪炮提供制作材料，日用铁货铁料不再重要。因此，原订机炉设备必须续添更改。他后来向朝廷报告建厂过程时说："铁厂各种机炉，前托出使大臣刘瑞芬向谛塞德厂订购。该厂价虽不昂，而物多未备。经洋匠白乃富于机到后随事查明，逐件增购。至临开炉时，又经专管生铁洋匠吕柏逐一考校，复增改多种，其中更有多件系就矿性煤质、磷磺分数，及产矿产煤之处所，铁厂、马头之地势，炉座煤炭之风力、火力，酌量配设，本非洋厂遗漏者，亦非初估洋匠所能预知者。"④ 大略统计，铁厂设备增购更改情况如下：西门士炼钢炉、辗轨机，制鱼尾片、钩头钉、大螺钉、锅炉钉、歧轨各机器，掘煤机、洗煤机、研煤机、炼焦炭炉，压风机、大汽锤、煤窿起重机、造耐火砖机器、造水泥、砖瓦机器，并将原定日产百吨的

---

① 《致海署》，《全集》第 8 册，第 62 页。
② 《致伦敦刘钦差、柏林洪钦差》，《全集》第 8 册，第 6 页。
③ 《致伦敦刘钦差》，《全集》第 8 册，第 14 页。
④ 《查复煤铁枪炮各节并通盘筹画折》，《全集》第 3 册，第 283 页。

生铁炉两座，加大为每座日产百吨。

枪炮厂移置鄂省后，机器设备也有很大的更改增购。在广东向德国力拂机器厂定购的造枪机器，是日出新式连珠十响枪五十枝，造炮机器每年能成克虏伯口径七生半至十二生过山炮五十尊，以及制枪托、尖刀机器全副，共价一百五十一万七千七百六十马克，合白银三十万余两，已付定金十六万两。督鄂后，他发现这些设备已经落后了，于是在1891 年 3 月 28 日致电新任驻俄德公使许景澄："西国已全用小口径枪，鄂定枪机犹是旧式，请与原定该厂商改新式，酌补工费无妨。另炮机无车架之器，未为全璧。祈查询造炮架机器全副及运保费共若干。"① 6 月8 日日又电："鄂既设厂，器必求精求新。惟子药、钢料贵能自制，无一外购，方符本意，所费不惜。"② 正是在这种求精、求新、求全的思想指导下，他陆续改定了造枪机（由大口径机改为小口径机），增购了造枪弹、炮弹机，试枪炮拉力、速率各机，压钢炮大汽锤，造炮架、炮车机器，制无烟火药、炼罐钢（炮管用精钢）等设备，建成包括造枪、造炮、造枪弹、造炮弹、造炮架、造炮车、造火药、炼罐子钢及制造军用皮革等在内的全国规模最大、门类最全的军工厂，远远超出当初只造枪、炮的设想。1904 年 9 月，张之洞奏陈"枪炮厂内分厂林立，厂各有名，非枪炮二字所能包括"③，请将汉阳枪炮厂改名为湖北兵工厂。

由于有外国专业技术人员可随时咨询，张之洞在添购上述机器设备的决策上增加了科学性，减少了盲目性。比如，当初驻德公使洪钧电复定购炼铁炼钢机炉，必须先送山西铁矿化验成分，视含磷多寡，才能定购合式的机炉，他回电说"晋铁取送太迟，千万勿候"，并说"铁矿机器式样虽多，想不过数种"④，指示从速定购不论含磷多少皆能兼炼的机炉。这时，驻英公使薛福成重提此事，来电说负责定造机炉的英国谛塞德厂云"铁矿磷质多，难炼钢"。他立即令矿师对矿石进行化验，并电告薛福成："大冶矿细分如下：详细测化，得铁六十四分，磷八毫，硫三毫，铜二厘七毫，矿师皆云宜用贝色麻法"；"大冶铁矿极旺，磷

① 《致俄京许钦差》，《全集》第 8 册，第 83 页。
② 《致柏林许钦差》，《全集》第 8 册，第 88 页。
③ 《请留膏捐余款添制军械折》，《全集》第 4 册，第 207 页。
④ 《致柏林洪钦差》，《全集》第 8 册，第 23 页。

仅万分之八，加锰铁尽可炼钢，附近兴国州产锰铁甚旺。"① 为了添制水泥、耐火砖，他先期将大冶的灰石、黏土寄往英、德试炼，确实可用后再订购机器。因此，张之洞督鄂时期的设备引进在总体上是合理的、必须的。至于这些机器设备后来有的被闲置，或者没有达到设计要求，另当别论。

三　铁厂选址并无大错

铁厂厂址的勘定历经周折。在通常情况下，煤、铁两矿不可能并存，所以铁厂的选址，或者运煤就铁，或者运铁就煤。在当时中国还没有现代交通工具的条件下，厂址还必须靠近水道，以便运输。张之洞当初也倾向选址在盛产佳铁的大冶黄石港江岸，曾致电李鸿章，表示"现拟运煤就铁，系照十年前矿师博师敦筹拟鄂省开采煤铁办法"②。博师敦（亦译作郭士敦）是盛宣怀通过总税务习赫德推荐聘雇的第一位矿师，英国人，他的意见当然也会影响到盛宣怀。盛始终主张铁厂必应设在大冶。

李鸿章倾向于选址应当在产煤地点，来电说："西洋多以铁石就煤，无运煤就铁者，炉厂似宜择煤矿处安设。"张之洞复电加以解释，说"详询矿师，外洋有移煤就铁者，但视所便，不拘一格。此间铁聚而煤散，铁近而煤远，铁逆水而煤顺水，且煤在鄂省上游及湘省内河。若运铁石往炼，炼好又须运下武汉，是煤一次而铁两次矣，故鄂事以运煤就铁为宜"③。但张之洞很快又放弃了运煤就铁的计划，原因是经过徐建寅率同洋矿师实地勘查，距大冶铁山最近的黄石港江边平地皆被水之区，高阜仅宽数十丈，断不能设此大厂。如果将附近山头削低数十丈，再将平地填高三丈，亦可适用，但劳费必巨，且山麓有坟数十冢，碍难移迁施工。于是，他把目光转向了武、汉沿江地带，并致电盛宣怀说明这一改变的七条理由：

①　《致伦敦薛钦差》，《全集》第 8 册，第 75 页。
②　《致海署、天津李中堂》，《全集》第 8 册，第 65 页。
③　《致天津李中堂》，《全集》第 8 册，第 59 页。

黄石港地平者洼，高者窄，不能设厂，一也。荆襄煤皆在上游，若运大冶，虽只多三百余里，回头无生意，价必贵，不比省城。钢铁炼成，亦须上运至汉口发售，并运至省城炼枪炮，多运一次。不如煤下行、铁矿上行，皆就省城，无重运之费，二也。大冶距省远，运煤致彼，运员、收员短数掺假，厂中所用以少报多，以劣充优，繁琐难稽，三也。厂内员司离工游荡，匠役虚冒懒惰，百人得八十人之用，一日作半日之工。出铁既少，成本即赔，四也。无人料理，即使无弊，制作亦必粗率不如法。炼成制成料物稍不合用，何从销售，五也。铁厂、炮厂、布厂三局并设，矿物、化学各学堂并附其中，洋师、华匠皆可通融协济，煤厂亦可公用，六也。厂在省外，实缺大员无一能到厂者。岁糜巨款，谁其信之。若设在省，则督抚、司道皆可常往阅视，局务皆可与闻。既可信心，亦易报销，七也。此则中法，非西法。中法者，中国向有此等积习弊端，不能不防也。①

以上七条理由，第一条是说明大冶黄石不能设厂、厂设省城附近的前提，其余六条，都是着眼于成本、质量、财务、人事等方面的管理，并且强调这是中国的管理办法，"中国向有此等积习弊端，不能不防"。后来的事实证明，张之洞的担心决非没有理由。

虽然已经决定在省城附近建厂，但选在何处，也不是轻易可以决定的。开始他选在省城武胜门外塘角江岸（今武昌三层楼一带），可能是因为地势低平易被水淹，又考虑选在省城东南二十里汤逊湖边金鸡垸。该处高燥宽广，永不被淹，将来可任意扩充，目前只需于鲇鱼套建闸一座，略为疏浚，轮船即可由长江直达该处。张之洞准备派人暂行拆除平湖门外额公桥中间一段，以便小轮入内探测湖水深浅，日后机器转运是否利便。但这一消息引起当地绅民的不悦，甚至诱发了群体事件，又不得不放弃在金鸡垸设厂的计划。1890 年 12 月 17 日，张之洞向朝廷奏陈勘定铁厂厂址的经过：

_____

① 《致上海盛道台》，《全集》第 8 册，第 64 页。

设厂炼铁，浚利源而杜外耗，为中国创办之举。工程浩大，端绪纷繁，约以开铁、采煤、造厂为三大端。……大冶开采铁矿，炼铁厂自以附近产铁地方最善。惟该厂基及储厂屯煤处长三百余丈，宽六七十丈，地宜平原高厚，兼通水运。臣迭派矿师洋匠及道员徐建寅督率测绘员生前往查勘，该港（大冶黄石港）沿岸平处皆属被水之区，其高阜仅宽数十丈，断不能设此大厂。复饬于省城各门外及沿江沌口、金口、青山、金沙洲、沙口一带上下数百里寻觅测量，非属低洼，即多坟墓，否则距水较远，滨江无一广平高燥之地。兹勘得汉阳县大别山下有地一区，原系民田，略有民房，长六百丈，广百余丈，宽绰有余。南枕大别山，东临大江，北滨汉水。东与省城相对，北与汉口相对。气局宏阔，运载合宜。当经督饬局员及学生、洋匠详加考核，佥以此地恰宜建厂。大率其利便共有数端：荆、当等煤皆在上游，若下运大冶，虽止多三百余里，上水回船既无生意，脚必贵。今设汉阳，懋迁繁盛，商贩争趋。货多价贱，其便一也。钢铁炼成，必须上运汉口销售，并须运至枪炮厂制造。今炼成发售，如取如携。省重运之费，其便二也。人才难得，通达洋务、谙习机器者尤不易。现鄂省铁、布、枪炮三厂并开，断无如许之多精通得力委员分投经理。至西洋工师，测绘各生，尤不敷用。今铁厂、枪炮厂并设一处，矿学、化学各学堂俱附其中，布厂亦在对江，皆可通融任使，其便三也。员司虚浮，匠役懒惰，为中国向来积习，不可不防。厂距省远，物料短数，煤斤搀杂，百人仅得八十之用，一日仅作半日之工，出铁不多不精，成本即赔。今设在对江，督查甚易，其便四也。官本二百余万两，常年经费、货价出入亦百余万两。厂在省外，实缺大员无一能到厂者。岁糜巨款，易动浮言。今则督抚、司道等皆可亲往察看，百闻不如一见，其便五也。矿渣煤渣每年约出三万余吨，除填筑本厂地基外，兼可运往汉口后湖填宽湖身，汉口城垣可免盛涨冲灌，沿湖居民可免淹浸，其便六也。①

---

① 《勘定炼铁厂基筹办厂工及开采煤铁事宜折》，《全集》第 2 册，第 386—387 页。

　　这六条理由中，前五条涵盖了前段引文中的七条，只是措词略有不同。第六条理由是选定汉阳后发生的。早几年在汉口中山大道（即张之洞所说的汉口城垣旧址）的改造中发现过汉阳铁厂的废弃物，说明这一条是认真实行过的。

　　张之洞对铁厂厂址的选择历时近一年，不但多次派出专业人员寻觅查勘，遍及沿江上下及省城周边广大地区，而且自己也亲自踏勘过大别山下厂址，最后拍板定夺，工作做得相当认真。但这一决定有悖于就煤就铁的常规，而是让上游的煤和下游的铁两就于中游的汉阳。这种富有创意的大胆决定，当时便遭人非议。李鸿章先是主张以铁就煤的，认为炼铁所需用的煤比铁矿石数量更大，铁厂应当设在近煤处。盛宣怀历来主张以煤就铁，厂址应设在大冶黄石港江岸。后来李鸿章听盛说大冶明家山勘得上等好煤，可炼焦炭，因而也倾向设厂于大冶。于是致电张之洞，说煤、铁、锰（大冶邻县兴国产锰）和石灰石均集中于大冶一地，是天生美利，如果大别山尚未动工，建议重新考虑自己的决定。李、盛坚持在大冶设厂，更多地考虑长久的经济效益。从前引可以看出，张之洞也不是不考虑经济效益，但考虑更多的是监督上的方便。他回复李鸿章："即使大冶就煤造厂，用费或省四五万，一切糜耗不止一二十万矣。"① 这就是今天所谓管理出效益。在这一点上，张之洞并没有错。他还告诉李鸿章，盛宣怀不知此间煤质，大冶明家山是碎煤，不能炼焦炼铁，只能供铁厂、布厂、枪炮厂烧锅炉之用。"大冶地或尚有佳煤，但不能停厂工以待不可必之煤"②，拒绝改变自己的选址决定。后来的事实证明，大冶附近始终没有发现可供炼焦的佳煤。王三石煤矿虽然一度开采出合用的煤，但不久煤脉中断，因无财力跟踪深掘而停产。倒是在汉阳对岸的江夏县马鞍山找到了有一定藏量的佳煤，于是用机器采煤炼焦，解决了铁厂初期的用煤之需。

　　汉阳铁厂于1894年7月初建成投产，选址问题应当成为过去，但仍不免旧话重提。第二年9月，有人指责他铁厂"经营数年，未见明效"的原因之一，就是铁厂"与大冶产铁处相距甚远，以致铁价太昂，

① 《致天津李中堂》，《全集》第8册，第77页。
② 同上。

且近处并无佳煤，炼铁未能应手"，证明他当年选址错误。张之洞回应："查开设铁厂，若论常理，自应于煤铁相连处设之。惟地理物产不能一律巧合，则亦难尽拘。大冶有铁山而无上等佳煤，江夏县属马鞍山有堪炼铁之煤。大冶在下游，江夏在上游，且原虑鄂煤不敷，拟添用湘煤，亦在上游。故厂设汉阳，适居其中，以期两就。汉阳又近汉口，于行销较便。又近武昌省城，于督察工程较便。以上各条，前于光绪十六年开办时详晰奏明在案。此限于湖北地势，又参酌中国人情，无可如何。查德国克虏伯厂炼钢炼铁为地球第一大厂，其矿石自西班牙运来，远在数千里之外。较其远近难易，实觉此胜于彼多矣"①，坚持当初的选址是无可如何的正确选择。对于因为距铁山甚远，因而矿石价格太昂及近处无佳煤，炼铁不能应乎，他也做了回答，说铁厂距铁山虽远，然陆有铁路，水有轮、驳船，码头装卸又各有起重机，均属利便，合计矿石运费当不为贵。又举出马鞍山确有佳煤，设置的三十五座炼焦炉尚未全部投产，现又续购洋炼焦炉一份计三十五座，置于汉阳铁厂，以炼购来湘煤，加上原设马鞍山煤矿炼自采之煤的三十五座，将来七十座全主部投产，只要经费充足，自无虑煤不应手。

在当今水陆交通极为便捷的条件下，钢铁厂所在地既不产煤也不产铁的情况并不少见（比如上海宝钢），自然也不会引起争议。一百多年前张之洞作出同样的选择却饱受非议，固然由于他违背了常理，突破了常规，很难一下子为人们所接受，还由于铁厂建成后确实存在效益不彰的问题。张之洞的上述回应也有可商榷之处。如他用克虏伯的例子说明铁厂距产铁并不甚远，但他忽略了克虏伯钢铁厂设在德国盛产煤矿的鲁尔区的埃森，虽然铁矿来自数千里之外的西班牙，仍是运铁就煤，而且是火车运载。另外，他对煤的估计也过于乐观，后来的事实证明，恰恰是煤的不能应手，成为铁厂不能正常生产因而数年"未见成效"的重要原因之一。

尽管如此，笔者仍然认为张之洞的选址决定具有历史的合理性，并无大错。如他所言，是"限于湖北地势，又参酌中国人情"的不得已的选择。所谓"湖北地势"，是指"地理物产不能一律巧合"，无法找到一

---

① 《查复煤铁枪炮各节并通盘筹画折》，《全集》第 3 册，第 281—282 页。

处既产煤又产铁的理想的设厂之地，只能退而求其次。但湖北是铁聚而煤散又不确知，铁聚的大冶又找不到适合建厂的宽广高燥之地，只能退而求其再次，于是决定"厂设汉阳，适居其中，以期两就"。舍此，似无更佳的选择。所谓"中国人情"，是指他反复提到的员工匠役懒惰偷巧、委员司事虚糜贪冒以及实缺大员不能常驻督察稽核等国情。按照清朝的体制，没有朝廷的谕令，实缺官员不能擅离任所。张之洞身为总督，要出省城视察堤工水利或检阅军队，都必须事前奏准，事后奏陈出省阅视情况。他要约请山东登莱青道盛宣怀到上海面谈，也是通过李鸿章转奏朝廷获准后，盛才得以成行。因为"厂在省外，实缺大员无一能到厂"，所以他选址在武昌一江之隔的汉阳，便于督察工程，正是基于这种国情、人情的考虑。虽然实缺大员的就近督察不一定能够消除匠役懒惰、员司虚糜之类的积习弊端，但"百闻不如一见"，有总比没有好。

四　企业开办经费的来源与使用

张之洞在湖北的企业活动大致止于1898年。这一年的5月1日，他奏请朝廷加拨枪炮厂常年经费四十万两，以便添设铜壳厂、无烟药厂、炼罐钢厂。此后，他把重心转向兴学堂、练新军。从1889年至1898年的十年时间里，他主持开办了包括炼铁厂、枪炮厂和纺织四官局在内的大小二十余家工厂企业，而且绝大多数为官办，极少数为官商合办。这些企业究竟投入了多少开办经费，皮明麻先生作过初步的统计，如下表①：

企业名称	开办经费	企业名称	开办经费
汉阳铁厂	5687000 余两	汉阳针钉厂	30 万两
湖北枪炮厂	70 万两	湖北毡呢厂	60 余万两
湖北织布官局	约 130 万两	模范大工厂	19 万两
湖北纺织官局	约 110 万两	汉阳铁厂砖厂	官股 30 万两
湖北缫丝局	约 47 万两	白沙洲造纸厂	30 余万两
湖北制麻局	约 20 万两	武昌制革厂	5 万两

---

① 皮明麻：《一位总督·一座城市·一场革命》，武汉出版社 2001 年版，第 39—40 页。

　　上表总计投入为 1050 万两。但表中湖北枪炮厂的开办经费 70 万需要更正。根据张之洞 1898 年 5 月 3 日奏陈枪炮厂用款咨部立案一折，枪炮厂实用库平银为二百一十九万九百三十四两七钱零，较表中所载 70 万两多出近 150 万两。这还不包括为枪炮厂定购的无烟药、罐子钢等项机器用款，因"均系商明洋商垫借应付，分年给息还清"。另外，1906 宋炜臣创办汉口水电公司，因此举前经由官提倡，即拨官款 30 万两作为股本。这样，张之洞倡办企业的总资应当在 1200 万两以上，这还不包括工厂建成后投入的流动资金。

　　这一千多万两白银不是个小数目，张之洞是如何筹集的？对此，周秀鸾先生概括为：（1）中央财政拨款与地方财政自筹；（2）运用政权力量，督劝兼施，向官绅硬性派捐派款；（3）吸收商股，向私人集款（效果不佳）；（4）商业性外债（数量不多）；（5）铸造货币，经营金融业，融通资金；（6）各工厂之间互相挪用经费，建立"自相挹注"的资金体系。以上六种筹集方式，大体涵盖了企业创办资金的来源，其中地方财政自筹资金又是主要来源。为了扩大地方财源，一是整顿旧税制，如土药税厘、川淮盐税厘及百货厘金改为统捐等。二是增征或加征税目，如土药税、鸦片税、烟酒糖税、火车捐、铺捐、车捐等①。笔者需要指出的是，第一，上述税目的增征加征除鸦片一项征起于 1895 年，其余税目都开征于张之洞集中办企业的 1898 年之后，并非以筹集企业开办经费为直接目的，因此，进入企业开办经费的并不多。第二，新增税种并不直接加重普通百姓的税负。如 1900 年 1 月 29 日，他在奏陈湖北加征烟酒糖税情形中说："烟酒糖三项，本省各属多有出产制造之区，其外省贩运来鄂落地行销者亦广。固思烟酒糖不过供人嗜好之物，并非贫民日用所必需，自可酌量加抽税项，总以不及其价十分之一为度。"②烟酒糖在当时还算奢侈品，即使因加税而涨价，也不会影响到平民百姓的生活。笔者还没有发现一例张之洞为了筹集企业创办经费而新征加征税项的事实，说他为办企业而横征暴敛，弄得民贫财尽，是缺乏根据的。

---

① 周秀鸾：《张之洞办企业是怎样筹集资金的》，《江汉论坛》1987 年第 5 期。
② 《加征烟酒糖税片》，《全集》第 3 册，第 551 页。

　　张之洞经常被人指责为"浪掷正供"、"空言糜费"。甲午战争时，湖南巡抚吴大澂奉旨统率铁字营湘军驻防天津乐亭，来电请张之洞奏请息借商款代购奥枪二千枝，每枪配弹千发。他回电说："鄂省事万分难办，且京城总谓洞是好花钱之人，请必不允。若由公电奏，事必可行，胜于洞自奏。"① 可见张之洞敢大把花钱，当时在朝野是有名的。他有一种理念："本欲阜财，必先费财"，"费不能惜，而必力杜其糜。"对于上述指责，他本人曾就炼铁厂、枪炮厂的开办经费作过说明："至两厂用款，部臣屡以糜费虚掷为戒。夫以筹款如此艰苦，臣身当其难，岂有不力求撙节速成之理。数年以来，督饬各局员事事考核，款款审实，可省则省，可缓则省，断不敢稍有虚糜。"② 此言大致不虚。所谓"糜费虚掷"，不外是不该花的钱花了，该花的钱花多了。关于前者，张之洞在办铁厂、枪炮厂、织布厂的同时，衍生出多家工厂，其中一类是因为建厂本身的需要，如砖厂、水泥厂、耐火砖厂、焦化厂、无烟药厂、罐子钢厂、钉针厂等。另一类是为了开辟利源，以盈余挹注亏损企业，如纱、丝、麻、毡呢、造纸以及铸币等厂（局）。在上述企业决定开办之前，张之洞大都作过相关的调查和论证，在设备的采购中还慢慢学会了运用招标竞价和利用外资等办法。如1893年为购买纱机，两次致电驻英公使薛福成。8月30日电称："鄂省欲添设纺织厂，春间柏辣、喜克两厂司理人来鄂，经局员查询，四万锭纱机连汽机锅炉一切配全，列单估价约需九万九千余镑。嗣接布鲁克厂送来四万锭估单，价仅八万三千余镑。现筹有款，恳令前厂开列清单呈尊处代核。此外，尚令数家开价比较，务祈费神选定一家。"③ 9月26日又电："纱机分年付价一层能办到即好。岁息七厘并不为多。鄂省布局开织以来，销售甚畅，余利颇丰，再添纱厂，利息尤厚，按期付价，断不含糊。倘必须现银，则此事即不能办。"④ 后经薛福成与厂商议定合同：合同签订后先交定价四分之一，"其余分三年六次拨交，交货后起息六厘，仍以鄂布

---

① 《致天津吴抚台》，《全集》第 8 册，第 164 页。
② 《查复煤铁枪炮各节并通盘筹画折》，《全集》第 3 册，第 285 页。
③ 《致伦敦薛钦差》，《全集》第 8 册，第 146 页。
④ 同上书，第 147 页。

局作保"①。前述无烟药厂、罐子钢厂的机器设备则全价由德国礼和洋行暂垫，然后分年息还。问题是，这些厂该不该办，钱该不该花？张之洞当然认为是应该的，曾说过"议者讥其并骛之劳，而微臣常觉有后时之惧"②，意思是不但该花，而且早就该花。但客观地说，张之洞同时上那么多项目，必然超越一省的财政经济的承受能力，确有"并骛之劳"，在实际上也并没有形成企业间"自相挹注"的良性互动，反而带来拆了东墙又补不了西墙的后果。他是好心办了错事，今人似乎也不必求全责备。

"靡费虚掷"的第二个问题是该花的钱是否多花了，答案应当是肯定的。在当时的管理体制和缺少创业经验的条件下，很难说每一分钱都用在刀刃上，存在浪费现象是必然的，关键是看这多花的钱是否落入私人的腰包和张之洞本人的态度。就张之洞本人而言，他的廉洁与他的"好花钱"一样有名，所以人们总是指责他"靡费"，却始终指不出他有谋私的事实。蔡锡勇是他开办企业以及创办学堂的最得力助手和总管家，1898 年 5 月因"劳瘁过甚，旧疾复发"而猝死。张之洞在为他请恤的奏折中，说他"身后萧然，负债累累，僚属诸人同声悼叹"，又说他"所办铁、布、枪炮各局厂，经手款项多至数百万两，力杜虚糜，丝毫不苟。迨其殁也，囊无余蓄，旅殡难归"③。这些都应当是事实，若有不实，必遭言官弹劾，张之洞不会为自己再添麻烦。可以认为，直接主持创办湖北企业的上层管理者是清白的。至于下属委员、司事等具体办事官员，虽然他督饬各员力杜虚糜，但虚糜的情况恐难以避免，甚或落于私人的腰包。经张之洞严厉斥责和处罚的就有几例。1892 年 6月，候选知县游学诗负责办理大冶道士洑、明家湾等处煤矿，"开办已久，功效毫无，而起造楼房，添置器具，一味铺张。虚开工匠，多用冗人，妄支滥用，难以枚举。黄令建藩专管收支，扶同游令任意开报火食、丁役工食，漫无限制，钻工、长夫等项皆多不实"④。遂将游、黄二人一律撤职，令其将经手经费核算明白，交代清楚。同时以此为鉴，

① 《致伦敦薛钦差》，《全集》第 8 册，第 147 页。
② 《回湖广任谢恩折》，《全集》第 3 册，第 374 页。
③ 《为蔡锡勇请恤折》，《全集》第 3 册，第 481 页。
④ 《札铁政局撤换道士洑、明家湾等处煤矿委员》，《全集》第 5 册，第 353—354 页。

指示铁政局："余如大冶铁山路工、石灰窑马头、王三石煤矿各局厂在工人员及一切用款，有可节省者，均应由铁政局稽查考核，酌量核减。"① 1893 年 1 月，他又指示铁政局重新核实大冶王三石煤矿呈报的开支表，谓"该局滥用司事，多立名目，浮支薪资，局丁、巡丁、县差重复开支，离奇已极。各房点灯洋油月用十箱，窿工食盐月一千斤，日食三十三斤有余，尤骇听闻。名目种种，荒谬离奇，不可殚述。煤务为铁厂之根本，现在尚未大举，滥支浮开已属如此，将来何所底止。应速由铁政局再加详核，大加裁涉。凡有妄用浮开者，断不准销，以前滥支者，均一律驳斥"②。大冶铁山运道早已竣工，共耗银四十四万两，而大冶县民呈控尚欠工钱二三万串。他怀疑是否有委员、委绅、司事侵挪、短扣、冒领或工头浮开，立即派员前往"确切彻查，分别办理，以除弊混而重公款"③。这只是若干典型的事例，当然不足以证明所有工程中的类似情况都得到遏制，但足以说明张之洞本人力杜虚糜的态度是坚决的。何况，在那个年代，只要带"官"字的工矿企业，哪一家没有虚糜浪费。张之洞曾说："当今迂谬乖巧之人太多，不用心而好乱说，不办事而好挑眼，实不愿与此辈怄气饶舌。"④ 指责他糜费巨款，大概就是这种不办事、好挑眼的迂谬乖巧之人。

　　总的来看，张之洞创办企业的经费来源除户部拨款二百万两以外，绝大部分是他在朝廷政策允许的范围内百方罗掘而来的地方财政中的额外增收部分，即所谓"外款"，亦即张之洞所说"所用之钱皆非本省固有之钱"⑤。这些"外款"的使用不同于中央和地方两级财政中的"正项"，一般不受朝廷的严格监控，这就给他的企业活动留下了一定空间。张之洞深知筹款的艰难，来之不易，主观上决不允许属员虚糜浪掷，但在客观实际中恐难完全避免。这并不完全是张之洞的错，不应当过多地指责。

---

① 《札铁政局撤换道士洣、明家湾等处煤矿委员》，《全集》第 5 册，第 353—354 页。

② 《严饬王三石煤局委员并饬铁政局将所呈清折再核裁涉》，《全集》第 5 册，第 389 页。

③ 《札沈保祥查算大冶路工积欠》，《全集》第 5 册，第 390 页。

④ 《致上海盛道台》，《全集》第 9 册，第 98 页。

⑤ 《弟子记》，《全集》第 12 册，第 517 页。

五　企业效益整体不佳,但要具体分析

在张之洞的企业活动,铁、布、枪炮三厂是他活动的主体,不仅投入多,而且耗费的精力也最多。他说:"臣力小任重,时切悚皇。加以督工筹款,事事艰难,夙夜焦急,不可名状。惟以此事为自强大计所关,既奉谕旨饬办,不敢不身任艰难。惟有竭其愚忠,殚其绵力,专就湖北铁、布、局三厂通筹互济,相机赶办,期于必成。断不敢因工巨款绌,中途停废,以致创举无效,贻讥外国。"① 经过千辛万苦,劳思竭力,这些工厂企业是办起来了,但大都效益不佳,难以为继,这是他没有料到的。

先说织布局。机器织布并非张之洞的首倡。早在 1878 年,就有候补道员彭汝琮倡议兴办,得到南洋大臣李鸿章的批准,并于 1882 年奏准专利十年,规定十年内只准华人附股搭办,不准另行设厂。1890 年,这家名为上海机器布局的中国第一织布厂建成投产,官商合办,布机五百张。因为有十年专利的限制,张之洞督粤时起意办纺织,便事先致电李鸿章:"粤拟设织布纺织官局,阅《申报》载上海布局经尊处奏准十年内不准另行设局,是否专指上海而言。粤设官局本与商局有别,且进口布多销旺,断非沪所能遍给。粤供粤用,当不至侵沪之利。望速电复。"② 已移任北洋大臣、直隶总督的李鸿章复电称,粤设官局,距沪较远,似无妨。得到李鸿章的认可,张之洞才电请驻英公使刘瑞芬代为订购布机一千张,照配纺纱、染纱、轧花、提花各项机器,及汽炉、锅炉、水管、汽管、机轴等件,机价及运脚、保险共银四十余万两。张之洞调鄂后,这批机器设备奏准直接运鄂设厂,至 1892 年建成投产。投产后的最初几年,由于"所织布匹坚洁适用,所纺棉纱坚韧有力,远胜洋纱,销路颇畅"③,因而获利颇丰,效益甚好。1894 年,日产布四百米,全年盈利三十六万余两。次年又达到日产布六百米,年盈利达九

① 《预筹铁厂成本折》,《全集》第 3 册,第 80 页。
② 《致天津李中堂》,《全集》第 7 册,第 429—430 页。
③ 《筹拨织布局官本折》,《全集》第 3 册,第 102 页。

十余万两。但是好景不长，盈利下降甚至陷于亏损。一个重要原因，是布厂的盈利并不能用于自身的再生产和发展，而是移作他途。如：（1）为了筹集建厂经费，张之洞曾向商人集资五十万两，年息高达一分五厘，每年即需七万五千两偿付商人的红利。（2）张之洞曾由粤借拨山西善后局款二十万两作为布厂常年经费，以周年四厘行息，自光绪十六年三月初一日（1890 年 4 月 17 日）起付息，每年息银八千两。1893 年布厂刚刚投产见效，山西巡抚张煦即以"办赈需款"为由，奏请朝廷饬催归还本息。后经商定，"拟自光绪二十年起，均分四年还清，每年十二月底解还五万两，仍照案从四厘起息，利随本减"。但上述承诺未能落实。1898 年 4 月 27 日，他致电继任山西巡抚胡聘之："湖北织布局前奏拨晋款二十万两，系由粤转借来鄂。截至二十二年止，两省已解过息银十三万八千两，计息银已居本银四分之三。弟原奏本拟分年归还四万两，惟因历年棉花岁歉价昂，钱价日增，又兼洋纱、洋布充斥，沪厂林立，获利益难。鄂厂每年应付官息商息，入不敷出。前项晋款如原奏每年分还四万，实苦力有不逮。万不得已，拟请止利还本。无拘销路如何，每年凑还一万两。如销畅利增，即每年凑还二万两，俾可从容清结。"① 晋抚回电："请自本年三月起止利归本，仍照原议每年归还四万。如实力有未能，若三万、两万亦可，惟不必限定一万。至所欠两年息款，仍请饬局赶解。"② 原料成本上升、钱贵银贱以及洋布、沪布的竞争，已导致湖北布厂"获利益难"，偿还晋款成为布局的不堪负累。（3）在布、铁、枪炮三厂"通筹互济"方针下，布厂盈利常被挹注于铁厂。根据张之洞的奏报，其总数曾高达三十四万两，其中以铁厂经费代垫布厂部分机价及运保费等方式返还仅六万余两。（4）1894 年 1 月，张之洞见布厂投产"获利颇丰"，认为洋纱较洋布行销尤广，办纱厂有利可图，即指织布局添设纱厂，"以其盈余添补铁厂经费"。于是布厂筹资三十万两，招商股三十万两，增设纺纱厂。张之洞奏陈："大率系官商合办，将来视官款、商款之多少以为等差。如官款猝难多筹，即全

---

① 《致太原胡抚台、俞藩台》，《全集》第 9 册，第 310 页。
② 《胡抚台来电》，《全集》第 9 册，第 310 页。

行交商承办。"① 三年后，又指示织布局将纱厂收回官办。札文说："湖北创设纺织局，原为振兴商务，抵制洋销起见。原议官商合办，官股商股各半。而商则虑局务或多牵制，呈递章程四条，仍以官为保护，商为经营为请。继议商既不愿官分其权，是责成全在于商，官未便再添资产，只能就已拨之三十万两按年取息，不问盈亏。而商又谓该厂需款繁巨，坚请官再发银二十万。大意但欲官助商人之资，而不欲官问商人所办之事。似此用款无定，成见难融，是官商合办之局诸多窒碍，自不能不另筹变通办法。现据各股商合词公禀，请官收回，专归官办，自应照准。准先拨还商本十五万两，其余十五万两给发印票，一年为期，暂作存项，周年八厘起息。"② 如此一来，布局又背上了六十万余万两的包袱。(5) 1894 年 2 月，张之洞又以"鄂省各局次第告成，需费浩繁"，饬布局一次提还官本五十万两，"以共他局之用"。布局是三大厂中最早建成投产并有盈利的企业，但它的经营状况并不稳定，既要偿还自身的债负，又被张之洞当作创办其他企业的经费来源，这就如同在一个尚未发育成熟的儿童身上不断抽血，焉能不早衰。1902 年，织布局不得不招商承办。

再说炼铁厂。炼铁厂于 1894 年（光绪二十年）6 月底建成投产，张之洞即前往视察，后向朝廷奏报："生铁大炉诹吉于五月二十五（6 月 28 日）日升火开炼，二十七日出铁，其余各炉机亦皆演试如法，一切极为顺利。臣于六月初一日到厂，逐一详勘。生铁大炉先开一座，日夜出铁八次，共五十余吨，近日间有出六七十吨者。次阅炼熟铁、炼贝色麻钢、辗铁条、制钢轨，以及锤、炼、烘、压各法，一时并举。其西门士钢炉因炉砖破碎，添设炉管，目前即将次完竣，接续开炼。次第考验，大抵借水、火、风、气之力，以神其用。其机力之宏大，运动之灵巧，火力之猛烈，迥非向来土炉人工所能到。所出之铁虽系初炼，已与外洋相较无甚轩轾。"他相信："就目前工力物料揆之，从此讲求不懈，将来化学日精，工匠日熟，似尚不难与之抗衡。"③ 但在同年 11 月，因

①　《增设纺纱厂折》，《全集》第 3 册，第 205 页。
②　《札纺织局改归官办》，《全集》第 6 册，第 58—59 页。
③　《铁厂著有成效请奖出力各员折》，《全集》第 3 册，第 189 页。

焦炭供应不及，加之经费不能应手，只得将生铁炉暂行停炼。第二年 7 月，署理两江的张之洞电饬蔡锡勇："生铁炉必须赶紧开炼。若炉久不开，每日徒有工费而无出货，成何事体。每月总需七八万金，以后用款无从罗掘，以前欠债无从筹还，鄙人实无颜再向朝廷请款，亦无词以谢谗谤之口，是死证矣。惟有速购外洋焦炭数千吨，与自炼焦炭配分开炼。现有旨饬议办铁路，若鄂厂无轨，朝廷诘责，将奈之何。"① 在张之洞的严责下，蔡锡勇紧急购运数千吨开平产焦炭，于 8 月重复开炼，但一个多月后再次停产。

张之洞已经意识到，制约铁厂发挥效益的瓶颈，主要是流动资金的严重不足。他信守开办之初除部拨二百万之外，不再申请部款的承诺，但希望朝廷允许他向广东借拨五十万两，以便开炼两炉，摊薄成本。张之洞奏陈："生铁仅开炼一炉，每年匀算可出铁一万五千吨，其铁路、运道、马头及洋匠、人工，原备生铁两炉之用，若仅开一炉，成本亏折甚巨，断难持久。必须接续开炼生铁两炉，始足资周转而垂久远。而部库支绌，部款必不能再行拨发。惟铁厂除部拨二百万之外，续增用款繁巨，均系在外竭力借拨应用。此时湖北支绌万分，实无可再筹之款。臣夙夜焦急，再四筹思，惟有向广东借拨之一法。若粤省能借拨五十万，则鄂省就枪炮厂常年经费三十万，合之得八十万，即将铁厂、枪炮厂经费合为一事，统用分销，酌量挪注，或尚可勉强支持。"② 此前，盛宣怀已表示愿意招商承办铁厂，但张之洞考虑："若归商办，将来造轨制械须向商购，虽塞洋铁之漏卮，究非自强之本计"③，希望经过自己的竭力苦撑，能维持铁厂官办的局面。对于张之洞的上述请求，朝廷根据户部的复奏，不予同意。1895 年 10 月 16 日，旨饬将铁厂招商承办。对于朝廷的决定，张之洞一方面表示拥护，奏称"铁厂招商一节，臣数年来久已筹计及此"，不感意外，实际上，他的内心是苦涩和矛盾的。他在次年初给李鸿藻的信中说："铁厂早已告成，采矿、炼铁、炼炭、熔钢、造轨，一一皆已得法。无如经费久罄，去秋业已奏明只能支

---

① 《致武昌蔡道台》，《全集》第 8 册，第 365—366 页。
② 《铁厂拟开两炉请饬广东借拨经费折》，《全集》第 3 册，第 200 页。
③ 同上书，第 201 页。

持勉至年底，廷旨责以招商。盖详核铁厂全局，因煤贵炉少，工本太巨。若非广筹资本，添设炉座，多开煤井，必致成本不敷。此事本为炼铁利用，塞漏卮以图自强，原非为牟利起见。无如户部成见已定，不肯发款，逮以招商。而盛道此来，与之细谈，渠亦无如许巨款，大意谓铁路若归鄂办，则铁有销路，炼铁之本可于铁路经费内挹注。盛若令办铁路，则铁厂自必归其承接，如此则铁厂全盘俱活，晚亦从此脱此巨累矣。盛为人极巧滑，海内皆知之，我公知之，晚亦深知之。特以铁厂一事，户部必不发款，至于今日罗掘已穷，再无生机，故不得已而与盛议之，非此则无从得解脱之法。种种苦衷，谅蒙垂鉴。"① 张之洞曾说："自官疆吏以来，大抵所办之事，皆非政府意中欲办之事。"② 汉阳铁厂便是典型的一例。既然朝廷不欲办，不给支持，他独木难支，罗掘俱穷，只能遵旨转归商办，对自己也是一种解脱。1896 年 5 月，张之洞札委盛宣怀督办汉阳铁厂事务，招集商股，官督商办，并指原派管厂各员将铁厂所置机器、炉座、厂屋、堤沟、矿厂、煤井、运道、马头以及现存钢铁、焦炭、煤斤一切物料器具、轮剥各船逐一清查，由铁政局造册移交盛宣怀点验接收。

铁厂在官办期间，虽然建成并投产两年多，但仅一座日产百吨的高炉开炼，且时开时停，实际开炼的时间加起来不过半年左右。这半年左右的时间内究竟出过多少吨铁，笔者尚未见到确切的记载，只能约估。据张之洞 1898 年 5 月 3 日《查明炼铁厂用款咨部立案折》，其中实收项下，载有"收铁厂自炼出样钢铁价银二万四千八百二十五两零"一笔，又谓"未归商办以前，重建枪炮厂铁梁柱六百余吨，皆是铁厂所出造成之件"③。生铁的价格，据盛宣怀说"每吨不过值银二十两左右"④。假定上述二万四千余两全为出售生铁所入，那么生铁的数量大约为一千三百吨左右。加上生铁梁柱六百余吨，共约二千吨。按照张之洞所说"仅开一炉，每年匀算可出铁一万五千余吨"，那么开炼半年左右的产铁量是应该在七千五百吨左右。联系到盛宣怀接办时禀称"（铁厂）开

---

① 《致李兰荪宫保》，《全集》第 12 册，第 141—142 页。
② 《弟子记》，《全集》第 12 册，第 517 页。
③ 《查明炼铁厂用款咨部立案折》，《全集》第 3 册，第 478、479 页。
④ 《盛道复禀》，《全集》第 5 册，第 458 页。

炼以来，售出生铁无多"①，及张之洞指示清产时有"现存钢铁"一项，大致可以确定这七千五百吨左右是铁厂官办阶段的生铁总产量。这样的效果，被人指摘亦在情理之中。

枪炮厂自 1891 年开工建设，至 1895 年基本建成，陆续开工制造，前后历时五年，比原定计划推迟了一年多。对此，张之洞解释说："枪炮厂出械之迟，由于待料待砖，又由枪厂被灾重修，自造铁料之故，以至迟一年有余。天时人事，出于意外，无可如何。"② 所云"枪厂被灾"是指 1894 年 7 月 10 日枪厂突遭雷电袭击引发火灾，七排厂屋烧塌五排，已经安装的机器被火气熏灼受损。枪炮厂投产不久，张之洞以原订机器每年出枪一万五千枝、炮百尊、枪弹二万五千颗数量太少，决定另筹巨款，加以扩充，添炮、枪并弹四种新机，达到每月实能出双管小口径快炮三千枝，每月实出无烟弹三百万颗，快炮一、两磅子者每月各实出五十尊，弹各五万颗。1896 年 11 月 11 日，他电请驻德公使许景澄代购机器。说"铁厂已奏准归盛道招商承办，此后枪炮厂专款自可宽裕。故拟将大小快炮添齐，使足供海防之用。此事鄙意必期于成，盖此后中国力量断不肯筹款再向外洋购长江台炮，临时赶购赶练亦来不及"③。1898 年又采用分年给息付款的方式，由洋商垫购无烟药、罐子钢等项机器。这样。湖北枪炮厂成为包括制造快枪、快炮、枪弹、炮弹、炮车、炮架、炮钢和枪炮火药在内的完整的兵工系统，是当时规模最大的兵工企业。

枪炮厂在三大厂中成效最为显著。据皮明麻先生统计，从 1895 年至 1908 年，共制造马、步快枪十一万余枝，枪弹四千余发，各种炮九百八十五门，各种炮弹九十八万余发，无烟火药十五余万公斤，硝镪水九十余万公斤。其口径为七厘米九的"汉阳造"步枪，更是当时中国军工产品中的名品。1897 年 1 月，督办军务处为划一枪制，曾指示会校湖北枪炮厂和上海制造局所产制枪。先验空地演放，沪枪连放五十枪，鄂枪连放一百零五枪，均命中击穿一百七十码远三分厚钢板。后令

① 《盛道复禀》，《全集》第 5 册，第 458 页。
② 《查复煤铁枪炮各节并通盘筹画折》，《全集》第 3 册，第 284 页。
③ 《致俄京许钦差》，《全集》第 9 册，第 161 页。

洋匠克本将沪、鄂枪逐一拆卸，悉心考校，结论是鄂枪在枪式、枪管、机簧管、扳手机簧、来复线、坐力点、望牌座、准头、轻重、刀头等十个方面优于沪枪。如枪式："鄂枪专宗小口径毛瑟，取法划一，配合得力；沪则采取英、奥两种方式，似未能尽取其长。"枪管："鄂枪经久耐用，而沪枪较薄，不甚坚实。"机簧管："鄂枪短而藏于管内，无碰断之虞；沪枪长而附于管旁，一断即弹壳不能退出。"来复线："鄂枪四条，多寡合宜。而沪枪六条，子出时旋转既久，即坐力过大，兵勇肩下抵枪靶处必然作痛，难于久支，切阻力过大，速率必减。"轻重："沪枪重一百二十二两八钱，鄂枪重一百零九两八钱，德枪重一百零九两三钱，是鄂枪仅差德枪五钱，而轻于沪枪十三两。"[1] 同年 11 月，张之洞派候选知县汪洪霆解送鄂厂小口径毛瑟枪一千枝，配弹十万颗，三生七快炮十二尊，配弹一千二万枚，至京呈投督办军务处，得到朝廷的好评。汪来电称："恭邸（奕䜣）、庆邸（奕劻）、荣中堂（禄）均见，颇赞鄂厂枪炮极好，云宪台苦心筹画，经营不易。略询鄂厂制造情形，不以沪厂为然。庆邸云，鄂厂枪炮可称利器。荣中堂云，意欲扩充鄂厂为要务，各省无须另添设厂，各处经费亦拨归鄂，事归一律后，再筹商。"[2] 朝廷没有再斥责张之洞"空言糜费"，反而表扬他"苦心筹画，经营不易"，可见枪炮厂的开办成功得到朝廷的肯定。

枪炮厂官办之所以能获得一定的成功，在于它本身的特殊性得到朝廷的某种认同，因而有相对可靠的流动资金即常年经费。早在开办之初，张之洞即奏准以湖北整顿土药税厘增加的二十万两和川盐江防加价十万两，共三十万两，作为枪炮厂的常年经费。1898 年 5 月，因为朝廷"不以沪厂为然"，有扩充鄂厂的意向，他奏请加拨常年专款四十万两，说朝廷给上海制造局的常年经费已逾百万，湖北枪炮厂购机建厂等费皆系外筹，未请部款，现在所造枪炮、子弹比沪局多，但常年经费只有三十万，仅及沪局三分之一，"似乎偏枯过甚"。即使加拨四十万两，仍不过沪厂百万之数的三分之二，请"准于江汉关洋税项下每年拨银十万两，另在洋税畅旺之海关分拨银三十万两，共银四十万两，以为添

①《咨呈督办军务处会校沪、鄂枪式》，《全集》第 6 册，第 14—15 页。
②《汪令来电》，《全集》第 9 册，第 278—279 页。

厂制造常年经费"①。这次奏请，皇帝没有像两年前的铁厂请款那样，批示"著户部议奏"，而是批示"该部知道"，应该是同意了。

　　除了上述拨款外，枪炮厂还能收回部分枪炮的价值。在上一奏折附片中，张之洞说："汉阳枪炮厂经费支绌，以致物料不能储备，工匠不敢多加。拟请以后惟督办军务处、神机营、练兵处随时饬取外，其各省及各路军营如有取用鄂厂枪炮者，应照外洋现时价值酌减二成给价，均由各省随时拨付，庶款多则多造。"② 这种各省以优惠价格向鄂厂购取枪炮的办法，实际已经在执行。如 1895 年 10 月张之洞署两江时，曾奏准借拨江南所借瑞记洋款四十万两，"由鄂厂分四年将所造枪炮作价均还，照外洋买价让减一成，每年还银十五万两"③。1898 年北洋大臣王文韶准备添设旅大炮台，需用二十四生、十五生、十二生快炮六十七尊。张之洞电复："除二十四大炮鄂厂不能造外，余数种俱能造"，并询问原估价银若干，以便减成优惠④。1899 年 5 月，意大利索要浙江三门湾，兵舰游弋于浙江海面，朝廷指示如意人登岸强占，应奋力合击，并令湖北拨枪一千枝。张之洞电复浙江藩司恽祖翼："允让鄂产小口径毛瑟枪一千枝并配弹千颗。枪价每枝连零件需库银十八两，枪弹每千库平银三十八两。"⑤ 这应当是比较外洋现时枪价让减二成后的价格，一千枝枪并配弹的总价值为五万六千两，由浙省拨付。神机营和督办军务处、练兵处可以直接饬拨而不付价值的枪炮只占少数，多数枪炮子弹应当都是通过这种价让的方式协济各省各营，这是一笔可观的收入。

六　铁厂官办失败的主要原因

　　如前所述，张之洞在回答铁厂经营数年未见明效的责难时，说"今自开之煤可能焦炭，自烧之炭可化铁矿，自炼之钢可造路轨、枪

---

① 《枪炮局添厂制造请加拨经费折》，《全集》第 3 册，第 477—478 页。
② 《神机营等拨解枪炮缘由片》，《全集》第 3 册，第 485 页。
③ 《恳拨湖北枪炮厂经费折》，《全集》第 3 册，第 289 页。
④ 《致天津王制台》，《全集》第 9 册，第 268 页。
⑤ 《致杭州恽藩台》，《全集》第 9 册，第 397 页。

炮，可得洋行善价。铁厂之效，似不外此"。此话当然不无道理，但并不充分。他曾奏请朝廷加大投入，以便增添必要的设备，做到各炉全开，降低成本，这样每年可出精钢、熟铁三万吨，至少可值银二百万两，扭亏为盈，并就此事专函户部尚书翁同龢："至铁政、枪炮诸局，当初创议之时，因灼知为有益时局之事，而适无创议兴办之人，遂不能度德量力，毅然任之，所谓智小谋大，诚无解于《易传》之讥。然既发其端，势不能不竟其绪。用款繁巨，实非初议意料所及。今幸诸事已具规模，不能不吁请圣恩，完此全局。此诸事正为讲求西法之大端，伏望范围曲成，俾开风气，则感荷庆幸，岂独一人。公以敷陈古义之儒宗，兼通时务之俊杰，变通尽利，鼓舞尽神，不能不于台端是望也。"①但户部仍然不肯拨经费，也不同意他向广东借银五十万两以应急。张之洞认定铁厂"再无生机"，不得已，只能奉旨招商承办。从坚持官办而转归商办，诚然是一种失败。我们无法推断如果朝廷同意拨款让张之洞继续官办，铁厂是否能像他所说的那样扭亏为盈。但是铁厂经过盛宣怀的扩建和改造，确实获得了新的生机。张之洞栽了树，盛宣怀收获了果实。从这个意义上说，由官办转归招商承办，又并不完全是张之洞企业活动的失败。

铁厂官办失败的原因，除了朝廷支持的力度不够等客观因素之外，张之洞也有判断、决策失误等主观因素。

首先是煤的问题。张之洞决定"以楚煤炼楚铁"，是建立在相信两湖能够生产足够合用的煤炭这一判断的基础之上的。他曾经奏报朝廷，说经过勘查，湖北荆门、当阳产有白煤，兴山、归州、巴东亦产白煤，为数较少。湖南之宝庆、衡州、永州三府所属各县地方，及接界之四川奉节、巫山，江西萍乡，所产白煤、石煤、油煤、焦炭尤为旺盛，均属一水可通。有了这么多地方产煤，保证铁厂用煤之需应当没有问题。后来证明，真正有利用价值的主要是湖南所产的白煤、油煤，但均系人工采挖，产量有限，分布零星。他曾经派徐建寅率矿学学生赴湖南产煤州县宣讲机器采煤的好处，没有效果。1893 年 7 月，铁厂建成投产在即，他派候补知县欧阳柄荣等人分头赴湖南及江西萍乡采集煤炭，于湘潭设

---

① 《致翁叔平尚书》，《全集》第 12 册，第 68 页。

转运站，由水路经湘江出洞庭湖入长江运至汉阳。人挑船载，运费昂贵。幸而此后不久在湖北大冶王三石、江夏马鞍山等处发现煤矿，用机器采掘，但前者因矿脉突然中断而停止，后者出煤不多，所以张之洞在奏陈铁厂建成开炼情况时，说"先行购运湘煤，与马鞍山所产之煤参用，以应急需"。但开炼后不到五个月即因煤的断供而停产。1895 年 9 月，被张之洞寄予厚望的马鞍山煤矿又发现瓦斯爆炸，死伤多人，势必影响煤矿生产，复工不久的铁厂又告停产。煤不应手成为制约铁厂官办阶段正常生产的又一个瓶颈，这与当初张之洞乐观判断的失误不无关联。后来盛宣怀决定花巨资开办萍乡煤矿，保证了铁厂用煤炼焦所需，铁厂生产才逐渐走上正轨。盛宣怀出身买办，与李鸿章关系密切，长期被委主持招商局、电报局及上海华盛机器织布局事务，有开办和管理近代企业的丰富经验。接铁厂后，即辞去海关道差使，受到朝廷的召见，赏给四品京堂候补，督办铁路事宜，创设上海通商银行，这些都是实任总督张之洞所不能具备的社会资源。盛宣怀是既晓官法，又通商情且谙习洋务的所谓"通敏之才"。他能做到的，张之洞自然无法做到。这固然有企业理念上的差异，但更多的是体制上的原因，有官衔的企业家比实缺官员有更大的企业活动空间。

其次是对铁厂产品销售市场预期的判断失误。张之洞曾经以为，每年洋铁进口值银二百八十万两，中国购置机器，自行设厂，用洋法精炼，也像进口产品一样制成切合民用的铁板、铁条、铁片、铁针之类，必然有广阔的市场，达到"杜外铁之来"的目的。朝廷决心修铁路，更让他兴奋。1893 年 4 月，炼铁厂将成，他向朝廷描绘未来的销售前景："采铁炼钢一事，实为今日之要务，海外各国无不注意此事。而地球东半面凡属亚洲界内，自日本及南洋各国各岛及五印度皆无铁厂。中国创成此举，便可收回利权。各省局厂、商民所需即已甚广，且闻日本确已筹备巨款广造铁路，原拟购之西洋，若中国能制钢轨，彼未必舍近图远。是此后钢铁炼成，不患行销不旺。不特此也。各省制造军械、轮船等局，所需机器及钢铁各料历年皆系购之外洋。上海虽亦设炼钢小炉，仍是买外洋生铁以炼精钢，并非华产。若再不自炼内地钢铁，此等关系海防、边防之利器事事仰给于人，远虑深思，尤为非计。此事系中国创举，原非习见习闻之事。或虑年年需款，沿以为常，或谓即炼成钢铁亦无大用，此乃未悉中外情形之言。"① 他还反复强调，汉阳铁厂系奉旨饬办之作，关系自强要图，"凡我军国所需，自宜取资官厂，方足以畅地产而保利权"。并保证"所有北洋铁路局及各省制造机器、轮船等局需用各种钢铁物料，或开明尺寸，或绘寄图样，汉阳铁厂均可照式制造，与外洋物料一律适用"②。但后来事实证明，张之洞对市场前景的预期与实际情况相距甚远，因为他完全忽略了商品市场流通的基本规律即价值规律。民间日用、农器所需，价格相对低廉的土铁土钢完全可以满足需求。铁路及各省局厂所需，主持者并不都认同必须首先选用自产钢铁。例如，他曾电商主持修建关东铁路的北洋大臣李鸿章，希望他用鄂产钢轨，并从铁路经费中预拨若干轨价。李鸿章始则称："东路需急办，应购西洋钢轨铁。将来鄂钢炼成，自可拨用，然需随拨随付价，界限乃清。"继者谓："向来订购章程，须令各国铁厂将货价呈送，定期开封，择货精价廉者购办。"后又来电明确表示："造路专任洋匠，彼以华厂试造，不若洋厂精熟可靠。"③ 这位洋务前辈比张之洞精明老辣，他深知"炼铁制钢轨不是易事"，虽然口头表示只要鄂轨合用，"即价略昂，必当自用自物"，但他压根儿不相信张之洞能在他保证的时间内生产出批量的合格钢轨。何况，即使张之洞能兑现自己的承诺，他还有洋匠的好恶可以搪抵。他也曾经试图向福州船政局等官办企业推销鄂厂钢铁，但这些厂局早已有从外洋进口钢铁的稳定渠道，而且价格低廉，没有回答。他甚至电托驻日公使汪凤藻"加意招徕"日本订购中国钢轨④，自然也毫无效果。前引盛宣怀谓铁厂"开炼以来，售出生铁无多"，便是张之洞市场预期判断失误的证明。

第三，张之洞在引进国外先进机器设备的同时，没有同时引进先进的企业管理方式。铁厂从开办到组织生产，均由铁政局常务督办、候补道蔡锡勇兼任铁厂督办，另派其他候选官员为提调、委员，代表政府管理工厂。蔡锡勇早年肄业北京同文馆，后历充驻美、日、秘鲁各国使馆翻译、参赞，因丁母忧辞差回粤。三年服除，被张之洞延入幕中，先后

①　《预筹铁厂成本折》，《全集》第 3 册，第 79—80 页。
②　《拟定铁厂开办后行销各省章程片》，《全集》第 3 册，第 135 页。
③　《李中堂来电》，《全集》第 8 册，第 57、62、141 页。
④　《致东京汪钦差》，《全集》第 8 册，第 147 页。

二十余年。张之洞对他的评价是："志操廉正，器识闳深，博通泰西语言文字，精究天文、格致、测算等学，于各国外政畅悉利病源流，而天怀淡泊，任事肫诚"①，是张之洞企业活动和涉外交涉的得力助手。张之洞曾说自己"所用之人皆非心悦诚服之"，蔡锡勇应当是一个另外。但蔡锡勇毕竟不是企业家，而且兼职太多，不堪重负。1894 年 10 月，蔡锡勇禀请开去各差，张之洞批示："查铁、布、枪炮三厂皆系该道一手办成，诸臻周妥，而公正廉退。铁煤等局厂二十余处，千端万绪，出纳分明，丝毫不苟，尤堪嘉尚。铁厂、枪炮厂两事原本系一事，端绪繁重艰巨，非该道不能胜任，自应仍责成该道办理。至本部堂衙门洋务文案极为重要，该道熟悉洋情，谙习条约，力持大体，非该道不能办理，并应仍旧总办洋务文案。其银元局全赖该道督率筹办，毋得固辞"，允许开去兼办的是织布、纺纱、缫丝、舆图各局及自强学堂、洋务书局，另委他员管理，但"遇有疑难紧要差使，仍应与该道询商筹办"②。能者固应多劳，但一人身兼十数种差使，纵有天大的本事，也没有精力把各种事都办好。此外，张之洞找不出第二个像蔡锡勇这样一位德、才、能三者兼优的管理人才。1898 年 5 月，蔡锡勇因"劳瘁过甚"而猝故，他深感"失此臂助，尤堪悯恻"，奏请朝廷从优议恤。铁厂聘用外国人员最多时达到四十一人，都是工程技术人员和匠首，没有一名是企业管理方面专门家。外国工程师、矿师、技师和工匠分司生产过程的各个环节，甚至可以当总管，但对除生产以外的人事、财务、原料、销售等方面的管理，只能听命于全然外行的驻厂提调、委员，产生矛盾势所必然。1895 年 10 月，张之洞致电驻德公使许景澄："克厂荐来总矿师马克斯、铁厂总管德培二人，工夫尚好，惟性情奇傲。因合同系总管名目，自谓只归总局节制外，厂委员概置不理。一切厂务不与驻厂委员相商，独断独行。稍不如意，即以停工要挟。马尤荒诞，常与委员滋闹。现值用人之际，不得不稍示含容。此间系官厂，与外国公司不同。总局在省，难于遥制，凡事不能不与驻厂专办委员和衷商办。所谓总管者，乃总管开矿炼铁工作事宜，华洋工匠悉听指挥。至于进退工匠，管理厂

---

① 《为蔡锡勇请恤折》，《全集》第 3 册，第 481 页。
② 《批道员蔡锡勇禀请开各差》，《全集》第 7 册，第 169 页。

务，仍当以专办委员为主，方合官厂体制。"① 德培肯定将合同中的
"总管"错误地理解为公司的总经理，因此"一切厂务不与驻厂委员相
商，独断独行"，这便与中国以官为本位的"官厂体制"发生冲突。我
们无法知道这两位来自德国克虏伯钢铁公司的技术人员与张之洞委派的
驻厂委员之间究竟在哪些具体问题发生矛盾，以至于闹得不可开交，需
要张之洞出面"托克厂电诫马、德"，只知道德培早已表示合同期满
"不愿再留"。其间反映的不仅是中西文化的差异，更多的是中西方企
业理念的不同。在西方，与现代机器大生产相伴生的是现代企业管理制
度，它是一个包括生产调度、人员配置、成本核算、原料采购、产品销
售等各个环节的系统工程。如果把机器设备比喻为企业的硬件，那么管
理方式便是企业的软件，是使机器设备正常运作并获得最大效益的更重
要方面。张之洞显然还没有意识到这一点。他能够热衷于追踪和引进西
方一流的先进技术设备，也热心组织人员编译西书，甚至热心收集欧美
各种博览会、展览会散发的宣传材料，唯独没有把目光投注到西方的管
理科学上。这当然不仅是他个人的局限，而是那个时代的局限。

张之洞有言："鄙人性情，向来专作独任其难之事，尤专作吃力不
讨好之事。"② 铁厂即其一端，织布局、枪炮厂及其他工厂企业亦大率
类此。所谓"独任其难"，是指他敢于作别人不愿做的事。如铁、布、
枪炮等三厂，继任粤督李瀚章便不愿留在广东开办，张之洞却勉为其难
地把它应承下来，因为他认为这关系到辟利源、塞漏卮及中国自立自强
的大局，没有任何个人的私心杂念 。作为保境安民的地方大吏，不去
做这些事，并不会影响他的仕运前途。所谓"吃力不讨好"，当然是指
他那些"专任其难"的企业活动往往没有达到预期的效果，因而备受
时人的指责。有些指责并非无因，如"力小任重"、"志大言夸"之类，
但这并不一定都是张之洞的弱点。有些指责则不是事实，如"徒博虚
名而无裨实际"、"浪掷正供"之类。有些指责如"铁政局经营数年，
未见明效"之类，虽是事实，但过于求全责备。客观地看，张之洞在
创办企业活动中，存在着求全求多求大而脱离实际可能的毛病，主观上

① 《致俄京许钦差》，《全集》第 9 册，第 37 页。
② 《致萍乡林道台》，《全集》第 11 册，第 313 页。

也有诸多判断上的失误。这些当成为后人应汲取的教训，而不应当成为否定或贬低张之洞企业活动的理由。张之洞企业活动的年代，已经不同于前辈李鸿章、左宗棠当年创办企业的年代。那时，中央财政相对宽裕，为了洋务自强，可以不惜工本。而作为洋务殿军，他没有中兴名臣的光环和朝廷重臣的尊隆地位，历经中法、中日两次对外战争和马关赔款，已使清朝财政濒临崩溃，他已经无法像洋务前辈那样，从中央财政中得到足够的经费支持，所谓只图强而不牟利的时代已成为过去。他有理由感喟朝廷对待李鸿章创办的上海机器局和自己创办的汉阳枪炮厂之间"偏枯过甚"，厚彼薄此，但无法改变时代变迁所造成的客观实际。随着甲午以后商办企业成为时代的潮流，张之洞不得不将除枪炮厂以外的官办企业先后转归为商办。这对他曾经坚持的"官厂体制"而言是一种失败，但从适应时代潮流而言，又何尝不是一种前进。

作者单位：武汉大学历史学院

光绪朝中央与地方的财政博弈

蔡国斌

关于晚清中央与地方的财政关系，前此学者已经多有论述。如何烈论称："咸同以后，自全国而言：督抚的权力已大于中央；自一省而言：新设的各种机构的权力已大于原有的建置衙署。于是吏事、兵事与经费，实际上都非中央政府所能控制；只有督抚才是真正的主宰。一切政务实施，中央一惟地方大吏的意志为转移，本身绝少主见"①。陈锋认为："以起运、存留为标志的中央财政与地方财政的划分，在晚清已是徒有虚名"，"财权下移之局的形成，因为时局的变化，既有督抚专权的意蕴，又有时势所迫的政策导向因素；财权下移的结果，既标示着中央财政对地方财政的失控，又展现出财政体制极端混乱之后，地方漫无限制的筹款，一方面使清廷和各地方渡过了重重险关，另一方面又不可避免地导致弊端失出"②。何汉威则认为："清末从中央到地方督抚，对它们辖下的财政管理，俱失去有效的监控能力。中央固不用说，甚至督抚的财权亦受地方下层势力所制约，省内税厘所入大部分为局卡人员侵渔，局差的下层人员如书吏差役，亦因其与地方具特殊关系而未能屏弃。……中央根本无法对省财政作彻底根本的清理，而督抚面对下层盘根错节的贪污舞弊，即使有意整顿税收，亦无能为力"③，"省当局既无能力，也无意愿专擅自主，并没有独立于中央政府之外，然而它们似乎

---

　　① 何烈：《清咸、同时期的财政》，中华丛书编审委员会1981年版，第403—404页。
　　② 陈锋：《清代中央财政与地方财政的调整》，《历史研究》1997年第5期。
　　③ 何汉威：《从清末刚毅、铁良南巡看中央与地方财政的关系》，《中研院历史语言研究所集刊》68-1，1997，第105—106页。

也没有受中央有效的行政掌控"①。

上述论述，虽不尽一致，但均深刻地阐明了晚清中央与地方财政关系所发生的变化。清代前期，并无严格意义上的地方财政，地方财政收支、财政管理俱听命于中央。晚清咸、同以后，地方财政始渐形成，其表现即为地方财政管理机构（各类财政局所）的设立以及地方财政收支的形成。但应该看到，财政始终是政治的延续，晚清中央与地方的财政关系只不过是中央政府与地方政府关系的折射。在中央政府与地方督抚之间，一些强势的地方督抚确实在地方政务上我行我素，但也有许多地方督抚在忠实地贯彻中央政令。这里有督抚个人的因素在内，亦有清廷政令之不切实际等多种原因，未可一概而论。总体而言，晚清中央政府并未全面失去对地方的控制。纵然各省督抚尤其是那些声名显赫的中兴名臣如曾国藩、李鸿章、张之洞等在其辖区一言九鼎，操有地方事务乃至国家事务的决策之权，却并无意公然与朝廷决裂，依然保持着对清廷的效忠。他们在地方所施各政大多是符合中央政府利益的，只不过是按照自己的认识、自己的方式付诸实施而已。例如沈葆桢任江西巡抚时曾奏请将漕折一项留充本省军需，只是酌量解部。刘坤一就任江督后，并未专顾本省利益就此因袭，而是遵照清廷指令，在战乱渐平后变为"随收随解部库"②。张之洞在湖广总督任内，也深感地方财政机构混乱而主动对本省"善后局"等财政局所进行了整顿，与中央的财政整顿意旨基本相符。可以说，直至清末，中央政府依然维系地方对中央的向心力，虽然这一向心力日渐微弱。这一方面是中国传统的儒家思想及大一统思想对地方官员的浸染，另一方面各省尚不具备公然反叛中央政府的资本和实力。这一点，从清亡前夕朝廷尚能凭一纸谕令开缺当时炙手可热的袁世凯一事，即可见一斑。

继咸、同变局财权开始下移地方之后，在光绪朝财权又更进一步地下移地方。因着财权的下移，中央政府力图加以遏制，遂不断进行财政

① 何汉威：《清季中央与各省财政关系的反思》，《中研院历史语言研究所集刊》72-3，2001，第598页。

② 刘坤一《筹解协直军饷片》，同治七年三月二十八日，《刘坤一遗集》（一），第153页。转引自崔运武《中国早期现代化与地方督抚》，中国社会科学出版社1998年版，第42页。

整饬以收回财权，不断侵占地方财政收入以控制更多的财政资源，以强化中央的财政控制力；地方政府亦因掌握了越来越大的财权、越来越多的财政资源，而有资本与中央政府讨价还价、明争暗抗，以满足本省政务之需。由此，中央政府与地方政府在财政上呈现出一种控制与反控制、制约与反制约的博弈态势。

一　光绪朝财权的进一步下移

前已述及，咸同变局导致了晚清财权的下移。进入光绪朝后，财权下移的趋势不仅没有得到遏制，反而进一步强化，并且在光绪末愈演愈烈。这一点，在财政收支及财政管理等各个方面都显露无遗。

以财政收入而论，在咸同间因筹款急迫而将税征权下放地方之后，光绪朝前中期，清廷对地方政府的滥行征税进行了屡屡整饬，试图将税征权收归中央。此时清政府对地方仍有相当的控制力，各级官员的委任、处罚、罢黜仍由皇帝"乾纲独断"，因此，各省督抚也不敢公然违抗清廷旨意，在开征某种新税捐之前，也确实要上奏清廷批准。四川的按粮津贴虽然开办已久，但仍须每年奏请"援照成案""再行劝办"，即是明证之一。但是，中央政府的整饬并未能持之以恒。一遇财政紧绌，清廷就不得不松开"紧箍咒"，授意地方筹措款项以应急需。于是乎各地"因地制宜"推出各种筹款办法，设置局所开征捐税。值此之际，清廷一意筹款，地方的奏请已成形式，因为清廷大多都会"著照所请"，准予开办。迨事态稍平，清廷欲再行整饬时，地方则以某税某捐系"援案而行"相对，于是地方又获得了较从前更多的税征权。至光绪末，清廷财政状况持续恶化，遂授予地方更大的自由筹款权。各省督抚开征新税往往连报请户部批准的形式亦不遵守，甚至先征后奏，不奏即征之事亦屡有发生，根本不把户部放在眼里。如光绪三十二年（1906）两江总督周馥奏加田赋，未待户部批准即令各属启征，户部为此上奏"向来各省奏请，无不俟部覆然后开办。今一面陈奏，即一面饬征，未免轻易"[1]。

---

① 　朱寿朋：《光绪朝东华录》（五），中华书局 1958 年版，第 5546 页。

更有甚者，税征权还进一步向州县一级转移。由于清廷不断加大对省级地方政府的财政搜刮和财政摊派，各省督抚又转而将筹款之责转嫁到州县一级政府。如此一来，继税收权从中央下放到地方督抚后，又由督抚扩展到州县一级，呈现出逐步下移的态势①。清制州县向无自行征税之权，田赋和杂税由州县经手征收，然而却"非一县所得而私"，全部属于国家财政收入（即所谓"正项"）。州县官只有催征田赋的任务，绝无兴办新税的权柄。州县财政只是国家统一财政的一个不可分割的层面，是当时州县行政的一个有机组成部分，也是后者赖以运行的基础②。但至清末，州县也都自行筹款，可以自行决定征收某种新捐，如光绪二十一年（1895）直隶一知县"藉词军兴，勒令农庄捐缴银两，傥不如数，立即收押。又苛派筑堤工费，远近骚然"③。而且，州县一级比之于省一级所征税课更加复杂零乱。如福建各县以开办学堂、警察、公益、善举等名义而开征的杂捐凡七十余种；其中除抽于粮户、屠户、船户、牙户、盐商、木商等各项税捐外，还有下列名目："其捐诸社仓者为社仓捐，捐诸社会者为善社捐、桥会捐、会捐，捐诸学生者为学费捐，捐诸喜庆之家为喜庆捐，捐诸慈善之家为慈善捐，捐诸戏班为戏捐，捐诸买粪之家为清洁捐，捐诸公帮、公业、公项者，统称为各项公业捐。亦有即名为学堂捐、巡警捐者……"④ 河南各县于1905年至1909年间因举办警务、学务而开征的税目共二十余种，其中有对产业征收的，如亩捐、房捐、铺捐、契尾捐、粮串捐等；有对商业活动征收的，如商捐、斗捐、油捐、屠捐、行佣捐、产业捐等；有对物产征收的，如牲口、烟叶、棉花、花生、瓜子、柿饼、芝麻、金针、煤炭等捐税。此外还有戏捐、庙捐、会捐等。广东各县税目尤其混乱，"如鱼税之外，有鱼厘、鱼饷；酒税之外，有酒捐、酒甄捐；牛税之外，有牛

① 肖守库、任雅洁：《晚清"就地筹款"的演变与特征》，《河北师范大学学报》（哲学社会科学版）2004年第4期。
② 按：清代州县财政魏光奇先生有较好的论述，见魏光奇《官治与自治——20世纪上半期的中国县制》，商务印书馆2004年版。
③ 朱寿朋：《光绪朝东华录》（四），中华书局1958年版，第3602页。
④ 《福建省财政说明书·岁入部·杂捐类》，转引自彭雨新《辛亥革命前夕清王朝财政的崩溃》，《纪念辛亥革命七十周年学术讨论会论文集》中册，中华书局1983年版，第1320—1321页。

捐、牛单、屠牛捐，甚或一县之内，一物之征，而税、捐、厘、饷具备"①。

上述各州县开征的税捐，有的由包税人先垫缴税款若干，然后假借官府势力向老百姓超额榨取，有的将某项税捐指作某项用途，如因办学而抽斗捐，斗捐的征收和支用便由学务经管人过问，因办警务而抽戏捐，戏捐便由警备经管人过问，多一税即多一事端，多一事即增一浮费。而且所征税额极为零星。如河南各县列有戏捐，少的仅 28 千文（陈留），多的不过 240 千文（鄢陵）。斗捐是收入较多的捐，每县也最多不过 2000 千文左右。汲县九项杂捐共收 1947 千文，中牟县也是九项杂捐共 2042 千文。在零星税项下，征收手续更为烦琐，如遂平县所征的麻豆税，芝麻每斗捐钱 6 文，黄豆每斗捐钱 4 文。所有斗息捐、公秤捐，论斗论升收捐，苛扰可以想见。

财政支出权也同样呈现出逐步下移的态势。随着财政收入权的下移，地方政府掌握了更多的财源，有了更多的可支配款项。一方面，各地往往以军需为借口，对中央政府的一些规章制度和政令置若罔闻，染指原应解中央的各种款项；户部在一份奏折中无可奈何地说：

> 臣部为钱粮总汇，凡有出入，悉宜周知。慎重库储之道，必出于此也。咸同以来，各省军务倥偬，部拨款项，往往难于立应，疆臣遂多就地筹款，以济军食，如抽厘助饷之类。因而一有缓急，彼此自相通融、协借，不尽咨部核复。然亦以其系就地自筹之款，与例支之项无碍，故臣部亦无从深问。近年库款支绌，各省皆然。任事之臣，知臣部筹措之难，动辄自行电檄各省，求为协济。其意不过在外销款内匀拨。而各省亦不尽能另筹的款，遂将例支正项，及报部候拨者，挪移擅动以应之。迨臣部查知，而款已动用，往返驳诘，迄难就绪，嗣后凡有动拨款项，必先咨明臣部，核其有无窒碍，俟部覆到日，再行查照办理②。

---

① 《广东省财政说明书·总说》，转引自彭雨新《辛亥革命前夕清王朝财政的崩溃》，《纪念辛亥革命七十周年学术讨论会论文集》中册，中华书局 1983 年版，第 1321 页。

② 朱寿朋：《光绪朝东华录》（五），中华书局 1958 年版，第 5474 页。

另一方面各地自行设置财政机构、自行开征各种税项、自主支配各种财政收入。这种现象愈演愈烈，至清末时已非常严重，以致"我国虽号称三万万入款，然内而各部院，外而各行省乃至江北提督热河都统，莫不各拥财权。其散也，不啻行潦之水，所谓三万万岁入者，不过聚数十小政团为一大政团之名词，究其实，仍各小政团自收自用也，安有大政团之效力乎？"①

再从财政管理而论，清廷借以控制各省财政的藩司，在光绪朝与地方督抚的强势相比，其地位已大不如前，丧失了统辖一省财政的权力和发言权。光绪十四年（1888）江西布政使李嘉乐、署陕西布政使李用清为督抚所弹劾去职，户部尚书阎敬铭为此上奏指责"疆臣劾去大员行图自便"，但上谕却称"封疆大吏，系朝廷特简。凡用人行政，必须假以事权，方资治理"，反而对阎予以申斥②。督抚之强势从中可见一斑。光绪十五年（1889）十月的一道上谕已约略透露出藩司地位的这种变化："近数十年来，各省藩、臬除谢恩及奏报到任交卸外，绝无陈奏事件，殊非朝廷兼听并观之意。"③ 光绪二十四年（1898）三月又颁上谕著各省"将现有各局径行裁撤，应办各事归藩、臬两司办理"④，可见藩、臬两司的境况一直都没有什么变化。另一方面，地方督抚的地位却更形强化。督抚们不通过藩司而通过新设立的各种财政局所来掌控地方财政，对中央政令虽然表面上仍显得恭恭敬敬，但并非言听计从，特别是在涉及地方财政利益时，往往有诸多敷衍和明争暗抗。到清末，地方督抚更明确地抵制清政府收回地方权力的意图，两广总督岑春煊驳斥尽收地方兵、财两权之说，称"不知军兴以来，督抚之权似已稍重，然进止机宜，悉秉庙谟，大难敉平，幸赖有此。中国政体早含有中央集权之习惯，天下更安有无四方而成中央者哉？恭绎列朝圣训，于治臣御侮皆注重疆臣，以矫宋明重内轻外之弊"⑤。直隶总督陈夔龙更明确提

---

① 刘锦藻：《清朝续文献通考》卷 68，《国用考六》，第 8244 页。

② 朱寿朋：《光绪朝东华录》（三），中华书局 1958 年版，第 2437—2438 页。

③ 同上书，第 2666 页。

④ 朱寿朋：《光绪朝东华录》（四），中华书局 1958 年版，第 4063 页。

⑤ 故宫博物院明清档案部编：《清末筹备立宪档案史料》（上），中华书局 1979 年版，第 500 页。

出"其属于地方行政事务，则由督抚监督下级官厅执行，凡在范围以内之事，皆得自为规划，直行具奏，各部亦不得侵越"[1]。地方督抚的理直气壮无疑是以其财权的扩大为后盾的。

二　中央政府加强对地方财政控制的努力

随着财权的下移，光绪朝中央财政与地方财政的关系已不再是控制与被控制的关系，而转变为一种既互相依存又互相斗争的关系。一方面地方财政虽然在实际上已经形成，但一直不为中央政府所承认，缺乏制度上的保障，中央财政依然企图像以往一样予取予夺，不仅中央各项财政收入依靠地方征解，并且在财政紧张之际中央不断向地方指拨、摊解有关款项，呼吁各省协济；另一方面地方财政在各地督抚的主持之下，不断扩张，地方政府亦经常向中央请款，面对中央政府的财政指拨和摊解则既有服从又有抗争。但总体而言，光绪时期中央财政失去了对地方财政的绝对控制。中央政府对财政控制力的削弱，与日益扩张的财政支出形成了一对矛盾。为此，中央政府一方面不断地通过财政整饬，力图收回财权，另一方面采取种种手段，蚕食和侵占地方财政收入，以强化中央政府的财政控制。

毫无疑问，光绪朝中央与地方的财政博弈之中，中央政府掌握着政治上的优势资源，因而占据着主动地位。一方面，用人大权始终操于清廷之手，中央政府可以通过对地方大小官员的任免、调署、奖惩等手段控制地方，地方督抚虽有参劾保奏之权，但最终也必须经朝廷批准，地方督抚本身的进退，大权也操之于朝廷。通过官吏的任免，清廷可以间接调控地方政务，其中自然也包括财政事项；另一方面，中央政府还掌握着发布政令的权力，可以根据中央政府的需要，发布财政指令，名正言顺地要求地方承担相关的财政义务、遵照中央的意图行事；此外中央户部亦可以其所负有的财政调控职能，合法地对财政资源进行再分配。所有这些，都是地方政府所不具备的。

---

[1]　故宫博物院明清档案部编：《清末筹备立宪档案史料》（上），中华书局1979年版，第546页。

　　光绪朝中央政府也正是依靠上述优势资源不断进行财政整饬，力图遏制财权的下移，强化中央的财政控制。

　　概括而论，光绪朝中央政府加强对地方财政控制的努力具体体现在两个方面，一为收权、一为集财。收权即试图将税征权、财政支出权、财政管理权收归中央政府，恢复清初中央高度集权的财政管理体制。清廷为此而不断作出努力，甲午前规复财政旧制的种种努力以及此后的种种财政改革，集权中央始终是主要内容之一。但正如前述，清廷收回财权的努力与其日增的财政支出相矛盾，为应付财政急需，就需要多多筹款，就必须赋予地方政府更大的筹款权，因此中央政府收回财权的努力不仅成效未彰，财权反而还进一步下移地方。

　　集财即试图将各种财政收入款项集中于中央政府，由中央支配。与收回财权的努力相比，光绪朝中央政府"集财"的成效要好得多。其集财的手段大要有如下数端：

　　其一，直接颁发上谕，指令各省临时筹解中央一定数额的各种款项，或催缴欠解款项。此类谕令甚多，略作示例如下：

　　光绪四年（1878）九月至十一月，清廷先后四次谕令直隶批解銮仪卫租银 20750 余两，山东起解工部生息银二、三万两①，两淮起解步军统领衙门帑利银四万两，直隶起解兵部马馆地租生息银二万两②，要求"无论何款，迅速起解"。

　　光绪十年（1884）因永济库款项不敷，上谕令"李鸿章饬令藩司由旗租项下筹拨银一万两"③，十二年（1886）又令李鸿章"无论何款，迅即筹拨银二万两"以应永济库急需④。

　　光绪十二年（1886）因内务府恭备要差，上谕："著陈士杰将山东历年拖欠帑利生息先筹解银二十万两，以应要需。"⑤

　　光绪十三年（1887）为"恭备要需"（慈禧谒西陵），令直隶总督饬令藩司"无论何款，即行设法于本年欠银四万余两内先拨银三万两，

---

① 朱寿朋：《光绪朝东华录》（一），中华书局 1958 年版，第 647 页。
② 同上书，第 673 页。
③ 朱寿朋：《光绪朝东华录》（二），中华书局 1958 年版，第 1759 页。
④ 同上书，第 2167 页。
⑤ 同上书，第 2059 页。

限于二月初十以前拨解到部"①。

光绪十六年（1890）正月至二月间，因"恭备要差"，令两江总督"严饬两淮运司，即于前欠利银内先行筹拨银四五万两，批解步军统领衙门以应要需"②，并先后三次谕令直隶拨银共四万七千两③。

光绪二十八年（1902），因东北边防经费、备荒经费"各省欠解甚多，竟有丝毫未解者"，上谕令各省关赶紧筹解④。

其二，以财政摊派的办法令各省相对固定地承担中央政府的部分财政支出。光绪末，财政摊派成为中央政府剥夺地方财政收入最直接、最主要的手段，中央财政的各项支出如京饷、固本京饷、东北边防经费、筹备饷需、抵闽京饷与加放俸饷、加复俸饷、京师旗营加饷、海防经费、备荒经费、船政经费、出使经费、铁路经费、内务府经费、内务府常年经费以及各项债赔款、练兵经费、海军军费、考察政治经费等行政费用，均以摊派的形式令各省分筹认缴。因前已详述，此处从略。

其三，谕令各省对各项税收进行清理整顿，革除陋规、中饱，清理所得之新增款项绝大多数被要求充公上解。在清廷整顿和清理各项税收的上谕中，诸如"切实查明收数"、"涓滴归公"、"尽数提用"、"据实报部"等类语句最为常见。如光绪七年（1881）上谕"关税厘金，出入尤多朦混，不能涓滴归公"，嗣后大小官员"务当洁己奉公，于钱粮、厘税款项认真经理，核实奏报"⑤。光绪十年（1884）上谕，"各直省盐务关税等项，向有提存预备公用之款"，"如有似此公费可以移缓就急者，著各该将军督抚酌度情形，奏明办理。"⑥ 光绪二十四年二月上谕，"关税为饷源大宗，自应实整顿，涓滴归公。著各该将军督抚破除情面，认真厘剔，查有应行归公之款，据实报部"⑦。等等。

其四，谕令各省裁减本省各项支出，所节款项亦多收归中央支配。如光绪十一年（1885）户部"行令各省关将一切支款，某项可裁减若

---

① 朱寿朋：《光绪朝东华录》（二），中华书局 1958 年版，第 2223 页。
② 朱寿朋：《光绪朝东华录》（三），中华书局 1958 年版，第 2705 页。
③ 同上书，第 2706—2709 页。
④ 朱寿朋：《光绪朝东华录》（五），中华书局 1958 年版，第 4974、4982 页。
⑤ 朱寿朋：《光绪朝东华录》（一），中华书局 1958 年版，第 1118 页。
⑥ 朱寿朋：《光绪朝东华录》（二），中华书局 1958 年版，第 1816 页。
⑦ 朱寿朋：《光绪朝东华录》（四），中华书局 1958 年版，第 4057 页。

干，每月能筹画若干，以备专供目前沿海兵事军用"①，光绪二十五年（1899）五月，上谕："著各就地方情形，悉心体察，某项可径行裁撤，某项可暂行停缓，务须腾出饷项若干，以为练兵制械之用。"② 等等。

其五，以户部准驳之权，维护中央财政利益。如光绪三十三年（1907）两江总督请免提丁漕平余、漕余，度支部奏："此项银两，一为拨补厘金，一为充新军之用，不容稍有挪移，碍难照准"，"改钱征银一策，……民间习惯已久，一旦令以钱易银，必至互相扰乱，……应请毋庸置议。"③

其六，以种种"财政腾挪"手段制约和蚕食地方财政收入。这些财政腾挪，一般都是由户部在地方财政收入中进行虚与实之间的转移，也就是将实有之款划归中央支配，将虚有之款指拨给地方应用。这些虚有之款多为战乱期间各省欠缴的税款，户部对于这些地方欠解的款项亦作为中央应得的财政收入。事实上这些欠解款项年复一年，日复一日以后，已经仅仅是一个数字符号，根本没有补缴完欠之可能。但中央政府却并未轻易放弃这些毫无着落的收入，不断要求地方带征、带缴积欠款项，户部亦津津乐道于这种数字游戏，对于地方急用之款，还能指拨较为确实的收入款项，对地方不急用款，则往往以此省或彼省欠解之款予以搪塞，名为指拨，实同虚指。光绪十二年（1884）七月，曾国荃请拨南洋防费。户部所指各款为两淮盐课、盐厘"光绪二年欠解之九万两，三年欠解之十万两"以及"光绪二年至十一年止应解京饷，除此次截留及两次划拨银两外，所有欠解银四十六万两"。以上各款均为历年欠解之款，实际上均是子虚乌有之款。因此，曾国荃接文后"莫名焦灼"，指称"盐务、课厘、京饷为运司考成所系，苟能勉力措解，何敢任意拖延？（户部所指各款）不特以后之四十六万无计取盈，即目下之十八万两先难猝办。……户部指提光绪二三年分两淮欠解前款，臣非不欲竭力悉索旧欠，无如运库奇窘，无可罗掘"④。

兹再以光绪末户部拨补各省厘金一事为例，以见户部的腾挪手段。

① 朱寿朋：《光绪朝东华录》（二），中华书局1958年版，第1920页。
② 朱寿朋：《光绪朝东华录》（四），中华书局1958年版，第4374页。
③ 朱寿朋：《光绪朝东华录》（五），中华书局1958年版，第5764页。
④ 朱寿朋：《光绪朝东华录》（二），中华书局1958年版，第2133—2134页。

厘金收入一向为地方大宗财政收入。1898 年英德续借款成立后，户部以苏州、淞沪、九江、、浙东、宜昌等七处货厘、盐厘作抵。实际上是将这些厘金收入划归中央用款。户部亦深知如此一来，"各省京协各饷及本处防饷等项，向取给于厘金者，势必骤形短绌"，于是另筹"拨补"，并奏准在江苏、江西、安徽、浙江、福建、湖北、湖南、四川、广东、河南十省裁兵节饷、丁漕折钱平余及正在办理的昭信股票项下，划拨银五百万两，以补足七处厘金抵还洋款之数，并申明拨补后各省"本年应解京协各饷，务当依限扫数报解"。但实际情况并非如此。据刘坤一奏，是年户部拨补款中，江苏裁兵节饷之银 48.3 万两，因"现在裁饷无几，……未能如此次部拨数目之多"；江苏、江宁丁漕平余银 14 万两，江宁"司库出入不能相抵，实难为无米之炊"，江苏丁漕平余"须俟各属陆续征解，目下亦难济急需"；昭信股票之 115.7 万两，实际仅收银 22 万余两，"其余官借尚未缴齐，商贩借款原案系尽年底缴清，……现尚未有收款"；指拨外省各款，"经分别电询"，广东"无可拨解"，安徽"恐征不足数，尚有短缺"，江西"尚未奉（户部）文，俟到省查覆"，河南"部拨裁兵节饷等款 16 万两，如数筹汇"。鉴于此，刘坤一称"今奉部拨补多款，其中本省之项，或业经拨作还款，或目前尚难截数。以外之项，亦属充解寥寥，均不能即时应用，亦难恃为之款。""若如部臣所奏，必将以广东等省款项解之江南，江南复以此解之他省，既为受协省份而又协解于人，转折太多，迟误难免"，"不得已将应解京协各饷指款截留备抵。"① 尽管地方政府对户部的"另筹拨补"存有异辞，中央政府仍旧年年采取"拨补"的办法，光绪三十四年（1908）二月，度支部奏：各省厘金"历年臣部筹款奏明拨补在案"，"惟是各省所短厘金，既经臣部指款拨补，在协解省分，固当不分畛域，勉筹协济，在受协省分，尤当力为其难，凡向来应解京饷等项，仍照常报解。"②

---

　　① 朱寿朋：《光绪朝东华录》（四），中华书局 1958 年版，第 4183—4184 页。
　　② 朱寿朋：《光绪朝东华录》（五），中华书局 1958 年版，第 5855 页。按：光绪三十二年（1906）户部亦有与此内容基本相同的奏章，见朱寿朋《光绪朝东华录》（五）第 5485—5486 页，该项记载中"自光绪三十四年闰三月十一日起，由税司代征，抵还洋款"应为"光绪二十四年"之误。

很明显，上例中，中央户部将地方大宗"有着的款"（厘金）指令为中央用款，然后再东拼西凑地虚指各类零星款项用于"拨补"这些原属地方的用款，通过这一以虚换实的腾挪手段，中央政府得以侵占原属地方的财政款项。

除此之外，中央政府还经常不惜自食其言、自毁信用，剥夺地方财政利益。如光绪二十七（1901）年八月户部奏定分派各省庚子赔款时承诺，将来海关税取足值百抽五后，"核计关税究能征收若干，应将增出数目，专为赔款应用。各省此次分摊之数，尚可酌量核减"①。但至光绪二十九年（1903），据户部所奏，"各关加税，自开办至今，先后两年。第一年收数，据江海关汇报共只二百余万，现在新旧洋债镑价不敷，全恃此项加税，勉强弥补。若将加税尽抵各省原派赔款银数，则镑价不敷，实属无从取给"，拒绝核减各省原定的摊派额；庆亲王奕劻为筹练兵经费亦建议各省所派定之赔款，不必轻议核减，"自明年起，先将户部原定指拨各项，作为赔款之三百余万两，悉数改拨作为练兵经费，以新税所增（即新增之海关税）抵部原定之款"②。至于抵补各省厘金短收之项，则称"免厘加税，……俟举办后，每年关税所加，应抵补各省所短收厘金之数。但各省裁厘后，尚可抽收出产销场等税，至少可抵厘金二三成，则关税所加仅核七成抵拨，即符厘金所失之数。所有盈余税款，一概拨作练兵专饷，不准各省另行挪用"③。其专顾中央财政利益，削弱地方财政之意图已跃然纸上。

三　地方政府对中央财政的反制

总体来看，光绪朝地方政府自始至终都保持着对中央政府的基本服从，各省督抚既无力、也无意摆脱中央政府的统治。然而，光绪朝地方事权日益扩大，除了传统的地方政务之外，中央政府又将洋务、练兵、新政等事宜责之以地方政府，所有这些，都需要有相应的财力保证。而

---

① 朱寿朋：《光绪朝东华录》（四），中华书局1958年版，第4726页。
② 朱寿朋：《光绪朝东华录》（五），中华书局1958年版，第5130页。
③ 同上书，第5130页。

与此同时，地方政府又需要履行其对于中央政府的义务，承担中央政府所分派的各种财政款项。这样，在繁重的地方政务、支持中央政府以及维系地方政权之间，地方督抚们必须要有所取舍。过分搜刮则必激起民变，使得地方政权难以维系；全力支持中央，则地方政府运转维艰；专注地方政务则势必要削减其对于中央政府之财政支持。地方之财力有限，而中央与地方之需款无穷。正因为如此，面对中央政府日益强化的财政控制和制约，地方政府也并非无条件服从，而是被迫以手中所掌握的财政资源与中央政府展开财政博弈。

地方政府最重要的财权即为"筹款"之权。各种财政税入最终均有赖于地方政府的具体实施，"部库之盈绌。必以各省关之报解多寡为衡，此如水之有源，源不旺则其涸固可立待也"。中央政府的财政能力决定于地方政府的财政支持。"有时中央需费，向地方索取，于是有解部之款，是中央为债权者，而地方债务者也；有时地方需费，向中央索取，于是有奏请部拨者、截留京饷者，又地方为债权而中央债务矣。"①离开了地方政府的支持，中央财政将成无源之水。地方政府也正是以"筹款"为砝码，与中央讨价还价，反制中央财政。

地方政府对中央财政的反制体现在以下几个方面：

其一，有条件、有选择地执行中央财政政令。光绪时，中央政府整顿财政的上谕不知凡几，但真正落到实处的却寥寥可数。譬如，清廷迭令各省将本省财政实情和盘托出，报明中央，但毫无成效。兹将几道上谕比较如下：

光绪十一年（1885）上谕："现在海防善后，用款浩繁，必须通盘筹画。……各该省关每年所入之款，究竟实有若干，其常年例需及现在添支防勇局卡饷需薪水各项，实在费用若干，此后常年可以裁减归并，节省之款若干，著切实核计，逐款分晰开单，限于奉旨一月内奏报。"②

光绪二十五年（1899）上谕："直省将军督抚，著各就地方情形考核，责成司道监督及局员等，将现在收数无论为公为私，凡取诸商民者，一并合盘托出，澈底清查。由该管将军督抚悉心综核，究竟裁去陋

①　刘锦藻：《清朝续文献通考》卷 68《国用考六》，第 8244 页。

②　朱寿朋：《光绪朝东华录》（四），中华书局 1958 年版，第 4048 页。

规中饱之数若干、酌量提归公用之数若干，勒限三个月拟定章程专摺奏报。"①

光绪三十年（1904）上谕"著各省督抚将各属经征钱粮，限三个月内开列简明表册，该州县钱粮正额若干，现在实征若干，……逐一登明，据实声叙，各令和盘托出。"②

此类上谕的屡次发布，已经说明各省并未遵令将本省财政实情"和盘托出"，中央政府对于各省财政状况始终未能详知。

从另一个角度来看，中央政府的历次筹款办法大同小异，并无多少新意可言，兹将光绪朝户部历次较为系统的筹款办法列举如下：

光绪六年（1880）户部奏筹备饷需，提出严催各省垦荒、捐收两淮票本、通核关税银两、整顿各项厘金、严查州县交代、严核各项奏销、专提减成养廉银两、催提减平银两、停止不急工程、核实颜缎两库折价等十条办法③。

光绪十年（1884）户部奏开源节流二十一条，具体办法为：领票行盐酌令捐输、整顿鹾务、就出茶处所征收茶课、推广洋药捐输、推广沙田牙贴捐输、烟酒行店入赀给贴、汇兑号商入赀给贴、划定各项减平减成、严提交代征存未解并严定交代限期、严催亏空应缴应赔各款、入官产业勒限变价解部、酌提漕粮漕规盐务盐规余款、裁减厘局经费、核减各关经费、核定各省局员额数银数、随营文武分别裁汰及酌定额数银数、停止不急工程、各项欠发勒限清厘，各项预支分别核办、酌减内地防军长夫、防军有营房者不准再领帐棚折价、核定内地各省兵勇饷数④等。

光绪二十年（1894）户部为筹饷又推出十条办法：裁减制兵、裁减局员薪费、核扣养廉、土药捐输、盐斤加价、茶叶糖斤加厘、典当各

---

① 刘锦藻：《清朝续文献通考》卷71《国用考九》，第8275页。

② 朱寿朋：《光绪朝东华录》（五），中华书局1958年版，第5198页。

③ 朱寿朋：《光绪朝东华录》（一），中华书局1958年版，第867—868页。

④ 朱寿朋：《光绪朝东华录》（二），中华书局1958年版，第1872—1881页。另据《皇朝政典类纂》卷160《国用七》，户部所奏节流事宜尚有"酌减内地各省防军口粮、确定各项军饷，按年指拨、另定各省起运、存留"等三项。参见《清德宗实录》卷193，光绪十年九月丙午。

商捐输、重征烟酒税厘、考核钱粮、整顿厘金等办法①。

光绪二十六年（1900）户部奏筹款六条：票商捐输票本、加抽土药税厘、加征烟酒税、整顿田房契税、汇兑饷项核减汇费、颜料缎匹两库折价等②。

光绪二十九年（1904）户部拟定"严杜中饱、除弊节流"十条：严核各省钱粮，酌提各省杂税，清查两淮额产盐斤、额销盐引，整顿两浙盐务，覆查甘肃盐厘，酌办各省加丁、加闰、引额、课款，核提漕务闲款，清查沙田、沙洲地亩，变通四川土药税厘办法，暂停不急工程等③。

对比以上筹款办法，有许多办法惊人地雷同，一而再、再而三地提出，亦可见清廷财政搜罗之计穷。

地方政府对待中央财政指令的态度视不同之情况而有不同。一般来说，在事关清廷安危之际（如甲午战事初歇、庚子事变初平之时），或者是在中央政府严令之下，地方政府对于中央的财政指令尚能实力奉行；而对于一般性的、例行公事之类的中央财政指令，则敷衍了事，或有选择地执行，或变通办理，很少有不折不扣地予以执行者。以上列户部之筹款指令的办理情况为例，光绪六年之筹款办法，据各省先后奏报，有的于垦荒一事称并无荒田；有的于厘金一项称各厘卡皆系因时制宜，并无虚冒薪粮情事，无可裁减；有的于盐商捐输一事，请免常年捐输；有的于减成减平一项称并无丝毫存库；有的于关税一项称难以再筹溢解，等等。总之，于户部指令是有所为，有所不为，且各有各的理由。光绪十年的各项办法，各省办理情况亦与前相类。例如于裁兵节饷多称无虚糜之项，裁减已多，无可再减；于裁减关、厘局卡经费则称迭经裁汰，实难再裁等④。光绪二十年的筹饷各条，据岑春煊奏，陕西省"员无冗滥，费不虚糜，已无从再减"，核扣养廉、土药捐输、当商捐输等项或早已遵办或正饬催劝办，其他各项亦拟酌情变通办理⑤。光绪

① 杜翰藩：《光绪财政通纂》卷 51《通论三》，蓉城文伦书局 1905 年版，第 20 页。

② 同上书，第 10—12 页。

③ 朱寿朋：《光绪朝东华录》（五），中华书局 1958 年版，第 5134—5139 页。

④ 参见第四章《对财政支出弊端的清理》一节。

⑤ 杜翰藩：《光绪财政通纂》卷 51《通论三》，蓉城文伦书局 1905 年版，第 20 页。

二十六年的各条，据何枢奏，山西土药厘税并计，每百斤共征银八十两，"若再加三成，民力未逮，实恐徒滋扰累"，请缓办。烟酒若加征一倍，亦恐商力不继，拟酒税三文加增二文，烟税五文加增三文，绵烟十文加增六文试办"①。崧蕃等奏，云南省厘金、关税、盐课三项拟"于无可筹措之中"，勉力提裁银四万两，报部候拨；按年捐输票本，实难遵行；土药增加之议拟请缓办；汇费"为数无多，应仍照旧开支"；田房契税，"并无例外多取"；烟酒税遵部议加一倍②，于户部之政令亦是采择而行。

更有甚者，地方督抚对专顾中央财政利益、不顾地方实际困难的一些财政指令还表现出明显的不满和抗拒。如革除陋规一项，光绪元年奉天将军崇实即奏"陋规变本加厉，欲求整顿，非加养廉不可"③；光绪六年涂宗瀛亦称"陋规固宜裁革，而办公亦必需经费"④。光绪二十六年（1900），清廷令"各省将关税、盐课、厘金裁去陋规，以充公用，迅将实在数目奏报"。与此相同的谕旨清廷已发布多次，湖广总督张之洞不胜其烦，回奏称"湖北税、厘、盐课三项及州县丁漕平余，皆经逐加整顿，无可裁提"，但既然中央有令，拟"以后每年总督捐助银三千两，巡抚以下分别递减，共捐银七千七百两"报效中央政府。清廷接奏后觉得大失体面，斥责张之洞"以区区之数託名捐助，实属不知大体"，"传旨严行申饬，所捐之项，著不准收"⑤。诸如此类的事例还有很多。

本来完成中央政令为地方官员职责之所在，但光绪朝中央政府已不得不以额外的奖赏来鼓励各省官员完成中央的财政任务。光绪十年（1884）七月，户部请求"此后凡有户部指拨各项海防饷需，无论各省藩运司道监督等，如能照数批解，毫无贻误。由户部半年题奏一次，照军功例请给优奖"⑥，是年十月，户部以各省关协拨甘肃、新疆饷项，

---

① 朱寿朋：《光绪朝东华录》（四），中华书局1958年版，第4488页。
② 同上书，第4490页。
③ 朱寿朋：《光绪朝东华录》（一），中华书局1958年版，第180页。
④ 同上书，第891页。
⑤ 朱寿朋：《光绪朝东华录》（四），中华书局1958年版，第4467页。
⑥ 朱寿朋：《光绪朝东华录》（二），中华书局1958年版，第1871页。

"历年筹解，力济边军，不分畛域"，而请对各省、关官员量予奖叙[1]，光绪十八年（1892）又以各省解清海军巨款，请将筹办诸臣量予奖叙[2]，以解清甘肃新饷将各员分别奖叙[3]。

其二，欠解中央及协拨款项。

由于筹款的主导方面是地方，所以在光绪时期，对中央解款和指定的"尽收尽解"的款项，地方常以"库存无多，难以筹解"、"本省实无可筹"等相应[4]，各省欠解中央款项迨成普遍现象。如光绪元年（1874）上谕称"直隶长芦盐政及山东欠解内务府……银两，为数甚巨。……嗣后务须年清年款，不得稍有拖欠，以济要需"[5]。另据奏称，光绪十二年（1886），两淮欠解步军统领衙门利银，历年拖欠至 60 余万两之多[6]，各省关本年应解东北边防经费，尚欠解银 125 万两[7]；光绪十三年（1887），东三省练兵防边经费，指拨各省每年协济饷银 200万两，一年期满，未解之银尚有 130 余万[8]；光绪十五年（1889），户部指拨铜本 50 万两，但通共只收到各省新旧铜本银 147676 两[9]。光绪二十二年（1896）户部奏该年京饷"截至九月底，除划拨、截留、解到、报解起程等款外，尚有未解共银二百二十二万两"[10]，京饷的这种短欠状况在以前是不多见的。光绪二十八年（1902）上谕令各省关赶紧筹解东北边防经费、备荒经费，指出"各省欠解甚多，竟有丝毫未解者"[11]，外务部亦奏："出使经费一款，……今宜昌等关，欠解一、二、三结不等，已属延宕。若闽海、粤海、浙海三关，欠解至十余结或二十余结之多。"[12] 光绪三十三年（1907）考察政治经费，自去年以来，

①　朱寿朋：《光绪朝东华录》（二），中华书局 1958 年版，第 1841 页。

②　朱寿朋：《光绪朝东华录》（三），中华书局 1958 年版，第 3125 页。

③　同上书，第 3182 页。

④　朱寿朋：《光绪朝东华录》（一），中华书局 1958 年版，第 171 页。

⑤　同上书，第 116—117 页。

⑥　朱寿朋：《光绪朝东华录》（二），中华书局 1958 年版，第 2058 页。

⑦　同上书，第 2139 页。

⑧　同上书，第 2317 页。

⑨　朱寿朋：《光绪朝东华录》（三），中华书局 1958 年版，第 2583 页。

⑩　军机处录副奏折。转引自汪敬虞主编《中国近代经济史 1895—1927》中册，人民出版社 2000 年版，第 1320 页。

⑪　朱寿朋：《光绪朝东华录》（五），中华书局 1958 年版，第 4974、4982 页。

⑫　同上书，第 4910—4911 页。

各省多未能如数解到①。从中已足可见地方欠解情况之严重。对于这些欠解款项，地方政府采取的办法是承认欠解，延不完欠，使得欠解各款沦为一种数字符号。中央政府虽频频催缴欠款，要求地方政府带征带缴，但地方政府每以地方财力竭蹶，搜罗已穷等种种理由予以搪塞，除为应付中央措辞严厉之令而略为补缴欠解之外，大多数欠解款均搁置不问，年复一年地将欠解各款"据实报部"，视为当然。面对此种状况，中央政府亦无可奈何，毫无办法。

中央款项之欠解已如此，协饷的情况就更等而下之。云南系受协省份，而各省欠解该省的协款仅从光绪二十一年（1895）至光绪二十五年（1899）就达 1955400 余两②。1908 年陕甘总督升允奏称："向章每年估银四百八十万两，承协各省、关均系年清年款，并无蒂欠。庚子以后，各省骤加偿款，筹办新政，均有兼顾不遑之势，以致欠饷积至六百余万。"③ 又如北洋海防经费的协款，辛丑前每年由户部向各省关指拨 124 万两，各省、关也只是偶有"短解"。而后，因"各省加摊洋款，饷源同一艰窘"，将各省年协拨款数减为 93 万两。但即便如此，也仍然解不足额。据 1906 年北洋大臣、直隶总督袁世凯奏称，其时北洋海防经费中的外省协饷及本省自筹部分（定额 64 万）并计，不过 100 万两上下④。其他协款也大多如此。当时各省对中央派款的态度是"京饷、赔款系顾根本重地、交涉要需，仰体时艰，不敢轻言减免。惟协饷一项，必以此省有余，始能助彼省之不足"⑤。这种心态决定了协饷的局面更难维持。

其三，截留、挪用中央款项。

清代财政收支的运行有两个基本特点：一是各种财政收入的征收绝大部分由地方完成，中央政府所直接征取的税收甚微，也就是说中央财

①　朱寿朋：《光绪朝东华录》（五），中华书局 1958 年版，第 5727 页。

②　《德宗实录》卷 456，第 5 页。

③　宫中朱批奏折。转引自汪敬虞主编《中国近代经济史 1895—1927》中册，人民出版社 2000 年版，第 1322 页。

④　军机处录副奏折。转引自汪敬虞主编《中国近代经济史 1895—1927》中册，人民出版社 2000 年版，第 1322 页。

⑤　宫中朱批奏折。转引自汪敬虞主编《中国近代经济史 1895—1927》中册，人民出版社 2000 年版，第 1322 页。

政收入主要通过地方政府的税征而得以实现。二是在财政收支两者之间，一项财政支出一般都指定在某项或几项财政收入项下动用，非经允许不得在其他财政收入项下开支。也就是说，财政收入与财政支出之间存在着相对固定的对应关系，某款作某项之用，均预作划定。光绪六年户部奏筹备饷需时称"新增入数皆有占定"①，即反映出财政收支的这种对应关系。但如此一来，某款一经挪用、划拨，就势必导致原定支出款项短缺或缺乏保障，需要另筹款项。清代财政的这种运行方式，为清中央与地方政府的财政博弈留下了一个广阔的角逐空间。一方面，中央政府得以各种"财政腾挪"、移缓就急，指拨地方大宗实有着"的款"，而以虚悬无着之零星款项予以拨补（已如前述）；另一方面，地方亦以某款向系归于何项应用，经中央政府划拨之后，"要需"无着为由，或截留、或挪用应解中央政府款项，并争取新的税收征解权力，以资弥补。

光绪时期，中央政府固然经常指拨原属地方之用款，各省亦经常截留和挪用应解中央之款项。因地方财政困难，各省督抚每每在中央经费上打算盘、做文章。如光绪十年曾国荃上奏，"出使经费项下，……尚有余剩存积，臣拟再续借六十万两拨充前敌水陆各营紧饷"，清廷亦不得不"酌量匀拨，以资应用"②。

地方于中央款项的截留和挪用，有的于事前向清廷奏请，有的于事后奏报，有的数额不大，有的款逾巨万。据称光绪二十五年时"广东历年挪用库款积至八百三十余万，未经报部者五百八十余万"③。光绪三十二年（1906）户部在一份奏折中曾揭示了地方挪用中央款项的情形："近年库款支绌，各省皆然。任事之臣，知臣部筹措之难，动辄自行电檄各省，求为协济。其意不过在外销款内匀拨。而各省亦不尽能另筹的款，遂将例支正项，及报部候拨者，挪移擅动以应之。迨臣部查知，而款已动，往返驳诘，迄难就绪。"④

地方的截留、挪用加剧了清中央与地方财政的混乱状况。光绪八年

① 朱寿朋：《光绪朝东华录》（二），中华书局 1958 年版，第 1871—1872 页。
② 同上书，第 1786 页。
③ 朱寿朋：《光绪朝东华录》（四），中华书局 1958 年版，第 4416 页。
④ 朱寿朋：《光绪朝东华录》（五），中华书局 1958 年版，第 5474 页。

（1882）张之洞在奏陈山西财政情形时说，"晋省患贫至今日而极，然非匮乏之患而弊混之患"，"藩吏以淆杂为秘局，有司以拖欠为得计"，"一由于军需报销之案，岁月过陈，一由于善后之案挪移过巨，一由于交代之案未结过多"，"甲既欠乙，乙又欠丙，丙或复欠之甲"①。从中央到地方，掌财政者似乎都擅长乾坤挪移之术。山西省财政之纷乱，亦是整个清廷财政纷乱之写照。

其四，力陈地方财政之困难，或奏请中央拨款，或奏请留支，或奏请减免分派款项。

与中央政府解款之令的频颁相对应，地方政府陈述本省财政困难，请求中央拨款、请准留支、请求减免分派的章奏也是络绎不绝。兹各略作示例：光绪二十四年（1898）十二月，山东"连年筹办工赈，筹还洋债及新添支拨各款，早已搜刮一空。本年钱漕复多蠲缓，更虞入不敷出"，请"敕部发的款二十万两，以济急需"②。光绪三十二年（1906）二月，黑龙江请"由荒价项下，先提拨银一百万两"兴修铁路③。

光绪二十四年（1898）十月，山西省"每岁所入地丁盐课等款约四百余万两，而部拨京协各饷多至三百余万"，"晋省既须添练新军，又无防饷可并，自应以本省节存之款，供本省添练之需。"④ 贵州省亦请将裁并厘金、善后、报销等局所节省之款留备黔用⑤。

光绪三十年（1904）十二月，林绍年奏："滇省瘠苦，行后奉派筹款认解四五十万之多，实已极形匮竭。恳恩饬部立案，以后凡有派解之款，免其再派，以重岩疆而甦民困。"⑥ 光绪三十三年（1907）十二月，张人骏奏，"粤省财政困难，恳请减解赔款以纾民力"⑦。

其五，以尽征尽解代替定额征解。

清政府对各项税收均规定有征收定额，光绪朝中央政府一再要求地方规复各项税征原额，并在征足原额的基础上，再量力溢解。如光绪五

---

① 朱寿朋：《光绪朝东华录》（二），中华书局1958年版，第1391—1392页。

② 朱寿朋：《光绪朝东华录》（四），中华书局1958年版，第4301页。

③ 朱寿朋：《光绪朝东华录》（五），中华书局1958年版，第5483页。

④ 朱寿朋：《光绪朝东华录》（四），中华书局1958年版，第4269页。

⑤ 同上书，第4261页。

⑥ 朱寿朋：《光绪朝东华录》（五），中华书局1958年版，第5277页。

⑦ 同上书，第5833页。

年户部"请旨饬下各省关，嗣后务宜实力稽征，按年征足原额，此外再有多余，尽收尽解"，六年"行令各省关除征解足额外，仍令就征收实在情形，按年量力溢解"①。而地方政府则每以战乱或其他原因为由，声称难以尽复税收原额，要求改定额征解为"尽征尽解"，以减轻本省财政义务。如光绪三年（1877）谭钟麟奏，潼关商税骤难复额，仍请照前尽收尽解②。光绪九年（1883），中江税务监督奏称，因海禁大开，陆路货物渐形短绌，"中江税课每年可收若干，殊无把握，应请改为尽征尽解"③；光绪十二年（1886）谭钧培奏"湖北武昌厂税征收船料银两骤难复额，仍请照章尽征尽解"④ 等等。

其六，隐匿瞒报，自收自支。

伴随着财权的下移，地方政府拥有了更大的税收自主权，但在大多数情况下，地方督抚们在形式上仍然就税项的开征向中央奏报请旨，事前奏准者有之，既成事实后奏报者有之，不奏不咨者亦有之。然于税项之所得，则多有隐瞒，以多报少、捏完作欠、征存不解是普遍的现象。这些款项由地方自收自支，列入外销，中央政府无从知晓，更无从予以监督。

综上，光绪朝中央与地方的财政关系，既非前清时期中央全面控制地方的高度集权状态，也不能说地方财权已大于中央政府，脱离了中央政府的控制。中央财政与地方财政实际上是互相依靠又互相斗争的关系，两者之间既有相互的支持，又有财政利益的争夺和博弈。是时，中央政府虽然失去了对地方财政的绝对掌控，但仍借助其政治威势而维系着对全国财政的基本控制，只不过这种控制力至清末愈来愈弱。

作者单位：九三学社湖北省委员会

---

① 朱寿朋：《光绪朝东华录》（二），中华书局 1958 年版，第 1752 页。
② 朱寿朋：《光绪朝东华录》（一），中华书局 1958 年版，第 416 页。
③ 朱寿朋：《光绪朝东华录》（二），中华书局 1958 年版，第 1589 页。
④ 同上书，第 2181 页。

评《光绪朝硃批奏折》对张之洞奏议的收录

周秀鸾

由中国第一历史档案馆编印的《光绪朝硃批奏折》（以下简称《硃批奏折》），在1995—1996年由中华书局分批推出，共120册。《硃批奏折》是将第一历史档案馆珍藏的自光绪元年至光绪三十四年的汉文硃批奏折99000余件，6300多万字，影印出版。奏折的撰写者多为光绪朝的封疆大吏、贵胄名臣，内容涉及广泛。为了便于使用，《硃批奏折》的编辑者将这批档案分为内政、军务、财政、农业、水利、工业、商业贸易、交通运输、工程、文教、法律、外交、民族事务、宗教事务、天文地理、反清斗争、列强侵华、综合等十八大类。各类下又细分项目。将这个大量的光绪朝施政活动的原始记录整理后影印出版，让读者能直接接触到档案原貌，确实是嘉惠学林，促进清史研究，弘扬中华传统文化的一项重大举措。

我们在编《张之洞全集》的奏议部分时，早年也曾到第一历史档案馆寻求有关档案。可是，由于当年录制手段落后，费工多而收获微。《硃批奏折》的问世，给我们的工作提供了极大的方便。我们充分利用《硃批奏折》中的珍贵档案文献，受益匪浅。衷心感谢第一历史档案馆编者的辛勤工作。以下，谈谈《硃批奏折》对张之洞奏议的贡献，以及我们在编辑过程中发现的一些问题。

一

《硃批奏折》提供了数量众多、内容丰富准确的张之洞奏折的原始档案。

《硃批奏折》提供的张之洞奏议（含奏折、片、单），在数量上远远超过此前问世的几种版本。如流传最久、传播最广、八十多年来被学者频繁征引的王树楠编《张文襄公全集》（1928 年北平文华斋刊行，以下简称《王编》），收录的张之洞奏议共 732 件。台北故宫文献编辑委员会编《宫中档光绪朝奏折》（台北故宫博物院 1973—1975 年发行）影印的张之洞奏议 96 件。而《硃批奏折》收录的张之洞奏议 1452 件，其中 90%是以上各种版本未录，是第一次公开面世的。其文献价值毋庸赘言。

《硃批奏折》影印的张之洞奏议，不仅多，而且内容丰富。王树楠等人在编辑张之洞文献时，有主观取舍。所以有人认为《王编》"名曰'全集'，实系'选本'"。《硃批奏折》收录了张之洞在光绪朝从政期间上奏的政事，包括重大的政治、外交、法律、军事、交通、财经、教育等方面的建议，以及辖区的土地开辟、财税收支、刑名律例、工程营建、科举教育、河工水利，人事职官方面的任免升迁、调补考核、纠参处分、开缺休致、考绩奖赏、恤恤封荫等等，军事方面的营制调遣、防务巡查，财务方面的地丁漕粮、关税盐务、捐输库储、京饷协饷、预算开支报销，金融方面的货币铸造发行，农业方面的屯垦耕作、稻谷收成、雨雪粮价、水利水文、旱涝灾情，工程方面的修造船只、制造枪支、矿务冶炼、纺织轻工，直至市制建设、商业贸易、水陆交通、兴办学校、编修图书、审办要案命案，处理涉外事件等等，涉及面广泛。这些问题经张之洞逐年上奏，形成了系列有序的档案，为研究者提供了方便和系统的史料。如湖北省是水灾频仍之地。每次灾情发生，张之洞都要上奏，请求减免田赋。这些奏章非常精细，细到某县某乡某村庄发生的灾情等级。学者如将各年的报告进行排比对照，对研究分析该地区该乡该村灾情逐年的变化很有帮助。

《硃批奏折》提供的文献不仅丰富，而且准确。因为每件奏议，都是根据原件影印的，特别是奏折，有严格的程式化要求。每件都必须写明上奏者的姓名官衔，事由内容，上奏日期。加上皇帝硃批，一应俱全，是第一手的原始文献。而王树楠、许同莘等编《张文襄公全集》时所收录的张之洞奏议，主要是根据"遗箧"中的"遗草"，再就"史馆月折、总署档案及邸钞官报之属，检抄增补"①。其所以会这样，是因为他们看不到张之洞上奏的原件。原件最后都要存档，"枢机慎密，不得备闻"。这样一来，流传版本中收录的张之洞奏议，就可能与他上奏的原件不一致。我们在编辑《张之洞全集》奏议部分时，将《王编》中的732件奏折与《硃批奏折》中的文献对照，发现有对应的132件。《王编》的这132件，每件都有错误。其中除有通篇置换②的外，有的奏折错误多达55处。③ 经过核对，《王编》的132件与《硃批奏折》有歧义的（或错、或衍、或脱），计800余处。④

归纳起来，主要有：

1. 上奏日期错误的有15件⑤。《王编》的这15件有日期错误的，有月份错误的，有年份错误的，其中《办结宜昌教案折》，《王编》（第326件）将此折上奏日期定为光绪十七年十二月二十七日，而在《硃批奏折》第一二〇辑（第103件）则写明上奏日期是在光绪十八年十二月二十七日。《王编》错了一年。

2. 《王编》中光绪硃批或漏或错的有14件⑥。其中最令人费解的是，张之洞在山西任巡抚时，要实行土默特界内归化五厅寄居编籍。这个措施遭到绥远将军丰绅等人的反对。他们向皇帝提出：张之洞推行这种措施，必然会妨碍该蒙旗的游牧，要求复旧，不编民籍。张之洞在光绪十年三月二十六日上奏，认为编籍清赋可以消除边患，口外编籍无碍游牧，指出丰绅等人的反对，是出于私利揽权的考虑。光绪在斟酌双方意见后，支持张之洞，用硃笔写下："所驳各条，字字切实，该将军等前奏毋庸置疑。"⑦

---

①　许同莘：《编辑张文襄公全书叙例》。

②　《谢赐福字折》光绪二十年正月十二日。赵德馨主编：《张之洞全集》第三册，武汉出版社2008年版，第165页。

③　《剿抚各黎开通山路折》光绪十三年二月十七日。请见赵德馨主编《张之洞全集》第一册，对该件的校正，武汉出版社2008年版版，第494—497页。

④　详见拙撰《〈张文襄公全集·奏议〉校勘手记》，《周秀鸾经济史学论文选》，中国财政经济出版社2008年版，第731—790页。

⑤　详见赵德馨主编《张之洞全集》第一册，武汉出版社2008年版，第225页；第二册，第3、15、49、107、213、240、299、465、555页；第三册，第3、65、134、165页。

⑥　详见赵德馨主编《张之洞全集》第一册，武汉出版社2008年版，第58、144—145、227、237、487、523、532页；第二册，第26、275、419、5085页；第三册，第3、134页。

⑦　《硃批奏折》一一四辑132件，见赵德馨主编《张之洞全集》第一册，武汉出版社2008年版，第225—227页。

这是明确表示支持张之洞。可是《王编》没有录这条硃批，而是有一条旨："前据丰绅等奏，业经户部议复，仍著该抚等妥商具奏。该部知道。钦此。"

3.《王编》中某些数字与《硃批奏折》歧异的有 24 处。[①] 文献在抄录、印刷过程中，数字是极容易出错的。而一个数字的错误，会影响整个奏件内容的准确性。《王编》的数字错误不少。其中，有些是相差太远了。如《王编》第 232 件《粤省仍请专认宝源洋款其补解畿饷应听户部酌核析》，其关键数字"上年粤垫宝源之十万四千余两"，《王编》误植为"上年粤垫宝源三十万四千余两"。又如光绪十五年九月二十日的《建筑琼廉海口炮台折》，谈到与克虏伯厂订购军火。《王编》中写的是"引火五十枚"。而《硃批奏折》原件是"引火五千枚"。[②]

经与《硃批奏折》核对上述各件启奏日期、硃批、数字方面，《王编》有错误外，《王编》在人名中，也有错误。如《王编》中宜昌知府"逢闰古"，实应为"逢润古"。补用巡检"玉家瑞"，应为"王家瑞"等[③]。

可见，《硃批奏折》的问世，确实避免了以往印本的许多错误，使学人可以利用更为准确、可靠、可信的文献从事研究。

二

《硃批奏折》的整理与编印，由于文献数量浩如烟海，年代久远，尽管编辑人员精心编制，仍不免出现一些疏漏和值得斟酌的地方，正如《硃批奏折》前言中提出的，由于"时间仓促，书中的缺点和错误，在所难免"。就我们接触到的《硃批奏折》中张之洞的奏议来看，发现有如下问题。

1. 关于残件

《硃批奏折》是就原件影印，保存了档案原貌，彰显了它的文献和

---

① 详见拙撰《〈张文襄公全集·奏议〉校勘手记》，《周秀鸾经济史学论文选》，中国财政经济出版社 2008 年版，第 733—769 页。

② 赵德馨主编：《张之洞全集》第二册，第 16、274 页。

③ 见赵德馨主编《张之洞全集》第三册，第 65 页；第二册，第 495 页。

史料价值。但是这近十万件的奏章，距今一百多年，历经沧桑，鼠啮纸碎，其缺失与破损也在所难免。《硃批奏折》在凡例中明确声明："本书所辑折件中有破损、残污等情况，读者可从稿面上辨认出来，故不一一注明。只有内容失缺者，编者才在目录中注明'缺'、'首缺'、'中缺'、'尾缺'等字样。"万幸的是，该书收辑的张之洞奏折缺失破损情况不严重。但我们发现个别折件本是不缺的，只是由于编者的疏忽，将完整的折件腰斩为二，分别收于不同的册辑中。如《筹设炼铁厂折》，它是张之洞的著名奏折。在《硃批奏折》中，将上半件收在一〇二辑第125件，日期标为光绪十五年七月，把下半件置于一一一辑第210件，日期为光绪十五年八月二十六日。根据《硃批奏折》的分类，第一〇二辑属于工矿钢铁机器局等，而第一一一辑则是关于外交的。如按分类和所标日期来考虑，教人如何能将这两个半件合在一起呢？其他一些残件，本是不必予以补充纠正的，但为了方便读者，可否采取注解形式，建议读者参阅其他刊本以了解全貌呢？①

　　2. 关于某些夹片日期的确定

　　《硃批奏折》的编辑工作，从我们接触的张之洞奏件来看，存在的最大问题是夹片的日期。清代从乾隆朝开始，对作为正式公文的奏折，有严格的程式要求和书写格式。奏章开始要写明具奏者的官衔、姓名，接着开宗明义要写明奏报事由，中间是写呈报的主要情节、处理意见，末尾总括全奏事由请皇帝裁夺。最后另行写具奏日期。所以奏折根据折后的书写，是可以准确判断日期的。问题是大臣要上奏的事件很多，一个奏折涵盖不了。于是在奏折后面另附夹片来上奏其他要事。这些夹片因紧随奏折，启奏者和日期是与主体奏折一致的。为简化文字，不再用程式化的格式，而是以"再"字开头，直叙其事，不书上奏者官衔姓名，也不书具奏时间。看看主体奏折所书的日期即可。可是，《硃批奏折》中张之洞奏章中夹片日期可能有问题的，不下三十余件②。如该书第四七辑054件，《硃批奏折》定此件时间为光绪十九年十二月至二十

---

　　①　如第八一辑405件可与《王编》第230件对照；第八六辑253件可与京报第2538号同一奏件对照。

　　②　详见赵德馨主编《张之洞全集》第一至四册，各件有疑问的均作了校记。

五年十二月，时间跨度长达 6 年。我们细读此件内容，发现这是一件对两湖提督总兵的年终考评。其中有对长江水师岳州镇总兵鲁洪达的考语："岳州新开商埠，为湘省初有洋商洋轮之始。该镇抚绥弹压，颇资得力。"岳州开商埠是在光绪二十五年四月，此件是年终考评，时间当为光绪二十五年十二月。[①]

为什么《硃批奏折》中夹片的日期会出错呢？这可能是由两个因素造成的。一是由于年岁久远，几经折腾，某些夹片可能与原奏脱离，日期就不清楚了。二是编辑分类时的疏忽。《硃批奏折》是将奏件的内容分为十八大类，各件按内容归类编排。夹片的内容与原奏的内容不一定属于同类，在按内容归类时将它们分别处理，可是没有记上奏折的日期。对于一个没有写上日期的夹片，在编辑时只有推测，不免出现错误。[②]

3. 关于具奏人物的确定

这个问题与上一问题是相关联的。夹片一脱离了原奏，如不记录，不仅日期不明，连上奏者也不清楚了。如《硃批奏折》八一辑 595、605 二件，日期是光绪十五年九月和十月，内容是湖北的事，可是张之洞此时还在两广任上，未到湖北任职，故不应断为张之洞的奏章。又如《硃批奏折》六二辑 286 件，其上奏者自称"奴才"。清代汉族大臣对皇帝称"臣"，不称"奴才"，只有满族大员对皇帝才称"奴才"。故此件不应列为张之洞的奏章。

《硃批奏折》的编印出版，确实是学界的一件大事，它对清史的编纂和研究，对中外文化交流的巨大功绩是有目共睹的。出版以来，中外学术界都交口赞颂。读到《硃批奏折》的前言，其编者诚恳地提出欢迎读者批评指正，我们才不揣浅薄，将在编辑《张之洞全集·奏议》过程中，引用该书时发现的一些问题提出来，仅供《硃批奏折》再版时参考。

作者单位：中南财经政法大学

---

① 见赵德馨主编《张之洞全集》第三册，第 554 页，校记（一）。

② 关于后者，即编辑分类出现的错误，纯属我们的分析。我们看到台北故宫文献编辑委员会编的《宫中档光绪朝奏折》，他们是按编年体的方法编辑的，夹片不问其内容如何，都是紧随原奏排列，就不存在日期不确定的问题。

武昌起义爆发后《通商汇纂》出版的号外之一

李少军

1911 年 10 月 10 日武昌起义爆发，促使全国反清革命浪潮迅速高涨，日本各驻华领事馆也随之发出很多电报、报告，介绍所在地的政治军事动态、经贸、交通通信、日侨状况等，而《通商汇纂》则从 1911 年 10 月 25 日开始，出版题为"四十四年（即 1911 年——编者）清国事变对于经济界的影响"的号外，刊载日本外务省通商局综述的在华各领事馆的电报、报告和其他信息。在 1911 年内，此种号外共出了 17 期，到 1912 年，又以"四十四、五年清国（支那）事变对于经济界的影响"为题，续出到 35 期。以下分别介绍第一至第七期所载内容的要点。

第一期（1911 年 10 月 25 日）

1. 革命对汉口、上海等重要口岸的最初影响

汉口的银行在起义爆发后存贷款业务告急，官帖贬值，钱庄、银号停业，其纸币不能流通，各种交易中断，革命军宣布对商民不予危害、将自设金融机构发行纸币，外国银行和清朝官办银行设法从上海输入硬通货、但缓不济急；轮船运输量锐减至平时的十分之一。上海的大清银行、储蓄银行、交通银行、信成银行及外国银行都发生挤兑，银元急剧升值，两江总督设法应对，私立金融机构全部停止兑付，同时溯江而上的货运停顿；南京也发生挤兑，博览会旧址成为一些人准备举事的据点；长沙发生挤兑，纸币不能流通，日本的"沅江丸"为准备撤侨而

停止航运；芜湖、镇江、安庆尚属平稳；苏州、杭州发生挤兑；重庆以西地区的反对铁路国有浪潮尚未平息；在奉天、营口、大连的官办银行近日也遇到挤兑，长春、铁岭、广州、汕头等地虽未发生大的风潮，但都出现纸币贬值、急于兑换、金融吃紧。

2. 长江上轮船航运

日清汽船会社、太古洋行、招商局的船舶在上海与汉口、汉口与宜昌、汉口与长沙之间的定期航班在起义爆发后继续开行，但向汉口运出的货物几无。

3. 电信

武昌起义爆发后，汉口的电报局于 18 日转移到租界内，黄州的电报局被起义者焚毁，北京与汉口之间的电报归清朝陆军专用，汉口发出的电报从九江转发。

本期号外还刊载了清朝邮传部为战时电报管理作出的 7 项规定。

4. 外侨情况

列出当时在武汉三镇、九江、南昌、河南、三原、大冶、重庆、成都、四川各地、云南、蒙自、南京、镇江、芜湖、安庆、扬州、长沙、常德、醴陵、岳州、沙市、宜昌、上海、苏州、无锡、常熟、杭州、广州、佛山、北海、海南岛、江门、龙州、桂林、厦门、汕头、福州的日侨人数，称：在武汉的日侨都平安撤退到租界以内，日侨在武昌的财产也很快得到了保护，日本舰队司令川岛作为总指挥官制定了各国联合防卫租界的计划。

5. 汉口江面上的外国军舰

列出当时在汉口江面上的英、美、法、德、日军舰的数量及其名称。

第二期 (1911 年 10 月 28 日)

本期号外综述 10 月 20 日至 26 日之间电报的内容。

1. 事变动态

武汉的革命党人扩充军队。

四川电报不通。

宜昌在 19 日被起义军占领。

长沙在 22 日早被革命党占领,外国人受到保护,民情安稳,军政府以湖南都督名义发表独立宣言,并表示极力保护日本人,要求外国恪守中立。

九江的清军在 23 日夜宣布全部反正,道台衙门变成军队司令部,炮台被占领,湖口也被起义军占领。

2. 革命浪潮对其他地方的影响

芜湖尚属平稳。

南京危急。

镇江一千数百工人为生计准备起事。

安庆亦不稳。

苏州情况不明。

杭州人心浮动,2 万多人因各业停摆而失业,民情汹汹。

上海民心平静,江南机器局戒备森严,宣扬清军获胜的报社受到冲击,同情起义军的人占多数。

福州官府强化戒备,但难保暴动不会发生。

汕头盛传嘉应州发生暴动。

广州将军凤山被杀,人心浮动。

北京官民迁避者多,有传言说廕昌被杀、人心不稳。

天津谣传有革命党潜伏且将要举事,官府戒备,人心不安,但租界平稳。

营口严加戒备,市场稍趋平稳,尚无暴动征兆。

奉天情况不明。

3. 商况

武汉、宜昌、长沙、芜湖、镇江、安庆、苏州、广州尚无新的报告。

九江在起义后发出维持秩序的军令、商业恢复、一般商民与日侨均安全。

杭州金融吃紧,丝织业停工使 2 万职工失业,典当业几乎都停业,米价高涨。

南京发生挤兑后,纸币渐渐恢复流通,各钱庄因存款大量取走而陷于困境，加上迁移者收回贷出款项、债款，金融更为吃紧；南京的生丝、丝绸交易受阻，来此推销生丝并办回程货物的商家受困、正观望形势；日商亦遭很大打击，其营业额只有平时的三分之一。

上海棉花上市量少，纱厂半停工或完全停工，价格未出现大波动，各国棉纱交易全无；挤兑浪潮稍缓，钱庄业每天举行救市会议但尚未作出决定，南京新铸银元在上海难以按其面值流通，钱庄的纸币不能流通、故有 18 家钱庄停止兑付；外国银行对钱庄信贷款减少约 200 万两；上海的日用品交易、纱厂生产随着金融状况好转将会恢复，缫丝厂等因难以支付职工的工钱而多停工。

福州市面因财政局等投放 15 万元而恢复过来，贸易未受明显影响，但输往上海的货物难以运出、汇兑行情上扬、输入贸易不敢放手做，红茶等出口货物售价骤降，银行收缩贷款，将促使市面趋冷。

厦门的官办银行遭遇地方及小钱庄挤兑，但大钱庄未动，"大清银行"对其发行的纸币与汇丰银行纸币的比价作出保证。

汕头贷款利率升高、纸币在市面上授受困难。

香港向上海、汕头、厦门大量输出硬通货，银元相对于纸币的比价不断升高，利率亦升；贸易中有观望、收紧之势，但尚无恐慌迹象，日本煤炭、火柴的输入如常，棉纱缺货。

北京的挤兑基本停止，但信成银行停止了兑付，"大清银行"的纸币借警察之力强制使用。

天津不断有从北京迁避之人到来，其中一些人通过水路前往上海，留在天津的多进入租界，进入日租界的也不断增多；棉纱与棉布因内地买家缩手而价格跌落、几乎停止交易，杂货交易也不顺利；大宗交易只限于现金交易；银行收缩贷款，银票只在小范围内流通，但外国银行的纸币流通还未受限；总行设在上海的信成银行在天津的分行，继在北京的分行于 25 日关闭之后，于 26 日关张，原因在于存款挤提，但对市面尚无大的影响。

营口过炉银与银行券的比价在 25、26 日再跌后升高，市面趋于平稳，豆饼、豆油有相当的成交量，但大豆因需要之地未购进而价格跌落，输入商都因过炉银行情不稳而收紧生意，棉纱等的输入中断；船舶业尚未受到多大影响，但招商局船舶在起义爆发后没有开来；当地日本零售商苦于顾客减少。

哈尔滨民众对武昌起义的消息尚未知悉，故人心平稳，经济未受多大影响，吉林官帖与在当地流通的俄币的比价在接到起义爆发的消息后一度下跌，但随后逐步上升，黑龙江官帖行情也有所下跌，但还在正常范围之内。

辽阳受到营口官帖行情跌落及中国纸币贬值的影响，有的油坊一度停止营业，但总体上平稳。

安东商民受到起义的影响，有挤兑银行纸币的现象，但在总督宣布以纸币纳税之后，纸币得以维持其价。

4. 交通运输

招商局船舶 23 日以后未见溯江航行；京奉铁路曾为运送军队而停止了普通列车的运输，但在 23、24 日又恢复了客运和部分货运。

5. 通信

九江被起义军占领后，23 日夜上海与长江沿岸的电报只能通到芜湖；营口曾拒绝拍发使用罗马字母的日文普通电报，经交涉后同意拍发；汕头 21 日来电，当地电报局拒发密码电报。

6. 护侨

列出在上海、广州、长江口岸的日本军舰数量及其名称。

第三期（1911 年 11 月 2 日）

本期号外综述 1911 年 10 月 27 日至 31 日电报的内容。

1. 事变动态

汉口附近 27 日终日交战，清军大胜，起义军退至汉口市区、汉阳；29 日汉口市区发生交战，清军胜，起义军大部退往汉阳、武昌。

长沙无后续报告。

2. 革命浪潮对其他地区的影响

镇江据传 29 日被起义军占领，这天一早迁避城外之人即源源不断。又有消息说镇江尚未被起义军占领，但市民惧乱迁避者众多，商业停止。

宜昌、上海、福州、厦门、营口、奉天无后续报告。

有消息称 27 日清军在汉口获胜后九江重新被清军控制。

芜湖相对平稳，但人心浮动，军警日夜戒备。

安庆危急，居民频频迁避下游，小学堂学生欲响应起义。

在南京，镇江为起义军占领的传言加剧了恐慌，盛传一两天内有人将起事。

杭州警报频传，从 29 日晚开始发生秩序混乱，迁避城外者众多，从各地调来的巡防队有 2000 人，日本领事要求巡抚保护日侨、防备万一。

汕头谣言四起、人心浮动。

广州接到清军捷报之后，总督态度骤变，官员担心发生与革命党的冲突，市民恐慌。

北京的海淀在 27 日晚发生暴动，据称是一伙强盗袭击市民，抢夺迁避西山的满人财物。29 日前后山西发生兵变，其后电报不通。

天津依然有大量从北京迁避而来之人，其总数约有 2000，外国租界已无空房，人心动摇日甚，官府加强戒备。

3. 商况

武汉三镇、宜昌、九江与湖口、安庆、镇江、南京、杭州、苏州、福州、厦门无后续报告。

长沙的起义军称其首领为中华民国军政府湖南都督，其府署设于咨议局，致力于实行军政、恢复秩序，严禁扰乱，大小商店多欢迎起义军，商业表面上与平常无异。

芜湖商业几乎停止，金融机构因遭挤兑而没有了硬通货，人心不稳。

上海钱庄业有向外国银行借款 200 万两之议，但在清政府不予担保的情况下，各钱庄必须提供抵押，故尚未看到最后结果。关于 10 月底支付的赔款延期支付的谈判正在进行，但支付并不困难。外国银行对上海钱庄等的信贷款在武昌起义爆发时约减少 400 万两，当下则为 510 余万两。上海商人纷纷迁避租界，城内及相邻地带的交易全都停止，店铺相继关门。

汕头市面不振，发生挤兑。

广州全市十分混乱，将主要货物从新市区转运到租界内者终日不绝，开往港澳和其他地方的船舶充斥着避难者。

北京从 28 日早上起，金融机构及民间存银锭的炉房全都停业，加剧了混乱，"大清银行"所遭挤兑很猛烈。巡警总长出示，宣称度支部已向各国银行借得巨款、清军获得大捷，警告商民勿轻举妄动。度支部为向四川增派援兵而拨款 100 万两，清廷令岑春煊火速赴川。

天津除了官办银行之外，所有银号、钱庄从 27 日起都停止了兑付，有传言称三家官办银行也将如此，一般交易几乎都陷于停顿。

牛庄从 28 日开始有不利于清军的传言，过炉银行情暴跌。

长春官府发布告示、停止报纸发行以镇抚人心；金融机构遭挤兑，官帖贬值；在交易方面，除了已有合同必须履行者外，其他都呈收缩之势。

吉林在武昌起义的消息传来之后，官帖逐步贬值，商人极少做大的交易，官府正在寻求防止官帖贬值之策。

4. 交通运输

在上海与汉口之间的航线上仅有的 1 艘招商局船舶在 26 日以后停航，停泊于上海；日清汽船会社的职员称：在长江其他航线上的招商局船舶大概也会停航。

5. 通信

截至 10 月 30 日，虽多少有些迟缓，但大体正常。

北京汉口之间因运送军队而使交通断绝，邮件要经天津海运到上海，然后溯江而上。

27 日汉口的交战使汉口电报局职员全都向上海撤退，九江的电报局职员全都逃走，当下无望开通电报。上海至镇江的电报还能维持。

延吉的电报局不拍发致湖南地方的密码电报。

长沙 23 日的来信称：该地向各地拍发的电报只限于明码，且不保证一定能发出。

6. 护侨

长沙 22 日来信称：外侨住所有军队保护，无何异常，日船"武陵丸"停泊长沙以备万一。

日本驻汉口总领事称日租界在起义军与清军的交战中陷于危险境地，已令在汉日本妇孺和其他希望撤退者乘 10 月 30 日起航的日船撤退到上海。

7. 其他

本期号外在"参考"栏目列出当时在日本驻汉口总领事管所涉区域内的日本工商、金融企业的名号、其在日本的原籍、负责人姓名、经营内容，当时在武汉三镇的各工厂的名称、国籍、具体地址、企业性质、资本额、产能等，在汉口的外国商行名称、国籍、具体地址、经营情况。

第四期（1911 年 11 月 4 日）

本期号外综述 10 月 31 日至 11 月 1 日电报内容，刊载其他时间的报告。

1. 事变动态

在武汉，起义军向汉口发动反攻。

长沙无后续报告。

2. 革命浪潮对其他地区的影响

宜昌、九江与湖口、杭州、上海、福州、广州、北京、天津、营口、奉天等地无后续报告。

镇江、芜湖依然不稳，但未发生暴动。

安庆尚未发生暴动，但电报不通。

南京稍显平稳。

厦门不稳的流言不绝，有人自称厦门革命军总理，以黎元洪的名义数次出示，滋生人们的疑惧，不少人迁避英租界和鼓浪屿等处。

3. 商况

（1）电报

因上海的金融停顿，厦门、香港从上海进货都要现金，故厦门交易很少，当地华商近于停业，但有信用的外商所受打击小，10 月 20 日前后有六七十万两现银输入，因担心银根吃紧，商家不轻易拿出现银，银价暴涨，"大清银行"、"交通银行"的纸币不受欢迎，外国银行的存款增多。

（2）报告

A. 驻杭州领事馆 10 月 18 日的报告

浙江兴业银行在武昌起义的消息传来后遭到剧烈挤兑，靠着官府和其他金融机构支撑，兑付了约 40 万元；后来金融不断趋紧，利率上升，各金融机构相约共同致力于资金回收、慎于放贷、绝对禁止现银流出，总算将市面维持住。绸缎业所受冲击之大仅次于金融业，四川动荡使之失去重要销路，武昌起义后交易又陷于停顿，已有一些业者破产。当地商会人士认为市面的恐慌远远超过了义和团起事之时。当地黄金价格猛涨。20 日的报告称：官府为省城的防备，从嘉兴、宁波、台州调集了三营巡防队；杭州现银为数很少，各金融机构只回收而不贷出资金，使通货日益紧缩，交易也都只认现银。商会散发传单安抚人心、维持市面，同时试图向"大清银行"融资百万元。绸缎业者恐慌到极点，不仅没有生意做，连库存货物的保管都有困难，头面人物商议将库存货物移送上海，借用安全仓库保管，已在 19 日以火车运出约值百万元的货物。巡抚将家属送往北京加剧了人心不稳局面，18 日以后绅商家属迁避上海者络绎不绝。提学使禁止学堂学生谈论国事，责令学堂监督对学生的不稳举动负全责，但到 19 日下午，谣言四起，大多数学生要求放假数日回家，学堂近乎停课。有三五不逞之徒汇集于茶馆酒肆等处，造言煽惑，还有人追随革命党潜伏于杭州。报纸上关于武昌杀戮满人的报道使杭州的旗人惊恐，其中有钱者迁避上海，妇女也竞相购置汉人服装以备万一。

B. 驻苏州领事馆 10 月 21 日的报告

当地人认为确有革命党潜伏，城内外都有"兴汉灭满，安民护洋"的宣传品散发就是证明。巡抚担心新军中也有革命党，下令上交弹药，但督练公所的人认为苏州没有发生起义之患。武昌起义的消息传到苏州后，当地不少富人迁避上海，使各轮船公司有了近来少见的好生意；包括官办银行在内的金融机构遭到挤兑，导致金银紧缺，迫使当地布政使、南京的布政使投放资金、设法对付，典当业也受到冲击，金价猛涨、铜钱币值也上升。巡抚严令巡警查拿夜间携带武器之人，对发电报者从严控制，加强各城门守备。

C. 驻厦门领事馆 10 月 23 日的报告

武昌起义爆发以来，当地人心平稳冷淡，政治上未见受到多大影响，但金融业因华中一带金融吃紧而受到一些影响。当地在上半年，金融就因鸦片的缘故而稍显吃紧，10 月 17 日又受到上海金融紧缩的冲击，停止了向上海的押汇贸易，金融机构收缩贷款、厉行资金回收，银价猛涨情形为七、八年来所未见。19 日，当地的"大清银行"、"交通银行"遭到地方及小钱庄挤兑，"大清银行"要求各钱庄接受其发行的纸币，为此对其纸币与汇丰银行的兑换率作出保证，同时，"大清银行"与"交通银行"都从各自的新加坡分行划拨资金到厦门，用以应对挤兑。银价居高不下，使一般商况不振，平时本该最为兴盛的棉纱、面粉交易也几乎停下来了。此外，年初以来因买空卖空而暴涨的鸦片价格，在 10 月初暴跌，可能会使不少鸦片商及相关钱庄倒闭。

　　D. 驻牛庄领事馆 10 月 23 日的报告

　　10 月 14 日武昌起义的消息传到牛庄，流言四起，人心惶惶，16 日过炉银行情暴跌，市场发生大的混乱，以过炉银计价的大豆、豆饼交易完全停止，官办银行遭到市民挤兑，迫使官府与商会共商对策，要求各商户不参与挤兑，使局面缓和下来，但直到 23 日，商家对贸易依然持观望态度。此次受打击最大的是输入商和以过炉银作为计算依据的内地商家，而输出商则尚未感到痛痒。该报告列出了 10 月 13 日至 20 日之间每天牛庄的过炉银与银辅币、元宝银、银行券的比价及其向上海汇兑的行情，10 月 16 日至 20 日之间，在牛庄的"大清银行"、"交通银行"的分行、"东三省官银号"分号兑付的硬通货数额。

　　E. 驻香港领事馆 10 月 20 日关于棉纱行情的报告

　　武昌起义后上海的一般贸易停顿，导致日本、上海棉纱的价格行情走低，加上美国棉价暴跌、印度棉花也受其影响，云南铁路开通后对棉纱的需求增大，这些都有利于棉纱的推销。

　　4. 通信

　　九江以西的电报依然完全不通。

　　11 月 1 日，安庆的电报不通。

　　5. 交通运输

　　11 月 1 日日清汽船会社的电报称：怡和、太古洋行的轮船可能到九江为止，但日清汽船会社的船舶只要无危险就航行到汉口。

　　6. 护侨

日本驻上海总领事馆受驻汉口总领事委托，按预定计划安置从汉口撤退的日侨。

第五期（1911 年 11 月 8 日）

本期号外综述 1911 年 11 月 2 日至 7 日电报内容，刊载其他时间的报告。

1. 事变动态

汉口遭到火灾，11 月 4 日扑灭，华人市区焚毁三分之一，不时可听到炮声。

长沙有设立红十字会之议，决定选举 20 位华人、10 位外国人为委员，立即开设。

上海 11 月 6 日下午的电报称：租界以外的南面之地均归革命党控制，租界平安。

苏州在 11 月 5 日未经交战归于革命党之手，巡抚衙门改为中华民国姑苏都督府，巡抚程德全被推举为都督，宣告独立，官民欢喜，不分满汉。

杭州官员在 11 月 4 日在革命党的压力下议决浙江省独立，6 日的电报称杭州全由革命军占领，商民平稳，日侨平安。

南昌 11 月 1 日发生兵变，2 日由革命军推举代表、公举司道、维持秩序。

云南在 11 月 3 日午后发出的电报称：云南府、腾越为叛军占领。

2. 革命浪潮对各地区的影响

在南京，上海发生兵变消息传来以后，秩序大乱，新军与八旗兵发生冲突，新军激昂，促镇统速起事。

沙市尚未举事，驻沙市领事馆收容从宜昌撤出的日侨；宜昌的秩序正在恢复。

芜湖尚属平稳。

在安庆，巡抚得知九江被革命军占领后意欲以武力对抗，但经地方绅士恳请，转而保证绝不与革命军交战。11 月 2 日以后发生贫民抢米，4 日约有民众千人掠取桐城县，切断电线，巡抚再度表示不与和平占领安庆的革命党交战。日侨平安。

镇江于 11 月 6 日被革命党控制，将马上宣告独立。

厦门在上海被革命军占领的消息传来之后，交易完全停止，商会商议预防匪徒抢掠之法，不少人迁避。6 日下午的电报称："民政革命军"在鼓浪屿散发无数告示，谓其尚未作好掌控厦门的准备，顾虑土匪乘机抢掠商民、侵害租界而未敢轻动，诸民宜安堵，勿为谣言所惑，如有匪徒掠夺，其举事之日将处以严罚。

汕头在革命军战败的消息传来后，革命党人感到沮丧，且得不到当地名流的支持，潮州知府率 80 名清军前来，各学堂学生放假回家，大量银元从香港输入，银价走低，人心平复。

宁波在 11 月 5 日被革命军占领，电报不通。

北京截至 11 月 2 日，迁避出城者约有 10 万。山西起义军的步兵、炮兵 11 月 1 日以后占据了娘子关天险。

芝罘在 11 月 6 日有人贴出传单，内称"祈我同胞速举义旗，联合我军，共诛满奴"，人心浮动。

福州、广州、天津、营口无后续报告。

3. 商况

（1）电报

11 月 6 日从芜湖发出的电报称：从汉口归来者说，当地海关只有两名职员，实际上已不能办理海关事务。

上海在 11 月 3 日晚的骚动对商界似无多大影响，但在无政府状态下，棉纱等订有合同的货物得不到保障，输入商颇感痛苦。

杭州的金融恐慌达到极点，10 月 31 日以后所有纸币不能流通，现银缺乏，商业瘫痪，巡抚与商会商议发行可用于纳税、6 个月后回收的纸币以救市，但一般人对其信用并不看好。

广州商铺在 11 月 1 日半开业，迁避者逐渐减少。

天津的银号、钱铺关闭，官办银行也一度中止兑付，典当业也陷于困境，官商百般设法应对，欲向各外国银行借款但未能实现。

在芝罘的俄华道胜银行停止办理向上海的押汇业务，除了该银行、汇丰银行的纸币外，其他外国银行的纸币不能流通，"大清银行"纸币的流通也不顺利，资金紧缺，银价升高；船舶贸易减少，各方面都呈现收缩状态；从京津归来的人为数颇多。

长春道台严令禁止商人外运硬通货，日本领事对此表示拒绝。

铁岭与营口一样，因过炉银行情跌落导致金融紊乱，银币缺乏，与营口的贸易停止，没有日本货物输入，但输出商未受影响。

厦门、福州的商家因地方不稳而致电香港商家，停止进货，使 8 日启航赴福州、厦门的大阪商船会社船只无货可运。

（2）报告

A. 驻广州领事馆 10 月 18 日的报告

广东官府对革命党的防范一直很严密，故即使在武昌起义爆发后，革命党也不易从外部打入广州举事。但随着各地起义的消息接连传来，在广州的各家官办金融机构从 10 月 14 日下午开始遭到挤兑，其发行的纸币难以流通。两广总督设法控制舆论，商会、慈善机构、自治团体也设法救市，对市面起到了一些稳定作用。但广州官场中对清朝前途持悲观态度者很多，报界、教育界、有新知识的少壮之人盼望革命党成功，即使担心地方混乱不利于商界的人们，也有不少满怀排满革命思想。

B. 驻芝罘领事馆 10 月 23 日的报告

当地的"顺泰"银号开有金融机构、杂货店、旅馆、缫丝厂，在上海和青岛、北京等地也设有银号等，颇有信用，但却在武昌起义、上海商界恐慌的冲击下，在 10 月 21 日停止兑付，资不抵债。同日停止兑付的还有"福顺恒"钱庄，但当地商会为以后兑换该钱庄发行的钱票作了担保。

C. 驻香港领事馆 10 月 20 日的报告

香港对日本船舶所运煤炭的需求很大，但广州受到革命浪潮影响，人心不稳，金融机构几乎瘫痪，削弱了购买力。

D. "关东都督府" 1911 年 10 月 17 日的报告

革命军占领上海等地的消息在营口震动了上下，使流言四起，人心不安，过炉银行情不断下跌，大豆、豆饼的大宗交易完全停止，日商也由此蒙受损失。营口官府和商会竭力设法维持过炉银的行情，并取得了一些成效。当地商人多为广东人，其中有人盼望革命成功，有的对动荡的结果持悲观态度，担心官办银行及与之关系密切的金融机构的前途，故投入对官办银行、金融机构的挤兑，且在交易中只用硬通货。在当地的"大清银行"要从奉天分行弄来大量硬通货,才能应对挤兑;"交通银行"发行纸币不多,故有回旋余地;"官银号"为对付挤兑,求助于"交通银行",并请邮传部、东三省总督府协济。报告还反映当地一些日本人担心在东北的日军兵力不足,一旦马贼乘虚而入,会使日本在商业上受到大的打击。

E. 驻海参崴领事馆 10 月 27 日的报告

反映当时在海参崴的华工对武昌起义的反应。

4. 通信

芜湖与汉口之间电报不通。

上海与南京之间电报可通。杭州、宁波于 11 月 5 日由革命军占领,故上海与南京的电报不能确保,与宁波之间电报不通。

第六期 (1911 年 11 月 10 日)

本期号外综述 11 月 7 日至 9 日的电报内容,并刊载其他时间的报告。

1. 事变动态

武昌的革命军在 11 月 5 日向汉阳增兵,把守大别山各处,兵工厂正大量制造武器,湖南兵 2000 人到达武昌,蛇山修筑了半永久性工事,新兵训练频频进行,且正在推行招兵政策;清军驻扎于大智门靠近江岸的车站,不时试着开炮。

镇江在 7 日夜未经交战完全落入革命军之手。

南昌在 10 月 31 日午夜,第 53、55 标变为革命军,全市落入革命军之手,据传巡抚在逃亡中被捕,目下在九江,警察局长等十余人被杀。

据 8 日下午通过安庆的日船"大福丸"船员称,该市已经全都悬挂革命旗帜,由革命党控制。

上海的革命党人在 6 日晚举行会议,推举陈其美为沪军都督、李柱中为首席参谋、其他 10 人为参谋。

南京街头在 8 日由武装士兵据守,交通几乎断绝,商贾关门迁避,大部分日侨集中到领事馆内,据传铁良与总督在北极阁。8 日上午发生暴动，总督府附近枪炮声不绝。

惠州 6 日被革命党占领；据传持手枪的革命党人进入潮州，将在 11 月中旬起事。

西安府在 10 月 23 日发生兵变，将军、布政使以下官员及其家属、满人被杀，其后城门关闭，城外各地陷于无政府状态。

石家庄发生剧烈兵变。

调往四川的湖北军队从陆路向成都进发，10 月 25 日乘"蜀通"号前往叙州。起义者在 10 月 24 日进入资州，关闭城门。10 月 25 日，端方等赦免蒲、罗等人，将田、周等 4 人免职，允许民众请愿，并出示令良民回家、匪徒解散，宣称对持械抗拒者予以剿灭。

在云南农业学堂任教习的日人与重庆中断了通信联系，云南的形势颇不稳。

广州在 9 日宣布独立，总督、提督逃亡，市内极为平稳。

在福州，革命党潜入散布谣言、告示、檄文等，搅乱人心，商家多迁避，官员调集兵力严防，咨议局向官员提出当下宜采取和平手段，但总督、将军持强硬态度。停泊马尾的美国驱逐舰上水兵 20 人于 8 日上岸，进入美国领事馆和城内一些教堂，英、德军舰预料也会从马尾开到福州。

厦门革命党举事、巡防队多附和、警察无为，出现劫掠。商会组织民团 200 人，有小轮船 2 只，借用兵营武器；市内十八保甲决定各募数十名壮丁，在市内巡逻。8 日晚，现任道台乘军舰到厦门，接福州陷落之报，民众预感将有事变发生。

芝罘自出现革命党的告示以来，谣言四起，据传革命党要求道台在 10 日交出衙门，6 日以后道台衙门内极为嘈杂，道台在 7 日要求市内商家维持治安、每户出一人组成民团，并出钱募兵，商家未作回应，人心浮动。

2. 革命浪潮对各地区的影响

上海的"大清银行"、"交通银行"及"通商银行"的官款在 9 日被王一享等封存，不再交给清政府。

8 日下午上海的电报称南京的商贾关门迁避。

7 日上午芜湖的电报称革命党占领下的南昌市面平稳。

7 日下午厦门的电报称当地的交易除了零售外都陷于停顿。

安东的"大清银行"及官银号在遭挤兑后从奉天运来 17 万元现银，市面稍趋平稳，商家做商品交易而不投放资金，有资金贷出者致力于收回，伐木公司的顾客骤减，不少向华南寻求销路的日本木材商受到打击。

营口的过炉银行情在革命党占领上海后有所跌落，但影响不大，但从 11 月 7 日传来各地陷落、皇帝蒙尘等消息后，"大清银行"、"交通银行"在 8 日又遭挤兑，官帖贬值。

辽阳因营口过炉银行情波动、与华南的贸易断绝，商况颇为不振，农民出售货物只要银子，故谷类上市量甚少，油房停业。

奉天 8 日的电报称官银号遭挤兑，总督府正忙于赶铸银币，目前限每人一天只能兑付 100 元。

哈尔滨的官帖行情继续波动，但因正值大豆收购期，对官帖的需求在增加，加上对革命的情况知之不多，官帖尚非一路下跌；输入货物的销路渐受影响。

齐齐哈尔"广信公司"发行的纸币在数日内行情下跌，一般物价上涨 1 成左右，白米因华南的供应断绝而涨价约 25%。

3. 商况

（1）武汉

A. 驻汉口领事馆 1911 年 10 月 27 日的报告

金融方面，武昌起义发生后，外国银行发行的纸币因有硬通货准备金，且紧急从上海运来现金，其流通未受多少妨碍；而"大清银行"、"交通银行"、"浙江兴业银行"在起义爆发后即遭挤兑，在 12 日上午都关门逃走；钱庄、钱铺在得知"大丰"银号 11 日焚毁之后，都抢在挤兑之前关门，迁避上海。贸易因中国的金融机构关闭而停顿，同时，由于钱业公所关闭，从 12 日至 20 日官钱局等发行的纸币均不能流通；依照商会请求，革命军从 21 日起在商会内设立临时钱业公所，每天限量兑换湖北官票，武昌、宜昌也实行限量兑换。汇市方面，本年银价走低，日元的汇率上升，但起义发生后，汉口银价日日高涨，对外电汇也因数日来与上海之间电报不通，须将上海与伦敦之间的电汇行情邮递过来、作为基准。

贸易方面，当下正值秋收季节，贸易受阻，输出商要深入内地以现金收购棉花、杂谷、芝麻、麻等；而收了预付款的人在起义爆发后逃亡，纸币又不能流通，使输出商不能收回预付款、拿不到货，蒙受损失；当下只有日商收购的很少量的烟草、杂谷、籽棉，德商收购的麻在输出；就输入贸易而言，汉口本来有很多信用交易，售后付账的数额很大，但在起义爆发后，预付款无望收回，钱庄逃亡，票据不能兑付，同时，目下正是冬季货物输入时节，先前所订货物运到后没有当地的商家取货，订货者或逃亡或无法取货，货物占用资金、付出保险费用都是问题，即使运回去也要负很高的运费，尚未运来的货物也不能免遭损害，故输入商损失很大。本年秋收情况良好，汉口贸易的订货很旺，而相应的损失也会更大。

物价方面，食品涨价 1—2 倍，搬运工的工钱也涨了 1 倍以上。

海关方面，职员每日上班，但因秩序紊乱而不收、付现金，都只使用保证纳税的备忘录，听候总税务司命令再付款；革命军方面通知各国领事，以詹大悲为江汉关通、毕悟民为其顾问，但尚未提出交出海关的要求，海关洋员准备随时交出。

商会方面，总理、协理均未逃走。

运输方面，民船运货基本停止，革命军鸣枪下令停船检查，中国轮船均不挂国旗，招商局船舶在其趸船、房产被占领后停止了所有航运，其在汉口与宜昌之间从事航运的船舶为革命军捕拿，各国轮船公司因无搬运工而不能装卸货物，且因担心被流弹击中，在危险水面夜间停止航运；革命党向各国领事告以对战时禁运品进行检查、但未实施。

工商方面，正街三分之二、汉水岸边三分之一的零售店开门营业，但汉水沿岸的批发店都关闭，各工厂都停工。此外，武汉三镇迁避之人据说合计不下 20 万，有些逃往黄陂者不堪南下清军的掠夺暴行，又返回汉口的租界区。

B. 驻汉口领事馆 10 月 29 日的报告

海关在 28 日关闭，除了税务司等 5 名洋员之外，华员约百余人乘船前往上游、后又到九江躲避；目下海关只对进出船舶发给备忘录、出港许可证，令其在下游其他口岸办理正式手续。

（2）杭州

驻杭州领事馆 10 月 25 日的报告称：

当地最早受到武昌起义冲击的是金融业，浙江兴业银行因在汉口设有分号，故接到有关武昌起义的各种传言后立遭挤兑，其他金融机构则竭力回收资金、停止放款，"浙江银行"还违反协议向上海密运现银 20 万元，导致金融界的大恐慌，16 日至 19 日之间纸币几乎不能流通，且市面上完全看不到现银，金融业者共同商议向上海的"大清银行"借款 30 万元，20 日运来龙洋 20 万元、新币 10 万元，才使市面稍稳，银行按纸币 9 成、现银 1 成的比例兑付，官府警告民众不得妨碍新币流通。

当地纱厂仍然开工，丝织业因资金紧张、销路受阻，或停工或减员，使相关职工 3 万多人一度失业，巡抚向丝织业无息贷出 1 万银元，通过商会劝告丝织业主不要解雇职工，但遭到拒绝，商会要求官府迅速开办工艺所收容失业者。

当地米价刚因新谷上市而下跌，但武昌起义消息传来后又升高，资金紧缺使米商难以大量进货，加剧了缺米的局面。

典当业因银根吃紧而拒绝所有大宗质押，且将质押品价格压得很低，底层民众生计更难维持；商会与银行、钱庄协商向典当业融通资金，但未见结果。

从衢州、宁波、嘉兴等地调来的巡防队约 2000 人分别把守火药库、军械所等处，人心稍安，商业趋于恢复。

(3) 哈尔滨

驻哈尔滨领事馆 1911 年 10 月 27 日的报告称：吉林官帖对俄国卢布的比价在 17、18 日武昌起义的消息传来后暴跌，以至于华商之间不愿使用这种货币，当地商会竭力维持官帖的信用，促使其币值回升。营口过炉银受到上海商界动荡冲击而暴跌正值当地商家清账日，不少输入棉纱棉布的商家为付账而输送俄币，导致俄币减少，加以哈尔滨的俄国银行分行在 10 月 20 日以后拒向上海、营口汇款，对华人也停止了信用贷款，银根由此紧缩，而"大清银行"分行面对这种局面也是束手无策。外商在这种局面下不愿赊销棉纱棉布，希望以现金买卖为主，故输入货物的买家都缩手而减少进货量；当地大豆到了大上市季节，货主急于出手，价格走低，随着官帖价值回升，成交量渐增。

（4）香港

A. 驻香港领事馆 10 月 27 日的报告

当地的后方市场主要是华南，故武昌起义引发的动荡至今尚未直接搅动当地市面，但与上海、福州、厦门之间的印度、波斯鸦片交易几近于无，鸦片价格大跌；棉纱的需求减少，与上海等口岸的棉布、砂糖、米、水泥交易也基本断绝。

起义刺激了华南人民的革命思想，民众为革命军胜利而狂喜，对偶尔传来的清军胜利消息或疑而不信、或显失望之色。

当下有关广州的种种传言使人心浮动，预付款交易完全停止，现货买卖也在收缩，人们只认现金。武昌起义后到处发生挤兑，增大了对于现银的需求，香港的银价暴涨，利率猛升，金融日显紧迫。革命如波及两广云南，香港的市场也会与上海一样。

B. 驻香港领事馆 10 月 30 日的报告

介绍武昌起义消息传开后香港与中国其他口岸之间的棉纱交易情况，称过去两周内香港只有很少量的棉纱交易，预付款交易不问期限长短均无，棉纱到货量虽不大，但价格还是在下跌，广州不稳的消息传来后，即使内地商家订购棉纱，如不付现金也不接单。

4. 交通运输

11 月 6 日上海的电报称：沪宁铁路宣称中立，清军与革命军的军队及其武器弹药皆不运输。

7 日广州的电报称：惠州地方革命党势力益盛，广九铁路在 7 日中午骤然停运。

8 日北京的电报称：京汉铁路运输限于北京、顺德之间及郑州以南，顺德府与郑州之间因有危险而停运。

5. 通信

上海 8 日下午的电报称：上海电报局由革命军控制，沪宁之间的电报在 8 日上午 10 点以后中断，但并非电线故障，即将恢复；上海与芜湖、北京、天津之间的电报如常。

天津 8 日的电报称：杨村、廊坊之间的铁路电报由驻屯的日军保护。

6. 护侨

驻长沙的日本领事馆判断革命军占领下的市区不会有发生冲突的危险，称日侨相继到城外，均平安。

驻上海的日本总领事馆8日接到温州日侨发出的地方不稳电报，回电令其随机应变，准备派人前往。

驻南京的日本领事馆8日的电报称：当地大部分日侨为防万一而集中到领事馆。

7日芜湖的电报称：在南昌的日侨平安。

7日下午福州的电报称：在当地的日侨平安。

8日下午天津发出的电报称：各国军队主要防卫本国的租界区，以余力相互协助。

7. 日本对华贸易所受影响

本期号外还在"参考"一栏列出1910年上海输入日本棉纱、火柴、棉布、浴巾、煤炭、海产品、洋伞的数量及其价额。

第七期（1911年11月14日）

本期号外综述11月10日至13日的电报内容，刊载其他时间的报告。

1. 事变动态

武汉两军在11月6日傍晚发生小规模战斗。

芜湖军警11日下午一同反正，巡防队长任革命军都督，道台被推举为民政长官，人心平稳，电报局由革命军控制，临时停止拍发电报，但将于数小时后恢复。日侨平安。

沙市组成了500人的民团以防火防贼，富豪迁避他处，商业停顿，纸币不能流通。

镇江在11月7日完全落入革命党手中，街上张贴有民国军分府林某的告示，目下尚稳；扬州也在7日被革命党占领，青江浦一带有叛军、土匪劫掠。

上海12日的电报称：南京数日间两军对峙。

杭州11月10日的电报称：绍兴、宁波、嘉兴、湖州等地未经交战归于革命党之手。

福州 11 日下午的电报称：闽浙总督服毒自尽，将军被革命军捕拿后杀死，其他官员潜藏各处，残余旗兵仍在抵抗，但大部分或降或逃。

厦门 11 月 10 日下午的电报称：10 日下午 4 时，海防厅洋务局叶崇禄、商会、自治会及文武各官学界绅士出示，宣称：经新任道台认可宣告独立，明日下午二时举行市民大会，商议维持秩序，当下治安由道台任之。11 日下午的电报称：在 11 日厦门市民会议上，革命党要求发出革命政府布告，但主持者以福州形势未定为由拒绝，决定临时组织保安会，以道台任会长，同时选出民政各部主任（主要由商会、自治会员担任）。

汕头 9 日下午的电报称：有传言说革命党当晚十时将在潮州举事，潮州官员家属均撤至汕头，潮州城内高地设炮，"台湾银行"的存款者争相购进该行纸币。10 日中午厦门的电报称：革命党在潮州、汕头起事，先在汕头占领警务局，巡警多投降革命军，洋务局、审判厅、炮台相继被革命军占领，部分革命党到"大清银行"查账，下午 3 时，汕头除海关外均被革命军占领。市民欢庆，秩序井然；下午 4 时，潮州官府投降，并无混乱，同日电报局停业，汕头不能发出电报，革命军特别注意保护外侨生命财产安全。

广州 11 月 9 日宣布独立，成立共和民国军政府，以胡汉民为粤军都督，市民衷心拥护新政府；总督以下官员均逃走，各衙门空荡；大多数商家开门营业。

芝罘道台衙门在 11 月 13 日被 24 名革命党占领，道台逃亡，巡警缴械。

2. 革命浪潮对各地区的影响

营口 10 日的电报称：道台接到匿名信，内称革命党将于 13 日起事，劝其在此前离去；同时，商会与自治会也收到信件，内称举事之日不危及一般商民。道台衙门加强戒备。12 日的电报称：营口将设立保安会。

安东 11 日的电报称：当地人都信革命党潜入，旧街区夜间戒备极严。

长春 11 日电报称：一直未见人心浮动，但官帖持续跌价；当地人较之于革命党，更害怕马贼来袭。

铁岭 11 日电报称：有革命党潜入城内，形势不稳。

奉天 12 日电报称：咨议局 11 日晚会议决定设保安会。

吉林 12 日电报称：近日人们对前途颇感不安，旗人连日议论如何应对事变，咨议局议员等开大会，认为巡抚在省内新募六营巡防队尚有不足，决定组织团练以应急。

齐齐哈尔 11 日电报称：目下尚稳，但戒备很严。

3. 商况

（1）电报

驻汉口总领事 5 日的电报称：武昌商业如常。

沙市的电报称：商业大体上停顿，纸币仍未流通。

苏州 11 日的电报称：革命军占领之后，外国银行纸币以外的纸币不能流通，金融业者合议后发行暂行流通票，但信用很差；日币不断升值；典当业者难以收进质押品，资金流动困难；商业不振，进货停止，丝织业与纺纱业停工，不少工人应征加入新军、巡防队。

广州 11 日的电报称：独立后人心渐稳，大多数商店开门营业。

香港 11 日的电报称：广州独立后，香港的金融依然紧迫，商业停顿，但人心渐安，迁避者返回广州的增多；棉纱贸易依然不景气，但开始动起来，其他商贾的生意未受广州独立影响。

营口 10 日的电报称：当地中国金融机构尚未完全停止兑付，但一直有限制。12 日的电报称：各种流言使当地过炉银行情进一步跌落，有人在新市区租房、找日人存放贵重物品以备万一。

新民府 11 日的电报称：人心再度动摇，纸币兑换打 9 折左右，粮店不能进货，高粱涨价，市面冷清，市民担心土匪蜂起。

奉天 9 日的电报称：当地官办银行已兑付七、八百万元，造币厂赶铸银辅币，但仍不敷需要，总督命令从 9 日起官办银行、东三省官银号等限制兑付，并由交涉使照会外国领事。

铁岭 11 日的电报称：当地平稳，官府与商会合作防止金融界的波动，设法防范马贼。

长春 11 日的电报称：当地市面上官帖行情一直下跌，但民心尚稳。

（2）报告

A. 驻奉天领事馆 1911 年 11 月 6 日的报告

介绍武昌起义冲击上海市场、波及营口、导致该地过炉银行情猛跌、将与营口关系密切的奉天市场席卷进去、当地官办金融机构在 16 日至 19 日之间都遭到挤兑的情况，指出：在当地的日商为收购大豆、豆饼而持有大量中国纸币，不断有人以之兑换硬通货，而官办金融机构也都兑付，官府同时禁止输出银币，使局面渐渐平稳下来；营口金融业的恐慌与过炉银行情的跌落对贸易产生了不利影响，土产上市量较以往同期减少、价格行情不稳，外商慎于出手；面向华南的豆饼、豆油几无买家；输入的杂货因当地土产销路不畅、农家购买力减弱及气候较以往同期温暖而需求下降，棉纺织品的商情也不及以往。

B. 驻长春领事馆 10 月 27 日的报告

当地报纸停刊后，一般民众多不知与革命相关的情况，城内主要是汉人，不太担心革命军获胜会对自身产生危害，故人心安稳，但吉林官帖行情还是一直跌落，使大宗交易不能进行，日本杂货、棉布、纸类仍有销路，但交易额很少。

C. 驻营口领事馆 10 月 26 日的报告

清军与革命军的战争短期难见分晓，当地人心不安，当下无人为冬季需要进货；一般人不喜纸币，硬通货继续升值；营口官银分号铸造的银币近来在市面上流通。

D. 驻汉口领事馆 10 月 29 日的报告

介绍九江情况，称当地人心向着革命党，商会代表在 27 日到九江革命军支部赠送猪、酒、爆竹和 3000 两银子，以祝其成功；当地"大清银行"赵麟卿企图携银逃跑，但被革命军发觉、扣押；革命军没收了九江官银号所收的银、铜、纸币 35000 两；租界区由英人指挥巡捕防卫，英舰二十余名陆战队员上岸，在江面有英、美、日军舰停泊；九江共有外侨约 120 人，庐山约有外侨 80 人，其中以英国人居多；在九江的日侨人数很少，10 月 27 日日侨与日舰舰长商议了紧急情况下撤退事宜。

E. 在芜湖的领事 11 月 1 日报告

武昌起义后九江的交易几乎停止，日用品之外的大宗生意无人商洽，各种纸币、票据不能流通，商店关门，店主与主要经营者迁避，主要商家都停了生意；据说到 10 月 31 日晚，城内外有 3 成以上人口逃难到南昌下游地方；革命军政府出示强制使用钱票、银票，但市场上依然只有硬通货流通。

4. 交通运输

上海 11 日的电报称：九江革命军马统领致书当地外国首席领事，称对从九江通过的轮船将检查其是否运载供应清军的武器，下午 5 时至次日早上 7 时之间禁止轮船通行。

北京 12 日的电报称：技师巡视了京汉铁路全线，从本日起全线恢复通车。

5. 通信

北京 9 日的电报称：形势紧张，电报局职员大多逃走，仅剩 8 人。

上海 10 日的电报称：镇江以西长江沿岸电报不通；12 日的电报称：汉口海关及邮局未受革命军干涉，一直在运转，来自日本的小包裹邮件未遇障碍。

南京 11 日的电报称：浙江镇海电报局在 6 日早上，江苏无锡电报局在 8 日晚，扬州及南通的电报局在 8 日晚，刘家口的电报局在 9 日晚，福州电报局在 9 日早上分别被革命党控制。

厦门 12 日的电报称：汕头的电报从 10 日起不通。

作者单位：武汉大学历史学院

中国经济史学产生的前提条件
与背景分析

杨祖义

学术发展遵循着一般的演化和发展规律，中国经济史学也无例外。相对于西方经济史学的发展，中国经济史学的形成和发展相对较晚，有着独特的前提条件和历史背景。探讨中国经济史学产生的前提条件和历史背景，一方面要对西方经济史学的萌芽、形成和发展过程进行考察，另一方面，要分析西学东渐对中国经济史学科发展的影响。

一 经济史学在西方世界产生和发展的历史考察

从纯学术的视角考察经济史学产生的历史渊源，我们不难发现，经济史学对历史学和经济学这两门学科的发展和演变有着强烈的路径依赖，经济史学是随着历史学和经济学这两门学科的演变和发展而产生的。作为一门独立学科，历史学的出现要远远的早于经济学，经济学的形成只是近二百多年的事情，而史学的发达，则实滥觞于希腊时代。在西方，作为一门独立学科的经济史，则是在 19 世纪后期出现的。它的产生有着一定的前提条件：一是历史学发展成为一门科学，且有较进步的历史观；二是经济学发展成为系统的理论。19 世纪的中国，经济史独立作为一门学科出现的社会条件不成熟，尽管中国传统史学中孕育着丰富的经济史学胚胎，但是由于缺乏必要的外部条件和社会环境，中国经济史学却不能自然发育、成长起来。

在中国，历史上虽然有过丰富的经济思想，但是没有自觉地进行归纳、总结，将之上升到理性层面，没有形成系统的经济理论，因此也不可能自发地产生用经济学理论分析历史学中的经济史内容的独立经济史学科，这是中国经济史学不能自发产生的原因之一。另一方面的原因就是中国传统史学自身的原因，传统的中国经济史主要表现为政治依附物，很难演变成一门独立学科。

二　经济学的东渐与中国经济史学科的产生

中国经济史学的产生，有其独特的历史背景，它是在 19 世纪末与 20 世纪初，随着西方近代历史学、经济学、社会学、哲学等社会科学理论的传入才得以形成的。西方东渐引起了中国社会科学的一场革命，中国传统史学开始向现代史学转变，经济学等社会科学第一次在中国独立成为一门学科。西学东渐为中国经济史学的胚胎培育了成长的土壤，是中国经济史学科化的历史起点。有关社会学、哲学等社会科学东渐对中国经济史学科发展的影响将另辟专文讨论。

（一）经济学东渐及其影响

在中国，经济学独立成为一门学科是从介绍、翻译、引进西方经济学著作开始的。西方经济学的西学东渐过程，也是中国发展、建设自己的经济学科体系的过程。早在 19 世纪 80 年代，西方经济学知识就开始在中国传播。有确切的历史记载的是美国传教士丁韪良首先在北京同文馆讲授"富国策"，最先把西方资产阶级经济学介绍到中国来，当时所采用的教材是英国经济学家福赛特 1863 年出版的流行读物《政治经济学提要》。在这个阶段里，还陆续出版了一些译作，主要是关于西方经济制度和经济政策主张的书，西方经济学原理的译本很少，而且译者大多数是些传教士，他们对经济学并不十分精通，汉语表达能力又差，一般采用传教士口译由别人笔述的办法，译文的质量很差。当时西方经济学传入中国还处于很初始的阶段，还谈不上学术层面的问题，因此西方资产阶级经济学原理并未引起当时中国知识界的重视。[①] 最早在中国翻译出版的西方经济学著作，除了《富国策》之外，还有 1886 年由英国

---

①　李竟能：《论清末西方资产阶级经济学的传入》，《经济研究》1979 年第 2 期。

传教士艾约瑟（J. Edkins）翻译的《富国养民策》（Primer of Political Economy，原作者英国 W. S. Jevons）。

20 世纪初，西方经济学的传播内容和渠道日益广泛。当时对西方经济学在中国的传播作出重要贡献的，首推严复。英国古典政治经济学亚当·斯密的名著《国民财富的性质和原因的研究》，就是由严复第一个译成中文的（《原富》）。严复对《原富》的译、介、评，对后来近代经济学在中国的传播以及中国本土经济学的发展，做出了奠基性的贡献。可以说，《原富》在中国的出版，才标志着中国人正式把经济学当作一门科学。西方经济学在研究对象、研究方法、理论框架上力求精密的特点，对刚刚起步的中国经济学的发展起了巨大的推进作用。梁启超是对西方经济学在中国的传播作出贡献的另一个人物。1903 年新民丛报社出版下梁启超著的《生计学学说小史》一书，该书系统介绍了西方资产阶级经济学发展史，上溯希腊、罗马，下至德国新旧历史学派，中间比较详细地介绍了重商主义、重农主义和"斯密派"的经济学说。这种经济学说史译著的出现，一方面是由于西方资产阶级经济学日益广泛地传入中国，引起了系统地介绍它的学说源流的需要：更重要的是因为当时中国的一些知识分子在探索中国富强的道路时，企图比较不同国家发展资本主义的途径，扩大眼界，以资借鉴。这表明当时的知识分子已经开始尝试运用西方经济学的原理，作为分析和解决中国社会经济问题的理论工具。

严复之后，中国经济学学科的现代化进程加速。京师大学堂在 1898 年设立之时就开设了经济学课程，聘请日本教师教授。1912 年北京大学设立了中国最早的经济学系"商学科"。陆续有不少学生负笈欧美，学习经济学。对西方经济学的译介也更为全面，出版了不少经济学原理、财政金融、经济学说史等方面的书。伴随西方经济学的传播，围绕中国的若干现实经济问题，也有不少著述，仁智之见交相迭出。

经济学西学东渐的另一条渠道就是马克思主义经济学在中国的传播。最早提到马克思及其主要著作《资本论》的，有 1898 年夏由上海广学会出版的《泰西民法志》。20 世纪初，一批日本学者写作的社会主义专题论著，被相继翻译介绍到中国。马克思主义经济学在中国的传播最重要的事实是，《资本论》在中国的翻译与出版。最早翻译《资本论》的是 1921 年在北京大学的邓中夏、罗章龙等 19 人发起成立的"马克思学说研究会"，当时译出了第一卷，译稿当时交给了陈启修。后来陈启修翻译出版《资本论》第一册时，曾参考了这个稿子。第一次把《资本论》全部译成中文的是郭大力、王亚南。五四运动以后，马克思、恩格斯、列宁的其他一些著作也陆续通过翻译，传播到中国来。马克思主义经济学在中国的传播和普及，使得中国的经济学在内容和方法上，发生了质的变化。使得中国的马克思主义者进一步觉醒，对运用现代经济理论分析中国社会的经济状况产生了强烈的要求。

由于西方经济学在中国的引进和马克思主义经济学在中国的传播，极大地促进了中国经济学的建立，传统的中国型经济思想体系逐步瓦解，而代之以一种符合世界潮流、具有现代气息和科学成分的经济学。西方经济学的大量引进，使得经济学在中国成为一门最有吸引力的社会科学，经济学开始由"十八岁的少女变化不定"向比较确定的方向发展。经济学第一次在中国成为一门独立学科，服务于中国革命和经济建设。国内学者围绕基本经济学理论、部门经济学以及经济史等所撰写的著作大量出版。

（二）中国经济学学科化与中国经济史学萌芽

经济学的东渐使得经济问题在社会生活中的地位，较过去有了显著的提高。中国人认识到经济学研究的重要性，经济学研究开始有了一股清新的空气，中国经济学开始具有科学的成分，开始独立成为一门学科。中国经济学独立成为一门学科意义重大，影响深远。从学术层面分析，首先，中国经济学独立成为一门学科后，第一次使得运用经济理论解释中国历史成为可能。换句话说，经济学成为一门学科的过程，也就是中国经济史萌芽、成长的过程。正确认识中国几千年的社会经济变迁规律，是一个重大的历史课题。经济学成为一门学科后，学术界在研究中国社会经济发展变化历史时，一方面以研究中国社会经济历史演变过程为对象，着重揭示中国社会经济历史是怎样演变和引起这种变化的具体因素，另一方面运用经济学范畴和历史学范畴，分析社会经济生活演变过程各种因素的内在联系，抽象出中国社会经济发展的经济学范畴与理论。

其次，中国经济学学科化促进了中国人运用现代经济理论来研究中国经济问题。基本理论的掌握为系统分析现实问题奠定了坚实的基础。

运用现代经济理论研究中国经济问题，对中国经济史学的萌芽和产生也起到了直接的推动作用。当时，他们研究中国经济问题的目的就是认识国情，寻求救国与振兴中国经济之道。从研究的对象来看，有两类，一类是研究近世之经济史，属于经济史学的领域和范畴；另一类注重研究现实的经济状况，但论证的目的，也是为了说明中国经济现状的来龙去脉。今天的现实经济问题研究到了明天就成了历史，所以经济学独立成为一门学科后带来的运用现代经济理论研究中国经济问题，从人类历史发展长河来看，也属于经济史学的领域和范畴，研究中所采用的方法和工具也将融入中国经济史学的发展中。

通过上述分析，我们可以得出一个基本的结论：经济学的东渐和中国经济史学的萌芽有着学术渊源关系。经济学的西学东渐使得经济学在中国开始演变成为一门独立的学科，满足了中国经济史学产生的前提条件之一，进一步拓展了中国经济史学演变的路径，使得学术界运用经济学理论解释中国历史成为可能。这样，作为经济学分支学科的中国经济史学有可能产生了。

三　西方近代历史学的东渐与中国经济史学的发展

中国传统的史学和史书不仅数量多，而且还具有记述连续、内容丰富和形式多样等几个特点，给思想界和学术界留下了宝贵而丰富的学术遗产，但如果将之与世界各国史学发展的趋势和潮流相比较，中国的传统史学基本上属于封建文化的范畴。只是到了近代，中国史学才开始迈向现代化。在传统的中国史学变革的现代化趋势中，西学是起了重要作用的。有学者认为从 1840 年至 1949 年这段时间中，近代史学先后出现过三次意义重大的飞跃，标志着演进过程的三大阶段。

（一）西学东渐与中国近代史学的三次飞跃

1842 年魏源的《海国图志》一书的问世，标志着中国传统史学向现代史学转变的第一次飞跃。从此，中国的传统学术格局开始被突破，

"经世"史学逐渐兴起,史学研究的范围有了较大开拓,史学与现实更加贴近,史书内容、著书旨趣和哲学指导思想等方面都带有现代意义的新东西。

1902 年前后,梁启超发表了以《新史学》为代表的一系列文章,正式举起了"史界革命"的大旗,对旧史学的弊端进行了严厉批评,比较系统地提出了"新史学"的理论,标志着中国近代史学演进的又一次质的飞跃。"新史学"的倡导和发展构成近代史学的第二大阶段,梁启超是"新史学"的旗手和奠基人。"新史学"在 20 世纪初形成,并非偶然。当时,一批资产阶级的思想家、政治家先后来到日本,接触到各国的哲学社会科学理论,使他们有可能吸收这些理论成果,构筑新的史学理论体系。关于这一点,我们可以通过分析梁启超与"新史学"的关系得到很好的证明。就已知的材料来看,在外国史学理论著作中,对梁启超影响最大的是日本学者浮田和民的《史学通论》。这部书是梁氏"新史学"理论的重要来源,如梁氏的《地理与文明之关系》一文,就是《史学通论》第五章《历史与地理》的译文,又如梁氏《新史学·史学之界说》一节中的许多重要观点,像历史研究是主体和客体的结合、历史研究的内容是人类社会的进化及其规律,历史的进化路线呈螺旋形等,都可以在《史学通论》一书中找到出处。

1929 年,郭沫若著成《中国古代社会研究》,中国近代史学出现第三次飞跃。五四新文化运动作为一场重要的思想启蒙运动,为中国现代史学的产生扫清了思想观念方面的障碍;民主思潮的发展演变促进了学者在史学研究对象和内容认识上的现代化;科学精神与方法的宣传和提倡,为史学的客观化和规范化奠定了重要的思想基础;新思想、新理论的输入为现代解释史学的出现提供了理论指导,并直接催生了以唯物史观为指导的马克思主义史学。但唯物史观在中国的具体运用却是从 20 年代后期开始的,郭沫若是运用马克思主义观点研究中国历史的开拓者。《中国古代社会研究》一书成功地证明了中国古代社会存在奴隶社会的发展阶段,破除了"国情不同"的偏见,证明了中国社会的发展是符合历史唯物主义的科学概括,学术界给予了很高的评价。此后,唯物史观在中国史学界的影响和地位越来越重要。通过分析中国近代史学的三次飞跃,应该看到,西方史学理论的东渐起了关键作用。

（二）"新史学"产生和演变历程及主要内容的考察与分析

在中国近代史学的三次飞跃中，第二次飞跃与中国经济史学的萌芽密切相关。正是在中国近代史学的第二次飞跃中，作为专史的经济史开始出现，经济史逐渐演变成为一门独立的学科。第三次飞跃与中国经济史学的形成密切相关。因此，本文重点对"新史学"产生和演变的历程及主要内容进行全面分析与考察。

中国"新史学"演化进程大致分为两步，起初是对封建旧史学的批判。如果说，从古代到19世纪中叶以及稍后一些时候，中国史学曾对日本史学的发展有所影响，那么，从19世纪末开始，中国资产阶级史学的启蒙又曾受到日本史学的影响。近代中国学者学习、引进西方史学的理论和方法，在开始阶段比较多的是通过日本。关于反对"君史"、提倡"民史"的史学思想，中国在19世纪末，资产阶级改良派因为维新变法的需要，已经从西方和日本那里学来一点，并结合中国的历史实际，对封建旧史学提出了极其初步的批判。当时这种认识和批判，还是比较零星而缺乏系统。到20世纪初，情况有所不同。随着西方和日本思想方化的大量输入，史学领域批判"君史"，提倡"民史"的思想发展到了一个高潮，在历史观和方法论上对封建旧史学进行了初步的批判。当时批判的内容一方面是承继和发挥经学的"三世说"，接受西方资产阶级进化论的影响，宣传进化史观，批判循环史观和复古史观。另一方面是批判以君主为中心的封建旧史学，提倡学习西方资产阶级史学，重视"民史"。最早提出这个问题的是梁启超。他认为，讲史学，必须知道"历代制度皆为保王者一家而设，非为保天下而设"；"君权日益尊，民权日益衰，为中国致弱之根源"[①]；历史，"有君史，有国史，有民史"。西方资产阶级国家里"民史"盛行，而中国各代的历史，"不过一代之主作谱牒"。[②] 旧有的"二十四史，则只能谓之廿四家谱"。[③] 梁启超的这种观点，后来到20世纪初所发表的《中国史叙

① 俞旦初：《简论十九世纪后期的中国史学》，《近代史研究》1981年第2期。

② 同上。

③ 梁启超：《梁启超史学论著四种》，岳麓书社1998年版。

论》和《新史学》中得到了进一步的发展。

在对封建史学批判的基础上，中国史学开始建设自己的理论体系。在中国，20世纪初年所谓的"新史学"，就是开始介绍西方史学理论和方法，并开始用来批判和改造封建旧史，重新认识和编写历史。当时，一些要求进步和革命的学者，都深深地感受到封建的旧史学已经不能适应形势发展的要求，都提出"史学革命"和"史学革新"之类的响亮口号，他们或翻译介绍外国资产阶级史学的理论和方法，或自己着手编撰新的中国历史教科书。梁启超作为中国新史学思潮的旗手，梁氏的《中国史叙论》和《新史学》等著作振聋发聩，尖锐地批判封建史学。中国史学开始脱离两千余年来的传统，揭开了近代中国史学发展的序幕。

"新史学"演化的主要内容包括史学观念、史学理论、史学研究方法、史学研究范围和叙述体例等众多方面的根本性转变，其中史学观念和史学理论的改变是最重要的。1901年梁启超在《清议报》上发表《中国史叙论》一文，1902年他又在《新民丛报》上发表《新史学》。这两篇论文，是中国资产阶级史学家批判传统史学、试图建立新的史学理论体系的重要标志。《中国史叙论》，是作者计划撰写一部中国通史的理论构想，多着眼于"中国史"范围提出理论问题，并加以阐释。全文共分八节。《新史学》是作者在《中国史叙论》的基础上，就普遍的史学理论作进一步阐发。梁启超在这两篇论文中，运用西方学者的历史哲学和史学方法论，结合中国史学的历史，提出并阐述了以下几个史学理论问题：（1）关于历史撰述的性质和范围。历史撰述的性质和范围是梁启超史学"界说"居于首要地位的问题，他指出历史撰述是"叙述进化之现象"，这实际上是指出了"新史学"的历史撰述的性质，进而也指出了"新史学"的性质。也就是说，历史学应以进化论为指导思想，考察和叙述种种进化的现象，这就是"新史学"的本质。梁启超在论述历史撰述的范围时指出，"历史者，叙述人群进化之现象也"。同时他认为，历史研究有"广义"和"狭义"之分。"言历史之广义，则非包万有而并载之不能完成；至语其狭义，则惟以人类为之界。"通常的历史撰述，"常限于人类者"，正着眼于狭义的历史。作者的这种划分在理论上是有意义的。（2）关于历史哲学的社会作用。作者指出："历史者，叙述人群进化之现象而求其公理公例者也。"这里说的"公理公例"，就是他说的历史哲学。梁启超从历史研究、历史撰述中之客体与主体的关系，提出历史哲学的重要，这在史学理论的发展和建设上是有重要意义的。他认为，不探求"公理公例"即忽视以至于无知于历史哲学，才能指导人们由局部而认识全局，由史学而联系他学。梁启超的表述虽未尽准确，但历史哲学的综合概括作用之对于历史研究和历史撰述的特殊重要性，在中国史学上作为一个理论问题提出来，是前所未有的开创性贡献。（3）关于"史学和他学之关系"。这方面的论述，是梁启超"新史学"理论体系的一个组成部分。他在阐述历史哲学的重要性时，认为"徒知有史学，而不知史学与他学之关系也"，是以往史学家的一大缺陷。于是他认为："夫地理学也，地质学也，人种学也，言语学也，群学也，政治学也，宗教学也，法律学也，平准学也，皆与史学有直接之关系。其他如哲学范围所属之伦理学、心理学、论理学、文章学及天然科学范围所属之天文学、物质学、化学、生理学，其理论亦常与史学有间接之关系，何一而非主观所当凭藉者。取诸学之公理公例，而参伍钩距之，虽未尽适用，而所得又必多矣。"①作者指出近代以来史学以外诸学科之公理公例跟史学有不同程度的关系，无疑是正确的，也是重要的。梁启超的"新史学"理论体系，尽管带有明显的片面性，尽管多源于西人、西史之说，但它是通过中国史学家的论述并结合改造"中国之旧史"的明确目的而提出来的，在中国史学发展，尤其在中国史学的近代化过程中，仍具有里程碑的意义。它标志着传统史学在清代后期之延续的历史的结束，标志着中国近代史学在理论上的初步确立。

（三）"新史学"的演变与中国经济史学萌芽

通过分析"新史学"演变的历程及主要内容，不难发现，"新史学"的演变与现代中国经济史学科的萌芽密切相关。具体分析其影响，主要体现在以下几个方面。首先，在批评和改造封建史学的过程中，"新史学"直接促进了现代中国经济史学的萌芽。梁启超一举冲破了传

---

① 　瞿林东：《中国史学史纲》，北京出版社 1999 年版。

统的纪传体结构，接受了西方现代学科分化取得的成果，用现代科学分类方法，把历史学划分为普通史与专门史。他说："今日所需之史，当今为专门史与普通史两途。专门史如：法制史、文学史、哲学史、美术史……普通史即一般文化史也。"① 这样，中国经济史学就开始作为一门专门史出现了。而且，根据专门史的划分，梁启超还将经济史分为财政、经济两大部，财政中又可分租税、关税等等细目，主要是进一步研究这些细目如何变迁、如何发展等等。这种仔细的划分与研究，启动了中国经济史学的专题、部门研究。从学科整体发展的角度来分析，这种影响也是积极的，它为学科的发展奠定了一定的基础。

其次，"新史学"演变过程中，中国传统史学进步的一个非常重要的方面体现在历史观方面。这一点也间接地对中国经济史学的发展产生了积极的影响。一般来讲，探索历史规律性的研究，仅仅靠史料的搜集和整理是不够的，它需要有一定的历史观和认识历史的理论做指导。而"新史学"演变过程中传播的进化史观为中国学者提供了一套认识历史发展的基本理论，即历史是发展的，是不间断地连续进化的，历史的发展是有其因果关系的。历史研究应循着这样一种思路：研究历史的进化过程，把历史看作一个连续发展的过程，去探索历史发展的真相，寻找出历史进化的前因后果。对历史进化前因后果的探讨，必然会促使人们进一步分析决定历史进程的各种因素。无疑，在众多因素中，经济因素对历史进程的决定性影响将日益引起人们的高度关注，对经济因素在人类历史进程中作用的探讨与分析，最终会导致现代中国经济史学作为一门学科形成。因此，虽然历史观的进化对中国经济史学的影响是间接的，但是它却为中国经济史学的萌芽开辟了又一路径。

再次，从比较史学的学术视野来分析，"新史学"在世界史学变革的潮流中，也占有重要的地位。梁启超 1902 年的《新史学》比美国现代新史学派的奠基若詹姆斯·鲁滨逊 1912 年的《新史学》整整早十年。从世界范围来看，梁启超在写作《新史学》的时代，史学正在酝酿着巨大的变革，东西方新史学的思潮都在萌发，其势不可阻遏。分析新史学思潮的学术特点，一个非常重要的方面就是重视历史学的垂训作

---

① 梁启超：《梁启超史学论著四种》，岳麓书社 1998 年版。

用。这样，"新史学"的社会功用在学术界进一步得到承认，在人类的社会生活中占有比以前更加重要的地位。自然，作为专门史的经济史研究也会随之产生强烈的现实需求。从知识社会学的角度来分析，历史学的现实社会地位的提高，为中国经济史学的萌芽和形成创造了良好的环境。这也从另一角度反映出了"新史学"演进与中国经济史学萌芽与形成的关系。

最后，"新史学"演变过程中出版的一些著作，在现代中国经济史学科发展史上也有着特殊的意义。例如，梁启超认为，经济史下面又可分财政、经济两大部，财政中又可分租税、关税等细目。正是在这种观点的影响下，梁氏于1904年著成《中国国债史》一书，该书通常被学术界视为现代中国经济史学萌芽的标志。另外，在中国经济史学萌芽时期产生的相关的中国经济史学著作都直接或间接受此观点的影响。例如，张效敏1916年在《大中华》第2卷7、8期上发表《中国租税制度论》一文，陈向原1926年著《中国关税史》一书，都是关于租税、关税等细目专题的研究。上述四个方面的分析，都充分证明了"新史学"与中国经济史学萌芽有着密切联系。

四　结论与启示

通过对19世纪末20世纪初西方经济学、历史学等社会科学东渐的分析与考察，我们发现，西方社会科学的东渐与中国经济史学有着不解的历史之源。随着西学东渐的不断深入发展，历史学、经济学等在中国逐渐演变成独立的社会科学门类，这样一方面为中国经济史学的萌芽与形成创造了条件，另一方面也对中国经济史学的产生提出了要求。因此，分析中国经济史学科化的历史起点，不应忽视西学东渐的深远影响。

作者单位：中南财经政法大学经济学院

中国仓储制度制度研究综述

——以明清仓储制度研究为中心

白丽萍

一 仓储制度研究的阶段特征

仓储制度本质上属于国家荒政制度的重要组成部分，从学术研究领域看属于灾荒史研究的一部分，对仓储制度的研究和学界对灾荒史的研究息息相关。[①] 纵观现当代学者对仓储制度的研究，从时间上考察，最早可追溯至 20 世纪 20 年代。从那时起至今，研究经过了三个阶段：

第一阶段：发端阶段。

此阶段从 20 世纪二三十年代至 1949 年中华人民共和国成立。仓储的研究从民国开始，当时，社会动荡，自然灾害严重，人民生活艰难，一些关注荒政问题的知识分子开始梳理和总结我国古代的灾荒和仓储制度。最早可见关于仓储方面的研究为 1921 年于树德发表的《我国古代之农荒预防策—常平仓、义仓和社仓》(《东方杂志》第 18 卷第 14、15期，1921 年 7、8 月)，对常平仓、社仓和义仓的性质、区别以及各自的沿革作了详细阐述，这也标志着现代灾荒史研究的肇始。30 年代，开始陆续出现系统研究历代荒政和仓储的论著，论文主要有：徐钟渭《中国历代之荒政制度》(《经理月刊》第 2 卷第 1 期，1936 年)；刘广

---

① 灾荒史研究的内容相当广泛，涵盖了自然科学和社会科学的诸多问题，成果颇多，无法一一列举。本文因选题的原因，主要关注其中关于我国古代荒政和仓储制度的研究，特别是对清代荒政和仓储制度的研究。关于清代灾荒史研究的综述可参见朱浒《二十世纪清代灾荒史研究述评》，《清史研究》2003 年第 2 期。

惠《中国历代仓库制度与现代农业仓库的推进》(《经理旬刊》第 2 卷第 1 期，1936)；梁方仲《明代的预备仓》(天津《益世报》，1937 年 3 月 21 日)；沈文辅《论古今中外之常平仓政策》(《东方杂志》第 41 卷第 6 期，1945 年)；梁云谷《中国救济事业之史的探讨》(《仁爱月刊》第 1 卷第 12 期) 等。著述有：马君武《中国历代生计政策批评》(中华书局，1930 年)；郎擎霄《中国荒政史》、《中国民食史》(商务印书馆，1934 年)；冯柳堂《中国历代民食政策史》(商务印书馆，1934 年)；邓云特 (邓拓)《中国救荒史》(商务印书馆，1937 年)；王龙章《中国历代灾况与赈救对策》(独立出版社，1942 年)；于佑虞《中国仓储制度考》(正中书局，1948 年) 等。

其中冯著、邓著值得一提。冯柳堂《中国历代民食政策史》成书较早。该书分上下两卷 30 章，上卷自上古至明代，下卷清代。上卷论述了中国谷物之起源，虞夏商周的民食政策，春秋战国时期的民食论，汉常平仓之建立以及两汉三国之民食，两晋南北朝之民食概况，隋唐义仓制度之建立，唐代社、义两仓之兴废以及关中民食之调节，宋代义仓、常平仓与青苗法、社仓、和籴、民食保护、灾荒救济，辽金的民食政策，元代之农荒政要，明代预备仓、社仓、常平仓之设立以及灾荒救济，历朝当中，以宋、明两代为详。下卷对清代的仓储、灾荒救济等作了全面的阐述，在简要论述清代民事政策后，分述了务农劝更，屯垦，人口与仓谷之消长，常平社等仓，漕运与京畿民食之关系，粮食调节、维护以及灾荒赈济等问题。可以说，本书对于历代仓储制度的发展以及粮食问题作了全面的论述，特别是对清代的仓储制度、荒政以及其他粮食问题的研究可圈可点，为后来的进一步研究打下了基础。

邓云特 (邓拓) 的《中国救荒史》则被誉为是我国第一部从宏观上完整、系统、科学地研究历代灾荒的专著，同时被认为是一部迄今最全面系统的中国救荒史专著。全书分三编，第一编为"历代灾荒的史实分析"，记述了历代灾荒的实况、成因和影响，并认为灾荒发展的趋势和特征可以归纳为普遍性、连续性和积累性三点。认为灾荒的成因不仅仅是由于自然因素的影响，还与战争、苛政、技术落后等社会因素密切相关。灾荒的社会影响深远，可以造成人口的流移和死亡、农民起义和民族之间的战争等社会变乱，于经济方面，可导致劳动力激减和土地荒废，引起国民经济的破败，从而招致经济衰落。第二编"历代救荒思想的发展"，将历代救荒思想分为三种方面加以论述，即天命主义的禳弭论、消极救济论和积极预防论。在消极救济论中，论述了赈济、调粟、养恤、除害等遇灾治标的思想和安辑、蠲缓、放贷、节约等灾后补救的思想，在积极预防论中，论述了以重农、仓储为重点的改良社会条件的思想和以水利、林垦为重点的改良自然条件的思想。第三编为"历代救荒政策的实施"，分述了巫术历代消极救荒的政策和积极救荒的政策，对应第二编中的救荒思想的发展，分别阐述了历代遇灾治标政策、灾后补救的政策、改良社会条件和改良自然条件的具体政策的内容和实施过程以及利弊得失。本书资料翔实，论述全面，观点精辟，它的价值不仅仅在于首次对从上古至民国时期的灾荒情况作了全面的阐述，并归纳出了历史时期灾荒演变的特点，更在于它的出现为后来救荒史和荒政的研究奠定了基本的学术框架，从而开辟了救荒史研究的新局面。与柳书相比，在对历代仓储形式综述的基础上更进了一步，将其视为积极预防灾荒的一种思想，并对其历史运作形态、利弊得失作了全面分析，这些都对后来的荒政和仓储制度研究有所裨益，成为相关学者案头的必备书。

其他重要论著如郎擎霄《中国荒政史》、《中国民食史》，于佑虞《中国仓储制度考》等也为荒政研究作出了不可磨灭的贡献，可惜未觅到原书，亦未见相关介绍，故不便评介。总之，这一时期，尽管刚刚起步，但取得的成绩却是令人瞩目的，特别是 30 年代的研究，这些研究成果为后来灾荒史研究打下了良好的基础，并产生了深远的影响，其影响至今未衰。

第二阶段：沉寂阶段。

主要指 20 世纪 50 年代至 70 年代末。此一时期，由于种种原因，学术氛围缺乏理想的环境，学术研究相对清冷，成果也很少。具体到灾荒史的研究，主要是在史料整理方面取得了一定的成绩，如由中国科学院组织相关学者编写的《中国地震资料年表》（科学出版社，1956），利用地方志、文集等资料统计出公元前 12 世纪到 1955 年有记载的地震近万次，分省列出；明清档案馆编写的《清代地震档案史料》（中华书局，1959）等，至于荒政、仓储的研究，据笔者搜索，只有寥寥几篇论文，包括陈守实《我国历史上的义仓制度》（《解放日报》1961 年 7 月 7 日）；郑昌淦、李华《我国古代备荒的理论和措施》（《人民日报》1965 年 12 月 7 日）等。

第三阶段：兴盛阶段。

这一阶段从上世纪 80 年代初开始，至今仍兴盛不衰。80 年代以来，随着中国改革开放政策的实施，学术界也迎来了久违的春天。随着对外交流的增多和学术本身的发展，很多领域在研究对象、研究方法、学术观点等方面发生了巨大的变化。学术界对"代表地主阶级的封建国家"的性质，开始在认识上发生变化，逐渐关注国家对各种利益阶层的调节作用，重视国家的各项社会职能，特别是在"公共领域"的职能，荒政以及仓储诸问题自然进入学者的视野。特别是随着社会史研究的兴起，学术界由过去的"眼光向上"转变为"眼光向下"，开始关注起普通劳苦大众的生活，人们看到自然灾害对普通群众生活的重大影响，开始把灾荒问题作为社会生活的重要方面，并且和政治、经济、思想、文化等联系起来，探讨社会历史的变迁。除了这个大背景之外，联合国决定在 1990—2000 年开展"国际减轻灾害十年"的活动，以及1991 年中国南方安徽、江苏等 8 省遭受特大洪涝灾害，[①] 1998 年长江、松花江、嫩江流域发生特大水灾等，这些国际活动和国内现实需要对灾荒史的研究也起了一定的推动作用，因此，灾荒史的研究开始逐步升温并逐渐趋向繁荣。

此时期，一个显著的变化是灾荒史研究方法的创新，除了历史学传统的研究方法以外，出现了历史学与社会学、历史学与经济学、历史学与统计学、历史学与管理学等的交叉，从多学科、多角度研究灾荒以及荒政问题。同时，除了传统的综合性研究之外，断代研究、区域研究逐渐增强。这一时期关于荒政和仓储的研究成果可从以下几个方面表现出来：

1. 多学科交叉研究，从不同学科的研究角度赋予荒政和仓储制度新的诠释和定位

---

① 参见常建华《社会生活的历史学——中国社会史研究新探》，北京师范大学出版社 2004 年版，第 356 页。

表现之一是将社会保障的概念引入古代荒政和仓储的研究。张大鹏《朱子社仓法的基本内容及其社会保障功能》(《中国农史》1990 年第 3 期)、张品端《朱子社仓法的社会保障功能》(《福建论坛》1995 年第 6 期) 等文章首次将社仓与社会保障二者联系起来,探讨了朱子社仓的社会保障功能。张品端还以此为切入点,探讨了朱子社仓的举办者朱熹本人的社会保障思想 (《从社仓法看朱熹的社会保障思想》,《黄山学院学报》1997 年第 3 期)。此后,将荒政、仓储制度与社会保障制度联系起来,探讨其中所蕴含的社会保障意义的论著不断增多。论文主要有:毛佩琦《明代的社会保障》(《光明日报》1997 年 5 月 27 日);龚汝富《浅议中国古代的社会保障体系》(《光明日报》2001 年 12 月 4 日);张建民、周荣《明清农村社会保障体系的构建与运转》(2001 年 "社会保障论坛" 国际学术研讨会论文);黄鸿山、王卫平《传统仓储制度社会保障功能的近代发展——以晚清苏州府长元吴丰备义仓为例》(《中国农史》2005 年第 2 期)、王卫平、黄鸿山、康丽跃《清代社会保障政策研究》(《徐州师范大学学报 (哲学社会科学版)》2005 年第 4 期);王卫平、戴卫东《明代传统社会保障政策述论》(《宿州学院学报》2005 年第 5 期) 等。著述方面,龚书铎总主编《中国社会通史》(山西教育出版社 1996 年版) 系统论述了历代社会保障措施;郑功成《中国救灾保险通论》(湖南人民出版社 1994 年版)、曾国安《灾害保障学》(湖南人民出版社 1998 年版) 则从经济学和管理学的角度,诠释古代荒政所蕴含的社会保障意义,认为古代仓储制度实质上是灾害保障形式之一。表现之二是 "灾害历史学" 学科的提出,体现了自然科学和社会科学的融合。张建民、宋俭在《灾害历史学》(湖南人民出版社 1998 年版) 一书中,首次提出了这一概念,并且以朝代为纲,详述了历代各类仓储的种类、特点、主要内容及传承情况,并认为在各种各样的备荒救灾措施中,积贮制度 (仓储制度) 是几千年来行之于世的最基本的手段。周荣以《明清两湖地区的社会保障与基层社会控制》(武汉大学博士论文,2002) 为题,着重探讨了明清两湖地区的社会保障体系的构成与运作,其中也论述了明清两湖地区仓储的基本形态。

2. 关于荒政的研究,尤其是明清时期荒政的研究

本文虽探讨清代长江中游地区的社仓问题,但考虑到社会发展的延

续性、明清两朝之间的时间连贯性以及仓储制度发展演变的长期性，在探询学术研究的轨迹时，不能只局限于对清代的荒政和仓储研究，有必要先了解明代仓储的发展过程，以更好地理解清代仓储的发展，因此将学界对明代的研究也纳入考察范围。

其一是综合研究中关于明清荒政的探讨，主要有：孟昭华《中国民政史稿》（黑龙江人民出版社 1986 年版）、《中国灾荒史记》（中国社会出版社 1999 年版）；金双秋主编《中国民政史》（湖南大学出版社 1989 年版）；杨剑虹主编《民政管理发展史》（中国社会出版社 1994 年版）；前揭张建民、宋俭《灾害历史学》（湖南人民出版社 1998 年版）以及宋湛庆《宋元明清时期备荒救灾的主要措施》（《中国农史》1990 年第 2 期）等著述都对包括明清荒政在内的历代荒政制度作了宏观的论述和归纳。

其二是专文对明清时期荒政的探讨，成果颇多。明代主要有：陈关龙《明代荒政简论》（《中州学刊》1990 年第 6 期）；叶依能《明代荒政述论》（《中国农史》1996 年第 4 期）；周致元《洪武时期的农业自然灾害和救灾措施》（《中国农史》2000 年第 2 期）、《朱元璋的救荒思想和荒政措施》（《安徽史学》2000 年第 2 期）等。清代荒政的研究成果更为丰富，杨明在《清朝救荒政策述评》（《四川师范大学学报》1988 年）一文中对清代的救荒政策作了简要的论述。张天周《乾隆防灾救荒论》（《中州学刊》1993 年第 6 期）论述了乾隆朝的救荒政策及其实施问题；谷文峰、郭文佳《清代荒政弊端初探》（《黄淮学刊》1992 年第 4 期）、叶依能《清代荒政述论》（《中国农史》1998 年第 4 期）、倪玉平《试论清代的荒政》（《东方论坛》2002 年第 4 期）等文探讨了清代荒政的内容、特点及弊端。比较有代表性的是李向军的研究成果，他在清代荒政研究方面颇有心得，于 90 年代初相继发表了一系列相关论文，对清代荒政诸问题作了全面而深入的探讨。其成果主要有：《清代救荒措施述要》（《社会科学辑刊》1992 年第 4 期）；《清代救灾的基本程序》（《中国经济史研究》1992 年第 4 期）；《清前期的灾况、灾蠲与灾赈》，（《中国经济史研究》1993 年第 3 期）；《清代前期的荒政与吏治》（《中国社会科学院研究生院学报》1993 年第 3 期）；《清代前期荒政评价》（《首都师范大学学报》1993 年第 5 期）；《清代荒政研究》(《文献》1994 年第 2 期);《论中国古代荒政的产生和发展历程》(《中国社会经济史研究》1994 年第 2 期);《清代救荒的制度建设与社会效果》(《历史研究》1995 年第 5 期)等。在此基础上,于1995 年出版了《清代荒政研究》(中国农业出版社 1995 年版)一书,该书被认为是一部清代荒政的拓荒之作,也是迄今关于清代荒政的唯一专著。全书分引言、灾荒概述、救荒的基本程序与救荒、备荒措施、荒政与财政、荒政与吏治、荒政评价六章内容,全面分析了清代灾荒的发生数量、分布与发展趋势、成因及社会影响,并指出:清代救荒的基本程序有报灾、勘灾、审户、发赈等环节,救荒的主要措施有蠲免、赈济、调粟、借贷、除害、安辑、抚恤等;备荒的主要措施有常平仓、社仓、义仓等形式,认为救荒的措施已完全制度化,并以立法的形式贯彻实施,认为清代荒政已发展到中国古代荒政的最高阶段。他还对荒政的钱粮两来源、与中央和地方财政的关系,以及荒政与用人制度、吏治的关系作了论述,书后附有全国主要省区灾况、灾蠲、灾赈年表,非常有价值。

3. 关于仓储制度,特别是明清仓储制度的整体研究

对仓储制度的研究由来已久。卢鹰在《秦仓政研究》(《人文杂志》1989 年第 2 期)一文中认为,秦在统一前后就建立起了庞大的国家仓廪系统,自上而下形成了一套完整的仓政管理机构,制定了严密的仓政管理法,这对后世的仓政产生了深远的影响。此外,对汉、魏晋南北朝、隋、唐、宋、元等历朝仓储制度的研究也不断有成果问世。如邵正坤对于汉代仓储及其管理制度的研究,他在《论汉代国家的仓储管理制度》(《史学集刊》2003 年第 4 期)、《汉代国有粮仓建置考略》(《首都师范大学学报(社会科学版)》2005 年第 1 期)等文中指出,汉代仓储在中央政府非常重视仓储建设的背景下,形成了自中央到地方的各级仓储网络体系,并且在对谷物入仓前后所要履行的手续、谷物的储藏保管、校验和安全防卫等重要环节制定了严格的规定,形成了系统而严谨的制度,认为这一制度的实施对于保护仓谷安全、保障仓谷的及时供应、进而维护国家机器正常有效的运转等功不可没。邵鸿《西汉仓制考》(《中国史研究》1998 年第 3 期)则探讨了西汉仓储制度在政治、经济和军事等方面的作用和地位。贾如银《东汉社会保障政策考

述》(《河西学院学报》2005 年第 3 期) 论述了东汉仓储作为社会保障政策一部分的意义。王万盈对北朝仓廪系统的内容、运作作了细致分析(《北朝仓廪系统探研》(《中国社会经济史研究》2005 年第 1 期)。对隋唐时期仓储制度相关问题的研究主要成果有：董进泉《隋末仓储与李密瓦岗军》(《复旦学报(社会科学版)》1982 年第 6 期) 对仓储兴衰与战乱之间的关系作了探讨；董省非《隋朝仓储库藏问题探索》(《浙江师范大学学报(社会科学版)》1983 年第 1 期) 对隋朝短短几十年之内仓储库藏数量之巨大的原因作了深入分析；朱睿根 (《隋唐时期的义仓及其演变》，载《中国社会经济史研究》1984 年第 2 期)、张玉兴 (《试论隋唐义仓在救荒中的弊端》，载《株洲师范高等专科学校学报》2004 年第 4 期) 等分析了隋唐义仓州县化、官方化的趋势并探讨了其由此带来的在救济灾荒中的救济不便、救济范围小等弊端。葛承雍 (《唐代太仓试探》载《人文杂志》1985 年第 4 期) 则着重论述了唐代京城仓储——太仓的发展演变。

由于朱熹在其家乡建立社仓，并被后世认为是第一个真正意义上的社仓，因此对宋朝的仓储研究形成了一个热点，成果也多集中在对朱子社仓的研究上。除了前述张大鹏《朱子社仓法的基本内容及其社会保障功能》(《中国农史》1990 年第 3 期)、张品端《朱子社仓法的社会保障功能》(《福建论坛》1995 年第 6 期) 探讨朱子社仓所蕴含的社会保障意义外，还有雷家宏《重新认识朱熹的经济思想》(《晋阳学刊》1987 年第 1 期)、张品端《从社仓法看朱熹的社会保障思想》(《黄山学院学报》1997 年第 3 期)、吴定安《朱子社仓之法及其影响》(《江西社会科学》2000 年第 12 期)、贾玉英《略论朱熹的荒政思想与实践》(《河南大学学报》2001 年第 5 期)、田浩《所谓"朱子的社仓"与当代道学社群和政府里的士大夫的关系》(《黄山学院学报》2004 年第 4 期)、周茶仙《简论朱熹赈济救荒的社会福利思想与活动》(《江西社会科学》2004 年第 8 期)、朱守良《朱熹民本思想及其实践》(《安庆师范学院学报(社会科学版)》2006 年第 1 期) 等，这些文章从研究朱子社仓本身的内容、作用、意义等入手，进而关注朱熹本人的思想和活动，更进一步推进了对朱熹和宋代社仓的研究。其他还有蔡华《北宋义仓制度述论》(《甘肃理论学刊》1993 年第 5 期) 对北宋义仓制度的研究等。

元代的仓储和其他朝代相比不太突出，研究成果也不多，除了王题《元代粮仓考略》（《安徽师范大学学报》1981 年第 2 期）对元代仓储制度的简单介绍外，最近黄鸿山发表在《苏州大学学报（哲学社会科学版）》（2005 年第 4 期）上的《元代常平义仓研究》一文值得关注。该文认为常平仓和义仓是元代主要的备荒仓储形式，其发展并不顺利，由于吏治腐败和制度本身的一些弊端，屡有兴废，实际成效并不明显。并认为，以仓储为代表的传统社会保障制度的废弛，和元朝的灭亡有着不可分割的联系。

明清时期的仓储制度一直是明清社会经济研究中备受关注的对象之一，以研究范围来划分，可分为整体研究与区域研究。整体研究指对明清时期仓储制度的综合研究或者对某种仓储形式的宏观研究，区域研究则指对区域社会仓储制度的研究。就现有研究成果来看，明代仓储研究的重点有二：一是明代的备荒仓储制度，二是预备仓制度。对前者的研究成果有陈关龙《论明代的备荒仓储制度》（《求索》1991 年第 5 期）；崔赟《明代的备荒仓储》（《北方论丛》2004 年第 5 期）等，陈关龙《论明代的备荒仓储制度》（《求索》1991 年第 5 期）认为：明代仓储按其用途分有供军饷、供官俸、城市市民口粮和备荒三种，其中备荒仓储主要有预备仓、社仓、义仓、常平仓，预备仓影响最大，自明太祖就在全国推行，正统年后，由于仓库空虚，灾荒加重，社、义仓和常平仓开始增设并发挥作用，因此，明代备荒仓经历了单一由政府办理向多元化社会办理的过程，并制定了严格的管理制度。虽然在实施中存在资金不足、利益不均衡、管理混乱等问题，但这些仓储形式在恢复和发展农业生产救灾灾荒方面仍发挥了重要作用，充分体现了封建政府的社会管理职能。对后者的研究成果主要有梁方仲《明代的预备仓》（《梁方仲经济史论文集补编》，中州古籍出版社 1984 年版）；钟永宁《明代预备仓述论》（《学术研究》1993 年第 1 期）；顾颖《明代预备仓积粮问题初探》（《史学集刊》1993 年第 1 期）等，对预备仓的设立、运作与功能、储粮等问题作了全面的阐述。

近几年来，对明代社仓的研究也开始成为重点之一，段自成《明中后期社仓探析》（《中国史研究》1998 年第 2 期）对明代中后期社仓的崛起进行了分析，指出：明代前期的仓储以预备仓为主，明中叶开始，随着预备仓因种种原因趋于衰落，社仓异军突起，并得到政府的重视，在各地广泛设立，谷本来源扩大，散敛制度进一步健全，官府干预明显弱化，成为民间备荒积谷的主渠道。胡卫伟、刘利平《明前期民间赈济的初步考察》（《江西师范大学学报（哲学社会科学版）》2003年第6期）则论述了明前期民间赈济中社仓的作用以及乡绅与社仓的关系。汪火根《明代社仓的社会功能初探》（《湖北民族学院学报（哲学社会科学版）》2003年第4期）、《明代仓政与基层社会控制——以预备仓和社仓为例》（《龙岩师专学报》2004年第2期）等文，则重点探讨了明代仓储的社会功能，包括社仓在推行过程中所发挥的整合社区、稳定基层社会秩序的功能，以及预备仓和社仓在基层社会控制方面所发挥的作用。

清代备荒仓储制度的研究与明代相比数量更加丰富，研究深度上也更加深入，既有对仓储制度的整体研究，也有对常平仓、社仓、义仓的分别论述。林化最先对清代仓储制度作了全面阐述，他在《清代仓储制度概述》（《清史研究通讯》1987年第3期）中分析了清代仓储粮食筹措、平衡地区积贮以及粮食的保管等措施，认为清代统治者十分重视仓储建设，并指出仓储制度随着封建统治的衰败而逐渐废圮。其他主要的研究成果还有：李映发《清代州县储粮》（《中国农史》1997年第1期）通过对清代州县储粮各类仓廒的来源、兴建及其管理等分析，指出这些仓廒对农村备荒救灾产生了一定的作用；康沛竹在《清代仓储制度的衰败与饥荒》（《社会科学战线》1996年第3期）一文中考察了清代仓储制度前后期的变化，指出：清代仓储经过前期的繁盛，到晚期，弊窦丛生，全面衰败，不但无法承担救济灾荒的作用，反过来还引起并加重了饥荒的发生，引发了各种社会矛盾，进一步加剧了社会的动荡。

关于各类仓储形式的具体研究方面，清代常平仓制度的研究较早有鲍晓娜《略论清代常平仓与社仓之政》（《光明日报》1987年11月11日）、唐林生《清代的常平仓制度》（《衡阳师专学报》1989年第3期）等文，张岩在其硕士论文的基础上发表了《试论清代的常平仓制度》（《清史研究》1993年第4期）、《论常平仓与相关类仓的关系》（《中国社会经济史研究》1998年第4期）两篇论文，前文对清代常平仓制度的内容、办理程序、日常管理、发放等作了全面细致的分析，并探讨了其利弊得失，后文从常平仓的演变入手，着重论述了常平仓与社仓、义仓之间的相互联系、相互补充的关系。同时她还对清代的盐义仓有所研究，发表了《清代盐义仓》（《盐业史研究》1993年第3期）一文，对盐义仓的兴办缘由、分布地区、具体内容、管理方式、救济手段、发展演变等作了深刻分析。

关于专门或重点探讨清代社仓的论著，已有的研究成果涵盖了对清代社仓的始建、发展、兴废、管理、具体运营、功能及其与常平仓、义仓相互联系等内容，对社仓制度的各方面内容都有所涉及。除了前述鲍文、张文对社仓内容、与其他仓关系的论述之外，牛敬忠在《清代常平仓、社仓制度初探》（《内蒙古师范大学学报》1991年第2期）一文中重点探讨了清代常平、社二仓的发展演变，认为二仓在乾隆时期已经发展十分成熟，但嘉道以后逐渐衰败，至同光年间虽有重建，但与前期无法相比；在《清代常平仓、社仓的社会功能》（《内蒙古大学学报》1991年第1期）一文中，他着重分析了清代常平仓、社仓的社会功能，认为：常、社二仓实质上是封建制度下的一种公共性食物积累，是封建政府对生产、分配过程施行的一种调节、控制措施，是存在于封建的小农经济基础之上的社会管理制度。它与保甲制度相经纬，并且通过其运营，客观上起了对封建纲常及重本抑末、安土重迁等观念的维护作用，其主要功能体现在稳定社会秩序、维护农民最低程度的简单再生产、社会福利、社会公益事业等方面。赵新安《雍正朝的社仓建设》（《史学集刊》1999年第3期）专门探讨了清代社仓非常兴盛、世人认为卓有成效的雍正朝的社仓问题，指出：雍正朝的社仓建设虽然诏令频频，令各地遍设，但除了初期一些省份确有成效外，总体上取得的成就并不大，到后期因种种弊端反而停滞下来，并没有取得应有的发展。有清一代，同样作为民仓，清代的义仓并没有社仓繁兴，特别是在前期，这方面的专门研究也不多，就笔者视野所及，除了上述张岩对盐义仓的涉足，就只有陈桦对雍正时期义仓的探讨了（陈桦《雍正帝与义仓》，载《清史研究通讯》1986年第4期）。

除了以上论文外，还有一些著述也对清代的仓储及其相关问题进行了研究，冯尔康、常建华《清人社会生活》（天津人民出版社 1990 年版）在"社会救济"一章中对常平仓、社仓、义仓作了重点介绍。康沛竹《灾荒与晚清政治（北京大学出版社 2002 年版）一书对清代的仓储制度内容、形态、运作及其前后期的变化做了研究，并着重揭示了大多仓储有名无实这一事实。还有把明清仓储作为研究整体加以探讨的成果，如吴忠起《中国古代仓储史概要（八）——中国古代仓储事业的最后篇章——明清的仓储（下）》（《中国储运》1993 年第 3 期）一文对明清仓储作了简要论述。前揭张建民、宋俭《灾害历史学》（湖南人民出版社 1998 年版）在"农业时代的减灾救灾实践"一章将明清仓储制度作为单独的单元，对其内容、分布、作用等作了中肯分析。

关于学界在明清荒政、仓储等方面的研究成果，已经有一些综述性文章进行了评介，重要的有余新忠《1980 年以来国内明清社会救济史研究综述》（《中国史研究动态》1996 年第 9 期）；朱浒《二十世纪清代灾荒史研究述评》（《清史研究》2003 年第 2 期）；钞晓鸿、郑振满《二十世纪的清史研究》（《历史研究》2003 年第 3 期）；邵永忠《二十世纪以来荒政史研究综述》（《中国史研究动态》2004 年第 3 期）等，可供参考。

二　明清仓储制度的区域研究

从学界对明清时期仓储制度研究的成果来看，早期的成果主要集中在对仓储制度的全国性研究上，比较注意对仓储制度的宏观把握，对区域社会仓储制度的研究虽然也同时起步，但成果并不算多。应该说，在仓储制度的研究方面，整体研究和区域研究都很有必要，二者之间是相辅相成的关系。整体研究以仓储制度或某种仓储形式为研究对象，着眼于其在全国的推行情况，关注点在制度本身的发展演变上，侧重于制度层面的研究。这固然有助于对仓储制度的全面认识和整体把握，但缺少其在具体地区运行实态的反映。从这个意义上讲，这种研究终究是不完整的。而区域研究正好弥补了这个缺陷，它以具体地区为研究范围，重视中央仓储制度在该地区内的实际运作，能够如实反映仓储制度对地方社会的实际影响。加之，近几年来，随着学术研究的视野逐渐转向区域化、基层化，区域社会地方仓储的研究开始升温，并越来越重视地方仓储与基层社会的互动，探讨社仓、义仓在基层社会生活、基层社会控制与社会救济、地方福利等方面的深层意义，由此展示乡村救济的实态，进而勾勒官方与民间、官方权力与士绅活动、乡村救济等之间复杂的关系。

　　区域研究方面以广东地区的研究较早出现，也较早形成一定的规模。陈春声的研究具有代表性，他对广东的常平仓、社仓、义仓进行了详尽的研究，发表了一系列高质量的成果：《论清代广东的常平仓》（《中国史研究》1989 年第 3 期）；《清代广东社仓的组织与功能》（《学术研究》1990 年第 1 期）；《清代广东的社仓：清代广东粮食储备研究之二》（《纪念梁方仲教授学术讨论会文集》，中山大学出版社 1990 年版）；《清代广东常平仓谷来源考》（叶显恩主编《清代区域社会经济研究》，中华书局 1992 年版）；《论清末广东义仓的兴起——清代广东粮食仓储研究之三》（《中国社会经济史研究》1994 年第 1 期）等。在这些文章中，他系统阐述了清代广东各类仓储形式的兴起、设置、仓谷来源、管理制度、具体运转、发展等，并深入论证了这一仓储体系在广东地方社会中的功能和作用。值得注意的是，通过对广东地区各类仓储的系统研究，他第一次将仓储制度的变化与社会学中的社会控制概念联系起来，认为仓储问题以往多被视为是一个经济问题，实质上它在更大程度上是一个社会问题，是一种社会控制形式，其演变反映了基层社会控制权的转移过程。他认为，广东仓储的演变反映了基层社会控制权逐渐下移的过程，体现出社会发展多样化的趋势。另一项比较突出的研究是一些学者围绕着《佛山义仓总录》这一资料的利用，集中对佛山地区的义仓进行的相关研究。主要成果有：高惠冰《清代前期的佛山义仓》（《华南师范大学学报（社会科学版）》1985 年第 3 期）；赖达观《略论清代佛山义仓》（《佛山大学学报》1990 年第 1 期）；冼剑民《清代佛山的义仓》（《中国农史》1992 年第 2 期）等，这些文章对清代前期佛山的义仓性质、救济方式、管理模式等作了全面而细致的分析，并指出了佛山义仓与历史上其他义仓的不同，尤其是与珠江三角洲其他义仓的不同，论述了其在佛山经济发展中的作用。除了对清代仓储的研究，学者也开始关注明代广东的仓储。倪根金《明代广东社仓、义仓考》

（《广东史志》2002 年第 2 期）对明代广东社仓、义仓的举办进行了考证，认为大量兴建出现于明中叶嘉、万年间，一度兴盛，但从其管理运作看，处于草创阶段，远未定式化、制度化，且官方色彩明显，维持时间也不长，作用有限。

江南地区的区域研究一向繁盛，仓储问题的研究虽然不像其他研究成果那样丰富，但仍有可圈可点之处。吴滔以明清苏松地区为中心，对其仓储制度作了深入探讨，他的《明代苏松地区仓储制度初探》，（《中国农史》1996 年第 3 期）、《论清前期苏松地区的仓储制度》（《中国农史》1997 年第 2 期）、《明清苏松仓储的经济、社会功能探析》（《古今农业》1998 年第 3 期）、《明清时期苏松地区的乡村救济事业》（《中国农史》1998 年第 4 期）等文，分析了该地区仓储制度的内容、特点、管理、运营、社会功能等，并论述了乡绅对于地方仓储的意义，以及社仓、义仓在乡村社区救济中的作用。他在《明清时期苏松地区的乡村救济事业》（《中国农史》1998 年第 4 期）一文中提出了"乡村救济网络"这一概念，并指出：苏松地区的乡村救济活动是以一定的仓储积累（主要是"民仓"）为基础，通过与民间捐助、宗族救济、个人救济等形形色色的民间救济手段相互作用，共同塑造着乡村社会的救济网络。近几年来，苏州大学社会学院由王卫平牵头，对传统社会保障体系进行了探索，并已经发表了一些富有新意的成果，其中一个研究重点是仓储与社会保障制度。近期有黄鸿山、王卫平《清代社仓的兴废及其原因——以江南地区为中心的考察》（《学海》2004 年第 1 期）、《传统仓储制度社会保障功能的近代发展——以晚清苏州府长元吴义仓为例》（《中国农史》2005 年第 2 期）等成果。《清代社仓的兴废及其原因——以江南地区为中心的考察》一文，从社仓制度本身的缺陷和吏治腐败两个方面讨论了清代江南地区社仓兴废的原因，认为江南地区的社仓制度存在借还难、任人难、劝捐难等弊端，本身易于产生问题，加之社仓官方控制较多，清中后期吏治逐渐腐败，主管地方官吏与不法社长狼狈为奸，营私舞弊，社仓遂走向衰落。而《传统仓储制度社会保障功能的近代发展——以晚清苏州府长元吴义仓为例》一文则探讨了以往被学界忽视的传统仓储制度近代化问题，认为晚清义仓与前期相比，在继承传统的基础上出现了新的变化，保障面有所扩大，保障层次也有所提高，显示了从单纯的备荒仓储向具有近代色彩的社会保障机构的转变。

长江中游地区是近年来越来越受关注的地区之一，关于农业、水利、环境开发和保护，自然灾害、气候、资源开发与利用、移民与人口、市镇、商业贸易等方面的研究已经展开，成果丰富。具体到关于仓储制度的研究，则相对较少，近几年才逐渐多起来。任放《明清长江中游市镇与仓储》（《江汉论坛》2003 年第 2 期）一文探讨了以往被人忽视的市镇与社仓之间的关系，指出了清代虽有州县立常平，市镇立义仓，乡村立社仓一说，但实施中并非如此，在长江中游，因为市镇的巨大辐射功能，社仓常立于此，以市镇为依托发挥着更大的功能。姚建平《清代两湖地区社仓的管理及其与常平仓的关系》（《社会科学辑刊》2003 年第 4 期）指出两湖地区社仓的分布呈现出里甲式层级结构，其管理和保甲制度相结合，其与常平仓相互影响、相互渗透，共同起着稳定社会秩序的作用。而在《内功能与外功能——清代两湖地区常平仓仓谷的采买与输出》（《社会科学辑刊》2005 年第 4 期）中则讨论了两湖地区常平仓的主要内容。笔者在《清代两湖平原的社仓建设》（《武汉大学学报（哲学社会科学版）》2006 年第 1 期）一文中对于两湖平原社仓的缘起、发展、谷本来源、管理制度和运营状况等作了全面的分析，其中指出了社仓于州县、市镇、乡村并立的分布特点，以及在管理制度上逐渐科学化、合理化的趋势。关于三省分别研究也有起色，如对湖南省仓储的研究，出现了数篇文章，主要有：钟永宁《清前期湖南的常平仓与湘米输出》（《求索》1990 年第 1 期）；杨鹏程《二十世纪初湖南的自然灾害与米荒》（《船山学刊》2003 年第 2 期）、《古代湖南仓储研究》（《湖南科技大学学报（社会科学版）》2004 年第 4 期）；简婷《晚清湖南赈灾救灾》（《船山学刊》2002 年第 2 期）；郑利民《湖南仓储制及其在赈灾中的作用和弊端》（《株洲师范高等专科学校学报》2003 年第 1 期）等。对江西仓储的研究有施由民在《江西古代的抗灾减灾述论》（《农业考古》2002 年第 3 期）中关于江西仓储问题的论述，另外还有对义仓的研究，如衷海燕《清代江西的家族、乡绅与义仓——新城县广仁庄研究》（《中国社会经济史研究》2002 年第 4 期）等。关于湖北仓储的情况，也许是因为地方志资料过于简单，尚未形成专门的研究。

此外还有对西北地区、云南、四川以及台湾地区仓储的研究，也成为区域研究中不可忽视的一部分。

西北地区主要有吴洪琳对陕西社仓的研究：《论清代陕西社仓的区域性特征》（《中国历史地理论丛》2001 年第 3 期）、《清代陕西社仓的经营管理》（《陕西师范大学学报（哲学社会科学版）》2004 年第 2 期）等，指出了陕西社仓谷本主要来源于耗羡银购买这一区别于其他地区的特点，并分析了由此带来的经营管理上的特点和弊端。胡波《试析清代陕西黄土高原地区常平仓储粮规模的时代变化》（《陕西师范大学学报（哲学社会科学版）》2002 年第 6 期）探讨了常平仓储粮规模变化与政府对常平仓额储规模的规定、生产力发展程度、社会安定状况以及管理制度等之间的内在关联。姚兆余在《明清时期甘肃抗灾、减灾措施及其启示》（《开发研究》2000 年第 4 期）中阐述了明清时期甘肃的仓储对于减灾的意义。

云南地区的研究主要有王水乔《清代云南的仓储制度》（《云南民族学院学报（哲学社会科学版）》1997 年第 3 期），他对清代云南仓储作了细致分析，指出了云南仓储对稳定边疆民族地区的社会秩序所起的作用，同时指出，由于清代云南粮食一直短缺，加上仓储运行中的弊端，仓储的这种作用又是十分有限的。

四川地区地处长江上游，王笛在《跨出封闭的世界——长江上游区域社会研究（1644—1911）》（中华书局 2001 年版）一书第八章中对四川省地方仓储常平监仓、社仓、义仓的谷物来源、储谷实数与人口数对比等作了概括论述，分析了仓储演变的历程和原因；在《晚清公共领域中的地方士绅、官僚与国家权力关系——以长江上游地区为中心》（载陈锋主编《明清以来长江流域社会发展史论》，武汉大学出版社 2006 年版）中将社仓、义仓和义田、义捐视为公共领域的重要部分，指出：社仓、义仓在康乾时期出现，并逐渐普及，和祠庙、会馆、地方教育等一起意味着清前、中期社会的重建和公共领域的出现，而到了晚清，新的公共领域得到了发展，而以社仓为代表的传统地方福利事业衰落了，究其原因，人口扩张是最主要因素之一，人口压力导致粮食短缺，社仓没有充足粮源去补充，当然这也和社会变化以及社仓自身缺陷不无关系。

除此之外，对台湾地区的仓储研究也值得关注，魏章柱《清代台湾自然灾害对农业的影响和救灾措施》（《中国农史》2002 年第 3 期）一文指出了作为救济灾荒措施中的一种重要形式——仓储的发展演变及其社会作用。

三　港台地区和海外学者的研究

港台地区和海外学者对古代仓政以及明清时期荒政的研究最早可追溯至上世纪 30 年代。1934 年日本学者刚田巧著、张汉译《中国仓库制度之史的考察》（《中国经济》第 2 卷第 12 期）① 发表，大致可视为海外学者研究中国仓库制度的开端。50 年代至 70 年代，当内地研究处于冷清时期的时候，港台地区和海外研究则呈现出一派热闹景象，对我国古代荒政、仓储及救济事业展开了系统研究，港台地区主要成果有：关吉玉《我国常平仓制之研究》（《法律评论》1951 年第 1 期）；陈国均《中国历代救济事业概述》（《新社会》1962 年第 6 期、第 7 期）；颜杏真《明代灾荒救济政策之研究二：租税蠲免政策》（《华学月刊》1972 年第 12 期）；徐炳宪《清代州县的社会救济》（《中华文化复兴月刊》1976 年第 9 期）；刘翠溶、费景汉《清代仓储制度功能初探》（《经济论文》1979 年第 7 期）；黄秀政《清代台湾的社会救济措施》（《台北文献》1975 年第 33 期）等。日本学者星斌夫发表了《明代的济农仓》（《江上波夫教授古稀纪念论集》，1977）一文，村松佑次发表了《清代的义仓》（《人文科学研究》、《一桥大学研究年报》1969 年）等。

进入 80 年代以后，内地研究突飞猛进，港台地区和海外研究则稳步前进。这些成果包括：刘翠溶《清代仓储制度稳定功能之检讨》（《经济论文》1980 年第 8 卷第 1 期）；梁庚尧《南宋的社仓》（《史学评论》1982 年第 4 期）；侯寿昌《清代仓储制度》（《平准》4 下）等。日本家室茂雄《清代社仓制度研究叙说》（《明代史研究》第 11 期）是

---

① 选自中国社会科学院历史研究所清史研究室和中国人民大学清史研究所合编《清史论文索引》，中华书局 1984 年版。

日本学界研究清代社仓制度的重要论文。星斌夫一向关注明清仓储问题，在发表了对明代江南济农仓的研究成果之后，于 1985 年出版了《中国社会福祉政策史の研究—清代の赈济仓を中心に一》（东京图书刊行会，1985），在海外汉学界产生了较大影响。森正夫对 18 至 20 世纪江西省农村的社仓、义仓作了出色分析，值得关注（《一八一二〇世纪の江西省农村にぉける社仓·义仓につぃての一检讨》，《东洋史研究》卷 33—4）。韩国田炯权在《中国近代社会经济史研究——义田地主和生产关系》（中国社会科学出版社 1997 年版）一书中专门论述了清代两湖及江南地区的义仓与地主的问题。

此外，魏丕信、王国斌、濮德培等西方学者对中国荒政和社会救济问题的研究也颇为深刻，分析深入，见解独到。主要成果有：王国斌、濮德培《清代中国的饥荒恶魔》、魏丕信《18 世纪中国的官僚机构与灾荒》、魏丕信、王国斌《养育人民：1650—1850 年间中国的国营民仓系统》等①。

四　仓储制度研究存在的问题

总结上述内地和港台地区、海外学者关于明清时期荒政、储粮备荒制度和政策的研究，可以说是硕果累累，几代学者相因相承，推动着相关研究不断深入，不断拓展。这些成果有助于我们理解我国历代国家荒政的主要内容、储粮备荒的主要形式和传承，理解历代储粮备荒制度的发展和演变，尤其是明清时期国家荒政和仓储制度的内涵、发展、社会功能等。但是，也存在不足，主要体现在以下方面：

虽然对仓储制度的研究起步较早，成果丰富，对社仓、义仓的研究也数量不少，但是，对清代社仓的研究仍嫌不足。由于学界的研究视角所致，现有的研究多侧重于从制度层面对清代社仓的宏观把握，对社仓在基层社会的运行问题，近几年才引起重视，成果也相对缺乏，当然，

---

①　这些成果的介绍参见王国斌《转变的中国——历史变迁与欧洲经验的局限》，李伯重、连玲玲译，江苏人民出版社 1998 年版；千里、大同：《塞纳河畔两史家——法国当代著名中国社会经济史学家贾永吉与魏丕信及其研究成果简介》，《中国经济史研究》1994 年第 2 期。

这可能也和社仓设于乡村，资料难收有关。

区域研究有待加强。社仓主要设于乡村，国家对其管理只提供原则性指导，其谷本来源、存储地点、经营方式、仓政管理等千差万别，带有浓厚的地域性色彩，因此，区域性研究应是社仓研究的关键所在。目前，虽然对社仓的区域性研究有了明显的进步，比如广东、江南地区、西北陕西、长江上游四川、台湾地区、云南、长江中游地区等都有涉及，但从总体上看，数量并不多，其中有相当一部分是在论述灾害与救济问题时简单论及仓储问题，对社仓、义仓的研究并不全面，更谈不上深入，而且，除了上述少数几个地方外，对其他地区社仓的研究尚未出现。因此，加强区域性研究实属必要，这对于我们理解明清时期社仓制度在各地的实施和运营是大有裨益的。

对长江中游地区社仓的研究来说，现有研究仍嫌单薄，有待进一步推动和深入。首先，从数量上看，与对其他问题的研究相比，仓储研究远远不足。其次，现有研究中，任放关于长江中游地区市镇与仓储的研究属于从某一点上的关注；姚建平从两湖地区（湖南、湖北）入手，重点放在社仓与常平仓的异同和相互关系上；笔者则侧重于对两湖平原地区的社仓的研究；钟永宁等对湖南的研究侧重于对常平官仓、仓储制度整体的研究；唯有森正夫对江西的社仓、义仓作了全面而细致的分析。可见，无论从现有成果的数量来看，还是从对社仓的全面讨论来看，对长江中游地区的社仓研究都是远远不够的，亟待加强。本文的出现或许可以弥补这一缺憾，并使此一地区的区域社会研究更为完整。

对社仓的相关问题有待进一步讨论和认识。比如关于如何看待社仓的性质问题，这直接关系到对仓储制度性质的认识。牛敬忠等较早研究清代社仓的学者认为，无论是常平仓，还是社仓，都属于是封建制度下的一种公共性食物积累，是封建政府对生产、分配过程施行的一种调节、控制措施，倾向于认为是经济管理制度。但也有学者提出，虽然社仓本身是经济制度，但其在运行过程中多和保甲制度相结合，而保甲制度属于政治制度，所以不能单纯认为它是经济制度。联系到对仓储制度性质的认识，方行、经君健、魏金玉主编的大部头著作《中国经济通史（清代经济卷）（上、中、下）》（经济日报出版社 2000 年版）中，论述了农业、手工业、商业、地主经济、农民消费等问题，但没有任何关于仓储的内容，足可见对仓储制度不同的看法。近年来，有学者将仓储制度看作是社会福利，认为其属于社会保障事业的一部分。这一观点逐渐为一些论者所接受，学者正在对明清时期包括仓储在内的社会保障事业乃至中国古代社会保障体系作全面而细致的探讨。总的来看，虽然已有一些成果问世，但这项研究还不是很成熟，有许多问题需要进一步探讨。再如对于社仓管理和运营中的一些问题的认识。西方中国史研究的学者通常倾向于使用"公共领域"一词来讨论中国社会的发展演变特别是中国社会由传统向近代转型过程中的相关问题，王笛在《晚清公共领域中的地方士绅、官僚与国家权力关系——以长江上游地区为中心》（载陈锋主编《明清以来长江流域社会发展史论》，武汉大学出版社 2006 年版）一文中提出：所谓"公共领域"是既非个人又非官方而是处于两者之间的社会空间。按照这一界定，社仓属于公共领域的一部分，是非官方的。这一分析指出了社仓的非官性质，但又产生了另一个问题：社仓既然是非官方的，既不是"官"也不是"私"，那就应该是民办的。从现有的研究成果和笔者所翻阅的材料来看，我们已经知道官方权力在社仓管理和运营中是有所渗透的，如果从雍正年间的规章制度看，官方的权力渗透是全方位的，那么，在这种情况下，官方的渗入对社仓的性质到底有无影响？所谓"半民间"说如何看待？如何看待社仓管理中的官方权力和民间权力的关系？如何准确把握官方权力的体现者——地方官僚与主管社长（乡绅）之间的关系？地方官、乡绅、百姓等各自的行为对社仓的发展有什么影响？他们各自又得到了什么利益？等等，诸如此类的问题都需要深入讨论。还有，有学者认为清代江南地区已形成了完整的乡村救济网络或者社区救济模式，社仓和义仓、义庄等是救济网络中不可缺少的一环，那么，在长江中游地区乡村救济中，社仓、义仓在救济中所起的作用如何，也是需要进一步探讨的。

作者单位：中国政法大学马克思主义学院

二十世纪以来"五行说"起源研究述评

薛梦潇

　　五行说，统驭国人思想数千年，不仅融合进了帝国皇权的治乱兴替，也影响着民间生活的衣食住行。而若要考察五行说的覆盖力和渗透性，就不能不先对它来一番穷原竟委。

　　何谓"五行"？文献给出的解释各不相同①。因此，考辨名称，是研究五行说起源不可忽略的一个方面。当然，五行说亦是一种逐渐抽象化、系统化和精密化的思想理论。职是之故，研究五行说起源的另一个方面，就是要追溯这一思想理论的本原。

　　对此，中国古代的知识分子已有论列，但主要以经文注疏的形式加以阐发，而存留至今的研究专篇并不多见②。另外，这些饱学之士们生活的时代，本就深受五行说的影响，所以他们也难识庐山真面。20世纪以降，五行说的流风遗韵渐行渐远，甲骨文、金文以及简帛文书也渐次出土，所以学者们可以利用新材料，运用新方法，跳出五行来看五行。就笔者目力所及，兹将20世纪以来的相关论著及各大观点，综述如下。

---

　　① 《尚书·洪范》曰："一五行：一曰水，二曰火，三曰木，四曰金，五曰土。"《左传》昭公二十九年传："故有五行之官，……社稷五祀，是尊是奉。木正曰句芒，火正曰祝融，金正曰蓐收，水正曰玄冥，土正曰后土。"《国语·鲁语上》曰："及地之五行，所以生殖也。"《史记》卷26《历书》："黄帝考定星历，建立五行。"《荀子·非十二子》"往旧造说谓之五行"句下杨倞注谓："五行，五常，仁义礼知信是也。"

　　② 中国古代研究五行说的专著，至今可见者，主要有隋代萧吉的《五行大义》，明代娄元礼的《田家五行》。其他论述散见于各部正史的《五行志》《天文志》《律历志》等，以及《春秋繁露》《白虎通》《论衡》诸篇。

一　疑古思潮影响下的争鸣

20 世纪初叶，关于五行学说，中国学术界掀起了一场声势浩大的论辩。梁启超、刘节、顾颉刚等众多硕学大家均参与其间。他们所写的文章，最后由顾颉刚收入《古史辨》第五册下编。其中，针对五行说起源的探讨，主要有以下几篇。

1923 年，梁启超发表《阴阳五行说之来历》。文章基于对《尚书·甘誓》、《洪范》、《墨子》，以及《荀子·非十二子》诸文献中"五行"语意的考察，得出结论：春秋战国以前，"五行"一词的语意极为平常，并无丝毫哲学或术数的意味。至于后世所谓五行终始之说，其创始者乃燕齐方士①。

梁启超的文章发表后，吕思勉与栾调甫先后撰文提出商榷。吕思勉不同意梁启超对《甘誓》"五行"的唯物解释，而认为"五行"可能具有源远且深刻的哲学意味。至于起源为何，吕氏认为，至少早在邹衍之前，甚至可以推溯至尧以前的上古遗制②。

与吕思勉相比，栾调甫的《梁任公五行说之商榷》思路更为明晰。他所引用的史料，殆于梁氏相同，惟解释互异，其对五行说起源的看法在于两个方面：第一，"五行"指金木水火土，不容有疑，且在夏商之世是很重要的学说之一。第二，五行的生克之法，并非战国时人邹衍的创始发明，而是"最原始最古的"理论，岐周以前即已有之③。

驳梁之文既出，刘节便作《〈洪范〉疏证》。他认为《洪范》出于战国末期，时代当在《王制》之后、《吕览》之前。其中所谓五行之说，乃邹衍一辈人的学说④。

以上四篇文章，可以视作讨论五行说起源的最初交锋。由梁启超发

---

① 梁启超：《阴阳五行说之来历》，见顾颉刚主编《古史辨》第五册下编，上海古籍出版社 1982 年版，第 350—351、353 页。

② 吕思勉：《辩梁任公阴阳五行说之来历》，见《古史辨》第五册下编，第 371—376 页。

③ 栾调甫：《梁任公五行说之商榷》，见《古史辨》第五册下编，第 379—382 页。

④ 刘节：《〈洪范〉疏证》，见《古史辨》第五册下编，第 403 页。

韧，褪除五行说的神圣外衣，以燕齐方士为学说的创发者。而吕、栾二氏则将五行说之源推至夏商甚至更古。刘节的《疏证》大体支持梁说，然较梁氏更进一步，文章发表之后数年间不闻驳论。

直至 1930 年顾颉刚撰成《五德终始说下的政治和历史》一文，随即掀起了论辩高潮。此文是《古史辨》第五册下编中篇幅最长、分量最重、争议最多的一篇。开篇第一部分即论"五行说的起源"。根据顾颉刚的研究，五行说起源于战国后期，邹衍是这一学说的创始人；而零碎的五行思想则在邹衍之前久已存在，惟没有严整的系统而已①。

顾颉刚的文章发表之后，钱穆、胡适、范文澜等学者又提出不同看法。其中，关于五行说起源的商榷，主要有：范文澜的《与颉刚论五行说的起原》，童书业的《五行说起源的讨论》，徐文珊的《儒家和五行的关系》，以及谭戒甫的《思孟五行考》。

范文澜按照"由阴阳到五行再至九畴"这样一个演生程序作出假说，即阴阳说产生于夏代以前的社会里，五行说产生于夏代，九畴说则出现于殷商。总之，五行说的产生时间，应比顾颉刚所谓战国晚期要更早②。童书业在自己的文章中，也对顾颉刚的结论提出异议；同时对刘节《〈洪范〉疏证》进行了批驳。童氏举证判断《洪范》为战国初期的作品，因此，五行说也应当于此时就已经存在③。徐文珊的文章主旨是论述儒家与五行之间的关系。在谈到五行说起源时，徐氏谓五行说起源甚早，然文献不足征，只能推测其与儒家思想共同孕育于孔子以前④。谭戒甫在分析"五行"名称由来时认为，五行的来源中，既包含思孟五行，又有子思后学的五行，又有邹衍的五行，还有汉儒的五行，几者相沿变化，极为复杂。谭文阐发的重点是思孟五行⑤，这在半个世纪后再次引起学者的极大关注。总之，徐、谭二先生并不同意梁启超与顾颉刚的观点，他们或将邹衍归入儒家，或归于道家，认为邹衍的理论

---

① 顾颉刚：《五德终始说下的政治和历史》，见《古史辨》第五册下编，第 410 页。

② 范文澜：《与颉刚论五行说的起源》，见《古史辨》第五册下编，第 642—644、647—648 页。

③ 童书业：《五行说起源的讨论》，见《古史辨》第五册下编，第 664—666 页。

④ 徐文珊：《儒家和五行的关系》，见《古史辨》第五册下编，第 670—673 页。

⑤ 谭戒甫：《思孟五行考》，见《古史辨》第五册下编，第 709 页。

有稷下之学的依托，以及更广阔的子学背景①。

如上述，在争鸣的高潮阶段，主要形成了三种认识：第一，五行说起源于战国后期。第二，五行说起源于战国初期或战国以前。第三，五行说产生时间虽不可考，但推测其成立于孔子以前的时代，甚至假设其出现于夏代社会。需要指出的是，范文澜的论述，史料举证不足，暂录于此，仅备一说。

除了以《古史辨》为阵地探讨五行说起源之外，郭沫若也有相关论述。他在《先秦天道观之进展》一文中谈到，五行说应该起源于殷代的"五方"或"五示"的崇拜，是一种自然发生的理论，不能归于任何人的创造发明②。

综上所述，在20世纪初期的争鸣当中，学者对五行说的起源作了一次集中的梳理和深刻的反思。后来者若要研究这一问题，都无法回避以上学术成果。然而，若以今人之眼光来回顾，则其不足之处也显而易见。首先，学者们所采用的研究方法比较单一，主要是史料的考据和文本的分析，尚未脱离经学研究的框架。其次，在当时疑古辨伪的风气之下，对传世文献的辨伪难免有矫枉过正之嫌。同时，甲骨文、金文的整理工作尚不系统，大量的先秦简帛仍沉睡于地下，以致在研究过程中鲜有考古资料的引证。第三，在新文化运动刮垢磨新的时代背景中，学者们笔端常带情感，对五行说起源的认识或过于武断，或有失客观。

二　考古材料中的五行说探源

随着甲骨文释读工作的深入，学者们的研究已不再局限于年代不明的传世文献，以陈梦家和胡厚宣为代表的一批学者，开始从考古材料中发掘新的学术生长点。

1938年，陈梦家发表了《五行之起源》一文。文章指出，五行说是由历律学、地理学、天文学及阴阳学构成，五行相胜的观念源起于上

---

① 李零：《从占卜方法的数字化看阴阳五行说的起源》，见氏著《中国方术续考》，中华书局2006年版，第632页。

② 郭沫若：《中国古代社会研究》，河北教育出版社2000年版，第128页。

古拜水火之俗，而"五行官"则与殷商卜辞中的"五工臣"有关。他还根据战国古玉上的行气铭文，推断五行说发源于齐地，年代大致是公元前四五世纪①。20 世纪四五十年代，胡厚宣围绕甲骨文中"四方风"及"五方"的记载，先后发表了四篇研究论文。胡氏认为卜辞中"帝五工臣"、"帝五工"的记载，当由五方发展而来，帝乃五方之主宰，遂有五臣。此即五行说之滥觞②。

在前辈学者的启发下，后起学人亦开始通过甲骨文来剖析五行说的起源。例如，萧良琼的《从甲骨文看五行说的渊源》认为，甲骨文中虽无明确的"五行"名称，但已有了对五行物质性能的认识和理解。同时，商代的宇宙观也是五行说的导源之一。沈建华从商代祭星郊礼的活动来观察五行说的起源；常正光则从殷代的方术着手，认为五行说"早在古史传说时期就已经以原始方术的形态蕴育于世"，殷人方术的流传与发展又为五行说奠定了基础。汪涛将目光贯注于殷商的颜色观念，从甲骨文与传世文献的比较来看，认为商人的宇宙观对五行说的形成发挥了直接的影响，而颜色作为宇宙观的一个相关部分，在某种程度上也影响了五行说的起源，但这并不能表明五行说在商代即已创立③。

自 20 世纪 70 年代始，长江流域和西北地区出土了大量的简帛文献。这些考古新发现，为学者"走出疑古时代"照亮了前程，也为进一步研究五行说的起源提供了新的材料，学者们也因此开始重新审视原有的结论。

1973 年，长沙马王堆帛书出土，其中的《五行》篇颇受重视。时隔廿载，郭店楚墓出土的竹简中又见《五行》一篇。庞朴最先对帛书命名并撰文研究，先后发表了《马王堆帛书解开了思孟五行说之谜》、

---

① 陈梦家：《五行之起源》，《燕京学报》第 24 期。

② 胡厚宣：《论殷代五方观念及"中国"称谓之起源》；《甲骨文四方风名考证》，《责善》卷 2 第 19 期，1941 年 12 月，见氏著《甲骨学商史论丛初集》，河北教育出版社 2002 年版。丁声树、胡厚宣：《甲骨文四方风名考补证》，《责善》卷 2 第 22 期。胡厚宣：《释殷代求年于四方和四方风的祭祀》，《复旦学报》1956 年第 1 期。

③ 萧良琼：《从甲骨文看五行说的渊源》。沈建华：《从殷代祭星郊礼论五行起源》。常正光：《阴阳五行学说与殷代方术》。汪涛：《殷人的颜色观念与五行说的形成发展》。以上诸文，均收入艾兰、汪涛、范毓周主编《中国古代思维模式与阴阳五行说探源》，江苏古籍出版社 1998 年版。

《思孟五行新考》等论文，以及专著《帛书五行篇研究》。其论述主要集中于探讨帛书《五行》与《中庸》等儒家文献的关联，其主要观点在于：第一，《中庸》"唯天下至圣"一段已蕴含有"五行"观点，因此，遭后人怀疑非子思所作的《中庸》，确是思孟学派的作品；第二，帛书《五行》的创作年代，不会距《孟子》太久[①]。

随后，李学勤发表论文《新发现简帛与汉初学术史的若干问题》，文章第二部分指出，思孟五行不可能与金木水火土毫不相干，否则也就不会引起荀子的激烈反对了[②]。之后，李学勤又撰写了《帛书〈五行〉与〈尚书·洪范〉》一文。根据《洪范》中与西周晚期的金文相合的内容，李氏断定，《洪范》当为西周时期的作品。如此，五行说的起源就不应晚于西周。当然，洪范五行与思孟五行的表述并不一致，前者是五材，而后者则是五德。李氏强调，子思所创的五行说，其依据的思想资料，即是《洪范》[③]。

最近，陈来出版了新著《竹帛〈五行〉与简帛研究》。陈著对庞朴的一些观点提出异议。他认为《孟子》中绝无"五行"一词，而帛书《五行》篇正是子思所作[④]。

日本学界研究帛书《五行》的首部专著，当推池田知久的《马王堆汉墓帛书五行研究》。后来池田氏又撰写了《郭店楚简〈五行〉研究》一文。其推断郭店《五行》是战国后期的古本，而马王堆《五行》则是战国末期的新文本，年代当在《荀子》之后[⑤]。

除了围绕帛书《五行》的研究之外，帛书《周易》中的"五行"，

[①]　庞朴：《马王堆帛书解开了思孟五行说之谜》，《文物》1977年第10期；《思孟五行新考》，《文史》第7辑；《帛书五行篇研究》，齐鲁书社1980年版。

[②]　李学勤：《新发现简帛与汉初学术史的若干问题》，《烟台大学学报》（哲学社会科学版）1988年第1期。

[③]　李学勤：《帛书〈五行〉与〈尚书·洪范〉》，见氏著《简帛佚籍与学术史》，江西教育出版社2001年版，第282—284页。李学勤后来又发表了《马王堆帛书〈五行〉的再认识》一文，文章重点强调的是思孟五行与传统五行（金木水火土）之间联系，对于五行的起源，未作进一步的考察，故于综述正文中不另说明。

[④]　陈来：《竹帛〈五行〉与简帛研究》，生活·读书·新知三联书店2009年版。

[⑤]　池田知久：《马王堆汉墓帛书五行研究》，王启发译，线装书局、中国社会科学出版社2005年版；《郭店楚简〈五行〉研究》，见《池田知久简帛研究论集》，曹峰译，中华书局2006年版，第56页。

亦引起了学者的关注。邢文对此进行了考察并指出，传世文献所谓"天之五行"，很可能源于"地之五行"，二者均无宏大不经的天地民神意识。相反，帛书《周易》五行则偏重于此道，这是帛书所见"五行"与传统五行说（金木水火土）的根本区别所在①。

　　这些研究者考察的对象，大部分是竹帛所揭思孟五行，而学者们又认为思孟五行与金木水火土这五行有着一定联系。李零也注意到了这些研究成果，并总结出它们的论述线索，即：基本上沿着子学、儒学的精英化，从儒家（思孟学派）到阴阳家（以邹衍为代表）再到阴阳化的儒家（以董仲舒为代表的汉代儒家）这一理路进行考论。然后，李零另辟蹊径，提出了另一条值得注意的线索——古代的数术之学。

　　李零对五行说的再认识，建立在翔实的器物分析与文本对读的基础上。他认为，五行说的起源，绝非邹衍一派阴阳家的怪迂之谈所能概括，而是取材远古，以原始思维作为背景，从非常古老的源头顺流而下。子学对五行说的精密化和意识形态化虽有推动的作用，但只是其流而非其源；占卜方法的数术化才是五行说的起源②。

　　除了上文提到的池田知久，日本学者井上聪的研究亦值得关注。在井上的博士学位论文《先秦阴阳五行》中，他充分利用甲骨文资料，并吸收民俗学与人类学的方法，将五行说的历史演革分为萌芽期、发展期和定型期。所谓萌芽期，就是五行说脱胎于商代四方与四方风的这个阶段③。井上的这一结论，来自于赤塚忠的启发。赤塚氏强调，并不是五行说成以后才专配方位、季节，相反，是从方位和季节中引发出了五行说④。

　　综上所述，陈梦家、胡厚宣等学者通过释读考古资料，将五行说起源的时代向前推至殷周时期，可谓难能可贵的优秀成果。随着新材料的出土，学者们逐渐走出了疑古时代，订正并丰富了原有的研究成果。尤

---

　　①　邢文：《马王堆帛书〈周易〉与五行说》，收入《中国古代思维模式与阴阳五行说探源》，第 333 页。

　　②　李零：《中国方术正考》，中华书局 2006 年版，第 139—140 页；《从占卜方法的数字化看阴阳五行说的起源》，见氏著《中国方术续考》，第 62—72 页。

　　③　井上聪：《先秦阴阳五行》，湖北教育出版社 1997 年版，第 160 页。

　　④　赤塚忠：《中国古代文化史》，《赤塚忠著作集》（一），研文社 1998 年版，第 405 页。转引自井上聪《先秦阴阳五行》，第 160 页。

其是马王堆帛书和郭店楚简的发现，又促使一些学者将传统五行说（金木水火土）与思孟五行联系起来考察。而李零从数术之学入手，探讨子学与五行说起源的关系，无疑是又一颇具说服力与影响力的研究。

三 "新瓶旧酒"：中西方视野下的再探讨

简帛文献的出土，吸引了大家的目光。除此之外，利用传世文献进行的相关探讨也值得关注。20 世纪中期，学者多受唯物主义思想的影响。冯友兰认为，"五行"观念可能是西周固有的素朴唯物主义哲学观点的萌芽，它起初也并不是指构成宇宙的五种成分或势力，而只是在人的生活中具某项功用的五种物质形态[1]。侯外庐、金景芳等亦承认，最初的五行说是一种唯物思想，指宇宙间五种重要的基本元素[2]。杨宽认为，五行说在西周末已经出现[3]。杨向奎基于对《周礼》"五行官"的考察，指出五行说先盛于燕齐沿海一带，五行相生之说也与五方帝有着密切的关系，而在殷商时代即有五方的观念，后世日益复杂的五行说，就是从这一素朴的唯物的源头发展而来的[4]。

徐复观认为五种元素的编组，起初与实际的农业生产活动有关。农业的基本条件是土、水、木和金属工具，以及用于熔化金属和开垦土地的火。这一说法，后来也得到了李德永的支持[5]。

20 世纪中期的研究状况，与早年的论战相比，虽不可同日而语，但却为日后的百花齐放奠定了学术基础。

刘起釪的《释〈尚书·甘誓〉的"五行"与"三正"》一文，认为五行的原始意义，是指天上五星的运行，是一种天体运动的现象，殷

---

① 冯友兰：《中国哲学史新编》第一册，人民出版社 1980 年版，第 71 页。

② 侯外庐、赵纪彬、杜国庠：《中国思想通史》第一卷，人民出版社 1957 年版，第 652 页。金景芳：《先秦思想史讲义》，天津古籍出版社 2007 年版，第 78—79 页。

③ 杨宽：《西周史》，上海人民出版社 2003 年版，第 690—692 页；《战国史》，上海人民出版社 2003 年版，第 578 页。

④ 杨向奎：《中国古代社会与古代思想研究》，上海人民出版社 1962 年版，第 340—341 页。

⑤ 徐复观：《阴阳五行观念之演变及若干有关文献的成立时代与解释的问题》，见氏著《中国思想史论集续篇》，上海书店出版社 2004 年版。李德永：《五行探源》，《中国哲学》第 4 辑，生活·读书·新知三联书店 1980 年版。

周之际即有此说；后来与地上的五材相结合，"五行"遂成为金木水火土，而二者相结合的时期，即《洪范》的写作时期，不晚于春秋①。赵光贤将刘氏的这一观点称为"新五行说"，并提出商榷。赵氏认为五行说当起于春秋战国之际②。刘起釪随后又作答辩，仍持故见③。在范毓周看来，五行说有三大起源：《洪范》"五行"、五材观，以及方位观念的数术化④。何新的观点与之相似，亦认为五行说的起源非单单一线，而是有五数崇拜、方神崇拜与物质转化的哲学观念三个渊源⑤。刘宗迪的观点与众不同。其文指出，《洪范》不足为凭，五行说并非源于对金木水火土的认识，而是源于历法月令制度；换言之，不是从"五材"阐发出"五行"，相反，先有五行之说，后有五材之数⑥。

　　新近 30 年中，日本学界的讨论也十分热烈。金谷治研读《左传》后发现，关于五行说的话语从鲁昭公年代起急剧增加，因此，五行说最早成立的时期，当在春秋末年到战国初期⑦。饭岛忠夫与新城新藏两位学者，则从天文学的立场出发，认为"五行"就是"五星"，而"五星"的发现是在战国中期，因此五行说的出现应当在战国末期。齐木哲郎的《先秦秦汉期的阴阳五行思想与自然认识》则指出，《尚书·洪范》中提到的"五行"，便是五行说的最初阶段⑧。

　　中国古代的五行说，同样吸引着西方学者的目光。它被视为"中国思维模式"的典型表达⑨，同时也是"相关性思维"（correlative

---

　　① 刘起釪：《释〈尚书·甘誓〉的"五行"与"三正"》，《文史》第 7 辑，后收入氏著《古史续辨》，中国社会科学出版社 1991 年版。

　　② 赵光贤：《新五行说商榷》，《文史》第 14 辑。

　　③ 刘起釪：《答〈新五行说商榷〉——兼论邹衍"五德终始"之说》，见《古史续辨》，第 220—239 页。

　　④ 范毓周：《"五行说"起源考论》，收入《中国古代思维模式与阴阳五行说探源》。

　　⑤ 何新：《重论"五行说"的来源问题》，《学习与探索》1985 年第 1 期。

　　⑥ 刘宗迪：《五行说探源——从原始历法到阴阳五行》，《哲学研究》2004 年第 4 期。

　　⑦ 金谷治：《五行说的起源》，原载《东方学》1989 年第 78 辑，后由曲翰章译，发表于《世界哲学》1990 年第 3 期。

　　⑧ 饭岛忠夫：《天文历法与阴阳五行说》；齐木哲郎：《先秦秦汉期的阴阳五行思想与自然认识》。转引自井上聪《先秦阴阳五行》，第 1 页。

　　⑨ 法国汉学家葛兰言（Marcel Granet）在其著《中国人的思想》（La pensee chinoise）一书中，提出了"中国思维模式"的命题。参见 Marcel Granet, La pensee chinoise, Paris: Editions Albin Michel, 1950.

thinking）的核心之一。在西方众多有关中国古代思想的研究作品中，对五行说的评介与阐述随处可见。葛瑞汉（A. C. Graham）的《论道者》（Disputers of the Tao），史华兹（Ben Jamin I. Schwartz）的《古代中国的思想世界》，还有鲁惟一（Michael Loewe）的《通往仙境之路》（Ways to Paradise）以及《汉代的信仰、神话和理性》，都专辟章节或专题，对五行说的起源及演变等问题进行研讨①。除以上专著之外，还有几篇非常重要的论文值得我们参考。

1986 年，英国汉学家葛瑞汉（A. C. Graham）完成了《阴阳与关联思维的本质》（Yin-Yang and the Nature of Correlative Thinking）一文的写作。其文指出，公元前 300 年以前，阴阳五行说主要流行于宗史卜祝之间，而从孔子到韩非子的哲学家根本未曾参与其间②。葛氏的此篇论文，是此后西方汉学界研究五行说的基点与重要参照。

在葛瑞汉的影响下，越来越多的西方学者，采用不同的研究视角，对中国古代的五行说发表一家之言。马绛（J. S. Major）基于对中国古代神话的考察，认为五大行星在中国古代神话中，是十分重要的神祇，而五行说很可能即源于此。班大为（D. Pankenier）通过对中国最古天文观测记载的分析，并结合考古资料，指出后期的五行说很大程度上起源于"由一种对追溯到新石器时代晚期的普遍信仰和文化记忆的反响而产生的自我见解"。而田笠（S. L. Field）则从风水术的角度着手论述，揭示出中国古代的择吉术完全有可能早于五行宇宙观的产生③。

值得一提的是，相较于以上几位汉学家，叶山（Robin Yates）的研究不再局限于理论运用与文献考察，而是运用考证之法，同时充分关注马王堆帛书、银雀山汉简，以及睡虎地秦简《日书》等出土材料。

---

① 葛瑞汉（A. C. Graham）：《论道者》，张海晏译，中国社会科学出版社 2003 年版。史华兹（Ben Jamin I. Schwartz）：《古代中国的思想世界》，程刚译、刘东校，江苏人民出版社 2008 年版。Michael Loewe, *Ways to Paradise*, London：George Allen & Unwin, 1979, Chapter 1. 另见氏著《汉代的信仰、神话和理性》第四章，王浩译，北京大学出版社 2009 年版。

② 葛瑞汉：《阳阳与关联思维的本质》，张海晏译，收入艾兰等主编的《中国古代思维模式与阴阳五行说探源》。

③ 马绛：《神话、宇宙观与中国科学的起源》，莱国龙译。班大为：《天命和五行交替理论中的占星学起源》，石坚译。田笠：《风水探源：早于五行术的方向择吉》，邢文译。以上文章，均收入《中国古代思维模式与阴阳五行说探源》。

他在论文《秦汉阴阳思想的特色》中指出，五行说在战国初期即已普遍流行，那么其产生年代肯定早于战国初期[①]。

从以上文章出可以看出，西方学者往往将五行说作为一个由诸多相关因素组成的综合体（syndrome of correlates）来研究，这或许是受到"关联性思维"与结构主义影响的结果。同时，在西人的研究中，又大致可分为"特殊主义"与"普遍主义"两条学术理路。葛瑞汉代表前者，他是透过所有的相同点去揭示关键词汇间的差别；而史华兹代表后者，他的研究思路是透过所有表面的区别，去发现中国思想中对普遍问题的探索[②]。

综上所述，五行说在中国，五行说的研究在世界。近30年来，简帛研究已成显学，而利用旧有文献重新检视五行说起源，亦涌现出了一批值得关注的成果。日本与中国同属汉字文化圈，其社会生活也在一定程度上受到五行说的影响[③]，因此日本学者十分热衷于五行说起源的探讨，治学理路也与中国学界差别不大。相较而言，西方汉学界的研究始终都具有强大的理论指导。其所运用的方法，不仅涉及历史学、考古学，还较多地引入了人类学、社会学，以及自然科学。这不仅对中国学者具有借鉴价值和参考意义，而且也是史学研究的前沿与趋势之一。

四　反思与展望

自梁启超发表《阴阳五行说之来历》至今，已近一个世纪。对这数十年来的研究作一综述，应该是一个可行的课题。本文的写作采用了两条线索：一条以年代为序，胪陈20世纪初叶至今的学术成果，并作简要评说；另一条以空间为别，介绍了东西方不同视野下的五行说探源工作。需要强调的是，这两条线索绝非泾渭分明；相反，二者总是在不断地相互借鉴而向前发展。

[①]　叶山：《秦汉阴阳思想的特色》，张海晏译，收入《中国古代思维模式与阴阳五行说探源》。

[②]　安乐哲（Roger T. Ames）、郝大维（David L. Hall）：《孔子哲学思微》（*Thinking through Confucius*），蒋弋为、李志林译，江苏人民出版社1996年版，第5页。

[③]　吉野裕子：《阴阳五行与日本民俗》，学林出版社1989年版。

　　综观而论，就"五行说"起源于何时的问题，大致有三种主流看法：第一，殷商说。主张这一说法的有陈梦家、胡厚宣、杨向奎等等。第二，西周说。此说以冯友兰为代表，而后又有李学勤推断《洪范》的年代不晚于西周，故五行说的起源时代，亦不会与西周相差太多。第三，春秋战国说。持此论者主要有梁启超、顾颉刚、金谷治等。除以上三种比较集中的看法之外，李零等一些学者则认为，五行说取材远古，有十分古老宏阔的思维背景。至于"五行说"所指何物，则有五方说、五材说、五星说等等。当然也有学者认为先有五行说，然后才将五材、五味、五色种种概念融合进去。总之，回顾这一百年的探索，我们发现，研究已有了长足发展，尤其是近30年来，学者们已不再局限于评骘某人或某家对五行说产生的贡献，而是将视野扩展到了五行说出现的宏大背景。对五行说的追根溯源，也由单线向多元拓展。

　　结论固然重要，研究思路同样值得反思。国内外对于五行说起源的研究，在表面论题背后，大致呈现出两条基本思路。思路之一，探寻五行说的物质性起源。采用这一思路的学者要解决的是，五行说起源于什么物质——五材，五星，抑或五德？然后再考论这些物质的概念生发于什么时间。而这些事物，一般说来都比较朴素客观，哲学或数术的意味也不甚浓厚；最关键的是，它们往往与"五"这个数字有关。思路之二，关注五行说的"宇宙论"背景。该思路的入手角度是将五行说置于"相关性宇宙论"的背景之中，认为它与生俱来就有着不平凡的宇宙论色彩。在这样的理论基础上，再来考量五行说为何要选择金木水火土这些特殊元素。相形之下，中国学界偏重前者，持实证主义的史学取向。而西方学者的研究倾向后者，更多地受到结构主义的影响。

　　以上爬梳，一方面有助于我们理清学术前史，了解研究现状；另一方面，有助于我们在现有成果的基础上，对今后的研究方向作出一些展望，以备"预流"。

　　诚如上述，关于五行说起源的论述，不可谓不丰富，亦不可谓不深入，但依旧众说纷纭，因此，对该问题的进一步钻研，仍具有一定必要性。然而对于五行说，我们不仅要询问"源自何处"，更应思考"流向何方"。关于五行说的衍变，学界已有相当丰富的研究成果，但仍存在着拓进的空间，试述如下：

第一，五行说理论的文本构建。《管子·幼官》、《吕氏春秋》、《礼记·月令》，以及《淮南子·时则训》等文献中，均有明显的五行说印迹。以《月令》为例，它是上古时期天子安排军政农商各项大事的时宪之书，所揭五行说理论精密而整齐。然而东汉还有《四民月令》，与《月令》实际作用相类似的，还有各种"岁时记"。将它们与《礼记·月令》相比，很显然，五行说在前者中呈"显性"，而于后者中呈"隐性"。由显性褪为隐性，从这一变化中，我们或许可以把握五行说发展的脉络之一①。

第二，官方信仰与民间信仰之间的互动。无论是卜辞所揭"五方"，还是秦汉盛行的"五德终始"，都是五行说对上层政治的影响结果。与此同时，近年来出土的大量《日书》又揭示出，五行说与下层民众的日常与狂欢、信仰与崇拜，以及帝国政权对基层组织和广大地域的控制力，同样息息相关。因此，研究五行说的行用情况，既可以采取自上而下的视角，观察官方理论如何普及和深入各地域的民间起居和精神世界；也可以选取自下而上的立场，从基层社会对五行说的运用，来透视皇权政治操作过程中的理论构架。除此之外，五行说作为一种信仰体系，亦是触探官方祀典与民间信仰互动的一根纽带②。

第三，五行说对佛教与道教的影响。东汉以后，伴随着道教弥化民间，佛教征服中国，五行说逐渐对两教产生影响，甚至成为道教的理论基础之一。《太平经》中就有不少五行说的反映③。而佛教典籍中，亦有五行说出现。当然，特别要注意的是，佛经中所提及的"五行说"，可能是佛教徒在护教时，援引对方观点加以批判的靶子。但这也说明五行说在佛教传播过程中，具有一定影响力。另外需要说明的是，古印度

---

① 守屋美都雄：《中国古歲時記の研究——資料復元を中心として》，帝国书院 1963 年版。小南一郎：《中国的神话传说与古小说》，中华书局 2006 年版。

② 葛兰言：《古代中国的节庆与歌谣》，赵丙祥、张宏明译，广西师范大学出版社 2005 年版。蒲慕州：《追寻一己之福——中国古代的信仰世界》，上海古籍出版社 2007 年版。鲁惟一：《汉代的信仰、神话和理性》。工藤元男：《从卜筮祭祷简看"日书"的形成》，见《郭店楚简国际学术讨论会论文集》，湖北人民出版社 2000 年版；《从九店楚简〈告武夷〉篇看〈日书〉之成立》，《简帛》第三辑。杨华：《出土日书与楚地的疾病占卜》，见氏著《新出简帛与礼制研究》，台湾古籍出版公司 2007 年版。

③ 余英时：《东汉生死观》，上海古籍出版社 2005 年版，第 13 页。

亦有宇宙万物由数种元素构成的观念，因此，佛家文献中的"五行"思想，未必就是受中国传统五行说影响的结果，故需加以甄别。由此，考察各种宗教中的五行思想，亦是推进五行说研究的一个新视角。

鄙意以为，这样的研究，比单纯追寻五行说的源头，似乎更有意义。

作者单位：武汉大学历史学院

长江流域环境史研究的回顾与展望

陈新立

环境史是 20 世纪 60 年代后期到 70 年代初兴起的"新兴学科",较早产生于美国,逐渐形成为一门融生态学、地理学、气象学、人类学、考古学等自然科学和人文科学的交叉学科。20 世纪 70 年代末、80 年代初,中国历史学研究重新走上正轨的同时,也开始关注环境史研究。从大的学科分野来看,环境史研究分布在自然科学和人文社会科学二大领域;就研究内容考察,既有宏观的环境史理论、方法的探讨,亦有具体的环境变迁因子、过程、阶段、区域的考证或辨析;如果就研究路径加以区别,则不难看到:一方面是学术界摆脱了以往批判"地理环境决定论"所留下的阴影,在反思地理环境决定论缺陷的同时,探讨地理环境对社会历史发展进程的影响。另一方面是借鉴国外学界的学科理念、研究方法,赋予"环境"新的、丰富的内涵,从人与自然的双向、动态关联层面上直接展开环境史研究。后者注重考察人类活动对环境演变的作用,以及环境变迁对人类生产、社会生活乃至于人类发展前景的影响。

在 20 世纪 80 年代的中国环境史研究起步阶段,尽管中国学术界对环境的基本概念、基本理论和方法的研究不足,环境史研究尚未形成一门独立的学科,但陆续有学者关注历史上的环境问题,倡导不单纯探讨地理环境对社会经济发展的影响、而且要把握社会经济和生态环境二者间的双向动态关联。从社会经济发展的历史同时是生态环境演变的过程、理解和解决生态环境问题离不开历史研究这一前提下,倡导重视、研究环境史,并且主张将生态经济学理论引入社会经济史研究领域①。

---

① 张建民:《生态环境问题与社会经济史研究》,《史学理论》1988 年第 2 期。

　　历史地理学是与环境史联系紧密的学科领域，早在 20 世纪 50 年代，吴泽、王振德等曾从历史地理学角度，研究了地理环境对社会发展的影响①。但在 20 世纪 60、70 年代政治上对地理环境决定论的批判，使学界对环境议题避之不及。20 世纪 80 年代初，关于地理环境对社会发展的作用重新引起了一批学界的热烈讨论。学者们重新评价普列汉诺夫地理环境学说，肯定地理环境对人类社会的影响；重新考察了地理环境的定义，探讨地理环境对社会发展影响的方式②。20 世纪 90 年代以后，学界通过反思过去对地理环境决定论的批判中，开始从地理学、经济学、历史学等角度讨论历史上的人地关系③。

　　与此同时，20 世纪 80 年代以后，海外特别是美国、法国、日本等国的生态环境史研究论著不断翻译介绍到中国大陆。20 世纪 90 年代，侯文惠、田晓文、包茂宏等纷纷撰文介绍国外的环境史研究的理论成果，并逐步形成探索中国环境史研究的理论和方法的热潮④。学术界开始更多地从生态环境史等新角度深入探讨人地关系，人地关系形成环境史理论研究热点。

　　至 21 世纪初，中国环境史研究在吸收国外研究成果的同时，对环

---

　　① 吴泽：《地理环境与社会发展》，棠棣出版社 1950 年版。王振德：《地理环境、人口和社会发展的关系》，新知识出版社 1955 年版。

　　② 王正平：《地理环境与社会发展》，《历史研究》1983 年第 2 期。严钟奎：《论地理环境对历史发展的影响》，《暨南学报》（哲社版）1985 年第 3 版。徐咏祥：《论导致普列汉诺夫地理环境决定论倾向的理论根源》，《中国社会科学》1986 年第 1 期。梁枢：《走出普氏地理环境间接决定论的误区（兼论史前社会发展的基本动力）》，《河北师院学报》（社科版）1992 年第 4 期。张艳国：《东方地理环境与中国历史发展》，《社会科学辑刊》1989 年第 4 期。宁可：《地理环境在社会发展中的作用》，《历史研究》1986 年第 6 期。

　　③ 吴晓明、安延明：《关于研究地理环境作用的方法论问题》，《复旦学报》（社科版）1981 年第 3 期。上官鸿南：《试论历史地理学研究中的人地关系问题》，《中国历史地理论丛》1992 年第 3 辑。

　　④ 唐纳德·沃斯特：《尘暴——1930 年代的美国南部大平原》，侯文惠译，生活·读书·新知三联书店 1980 年版。唐纳德·沃斯特：《自然的经济体系——生态思想史》，侯文惠译，商务印书馆 1999 年版。田晓文：《"环境解释学派"述评》，《天津师范大学学报》（社科版）1990 年第 2 期。李学智：《丹纳〈艺术哲学〉中的地理环境与社会生活》，《史学理论研究》1994 年第 4 期。高国荣：《对环境问题的文化批判——读唐纳德·沃斯特的〈尘暴〉》，《世界历史》2003 年第 5 期。包茂宏：《非洲史研究的新视野——环境史》，《史学理论研究》2002 年第 1 期。包茂宏：《唐纳德·沃斯特和美国的环境史研究》，《史学理论研究》2003 年第 4 期。包茂宏：《马丁·麦乐西与美国城市环境史研究》，《中国历史地理论丛》2004 年第 4 辑。包茂宏：《德国的环境变迁与环境史研究——访德国环境史学家亚克西姆·纳得考教授》，《史学月刊》2004 年第 10 期。包茂宏：《英国的环境史研》，《中国历史地理论丛》2005 年第 2 期。杨宁一、郑丽平：《评梅棹忠夫"文明的生态史观"》，《史学月刊》2005 年第 8 期。

境史的基本定义、理论和研究方法进行了自己的思考。包茂宏、刘翠溶、景爱、朱士光、王利华等从宏观角度研究了全球环境史的兴起、发展、理论、方法及其不足，率先提出在吸收国外环境史研究理论成果的同时，应创建中国自身的环境史学派，为环境史研究指出了研究的方向①。

中国幅员辽阔，不同地区的自然环境、人类生产、生活方式及人地关系具有差异性，各地区的人地关系存在多样性，因此区域环境史研究能更深入地揭示人地关系演变的复杂性。区域的划分方式通常分为行政区模式、水系统模式、地形模式等。就长江流域而言，水文条件的变化对本区域人类活动和生态环境的影响甚大，而且流域内巴蜀文明、楚文明、吴越文明交流密切，长江上、中、下游生态环境具有内在关联性，人地矛盾相似，因此可将长江流域作为区域环境史研究的对象。

长江流域环境史研究兴起于20世纪80年代初至90年代末，主要是一批地理学、古生物学、考古学、历史学等领域学者，大分别从历史上长江流域的气候、动植物、水文等诸环境要素的演变和区域经济开发等问题入手，初步涉及自然因素和人类经济活动所引起的环境恶化问题。20世纪90年代末至21世纪初，在吸收国外环境史研究理论和方法的基础上，学术界以人地关系为核心，开始尝试采用跨学科研究的方法，探究历史上长江流域人口运动、资源利用、社会变动等人类活动与生态环境演变之间的联动关系。21世纪初，长江流域环境史研究尚处于起步阶段，国家自然科学基金和社会科学基金对长江流域环境史研究项目的资助，使系统研究长江环境史的专著如雨后春笋般涌现②。据

---

　　① 包茂宏：《环境史：历史、理论和方法》，《史学理论研究》2000年第4期。景爱：《环境史：定义、内容与方法》，《史学月刊》2004年第3期。景爱：《环境史续论》，《中国历史地理论丛》2005年第4辑。刘翠溶：《中国环境史研究刍议》，《南开学报》（哲学社会科学版）2006年第2期。朱士光：《关于中国环境史研究几个问题之管见》，《山西大学学报》（哲学社会科学版）2006年第3期。王利华：《中国生态史学的思想框架和研究理路》，《南开学报》（哲学社会科学版）2006年第2期。

　　② 其中国家自然科学基金资助项目主要有：蓝勇主持的《2000年来长江上游森林分布变迁与水土流失综合研究》（2001年立项）、赵万民主持的《西南地区流域开发与人居环境建设研究》（2006年立项）；国家社科基金资助项目主要有：鲁西奇主持的《历史时期汉江流域的开发与环境》（1998年立项）、许怀林主持的《鄱阳湖流域的经济开发与生态环境的历史考察》（2000年立项）、李德英主持的《二十世纪岷江流域经济发展与生态环境问题探讨》（2001年立项）、张建民主持的《历史时期长江中游地区的人类活动与环境变迁》（2004年立项）、周宏伟主持的《历史时期长江流域的森林变迁研究》（2000年立项）、陈世松主持的《"湖广填四川"与西部生态环境及社会变迁研究》（2004年立项）、高蒙河主持的《长江流域文明起源期的生态系统与人地关系》（2005年立项）、朱圣钟主持的《中国古代巴人分布迁徙及其与环境的关系研究》（2007年立项）、张根福主持的《太湖流域人口与生态环境的变迁及社会影响研究》（2008年立项）。

粗略统计，长江流域环境史研究的主要著作有：蓝勇《历史时期西南经济开发与生态变迁》（云南教育出版社 1992 年版）、冯贤亮《明清江南地区的环境变动与社会控制》（上海人民出版社 2002 年版）和《太湖平原的环境刻画与城乡变迁（1368—1912）》（上海人民出版社 2008 年版）、许怀林《鄱阳湖流域生态环境的历史研究》（江西科学技术出版社 2003 年版）、杨果、陈曦《经济开发与环境变迁研究——宋元明清时期的江汉平原》（武汉大学出版社 2008 年版）、周琼《清代云南瘴气与生态变迁研究》（中国社会科学出版社 2007 年版）、尹玲玲《明清两湖平原的环境变迁与社会应对》（上海人民出版社 2008 年版）、张建民《明清长江流域山区资源开发与环境演变：以秦岭—大巴山区为中心》（武汉大学出版社 2007 年版）、张建民主编《10 世纪以来长江中游区域环境、经济与社会变迁》（武汉大学出版社 2008 年版）。20 世纪初以来，一批历史学、地理学等专业的硕士、博士学位论文大多以流域内经济开发、资源利用、人口运动、文明的产生和发展与环境之间的关系为选题，其中尤以四川大学、西南大学等西南高校对长江中上游，武汉大学、华中师范大学等华中高校对长江中下游，复旦大学等华东高校对长江下游的环境史研究成果较集中，成为推进长江流域环境史研究的重要力量[1]。据粗略统计，20 世纪 80 年代至 21 世纪初，研究长江流域

---

① 硕士学位论文有：康弘：《清代长江中游资源开发与环境变迁》，1995 年，武汉大学专门史专业（导师：张建民）。武汉大学吴海文：《清代洞庭湖区水患和洞庭湖治理研究》，2000 年，广西师范大学中国近现代史专业（导师：钱宗范）。傅顺：《从环境演化角度探讨三星堆文化消失之原因》，2002 年，成都理工大学科学技术哲学专业（导师：王成善、李荃辉、刘兴诗）。张舜：《宋代长江三峡地区经济开发的整体研究》，2003 年，华中师范大学中国古代史专业（导师：张全明）。严奇岩：《近代四川山货开发研究》，2004 年，西南师范大学专门史专业（导师：蓝勇）。刘兴军：《明清时期湘鄂赣交界地区山林特产资源开发与社会经济发展》，2005 年，武汉大学专门史专业（导师：张建民）。黄百灵：《民国时期岷江上游自然资源开发利用研究》，2005 年，四川大学中国近现代史专业（导师：李德英）。孙吉：《岷江上游历史文化景观与环境动因》，2006 年，四川大学历史地理学专业（导师：李勇先）。潘英武：《唐宋时期长江上游地区的森林分布与人地关系研究》，2006 年，西南大学历史地理学专业（导师：蓝勇）。徐艳：《明清金沙江下游经济开发与生态环境变迁》，2006 年，西南大学中国近现代史专业（导师：蓝勇）。徐慧著：《环境变迁、社会变动与鄱阳湖区域经济开发》，2007 年，南昌大学专门史专业（导师：万芳珍）。孙黎丽：《环境变迁与徽商兴衰关系研究》，2007 年，南京师范大学专门史专业（导师：施和金）。龚政：《清代湖南的经济开发和生态环境的变迁》，2007 年，西南大学历史地理学专业（导师：蓝勇）。白昌红：《清代长江下游（江苏、安徽段）经济开发与生态环境变迁》，2007 年，西南大学历史地理学专业（导师：蓝

环境史的论文将近 200 篇，其中 21 世纪初的论文接近半数，这表明在
21 世纪初，长江流域环境史研究发展较迅速。这些论文或探讨历史长
江流域环境变迁的阶段性特征，或分析长江流域气候、植被、动物、水
文等的变迁；或探讨环境变动对人类社会的影响；或揭示人类经济活动
所引起的植被破坏、水土流失、河湖淤积等环境恶化问题；或研究人类
对水、土等自然资源的利用。下面对 20 世纪 80 年代以来，长江流域予
以简要介绍。

一　长江流域人地关系演变的阶段性问题

关于长江流域人地关系演变的阶段如何划分，引发了学界争论。武
仙竹研究长江流域环境人地关系演化的阶段性特征，认为宋代是长江流
域生态环境向负面转变的临界点，明清时期人类活动加剧了本地区环境
的恶化①。张建民、鲁西奇研究长江中游人地关系演变特点，认为明中
叶是长江中游生态环境转变的临界点，从明中叶至民国时期，长江中游
人地关系进入全面紧张状态。杨果、陈曦亦赞同此说，提出宋元时期，

勇）。杨红平：《清代浙江经济开发与生态环境变迁》，2007 年，西南大学历史地理学专业
（导师：蓝勇）。彭恩：《清代湖北地区经济开发与生态环境变迁》，2007 年，西南大学历史地
理学专业（导师：蓝勇）。范文明：《清代江西的经济开发和生态环境的变迁》，2007 年，西
南大学中国历史地理学专业（导师：杨光华）。罗丽萍：《成都地区 4ka 以来环境—气候变化
与其对古蜀文明的影响》，2007 年成都理工大学第四纪地质学专业（导师：朱利东）。夏先
中：《清代湖南人口与环境》，2007 年，湘潭大学专门史专业（导师：彭先国）。徐丽娟：《六
朝都城建康的生态环境研究》，2007 年，南京师范大学专门史专业（导师：李天石）。李思
宏：《湘西山地村落形态特征研究》，2009 年，湖南大学建筑学专业（导师：柳肃）。博士学
位论文有：高蒙河：《长江下游考古时代的环境研究》，2003 年，复旦大学历史地理专业（导
师：葛剑雄）。魏幼红：《明清时期地方城市的形态与空间结构——以江西省为中心》，2006
年，武汉大学历史地理专业（导师：鲁西奇）。肖启荣：《明清时期汉水中下游的水利与社
会》，2008 年，复旦大学历史地理学专业（导师：王振忠）。笪浩波：《长江中游新石器时代
文化与生态环境关系研究》，2009 年，华中师范大学区域文化史专业（导师：张正明、王玉
德）。覃华瑞：《明清徽州的家族人口与生计变迁》，2009 年，厦门大学中国近现代史专业
（导师：郑振满）。钟启顺：《民国时期湖南自然灾害及社会变迁（1912—1949）》，2005 年，
湖南师范大学中国近现代史专业（导师：周秋光）。余涛：《二十世纪三十年代湖北的水灾及
水利建设》，2005 年，华中师范大学中国近现代史专业（导师：彭南生）。

　　①　武仙竹：《长江流域环境变化与人类活动的相互影响》，《东南文化》2000 年第 1 期。

江汉平原的人地关系相对和谐，明中叶后，江汉平原人类改造活动造成人地关系日渐失调①。由于长江流域内各地存在自然环境差异和开发方式及程度的差异，因此各地的人地关系演化的进程必然存在差异性。

二　长江流域的气候演变

自竺可桢开创了利用物候研究中国古代气候的方法后，大批地理学和古生物学领域学者采用孢粉、同位素、碳14、地层等自然科学研究手段，采用长时段研究法，研究史前以来长江流域气候冷暖变迁与植被变迁的阶段性古环境特征，并从太阳活动、季风、地貌等自然因素分析环境变迁的成因，考察气候变迁对区域农业经济活动的影响。其中龚高法、张丕远、王开发、陈家其等学者，对长江下游地区史前以来气候和植被进行了大量长时段研究，成果颇丰②；长江上、中游地区的研究相对较少。20世纪末21世纪初，在环境考古学、考古地理学兴起，陈桥驿、朱育新、俞锦标、张强、萧家仪等从人地关系的角度，探讨长江流域远古人类遗址分布与气候、水文等环境演变之间的关系，尝试复原史前人类生存环境③。周清波、张丕远、王铮等利用明清档案，采用计量研究法，来研究历史上长江流域气温、降水量等气候因素的升降变化及其演变特点，研究方法较新颖④。陈家其、施和金等从农业史的角度，

① 张建民、鲁西奇：《长江中游地区人地关系的历史演变及其特点》，《光明日报》2004年9月21日B3版。杨果、陈曦：《经济开发与环境变迁研究——宋元明清时期的江汉平原》，武汉大学出版社2008年4月版，第355页。

② 龚高法、张丕远、张瑾瑢：《十八世纪我国长江下游等地区的气候》，《地理研究》1983年2月。王开发、沈才明、吕厚远：《根据孢粉组合推断上海西部三千年来的植被、气候变化》，《历史地理》1988年第6辑。韩昭庆：《明清时期太湖流域冬季气候研究》，《复旦学报》1995年1期。

③ 陈桥驿：《论古代良渚人与良渚的自然环境》，《杭州师范学院学报》1995年第2期。萧家仪、唐领余、韩辉友：《江苏扬州西部距今4500年以来古植被与古环境》，《历史地理》1995年第12辑。朱育新、薛滨、羊向东、夏威岚、王苏民：《江汉平原沔城M1孔的沉积特征与古环境重建》，《地质力学学报》1997年第4期。俞锦标、张兆平、朱诚、韩辉友、王永慧：《南京直立人生存环境探讨》，《中国岩溶》1998年1期。张强、朱诚、姜逢清、刘兴林、郭立新：《重庆巫山张家湾遗址2000年来的环境考古》，《地理学报》2001年第3期。

④ 周清波、张丕远、王铮：《合肥地区1736—1991年冬季平均气温序列重建》，《地理学报》1994年4期。

研究历史时期气候冷暖变迁对长江下游农业经济发展的影响①。高蒙河主张用文理交叉手段研究长江下游人地关系，认为由于自然环境的变异，造成长江下游文明早期呈现出一种断续演变模式②。

三 长江流域的水环境演变

长江流域的水环境的研究，大多从历史地理学角度，考察长江水系的水文演变，较少关注水环境演变与区域社会的互动关系。研究对象主要集中于长江荆江段、汉水下游、三大湖泊等水系，对其他支河及众多小湖泊较少关注。长江流域三大湖区是水环境研究最早的热点。20 世纪 70 年代至 80 年代中期，魏嵩山、张修桂、谭其骧、卞鸿翔、龚循礼、周凤琴等均从地理学角度，探讨洞庭湖、鄱阳湖、太湖、洪泽湖等湖泊在不同历史时期的兴衰演变历程③。荆江历来是长江堤防中最险的河段，20 世纪 90 年代成为长江流域水环境研究的另一热点。张修桂、周凤琴、李长安等多从地理学角度，研究荆江河道的变迁及其阶段性特征，其中周凤琴还探讨了河道变迁对人类活动的影响④。杨果、陈曦考察荆江河道及洲滩的历史演变，认为自然因素是主要动力，唐宋至明清以后人类活动起了加速作用⑤。张修桂和鲁西奇等对汉水下游的水文演变以及江河关系进行了研究⑥。长江其他河段及支流的研究成果相对较

---

① 陈家其：《明清气候变化对太湖流域农业经济的影响》，《中国农史》1991 年第 3 期。施和金：《江苏历史气候变迁及其与农业灾害关系研究》，《历史地理》2004 年第二十辑。

② 高蒙河：《长江下游文明化初期的人地关系》，《复旦学报》（社会科学版）2005 年第 2 期。

③ 魏嵩山：《太湖水系的历史变迁》，《复旦学报》1979 年 2 期。谭其骧、张修桂：《鄱阳湖演变的历史过程》，《复旦学报》1982 年 2 期。卞鸿翔、龚循礼：《先秦时期洞庭湖的演变》，《湖南师院学报》（自然科学版）1983 年第 2 期；卞鸿翔、龚循礼：《魏晋时期洞庭湖的演变》，《湖南师院学报》（自然科学版）1984 年第 1 期；卞鸿翔、龚循礼：《唐宋时期洞庭湖的演变》，《湖南师院学报》（自然科学版）1984 年第 2 期。卞鸿翔：《元明清时期洞庭湖的演变》，《湖南师院学报》（自然科学版）1985 年第 1 期。

④ 张修桂：《荆江百里洲河段河床的历史演变》，《历史地理》1990 年第 8 辑。周凤琴：《湖北沙市地区河道变迁与人类活动中心的转移》，《历史地理》1996 年第 13 辑。李长安：《桐柏—大别山掀斜隆升对长江中游环境的影响》，《地球科学》1998 年第 6 期。

⑤ 杨果、陈曦《经济开发与环境变迁研究——宋元明清时期的江汉平原》，武汉大学出版社 2008 年版，第 48 页。

⑥ 张修桂：《汉水河口段历史演变及其对长江汉口段的影响》，《复旦学报》1984 年第 3 期。鲁西奇、潘晟：《汉水下游河道的历史变迁》，《江汉论坛》2001 年第 3 期。

少，主要有石尚群等研究了南京段长江河道变迁①，刘益辉等研究了赣江下游河道变迁及其对环境影响②。20 世纪 90 年代末以后，蔡述明、刘沛林、周宏伟等开始从人地关系的新角度，关注人类活动对湖区生态环境的影响，以及人类的水环境对策、对水土资源的合理开发利用等问题③。

　　从 20 世纪 80 年代始，杭宏秋最早关注历史上长江水系清浊变化与水土流失问题④。20 世纪 90 年代末以后，越来越多学者关注长江水系的水土流失问题，柴宗新、范建容、林承坤、潘少明探讨了长江上游地区人地演化与水土流失的关系，柴宗新、范建容认为 1644 年是长江水土流失加剧的临界点，而林承坤、潘少明则提出宋代长江干流明显变混浊⑤。杭宏秋、周宏伟探讨历史上长江清浊的阶段性变化、影响长江清浊变化的环境因素，认为长江清浊变化不仅与气候等自然因素有关，更与人类的过度垦殖有关；杭宏秋、蓝勇、郭声波探讨了长江流域的农业垦殖、森林破坏、水土流失三者之间的内在联系，认为水土流失最终引起长江水系清浊变化⑥。

　　20 世纪 90 年代以来，长江流域水环境异常变化形成的水旱灾害引起广泛关注，学者们从不同角度探寻长江流域水旱灾害的根源。朱诚、刘沛林、黄忠恕等探讨季风气候、太阳活动、地震、厄尔尼诺等自然因素，在长江流域水旱灾害形成过程中的不同影响，并试图找出长江流域

　　① 石尚群、潘凤英、缪本正：《古代南京河道的变迁》，《历史地理》1990 年第 8 辑。
　　② 刘益辉、邓必荣：《赣江下游河道变迁及对环境的影响》，《东华理工学院学报》2004 年第 2 期。
　　③ 蔡述明、周新宇：《人类活动对长江中游湿地生态系统的冲击》，《地理科学》1996 年第 2 期。周魁一：《荆江和洞庭湖的演变与防洪规划的历史研究》，《历史地理》2002 年第 18 辑。刘沛林：《洞庭湖区环境变迁与生态安全对策研究》，《湖南社会科学》2004 年第 1 期。杭宏秋：《"三湖"圩区开发史实及其思考》，《古今农业》2004 年第 4 期。周宏伟：《洞庭湖变迁的历史过程再探讨》，《中国历史地理论丛》2005 年第 2 辑。姚书春、薛滨、夏威岚：《洪湖历史时期人类活动的湖泊沉积环境响应》，《长江流域资源与环境》2005 年第 4 期。
　　④ 杭宏秋：《古代长江清浊考略》，《农业考古》1987 年第 1 期。杭宏秋：《安徽山区水土流失的历史现状刍议》，《农业考古》1992 年第 1 期。
　　⑤ 柴宗新、范建容：《长江上游环境演化与水土流失分期》，《水土保持学报》2002 年第 6 期。林承坤、潘少明：《古代长江江水何时变为混浊》，《自然杂志》2005 年第 1 期。
　　⑥ 杭宏秋：《长江的泥沙、围湖、洪灾古今谈》，《古今农业》2000 年第 3 期。蓝勇：《历史上长江上游水土流失及其危害》，《光明日报》1998 年 9 月 25 日第 7 版。周宏伟：《历史时期长江清浊变化的初步研究》，《中国历史地理论丛》1999 年第 4 期。郭声波：《四川历史上农业土地资源利用与水土流失》，《中国农史》2003 年第 3 期。

水旱灾害的地域分布特征和时间变化规律①。张建民、郑哲雄、张国雄、李文澜、张修桂、左鹏、许怀林等从灾害史角度，探讨历史上长江流域水旱灾害的阶段性特点、发生的原因，以及其对区域社会、经济的影响。其中，阮明道认为地质、气候、土壤等自然因素十分重要，但人类活动的影响也不容忽视；张建民、张国雄、刘沛林、张修桂、左鹏等则强调围湖垦殖、兴修堤垸等人为因素，是历史上长江流域水旱灾害频度加剧的主要原因②。许怀林研究江西近代以来社会变异对自然环境的冲击，探讨江西境内水旱灾害与生态环境的关系③。刘成武、钞晓鸿等从人、地、水三者关系的恶化，来探讨导致湖北水灾加剧的原因，并关注水旱对区域社会的影响④。张建民考察清代后期秦巴山区自然环境变迁对水利工程的影响，指出水环境的恶化导致频繁的水旱灾害，并引发

　　① 朱诚、于世永、卢春成：《长江三峡及江汉平原地区全新世环境考古与异常洪涝灾害研究》，《地理学报》1997 年第 3 期。刘沛林：《长江流域历史洪水的周期地理学研究》，《地球科学进展》2000 年第 5 期。李家年、魏荣萍：《安徽省长江流域近 500 年水旱灾害浅析》，《人民长江》2000 年第 7 期。赵宁曦、史威、郑平建、朱诚：《长江三角洲及其附近地区两千年来水灾的研究》，《自然灾害学报》2001 年第 4 期。袁瑞英《长江上游千余年来特大洪水的初步探讨》，《四川大学学报》（工程科学版）2001 年第 6 期。黄忠恕：《长江流域历史水旱灾害分析》，《人民长江》2003 年第 2 期。张强、姜彤、施雅风、苏布达：《6000aBP 以来长江下游地区古洪水与气候变化关系初步研究》，《冰川冻土》2003 年第 4 期。史威、朱诚：《太湖流域水灾演变与环境变迁的相关分析》，《自然灾害学报》2004 年第 1 期。吴宜进、William A. Gough、姜彤：《历史时期长江中游水灾与厄尔尼诺事件的遥相关》，《长江流域资源与环境》2005 年第 3 期。陈家其、施雅风、张强、张增信：《从长江上游近 500 年气候看 1860、1870 年大洪水气候变化背景》，《湖泊科学》2006 年第 5 期。
　　② 张建民：《清代湖北的洪涝灾害》，《江汉论坛》1984 年第 10 期。郑哲雄、宋平安：《清代江汉平原水灾害与经济开发探析》，《中国社会经济史研究》1990 年第 2 期。张国雄：《清代江汉平原水旱灾害变化与垸田生产的关系》，《中国农史》1990 年第 3 期。阮明道：《清代长江中上游地区洪灾研究》，《四川师院学报》1991 年第 2 期。刘沛林：《历史上人类活动对长江流域水灾的影响》，《北京大学学报》1998 年第 6 期。李文澜：《唐代长江中游水患与生态环境诸问题的历史启示》，《江汉论坛》1999 年第 1 期。张修桂、左鹏：《荆江洪涝的历史成因及其对策》，《探索与争鸣》1999 年第 6 期。左鹏、张修桂：《明清水患与江汉社会》，《复旦学报》（社科版）2000 年第 6 期。
　　③ 许怀林：《近代以来江西的水旱灾害与生态变动》，《农业考古》2003 年第 1 期。许怀林：《近代以来江西的水旱灾害与生态变动（续）》，2003 年第 1 期。许怀林：《近代以来江西的水旱灾害与生态变动（续）》，《农业考古》2004 年第 1 期。
　　④ 刘成武、黄利民、吴斌祥：《论人地关系对湖北省自然灾害的影响》，《水土保持研究》2004 年第 1 期。钞晓鸿：《清代汉水上游的水资源环境与社会变迁》，《清史研究》2005 年第 2 期。

本区水利纠纷①。2002 年 11 月 14—16 日，在中研院台湾史研究所主办"环境史研究国际学术研讨会"上，日本九州产业大学的宫崎洋一提交论文《清代长江中游之洪水对策及自然观的变迁》，探讨了清代长江中游水灾应对措施及其中反映出来的环境意识的变化。

四　长江流域植被分布的演变

早在 20 世纪 60 年代，地理学家陈桥驿曾探讨长江下游绍兴地区森林破坏对农业带来的影响。80 年代以后，何业恒、文焕然等对历史时期长江上游四川山区、长江中游湘鄂赣山区的森林资源的分布演变，以及森林与气候演变的关系，展开了深入研究②。20 世纪 90 年代末以后，蓝勇、周宏伟、姜舜源、马强等考察历史上流民的旱作农业垦殖、矿冶烧煮、采办皇木、修驿路、战争等各种人类活动，对长江流域山地森林的破坏性影响，并进一步探讨了森林破坏所引起的水土流失、水灾、动物趋于灭绝等生态环境恶化问题③。与此同时，学术界开始关注历史上长江流域人类对森林保护措施、民间环境保护的法规、民间环境保护意识等问题。倪根金、刘彦威、胡秀云、卞利等从历史上森林保护碑刻中，探讨历史上的环境保护制度和民间环境保护习惯法，分析历史上环境保护意识的形成过程，以及民间宗法组织在环境保护中的作用④。关

①　张建民：《清代后期秦巴山区的水环境与水旱灾害》，张建民编：《10 世纪以来长江中游区域环境、经济与社会变迁》，武汉大学出版社 2008 年版，第 17—52 页。

②　陈桥驿：《古代绍兴地区天然森林的破坏及其对农业的影响》，《地理学报》1965 年第 2 期。陈桥驿：《历史上浙江省的山地垦殖与山林破坏》，《中国社会科学》1983 年第 4 期。何业恒、文焕然：《湘江下游森林的变迁》，《历史地理》1982 年第 2 辑。陈柏泉：《江西地区历史时期的森林》，《农业考古》1985 年第 2 期。

③　冯祖祥、姜元珍：《湖北森林变迁历史初探》，《农业考古》1995 年 3 期。周宏伟：《长江流域森林变迁的历史考察》，《中国农史》1999 年 4 期。蓝勇、杨伟兵：《历史时期长江三峡地区森林植被分布演变的初步研究》，《历史地理》2000 年第 16 辑。姜舜源：《明清朝廷四川采木研究》，《故宫博物院》2001 年第 4 期。马强：《历史时期蜀道地带森林开发和保护的几个问题》，《中国农史》2003 年 2 期。

④　倪根金：《试论中国历史上对森林保护环境作用的认识》，《农业考古》1995 年第 3 期。倪根金：《明清护林碑研究》，《中国农史》1995 年第 4 期。倪根金：《明清护林碑知见录》，《农业考古》1996 年第 3 期。倪根金：《明清护林碑知见录》，《农业考古》1997 年第 1 期。倪根金：《新见江西遂川两通清嘉庆时护林碑述论》，《古今农业》1997 年第 3 期。刘彦威：《中国古代对林木资源的保护》，《古今农业》2000 年第 2 期。胡秀云、胡永弘、霍玉娜：《湖北的护林石碑》，《湖北文史资料》2002 年第 3 期。卞利：《明清时期徽州森林保护碑刻初探》，《中国农史》2003 年第 2 期。古开弼：《我国历代保护自然生态与资源的民间规约及其形成机制——以南方各少数民族的民间规约为例》，《农业考古》2005 年第 1 期。

于历史上的环境保护措施及环境保护意识的研究，目前仍显粗浅，应可从经济、社会、文化多角度，深入发掘和拓展历史上环保行为和环保意识演变。

五　长江流域动物分布的演变

历史上动物的分布变迁，亦反映出生态环境的历史演变。20 世纪 80 年代初至 90 年代中期，主要研究历史上动物的物种起源、地理分布变迁，并从气候和人类活动两个方面，探讨动物分布变迁的原因或濒临灭亡的原因，其中何业恒和文焕然对历史上的动物分布变迁的研究成果最丰，他们对长江流域历史上珍稀动物大熊猫、金丝猴、孔雀、丹顶鹤、鸵鹤、白鹳等分布变迁亦进行了大量研究，以揭示生态环境的历史演变[①]。此外，何光岳考察了历史上扬子鳄在长江流域的分布变化及其环境原因[②]。20 世纪 90 年代末以后，学术界转而关注人类活动与动物生存环境之间的关系。蓝勇、杨伟兵研究长江上游地区的野生动物的历史变迁，其中蓝勇以清代初期四川地区虎患为参照物，尝试复原清代四川的森林环境状况，[③]。裴修碧从上古时扬子鳄的分布变迁，分析气候和人类活动对动物的影响[④]。王振堂、孙刚、许凤尝试用计量法，研究历史上动物分布萎缩的速度和幅度[⑤]。周宏伟尝试从环境史的角度，重新解构经典文献《山海经》，考察上古时期长江流域动植物的分布状况[⑥]。

---

① 文焕然、何业恒：《近五千年来豫湘川间的大熊猫》，《西南师范学院学报》1981 年第 1 期；何业恒：《鄂、湘、川间大熊猫的变迁》，《野生动物》1989 年第 2 期。何业恒：《湖南珍稀鸟类的历史变迁》，《衡阳师专学报》（社会科学版）1987 年第 3 期。何业恒：《武陵山区金丝猴的地理分布及其变迁》，《湖南师大学报》（自然科学版）1988 年第 2 期；《试论金丝猴的地理分布及其变迁》，《历史地理》1993 年第 11 辑。何业恒：《试论华南虎在长江三角洲的绝迹》，《历史地理》1993 年第 11 辑。

② 何光岳：《扬子鳄的分布与鄂国的移迁》，《江汉考古》1986 年 3 期。

③ 蓝勇：《清初四川虎患与环境复原问题》，《中国历史地理论丛》1994 年第 3 辑。

④ 裴修碧：《上古时期扬子鳄分布地域考》，《安徽史学》1996 年第 3 期。

⑤ 王振堂、许凤：《犀牛在中国灭绝与人口压力关系的初步分析》，《生态学报》1997 年第 6 期。孙刚、王振堂：《野象在中国的历史性消退与人口压力关系的初步研究》，《东北林业大学学报》1998 年第 4 期。

⑥ 周宏伟：《〈山经〉时代长江流域的生态环境研究》，《株洲工学院学报》2003 年第 3 期。

六　长江流域人类聚落环境的演变

环境变迁对人类活动制约作用之一，就体现在环境变迁对人类聚落选择和布局的影响。聚落是地理环境中人类活动的据点，聚落分布、形态与环境及人类活动密切相关，早在20世纪80年代，就有陈桥驿等历史地理学的学者，研究长江流域的聚落的形成和类型①。20世纪90年代末以后，邓先瑞、杨果等从人地关系的角度，继续探讨长江流域人类聚落分布与环境变迁的关系，并分析人类聚落选址中的环境意识②。刘沛林、邓先瑞、吴宜进等关注乡村聚落形成、发展、结构类型与环境变迁的关系③。龚胜生、季鹏、任放等分析了环境对城镇兴起、发展的作用，其中周凤琴、陈桥驿、王蕾、方秋梅深入探讨了长江中下游水环境变化对城镇兴衰发展的影响，颇具新意④。韩国学者郑哲雄采用都市环境史研究方法，探讨清代汉口居民面对城市发展和环境保护关系问题时，风水论表象下隐藏的环境意识⑤。目前关于聚落结构与环境变迁关系的研究，仅局限于长江中下游平原地区，而关于长江上中游山区聚落分布、结构特征的研究仍有待探讨。目前，学术界仍需从不同历史时期聚落的分布与结构特征，环境诸因子对聚落分布、人类活动对聚落分布

---

①　陈桥驿：《历史时期绍兴地区聚落的形成与发展》，《地理学报》1980年第1期。

②　邓先瑞、吴宜进：《长江流域住区的形成与发展》，《中国地质大学学报》（社会科学版）2003年第3期。杨果：《宋元时期江汉—洞庭平原聚落的变迁及其环境因素》，《长江流域资源与环境》2005年第6期。

③　刘沛林：《传统村落选址的意象研究》，《中国历史地理论丛》1995年第1期；邓先瑞：《长江流域乡村聚落环境及其可持续发展》，《沙洋师范高等专科学校学报》2003年第5期。

④　龚胜生：《两湖平原城镇发展的空间过程》，《地理学报》1996年第6期。周凤琴：《湖北沙市地区河道变迁与人类活动中心的转移》，历史地理编辑委员会：《历史地理》第13辑，上海人民出版社1996年版，第23—30页。陈桥驿：《长江三角洲的城市化与水环境》，《杭州师范学院学报》1999年第5期。王蕾：《明清时期江汉平原水患与城镇发展》，《中南民族学院学报》（人文社会科学版）2000年第2期。季鹏：《地理环境变迁与城市近代化——明清以来扬州城市兴衰的思考》，《南京社会科学》2002第12期。任放：《明清长江中游市镇经济所依托的自然及人文环境》，历史地理编辑委员会：《历史地理》第19辑，上海人民出版社2003年版，第199—205页。方秋梅：《论晚清汉口堤防建设对城市环境变迁的影响》，《江汉论坛》2009年第8期。

⑤　［韩］郑哲雄：《都市环境史的一页：18世纪汉口地区的黑山开发和风水论》，张建民主编：《10世纪以来长江中游区域环境、经济与社会变迁》，武汉大学出版社2008年版。

及兴衰的影响等方面，深入探讨人地关系的演化。

七　长江流域人类疾病分布的演变

20 世纪 90 年代以后，有一些学者从历史学、地理学的角度，探讨了环境变迁对人类疾病分布的影响，但这一方面的研究成果不多，亟须学术界深入发掘和探索。主要成果有：龚胜生从战国 2000 年来瘴病在中国的地理分布由北向南退缩变化，探寻长江流域气候环境的变迁历程。曹树基从宋元时期，鼠疫等传染病的区域特征及战争和流民等社会因素对传染病传播的影响，研究了地理环境与传染病之间的关系。蒋玲、石云、龚胜生根据近代以来鼠疫在长江流域的流行状况和分布规律，研究鼠疫传播与地理环境之间的关系。蒋玲、龚胜生还分析近代长江流域钉螺的分布和血吸虫病流行的规律，研究血吸虫病的流行与长江流域的地理、气象等环境变迁的关系。关于长江流域疫病发生、传播与环境变化的关系研究，必须整合地方病医学、历史学、地理学的研究力量，才能取得更大研究突破。

八　长江流域文明进程的演变

20 世纪 90 年代以后，学术界开始关注长江流域环境变迁对人类文化进程的影响。陈桥驿、徐建春、邓先瑞等从环境考古学的角度，研究长江流域人类文明早期环境变迁对人类文明起源、文明演进、文明分布的影响[1]。

---

[1]　陈桥驿、景存义：《太湖平原中石器、新石器时代农耕文化发展与环境》，《农业考古》1991 年第 1 期。徐建春：《杭嘉湖平原生态演替与古文化兴衰的变化》，历史地理编辑委员会：《历史地理》第 12 辑，上海人民出版社 1995 年版，第 57—63 页。王家德：《试论三峡地理环境与原始文化的关系》，《四川文物》1996 年第 3 期。陈中原、洪雪晴、李山、王露、史晓明：《太湖地区环境考古》，《地理学报》1997 年第 2 期。王幼平：《更新世环境与中国南方旧石器文化发展》，北京大学出版社 1997 年版。王红星：《长江中游地区新石器时代遗址分布规律、文化中心的转移与环境变迁的关系》，《江汉考古》1998 年第 1 期。吴小平、吴建民：《洞庭湖区新石器时代遗址的分布与古环境变迁的关系》，《东南文化》1998 年第 1 期。邓先瑞、邓巍：《气候变迁与长江流域古文化的奠基》，《华中师范大学学报》（自然科学版）2004 年第 1 期。张强、朱诚、刘春玲等：《长江三角洲 7000 年来的环境变迁》，《地理学报》2004 年第 4 期。郭立新：《长江中游地区新石器时代自然环境变迁研究》，《中国历史地理论丛》2004 年第 2 期。

陈业新、姚君伟、郑哲雄、张建民等探讨了历史上长江流域环境演变与地方民俗形成之间的关系①。陈桥驿、王子今、邓先瑞等探讨生态环境对地域文化特征形成和发展过程中的影响和重要作用②。刘礼堂尝试从文化生态学的方法，探讨唐代长江上、中游地区政区演变和自然环境特点，但未能进一步探讨环境与区域文化特点之间的关系③。目前学术界对长江流域文化的形成、传播与自然环境、社会环境之间互动关系，尤其是对不同时空生态文化多样性的研究仍不够深入，有分量的文化生态学成果较少。只有通过环境史学与民俗学、民族学、文化学、人类学等多学科交叉协作，才能取得突破性进展。

九　长江流域人口环境的演变

人类活动是人地关系中的能动因素，人类的人口变动和生产、生活都能对所处环境产生影响。20 世纪 90 年代，蓝勇、张建民、邹逸麟、张国雄等从人口学的角度，研究人口压力、人口运动引发的环境问题。蓝勇、龚胜生等指出，人口增殖和人口流动，成为推动区域经济开发和导致环境问题的内在因素和主要动力。明清时期是中国人口的膨胀期，所以这一阶段长江流域人类活动引发的环境恶化问题较为显著④。张国雄、张建民、邹逸麟等从人口增殖、流民与环境恶化的关系角度，分析人口运动的主要流向、运动形式、人口压力的表现及原因，并探讨政府

---

① 陈业新：《秦汉时期巴楚地区生态与民俗》，《江汉论坛》2000 年第 11 期。姚伟钧：《长江流域的地理环境与饮食文化》，《中国文化研究》2002 年第 1 期。郑哲雄、张建民、李俊甲：《环境、移民与社会经济——清代川、湖、陕交界地区的经济开发和民间风俗之一》，《清史研究》2004 年第 3 期。《清代川湖陕交界地域的经济开发与民间风俗之二》，《东洋史学研究》2004 年第 87 辑。

② 陈桥驿：《越文化与水环境》，《浙江学刊》1994 年第 2 期；《长江三角洲的水环境及其文化》，季羡林、陈昕编：《长江文化论集》，湖北教育出版社 2005 年版，第 156—178 页。王子今：《试论秦汉气候变迁对江南经济文化发展的意义》，《学术月刊》1994 年第 9 期。邓先瑞：《季风形成与长江流域的季风文化》，《长江流域资源与环境》2004 年第 5 期。夏玢：《地理环境对黄梅戏影响的初步研究》，《云地理环境研究》2006 年第 2 期。

③ 刘礼堂：《唐代长江上中游地区的生态环境文化》，《江汉论坛》2007 年第 4 期。

④ 蓝勇：《乾嘉垦殖对四川农业生态和社会发展影响初探》，《中国农史》1993 年第 1 期。龚胜生：《清代两湖地区人口压力下的生态环境恶化及其对策》，《中国历史地理论丛》1993 年第 1 期。

为缓解人地冲突、改善环境所实施的各种对策①。汪润元、勾利军研究
了清中叶以来，长江流域的人口压力增大趋势、人口运动的主要流向和
形式，指出了长江流域各重点林区以及沿江湖区在人口压力下的开山垦
田和围湖促淤等生产活动，造成了该地区生态环境恶化的问题②。冯贤
亮试图从社会控制的角度，研究流民、环境恶化、基层社会控制三者间
关系，提供了研究流民与环境关系问题的新思路③。郭立新研究新石器
时代晚期，长江中游地区人口压力与山地型、平原型两种生计经济方式
之间的关系，提出人口压力间接推动人类社会初期社会复杂化的观点，
颇具启发性④。张力仁主张加强人地关系中人的行为的研究，通过研究
清代陕南流民在空间选择、生产方式选择、资源利用方式选择等行为原
则，深入分析人类行为选择性差异与环境变迁的关系⑤。

十　长江流域人类经济活动与环境互动关系的演变

早在 20 世纪 80 年代，钮仲勋、陈桥驿、龚循礼、张建民等曾探讨
长江流域经济开发引发的环境问题，研究对象主要集中在长江中下游的
部分山区和湖区⑥。在 90 年代以后，学术界进一步从人地关系的角度，

---

① 张国雄：《明清时期两湖移民》，陕西人民教育出版社 1995 年版。张建民：《明代秦
巴山区的封禁与流民集聚》，《中南民族学院学报》（哲学社会科学版）1998 年第 2 期。邹逸
麟：《明清流民与川陕鄂交界地区的环境问题》，《复旦学报》社会科学版 1998 年第 4 期。

② 汪润元、勾利军：《清代长江流域人口运动与生态环境的恶化》，《学术季刊》1994
年第 4 期。

③ 冯贤亮：《明清江南地区的环境变动与社会控制》，上海人民出版社 2002 年版。

④ 郭立新：《长江中游地区新石器时代自然环境变迁研究》，《中国历史地理论丛》2004
年第 2 期；《论长江中游地区新石器时代晚期的生计经济与人口压力》2006 年第 3 期。

⑤ 张力仁：《清代陕南秦巴山地的人类行为及其与环境的关系》，《地理研究》2008 年
第 1 期。

⑥ 钮仲勋：《明清时期郧阳山区的农业开发》，《武汉师范学院学报》（自然科学版）
1981 年第 4 期。杨章宏：《历史时期宁绍地区的土地开发及利用》，历史地理编辑委员会：
《历史地理》第 3 辑，上海人民出版社 1983 年版，第 131—138 页。陈桥驿：《历史上浙江省
的山地垦殖与山林破坏》，《中国社会科学》1983 年第 4 期。林承坤：《古代长江下游平原筑
堤围垦与塘浦圩田对地理环境的影响》，《环境科学学报》1984 年第 2 期。龚循礼：《洞庭湖
区围垦问题的初步研究》，《地理学报》1985 年第 2 期。谭作刚：《清代湖代湖广垸田的滥行
围垦及清政府的对策》，《中国农史》1985 年第 4 期。杭宏秋：《宋代两浙的围湖垦田》，《农
业考古》1986 年第 1 期。张建民：《对围湖造田的历史考察》，《农业考古》1987 年第 1 期。
张建民：《清代江汉——洞庭湖区堤垸农田的发展及其综合考察》，《中国农史》1987 年第 2
期。张建民：《清代湘鄂西山区的经济开发及其影响》，《中国社会经济史研究》1987 年第 4
期。张建民：《明清农业垦殖论略》，《中国农史》1990 年第 4 期。

从经济开发的方式入手，探讨长江流域山区和湖区经济开发与环境演变的互动关系，研究的地域日益增加，研究的问题逐步深入。如吴敌认为清代长江流域农业开发对长江流域森林、土壤、水资源带来的压力，生态破坏后造成的自然灾害对经济发展的制约影响①。

关于山区经济开发，横亘黄河、长江两大水系之间的秦岭—大巴山区，是人类最早开发的山区之一，成为长江流域山区开发与环境史研究的热点之一。研究的重点转移到历史时期长江流域山区移民经济开发的方式、条件、特点，以及山区经济开发对环境的各种影响。张建民、邹逸麟、王肇磊、梁中效等从经济开发的各种方式，拓展到资源利用模式，深入研究了长江中游秦巴山区移民经济开发的方式和特点、国家的应对措施等一系列问题②。蓝勇十分关注三峡山区的经济开发与环境变迁之间关系，认为人口增长是左右三峡地区经济开发和生态环境的内在因素③。长江流域其他山区的人地关系研究则相对薄弱，主要有陈桥驿对浙江山区、杭宏秋对安徽山区、龚胜生对湘鄂赣交界山区、黄志繁对赣南山区、王福昌、陈晓鸣对闽粤赣交界山区、杨安华对湘南山区、张启东、石辉对岷江上游山区、颜晓红对浙西山区的研究，这些研究主要围绕山区环境因素对山区农业发展的制约、人口流动和农业垦殖、人口与资源利用方式、经济开发与水土流失、技术引进、社会发展需求和政府

---

① 吴敌：《清代长江流域的农业开发与环保问题》，《四川师范学院学报》（哲社版）1996 年第 6 期。

② 张建民：《明清山区资源开发特点述论——以秦岭—大巴山区为例》，《武汉大学学报》（哲学社会科学版）1999 年第 6 期。张建民：《清代秦巴山区的经济林特产开发与经济发展》，《武汉大学学报》（人文科学版）2002 年第 2 期。张建民：《明清秦巴山区生态环境变迁论略》，《中国经济史上的天人关系论集》，中国农业出版社 2002 年 12 月第 1 版。邹逸麟：《明清流民与川陕鄂豫交界地区的环境问题》，《复旦学报》（社会科学版）1998 年第 4 期。王肇磊、万海霞：《试述清代移民垦殖对鄂西北地区环境的影响——以十堰市为例》，《湖北社会科学》2006 年第 7 期。梁中效、陈小赤：《碑石所记明清时期汉中安康的环境问题》，《汉中师范学院学报》（社会科学版）1999 年第 2 期。梁中效：《历史时期秦巴山区自然环境的变迁》，《中国历史地理论丛》2002 年第 3 期。佳宏伟：《清代陕南生态环境变迁的成因探析》，《清史研究》2005 年第 1 期。

③ 蓝勇：《历史时期三峡地区经济开发与生态变迁》，《中国历史地理论丛》1992 年第 1 期。蓝勇：《历史时期三峡地区农林副业开发研究》，《中国农史》1995 年第 3 期。

决策对开发和水土流失影响等问题展开探讨①。

　　长江流域平原地区农业垦殖与环境关系的研究，主要集中在洞庭湖、鄱阳湖、太湖三大湖区平原。长江中游江汉洞庭湖区作为全国的粮仓，学术界对该区域的经济开发与环境问题的研究起步较早，成为研究的热点区域。张建民、张家炎、谭作刚、龚循礼、朱士光、张国雄、吴小平、钞晓鸿等纷纷探讨了江汉平原、洞庭湖区人地关系演变的历史，考察本地区人口、资源利用、围湖垦殖对环境的破坏等诸问题，提出宋元时江汉平原垸田兴起，明清两代是垸田发展期，清代中后期以后人类无节制滥垦，使本区人地关系紧张，导致自然灾害频繁发生②。许怀林针对鄱阳湖区经济开发与环境的问题撰写了一系列文章，集中研究了鄱阳湖区历代经济开发与生态环境变迁之间的相互关系③。长江下游江南太湖流域一直是经济史研究的重点地区，江南经济开发与环境问题亦成为环境史研究关注的热点。20世纪90年代以后，邹逸麟、成岳冲、洪璞等从人口压力与农业垦殖方式、经济开发与水利建设、过度垦殖与灾害等

　　① 杭宏秋：《安徽山区水土流失的历史现状刍议》，《农业考古》1992年第1期。黄志繁：《清代赣南的生态与生计——兼析山区商品生产发展之限制》，《中国农史》2003年第3期。杨安华：《论清代湘西山区的经济开发》，《古今农业》2003年第3期。王福昌、陈晓鸣：《清末民国时期闽赣边区南部的生态环境与稻作农业》，《农业考古》2005年第1期。张启东、石辉：《岷江上游地区开发史与水土流失分期研究》，《云南地理环境研究》2006年第1期；颜晓红：《清代浙西山区人口流动与生态环境变迁》，《南京林业大学学报》（人文社会科学版）2007年第1期。

　　② 龚循礼：《洞庭湖区围垦问题的初步研究》，《地理学报》1985年第2期；谭作刚：《清代湖广垸田的滥行围垦及清政府的对策》，《中国农史》1985年第4期；张建民：《清代江汉——洞庭湖区堤垸农田的发展及其综合考察》，《中国农史》1987年第2期。朱士光：《历史时期江汉平原农业区的形成与农业环境的变迁》，《农业考古》1991年第3期。蓝勇：《乾嘉垦殖对四川农业生态和社会发展影响初探》，《中国农史》1993年第1期。张家炎：《江汉平原清代中后期洪涝灾害研究中若干问题刍议》，《中国农史》1993年第3期。张国雄：《明清时期两湖开发与环境变迁初议》，《中国历史地理论丛》1994年第2期。徐思钦、宋平安：《清代江汉平原经济开发简论》，《中南民族学院学报》1995年第3期。鲁西奇、蔡述明：《汉江流域开发史上的环境问题》，《长江流域资源与环境》1997年第3期。

　　③ 许怀林：《江西历史上经济开发与生态环境的互动变迁》，《农业考古》2000年第3期。许怀林：《鄱阳湖流域生态环境的历史研究》，江西科学技术出版社2003年7月第1版。许怀林：《生态环境与经济开发的互动变迁——对鄱阳湖流域生态环境的历史考察》，《农业考古》2006年第1期。

多角度探讨了江南人地关系演变，进一步推进了江南①。

　　对经济开发对环境的破坏作用关注过多，容易形成固定的研究模式和观念，导致忽视人类经济活动的能动作用。学术界应加强探索历史上长江流域自然资源的合理利用模式，为当今人类协调人地关系提供借鉴。早在 20 世纪 80 年代，斯波义信曾考察汉代至民国时期长江下游水利系统变迁，探讨低湿地经济开发活动与生态环境、社会环境的关系，肯定水利系统管理对环境的助益②。90 年代以后，李伯重、王建革、闵宗殿、陈瑞仁等，探讨历史上长江流域出现的生态农业和农业生态系统。李伯重、洪璞、陈瑞仁等考察长江下游江南地区土壤、水等资源的合理利用、精耕细作农业技术与生态农业等方面，研究经济活动与生态环境、社会环境、经济环境的良性互动关系③。王建革、王利华强调江南精耕细作农业技术在土壤环境改良、灾后农业补救方面的积极作用④。惠富平、黄富成考察了汉代江淮地区陂塘水利发展，认为江淮地区的陂塘水利不仅改善了本区农业环境，促进农业发展，而且改善了人居环境，促进区域经济文化的发展⑤。周进步、王元浩等从历史上西湖地区的可

　　① 邹逸麟：《历史时期长江下游地区人地关系的几个问题》，季羡林、陈昕编选：《长江文化论集》，湖北教育出版社 2005 年 11 月第 1 版，第 179—192 页。邹逸麟：《论长江三角洲地区人地关系的历史过程及今后发展》，《学术月刊》2003 年第 6 期。邹逸麟：《略论长江三角洲生态环境和经济发展的历史演变及规划策略》，《城市研究》1998 年第 6 期。成岳冲：《历史时期宁绍地区人地关系的紧张与调适——兼论宁绍区域个性形成的客观基础》，《中国农史》1994 年第 2 期。洪璞：《明代以来江南农业的生态适应性——以吴江县为例》，《中国农史》2001 年第 2 期。赵崔莉、刘新卫：《清朝无为江堤屡次内迁与长江流域人地关系考察》，《古今农业》2004 年第 4 期。

　　② ［日］斯波义信：《长江下游地区的水利系统》，历史地理编辑委员会：《历史地理》第 3 辑，上海人民出版社 1983 年版，第 139—151 页。

　　③ 闵宗殿：《明清时期的人工生态农业——中国古代对自然资源合理利用的范例》，《古今农业》2000 年第 4 期。洪璞：《明代以来江南农业的生态适应性——以吴江县为例》，《中国农史》2001 年第 2 期。李伯重：《十六、十七世纪江南的生态农业（上）》，《中国经济史研究》2003 年第 4 期，《十六、十七世纪江南的生态农业（下）》，《中国农史》2004 年第 4 期。

　　④ 王建革：《技术与圩田土壤环境史：以嘉湖平原为中心》，《中国农史》2006 年第 1 期。王加华：《农事的破坏与补救——近代江南地区的水旱灾害与农民群众的技术应对》，《中国农史》2006 年第 2 期。

　　⑤ 惠富平、黄富成：《汉代江淮地区陂塘水利发展及其环境效益》，《中国农史》2007 年第 2 期。

持续开发，来探讨合理开发模式对水环境保护的重要性①。周尚兵提出，唐代长江上游采取人地和谐的开发模式带来良性生态和少灾害结果，长江中下游与林和水争地的开发模式造成生态破坏和灾害频频的结果②。陈瑞从风水观念、生计、木材商业、生态环境、林业养护、地方社会等六方面，探讨了明清长江中游地方社会对森林资源的良性开发模式③。蓝勇、黄权生通过考察近两千年来长江上游地区燃料的换代史，认为燃料换代在一定程度上缓解本地区森林生态压力④。虽然目前在长江下游江南地区的良性经济开发、资源合理利用方面研究成果突出，但在长江中上游其他区域、其他环境条件下，人类的良性开发和资源利用模式尚待深入探讨。

　　长江流域的区域环境史研究在 20 世纪初进一步深化，并走向国际化合作研究。2005 年 11 月 19—20 日，由武汉大学历史学院、武汉大学中国传统文化研究中心与《光明日报》理论部在武汉共同举办的"14 世纪以来长江中游地区环境、经济与社会"国际学术讨论会，来自海内外有关经济史、社会史、历史地理、历史人类学、法律史、文化史等领域 60 余位专家学者参加了会议。与会者对 14 世纪以来长江中游地区的生态环境变迁，以及区域社会经济史研究的理论与方法等问题展开了广泛的交流。这次会议对推进长江中游地区的区域社会环境史和经济史的研究，具有重要的积极意义。

　　长江流域的环境史研究虽然取得了丰硕成果，但仍存在一些缺憾。跨学科资源整合力度不足：研究自然科学领域的学者习惯采用生物学研究法、自然地理学研究法、同位素法、碳 14 法，多关注人类文明早期气候、植被、水文诸环境因素的演变历程，较少关注乃至轻视人类社会对环境的影响；人文社会科学领域的学者只重视历史文献研究法，忽视

---

　　① 周进步、王元浩、楼雪萍：《论湖泊的自然衰亡与可持续开发利用——以杭州西湖古今开发为例》，《人文地理》2003 年第 6 期。

　　② 周尚兵：《唐代长江流域土地利用形式及自然灾害原因》，《中南民族学院学报》（人文社会科学版）2001 年第 5 期。

　　③ 陈瑞仁：《关于太湖流域的水环境与生态农业的若干思考》，《古今农业》2005 年第 2 期。

　　④ 蓝勇、黄权生：《燃料换代历史与森林分布变迁》，《中国历史地理研究论丛》2007 年第 2 辑。

利用自然科学领域研究的成果。二者之间缺乏相互学习借鉴和跨学科的合作，使研究方法及研究成果存在一定的片面性。

在反思地理环境决定论的批判和吸收国外环境史研究新理论方法的基础上，20世纪90年代，学术界以人地关系为核心，研究人口、经济开发、灾害、资源利用、聚落、环境保护、文化、疫病与环境变迁之间的互动关系，研究的领域不断拓展，研究的问题不断深化。但是仍存在着一些不足：首先，研究的时段分布不均，学术界的研究多集中于明清阶段的研究，秦、汉、唐、宋、元时段的研究成果相对较少，而其他时段则尚存空白。其次，长江流域环境史研究的地域分布不平衡，多侧重于长江流域的秦巴山区、江汉平原、三大湖区等重点地域，而长江上游山区、长江中下游山区、丘陵、长江支系等地域的环境演变和人地关系状况较少涉猎。其三，研究的领域发展不平衡。在长江流域人口与环境、经济开发与环境、资源利用与环境、灾害与环境等问题上的研究成果相对集中，而对长江流域聚落与环境、环境保护、区域文化发展与环境、区域疫病与环境等问题的研究相对薄弱。其四，从研究的视角来看，学术界对长江流域的环境恶化问题关注较多，而对长江流域人类的良性开发活动和生态农业发展等方面的课题关注不够；学术界对历史上长江流域山区、湖区的宏观环境问题关注较多，而对长江流域众多城镇、乡村的微观生境研究较欠缺。再次，学术界对境外长江流域环境史研究最新成果关注不够，一些研究成果未能及时翻译介绍到国内。此外，研究成果大多集中在人类生产环节的活动与自然资源变迁之间关系的层面上，而环境变化与流通、交换、消费等环节的人类活动之间的关系，以及环境变化与长江流域城市化、社会近代化之间的关系等问题，尚待探索。

作者单位：江汉大学江城学院

明清时期山区开发与发展研究综述

——以南方内地山区为中心

张建民

一

　　中国是一个多山的国家，山区占国土总面积的 70% 左右，山区人口占全国总人口的 39%，这些指标都远远高出世界平均水平。一方面，中国山区自然条件复杂，土地类型多样，自然资源较为丰富。山区拥有全国 40% 的耕地，70% 的宜牧草地（坡），90% 的林地。山区生产全国三分之一的粮食，90% 以上的木材以及品种众多的土特产品，而野生生物资源及水能资源等大多分布或蕴藏在山区，更是众所周知。因此，山区在国民经济中占有重要地位。另一方面，山区与平原之间又有着紧密的关系。山区是生态环境矛盾比较集中的地区，具有脆弱易损且恢复困难的弱点，一旦山区森林植被遭到破坏，不但本身生态功能受削弱，进而会加剧平原地区的自然灾害，甚至导致生态系统长期恶化得不到恢复。可以说，山区既重要又脆弱，既蕴藏有巨大的潜力，又充满着各种矛盾。在维持生态平衡、保护环境方面具有无与伦比的重要性。中国农业人口的 44% 分布在山区，1561 个山区县，占全国总县（市、区）数的 54.5%，其中山区扶贫县 496 个，占全国扶贫县的 83.8%。① 不少山区又是中国共产党革命时期的根据地，即今日所说老区，也是少数民族聚

---

　　① 根据 20 世纪 90 年代的统计资料，贫困县较为集中的山区如湘鄂川黔交界的武陵山区有 47 县，鄂豫皖交界的大别山区有 44 县，湘赣丘陵山区有 59 县，而川陕鄂豫四省交界的秦巴山区的 87 县中，贫困县就有 73 县。

居区，更使得中国的山区兼有"老、少、边、贫"等丰富的、特殊的历史内涵。这样的自然、社会属性的特点，决定了山区开发与发展研究的重要性。

从现代山区（地）学意义上考量，对山地的综合研究始于 20 世纪中期，代表著作如 R. 皮蒂（Roderick Peattie）《山岳地理》（1936 年出版）等。① 随后有山地学（Montology）概念正式提出。第二次世界大战后，随着山区（地）开发、发展中的问题不断暴露和相关认识的深化，国际上对山区的专门研究，亦愈益受到学术界重视。1968 年，国际地理联合会（IGU）成立了山地生态学研究委员会。1980 年，在美国成立了以"谋取人类福利、山地环境和资源开发之间更良好的平衡"为宗旨的国际山地学会（IMS）。1983 年，在尼泊尔创立国际山区综合开发中心（ICIMOD），是旨在促进山区可持续发展，提高山区人民生活水平和保护山区资源的国际学术中心。2000 年 6 月召开"首届世界山区论坛"，1998 年，第 53 届联合国大会通过决议，确定 2002 年为国际山区年（International Year of Mountains 简称 IYM）。1981 年国际山地研究会与联合国大学还共同创办了《山地研究与开发》。② 至于具体的山区研究成果，更是多不胜数。

不难看出，受时代、全球问题、学科发展等因素影响，山区（地）研究不仅重要性愈益凸显，而且综合性倾向更加显著，与地球科学从资源时代进入环境时代，其社会功能随之由"资源型"向"社会型"拓宽的趋势一致，自然科学的"山地"或"山区"专门研究中，人文因素也受到更多的关注。自然地理学研究成果中也有一些能从历史着眼，关注山区问题的由来，着重研究人类活动与山地生态系统的相互作用过程。近年的成果国外如 Ford 使用历史生态途径，探讨了卢旺达山地农业系统人与环境作用过程，生存系统如何与人口—社会—经济政治变化发生相互作用，特别是被农业、经济发展政策、资源管理、人口增长所

① 科学出版社 1958 年有中文版。

② 大约 20 世纪 20 年代，中国开始出现近代科学意义上的山地研究，1925 年翁文灏发表《中国山脉考》（《科学》第 9 卷第 1 期，后收入其《锥指集》），通过对中国山脉的考察，概括出山脉成因的分类、中国山脉成因、造山时期与欧洲的差异，提出了以考察地质构造、造山时期分内外营力为主研究山脉的主张。李四光指导下完成的著作《宁镇山脉志》则被称为山地研究划时代的著作。1984 年中国成立山地研究会，1987 年，改中国科学院成都地理研究所为成都山地灾害与环境研究所，贵州科学院亦设立了山地资源研究所，1982 年创办了《山地研究》杂志。

诱发的山地景观、聚落变化（Ford，R. E. The dynamics of human environment interactions in the tropical montane agrosystems of Rwanda：implications for economic development and environmental stability［J］. Mountain Research and Development，1990，10（1）：43—63）。Wilhelm 以安第斯山区为案例，研究了墨西哥公元前 1600 年至公元 150 年间气候变化导致人口的波动、山地生态环境破坏程度的变化过程、农业耕作从旱作农业到灌溉农业的转化过程（Wilhelm lauer. Human devlpment and environment in the Andes：Ageoecological overview［J］. Mountain Research and Development，1993，13（2）：157—166）。Romano 对 1861—1981 年意大利中亚平宁山区与阿尔卑斯山区两个无旅游山区两个旅游胜地人口发展变化过程、生产力变化过程就业变化过程进行了对比研究。（Romano，B. National parks policy and mountain depopulation：A casestudy in the Abruzzo region of the central Apennins，Italy［J］Mountain Research and Development，1995，15（2）：121—132）。① 国内如余大富《我国山区人地系统结构及变化趋势》②，鲁西奇、蔡述明《秦巴山地生态恶化贫困区历史成困分析》③，陈钊《山地文化特性及其对山地区域经济发展的影响》④，张力仁《清代陕南秦巴山地的人类行为及其与环境的关系》⑤ 等。

---

① 参见方一平《山地生态系统人文研究综述》，《山地学报》19 卷 1 期。

② 以经济活动为主要依据，结合人群文化和环境生态物质，概括了我国山区人地系统基本结构类型。通过对人地系统结构变化的动力及作用机制分析，预测我国山区人地系统的主要变化趋势。从持续发展角度，提出了我国山区人地系统结构优化的特殊性及要点。详见《山地学报》1996 年第 14 卷第 2 期。

③ 作者认为，18—19 世纪前期流民的大规模移入引发了秦巴山地的全面开发，而落后的、掠夺性的农业垦殖方式及其对森林资源的破坏，导致了生态环境的全面恶化，水土流失逐渐加重，水旱灾害频繁。由于生态环境恶化，农耕面积显著减缩，单产下降，人口大量外流，经济普遍衰退，人民生活愈益走向贫困（《山地学报》1996 年第 14 卷第 3 期）。

④ 分析了山地文化的特性和形成机制，并从实例分析入手，剖析了山地文化特性对山区经济发展的影响，提出了从改善山区文化入手促进山区经济发展的措施。详见《山地学报》1999 年第 17 卷第 2 期。

⑤ 论文以文化、风俗、政策等影响人类行为的人文因素为切入点，运用时空剖面分析法，考察了清代陕南流民空间行为选择的基本取向。结果表明，人类空间选择行为遵循风俗相近原则，而不是地理环境最优原则。追求单位时间上效果最大化是流民行为选择的普遍趋势。人类空间行为的选择性强化了自然差异的等级和水平，不同区域人类行为结果的外部关联性，指出传统的仅从区域内部或某一种人类行为来寻求简单的"人—地"因果关系的缺陷。从系统或流域的观点来考察人类环境行为的相互影响关系，是认识和把握人地关系实质与机理的重要途径（《地理研究》2008 年第 1 期）。

　　但是，人类对山区、山地的开发利用甚早，相应地对山区的了解、理解亦较早受到重视，浩如烟海的中国历史文献中保存有丰富的山区内容。被誉为"万代地理家成宪"的《尚书·禹贡》，便以"导山"及"导水"为其主要内容。有"史地之权舆"之称的《山海经》则分南、西、北、东、中五大区域，记述了众多山脉、山区（总数达数百座之多）的特征、特产，其山所出河流及其流向、归宿等。① 此后，除了正史《地理志》、各区域地方志的记载外，更有专门以山岳、山区为记述对象的文献载体——山志的大量编纂，据不完全统计，今仍存世的历代山志多达200多种。② 其间，不少有识之士关注山区、考察山区、研究山区，提出过很多有见地的认识，也为后人的研究提供了丰富的史料。③

　　毋庸置疑，山区的自然、社会、经济现状都是山区历史上长期开发、发展和演变积累的结果。就历史研究而言，对历史上山区经济发展、社会变迁诸问题进行研究的必要性固不待言，即使生态环境演变问题亦与历史研究有紧密的联系。④ 因为，人类活动是影响生态环境演变的重要因素之一，已是学术界共识，而人为因素需要较长时期作用于自然界，才

---

　　① 袁珂：《山海经校注》，上海古籍出版社1980年版。《尚书·禹贡》及《山海经》等上古著述，尽管不无神话、杂说甚或传闻舛误之处，其基本价值仍然不可否认。

　　② 参见《钦定四库全书总目》卷76《史部》32，《中华山水志丛刊·山志卷》等。

　　③ 参见拙作《历史时期山区开发与发展研究的深化与拓新》。

　　④ 参见拙作《生态环境问题与社会经济史研究》（《史学理论》1988年第2期）。由于对山区资源、经济、社会变迁的历史过程缺乏理解和正确认识，导致观念误区甚或决策失误的例子很多，如不少论者认为：导致中国山区贫困的主要因素有三，即恶劣的自然环境、落后的经济条件、素质低下的劳动者。这三个因素相互作用，以致形成了自然生态系统的恶性循环、经济系统的恶性循环、人文系统的恶性循环。三者之中，恶劣的自然环境是问题的起点，是山区致贫的初始原因；如山大沟深，土地贫瘠，水土流失严重等恶劣的自然环境，造成了交通不便、信息不灵，粮食亩产量低等后果。也正因为此，才导致了落后的经济条件。农民收入低，商品经济不发达，资本自然积累能力差，经济发展缓慢；而自然条件差，经济困难，又导致了教育的落后，劳动者的素质低下。但是，越来越多的山区开发、发展历史研究表明，山区贫困的根源在于社会因素。山区自然环境有一个逐渐演变的过程，在这个过程中，起主要作用或影响变化的主要因素之一，恰恰是人类活动，即社会因素。无可否认，在中国诸多山区中，有不少区域本来就不适宜农耕，甚或不适宜人居，但试想当初人类为谋生计而进入定居的山区会是这样的山区么？肯定不是。以明清时期流移民集聚的中心之一——秦巴山区为例：时人诸多记载亦表明，流移人口初到山区落脚之地，大多有较为理想的环境和谋生条件，而不是一开始就面对穷山恶水。山区环境的演变、恶化，多与人类活动高度关联。人口变动，特别是流移人口向山区的集聚，往往成为山区大规模资源开发活动的动因，生产方式（尤其是土地利用方式）则在很大程度上影响甚至决定着资源开发的后果——经济效益和环境效益。

能使自然因素发生较为显著的人为性演变；生态环境问题（包括山区目前存在的其他问题）也需要经过较漫长的时间才能表现出来。在这个积累过程中，由于人口增加、农作物结构变化，山区资源开发规模、开发程度、开发的影响无不空前的明清时期占着非常重要的地位。与中国对山区、山地资源利用有悠久的历史一样，历史学界对中国历史上的山区开发、利用的关注亦开始较早，明清时期自然也成为关注的重点，相关研究成果较多地集中在山区的资源开发、经济发展、农民起义和社会变迁等领域，下面试以 20 世纪为主要时段，对重要研究成果简要综述如下。①

二

傅衣凌先生较早关注明清时期山区的经济发展、社会变迁与社会控制。早在 1946 年，就发表了《清代中叶川陕湖三省边区手工业形态及其历史意义》，通过川陕湖三省交边山区的木厂、纸厂、铁厂、盐井及炭厂、耳菌等手工业生产状况的考察，探讨了清代的工场手工业问题，指出清代中叶中国手工业生产形态已开始有所变化，但由于封建政治统制、超经济剥削等因素的存在，不仅限制其进一步发展，且引发劳动者的不断斗争。② 1947 年发表的《明末清初闽赣毗邻山区的社会经济与佃农抗租风潮》，围绕明清时期频繁发生的农民抗租、暴动等社会现象，对福建江西交界山区的社会经济状况进行了系统考察，寻求社会动荡背后的经济因素，是社会经济史研究的重要成果。③ 傅衣凌先生对明清时期的山区社会经济可谓关注有加，在不少未以山区题名的论著中亦屡屡论及山区。④ 20 世纪 50 年代后，又先后发表了《略论我国农业资本主

---

① 所述以研究成果较为集中的山区为主，且限于历史学研究领域。

② 详见《厦门星光日报·历史双周刊》，1946 年。后收入傅衣凌《明清社会经济史论文集》，人民出版社 1982 年版。

③ 详见《社会科学》1947 年第 3 卷第 3、4 期。后收入傅衣凌《明清社会经济史论文集》，人民出版社 1982 年版。

④ 例如《明代浙江龙游商人零拾——明清商业经济史札记之二》，《光明日报》1958 年3 月 3 日；《明清时代河南武安商人考略——明清商业经济史札记之三》，《学术论坛》1958 年第 1 期；后收入傅衣凌《明清社会经济史论文集》，人民出版社 1982 年版。

义萌芽的发展规律——休休室读史札记》、《清代农业资本主义萌芽问题的一个探索——江西新城"大荒公禁栽烟约"一片史料的分析》等论文，① 对中国的农业资本主义萌芽问题进行了探讨，特别是他提出的中国农业资本主义萌芽发生、发展在山区，由山区再到平原的观点，在学术界产生了较大影响。

川陕楚豫数省交边的秦岭—大巴山区，由于其在地理位置、资源开发、农民起义等方面的突出地位和特点，成为历史研究关注的重点山区。继傅衣凌先生之后，不断有研究成果问世，从不同的角度对秦巴山区进行历史考察。其中，有以川陕楚豫数省交边地区为考察空间的，也有将考察范围限制在某一省之内的。赖家度从研究农民斗争的角度较早关注郧阳山区的流民和垦荒问题，作者从明代土地高度集中讲起，论及大量流民产生，在无其他出路的情况下，流民冲破明代朝廷的关津和禁山政策，不断进入郧阳山区进行垦荒等开发活动，并进一步发动起义、与官府展开斗争等问题。所论明代封禁政策及山区垦殖等问题，亦不限于郧阳山区。② 专门讨论明代该山区农民起义的成果还有邹时炎《刘通、李源领导的郧阳山区流民起义》③、道琳《明"荆襄流民起义"辨补》④、滕新才《明中叶荆襄流民运动与三峡社会发展》⑤ 等。

较早研究清代秦岭—大巴山区社会经济的论著，大多仍从农民起义、资本主义萌芽等问题着眼。李景林《从〈三省边防备览〉一书看十八世纪至十九世纪二十年代陕、川、鄂三省交界地区社会关系的一些特点》，也是较早关注该区域社会生产关系的论文，作者以严如熤《三省边防备览》一书为基本资料来源，考察了清中叶三省交界地区封建统治势力比较薄弱、商品经济的发展、资本主义萌芽等问题。总结出当时三省交界地区阶级关系和生产方面的特点有：一方面封建统治势力比较薄弱，地主及封建国家对农民的封建剥削和统治较为松弛，山区内人

---

① 详见《历史研究》1977 年第 5 期，《厦门日报》1979 年 7 月 6 日。后收入傅衣凌《明清社会经济史论文集》，人民出版社 1982 年版。

② 赖家度：《明代郧阳农民起义》，湖北人民出版社 1956 年版。

③ 详见《湖北大学学报（哲学社会科学版）》1979 年第 4 期。

④ 详见《郧阳师专学报》1988 年年第 4 期。

⑤ 详见《重庆三峡学院学报》2006 年第 5 期。

民的反抗活动较频繁而使统治者对山区在政治上、军事上难于实行严密的控制；另一方面是山区内商品经济比较发展，使山区内部以及和外部建立了较为密切的商品经济联系，而且在某些生产部门中出现了资本主义生产关系的萌芽。① 方行运用相关经济学理论，从资本主义生产关系萌芽的产生、发展切入，论述了清代中叶陕南山区的木材采伐、造纸、冶铁等手工业的发展及相关的农业状况，认为陕西地区的资本主义萌芽发生在经济比较落后的山区，"既具有一定程度的偶然因素，更没有坚实的农业基础"，所以经过同治年间的战乱，便一蹶不振了。②

李蔚以嘉庆五省白莲教大起义为切入点研究清代乾嘉年间南巴老林地区的经济，主要目的是探讨白莲教起义前三省老林地区阶级矛盾尖锐化的情况，为什么白莲教起义会起自湖北宜都、当阳，并且很快蔓延三省？其经济方面的原因是什么？其次，考察南巴老林的手工工场，探讨该地区的资本主义萌芽问题。围绕上述问题，论文广泛涉及到山民对猪的饲养与贩卖，粮食的商品化，烟草的种植，生姜、药材、木耳、香菌的生产，木、铁、纸、盐等厂的生产情况及生产关系，得出了如下结论：白莲教大起义主要的组织者和领导者虽然像历代若干次农民起义一样，是作为落后的宗教——白莲教来领导，但就其斗争内容来看则已经超出了历代农民起义斗争的范围。这次起义不仅是农民反抗地主及官吏压迫的斗争，是汉人反抗满清民族牢狱的民族斗争，而且通过手工工场自食其力的雇佣工人参加起义，在某种意义上体现了新兴的资本主义生产力和生产关系，同束缚它的腐朽封建生产关系，进行了强烈的反抗斗争。南巴老林山区物产丰富，为新增流民积集之所，具备了开设规模较大、分工较细的手工工场的人力、物力，加之该地区政治控制比较薄弱，阻碍资本主义萌芽发展的因素较小，因此这里的手工工场不但出现了资本主义萌芽，而且这种萌芽得到了比较顺利的长足的发展。③ 专门以嘉庆白莲教战争为研究对象的成果还有尹居诚的论文《清嘉庆元年白莲教起义初步研究》，作者在探讨白莲教起义的社会背景时，亦考察

① 详见《史学集刊》1956 年第 2 期。
② 方行：《清代陕西地区资本主义萌芽兴衰条件的探索》，《经济研究》1979 年第 12 期。
③ 李蔚：《乾嘉年间南巴老林地区的经济研究》，《兰州大学学报》1957 年第 1 期。

了川、楚、陕三省交界山区的社会经济状况。作者指出：清代大量的流民进入南巴山区，亦即所谓的"棚民"，成为一般的佃户，受到地主和地方官吏非常苛刻的剥削。另一方面，商业资本家利用山区较为丰富的资源和廉价的劳动力在山内开设了好多纸厂、铁厂、木厂、炭厂以及川东的盐场等，这些工厂属于近代产业资本性质、资本主义原始积累时期的手工业工场，场内工人受到厂主超经济的剥削特别严重。所有这些，使得川、楚、陕三省在乾隆末年成为全国阶级矛盾最尖锐的地区，白莲教所以能在这里传播并组织领导川、楚、陕三省人民举行大起义，有它的必然性。受到苛重剥削和失业、饥饿威胁以及官府差役、恶棍、地痞压迫的佃户、雇工（包括川省的船运工人等）、山民等，成为参加白莲教起义的最基本的群众。大量所受剥削和压迫比任何阶级都严重的雇工参加白莲教起义，给白莲教起义带来了以往农民起义所没有的新特点，即具有现代工人阶级革命的那种斗争性和革命性。不过，"由于这些雇工是一些与农民没有多大区别的人，所以……也同样表现出浓厚的'流寇主义思想'"。[①]

　　进入 20 世纪 80 年代以来，从人口与山区资源开发、经济发展角度进行研究的成果较之此前更多。樊树志较早从农业人口相对过剩的意义上考察、理解明代荆襄山区的流民问题，简要论述了明代该地区的流民过程，分析了明政府的发回原籍与附籍人口政策等。[②] 钮仲勋：《明清时期郧阳山区的农业开发》从历史地理的角度考察明清时期郧阳山区的土地资源开发、农业发展，较早指出明清时期郧阳山区的森林采伐、烧炭、垦荒、造纸、矿业等经济开发活动对自然环境的破坏。[③]

　　孙达人试图通过剖析陕南经济的盛衰及其原因，总结封建经济发展至清代前期所体现出来的若干特点，探索农民和地主之间的阶级斗争对于生产发展的关系。探索先进的资本主义萌芽为什么恰恰在这样一个原先较为落后的山区发生的历史原因。为什么这个在康乾之间经济有了相当迅速发展的山区，在嘉道之后却又发生如此严重的逆退？作者从流民

　　① 详见《兰州大学学报》1958 年第 1 期。
　　② 樊树志：《明代荆襄流民与棚民》，《中国史研究》1980 年第 3 期。
　　③ 详见《武汉师范学院学报》1981 年第 4 期。

与陕南的开发、工场手工业的兴起、"永佃制"和阶级斗争、道光以后陕南经济衰落等方面进行了考察，认为：在嘉庆之前，当一大批摆脱了封建政权控制的农民在陕南能够取得自耕的土地，或者以较低的地租获得一块"长远耕种"的土地时，这个落后的山区就和山外封建土地所有制高度发展的地区的情况迥异，不仅农业生产有了大幅度的发展，而且先进的资本主义生产关系也能健康生长；反之，在嘉庆之后，当陕南的农民已经无法获得自耕的土地，并且失去了用较低的地租租种土地的永佃权时，他们的境遇就和山外无异，原先迅速发展的农业和手工工场也就和山外一样，立刻变为停滞乃至完全衰败的状况。说明造成中国封建社会全面停滞的经济根源，正是地主阶级土地私有制的高度发展以及由此带来的高额地租和押租。①

谭作刚对清代四川、陕西、湖北三省交边地区的经济开发做过简要考察，重点在于分析经济开发效果不佳、区域社会始终停留在落后水平线上的历史原因，并为当代经济开发提供历史借鉴。论文肯定移民在清代三边地区经济开发中举足轻重作用的同时，指出受落后的社会制度和落后生产方式制约，粮食作物的单一种植成为经济开发的主要表现形式，严重影响了工商业及林牧副业的发展。因此，清代三边地区的经济开发是一个以封闭的、落后的农业经济开发为主体的，以自然资源的获取为主要目的，以自然资源低效率利用乃至浪费性消耗——即掠夺式开发为主要手段的历史过程。落后的开发方式亦导致了自然环境的恶化，最终致使经济开发不能正常进行。②

萧正洪对清代陕南种植业及相关问题有专门的研究，山区自然在其研究视野之内。先后发表了《清代陕南种植业的盛衰及其原因》、《清代陕南的流民与人口地理分布的变迁》、《清代陕南的土地占有关系与农业经营》、《清代汉江水运》、《清代秦巴山区的柞蚕放养》等重要论

---

① 孙达人：《川楚豫皖流民与陕南经济的盛衰》，中国农民战争史研究会编：《中国农民战争史研究集刊》第三辑，上海人民出版社 1983 年版。

② 谭作刚：《清代四川、陕西、湖北交边地区经济开发的特点和影响》（武汉大学硕士研究生论文，1986 年 5 月）。该论文的部分内容已先后发表，如《清代陕南地区的移民、农业垦殖与自然环境的恶化》（《中国农史》1986 年第 6 期）；《清代陕南土特产品的生产和销售》（《中国农史》1989 年第 2 期）。

文，指出：从 18 世纪中叶开始，大批南方流民徙入陕南，有力地推动了这一地区种植业的发展。其中，以玉米、马铃薯等新作物的推广为主要内容的粮食生产的兴盛最为显著，经济作物与经济林木在种植业中的地位亦有所上升。同时，市场经济有了初步发展，既有以传统集市为主的初级市场，也有新出现的集散中心市场，并借助汉水与长江中游的商品市场相联系，并入一个更大的市场网络之中。在此过程中，农业政策与农业垦殖方式所产生的影响尤为显著。不过，以滥用自然资源和破坏生态平衡为代价换取来的种植业的兴盛是暂时的、不稳定的，其衰落是难以避免的。① 其著作《环境与技术选择》对山区开发亦多有涉及。② 陈良学对陕南山区也有较多的关注，发表了《清代前期客民移垦与陕南的开发》、《明清时期闽粤客家人内迁与秦巴山区的开发》等多篇文章，关注到明清两代，秦巴山区成为以湖广、闽粤为主体的全国性大移民的集中地，各种地域文化在这里碰撞、融合、交叠、沉淀和重新排列组合，呈现出一种多元化的文化特色。而来自闽粤的客家文化在这里独树一帜，成为秦巴山区经济、文化、民俗等领域的活跃因素。③

　　马雪芹探讨了明中期南阳盆地周边山地的流民与山地开发问题，指出：南阳盆地周边山地为明代流民聚居地之一，流民的附籍落户，开垦生产，使盆地周边山地面貌发生了深刻的变化，人口与耕地面积大幅度增加。但盲目开垦也使山地水土流失，引发了人为灾害，应引以为戒。④ 吕卓民《明代陕南地区农业经济开发》从人口增加、土地垦殖、水利建设、农作物种植等方面论述了明代陕南地区农业经济的开发。⑤ 梁中效将秦巴山区的环境变迁分为石器时代、铜器时代、铁器时代和机器时代四个阶段加以论述，认为唐代以前对环境破坏是局部的，宋代以

---

① 详见《中国农史》1988 年 4 期、1989 年第 1 期。《中国史研究》1992 年 3 期。《中国经济史研究》1994 年第 1 期。《陕西师范大学学报》1988 年第 4 期，《中国农史》1992 年 4 期等。

② 中国社会科学出版社 1998 年版。

③ 详见《陕西师范大学学报》1988 年第 1 期，《汉中师院学报》2001 年第 2 期。另有著作《湖广移民与陕南开发》，惜一直未能拜读。

④ 马雪芹《明中期流民问题与南阳盆地周边山地开发》，《陕西师范大学学报》1995 年第 1 期。

⑤ 详见《西北大学学报》1996 年第 3 期。

后对环境破坏是全局性的，晚清以来的机器时代环境恶化加剧。秦巴山区的环境破坏对关陇、成渝、江汉平原和中原大地四个经济核心区会造成非常大的影响。①

邹逸麟《明清流民与川陕鄂豫交界地区的环境问题》一文，主要论述明清时期黄河中下游地区因自然和社会的原因，大批失去土地或逃避赋役的流民向豫鄂川陕交界的秦岭大巴山区迁徙的规模和过程，自明中叶美洲耐旱作物的传入，流民规模更趋庞大，并长期定居在山区之中，进行开山种植、伐木造纸、冶炼烧炭等作业，造成秦岭大巴山区森林植被的严重破坏，水土流失明显加剧，严重影响了渭河、汉江流域的灌溉和航运，使我国西部地区的环境日趋恶化。② 张晓虹等《清代陕南土地利用变迁驱动力研究》则从"驱动力"切入，考察清代陕南土地利用的变化。即人口的机械增长成为其最主要的驱动力，其他因素的驱动也是与这一主线索相辅相成的，或者说是通过影响人口的迁移与分布进而影响土地利用方式产生的。耕作技术的转型、粗放的耕作习俗和新作物的引入等因素则造成区域内土地利用变化驱动力的差别。③ 王向红《清代秦岭、大巴山区的农业开发与生态变迁》亦提出了自己的看法：在人口迅速膨胀、巨大生存压力的驱动下，清政府积极调整垦殖政策，推广玉米的种植，使自然条件优越的秦岭、大巴山区得到了大规模的开发。然而，大规模毁林开荒，过度垦殖，又造成了秦岭、大巴山区严峻的生态环境问题。④ 钞晓鸿《清代至民国时期陕西南部的环境保护》主要利用碑石资料探讨清代至民国时期陕西南部的环境保护及其前因后果，涉及环境破坏与保护的直接原因，环境保护的主要成就，环境保护的效果和局限性等内容。⑤

---

① 梁中效：《历史时期秦巴山区自然环境的变迁》，《中国历史地理论丛》2002 年第 3 辑。

② 详见《复旦学报》1998 年第 4 期。

③ 《中国历史地理论丛》2002 年第 4 期。

④ 详见《海南师范学院学报（社会科学版）》2003 年第 5 期。

⑤ 详见《中国农史》2002 年第 2 期。任春明《清代汉江流域的经济开发述评》对清代中叶汉江流域经济开发的具体内容和由盛而衰的历史过程进行了分析论述，亦论及上游山区，认为导致这一地区经济走向衰落的根本原因是对自然生态的破坏，使其丧失了继续发展的基础（《中国社会科学院研究生院学报》1990 年第 6 期）。

　　萧放、闫天灵等人对秦岭—大巴山区的研究兴趣在社会生活习俗。萧文从制约该地区风俗文化的自然地理环境——三省相接、山多地少，社会人文环境——五方杂处、流民丛聚等二个方面切入，论述该地区明清时期别具特色的风俗文化的形成及其状态，如"秦声楚歌"的语言风俗结构，"质朴劲勇"的行为风尚，"尚鬼信巫"的宗教信仰，三省混杂的岁时仪礼习俗等。[①] 闫文专门对清代民国时期"招夫养夫"这一独特婚俗进行探讨。"招夫养夫"在全国 7 省 21 县的流行，其中以陕鄂交界的秦巴山区最为普遍。婚俗在地理分布上与移民区相重叠，证明移民运动是导致婚姻突变的重要因素。移民引起文化情景多元化和传统道德约束松弛，使得这种倒退了的婚姻形式能够为社会所容忍。移民造成的男女比例失调、移民山区易于发生的地方病及移民山区的闭塞环境，客观上又为其提供了土壤和保护。[②]涉及清代秦巴山区社会风俗的还有张晓虹《清代移民与陕西汉水流域民间风俗的嬗变》[③] 等文。

　　张建民较早关注明清时期的山区开发与发展问题，关于秦岭—大巴山区，已发表的论著主要有：《明清汉水上游山区开发与水利问题》，《明代秦巴山区的封禁与流民集聚》，《明代秦巴山区流民的附籍与分布》，《明清山区资源开发特点述论》，《明代秦巴山区的流民与资源开发》，《明清秦巴山区生态环境变迁论略》，《清代秦巴山区的经济林特产开发与经济发展》，《旧抄本〈湖北省清厘逆产条款咨案〉及所见清代鄂西地区社会经济关系》，[④]《清代后期秦巴山区的水环境与水旱灾害》，[⑤]《环境、社会动荡与山区寨堡——明清川陕楚交边山区寨堡研究

---

　　① 萧放：《明清川陕楚边区风俗文化论》，《湖北大学学报》1990 年第 5 期。

　　② 闫天灵：《清代民国时期移民山区的"招夫养夫"婚俗试探》，见《中南民族大学学报（人文社会科学版）》2006 年第 3 期。

　　③ 详见《中国历史地理论丛》2002 年第 3 期。

　　④ 分别参见《武汉大学学报》1994 年第 1 期，《中南民族学院学报》1998 年第 2 期，《中南民族学院学报》1999 年第 2 期，《武汉大学学报》1999 年第 6 期，《人文论丛》1999 年卷，武汉大学出版社 2000 年版，《中国经济史上的天人关系论集》，中国农业出版社 2002 年版，《武汉大学学报》2002 年第 2 期，《人文论丛》2007 年卷，中国社会科学出版社 2008 年版。

　　⑤ 参见张建民主编《10 世纪以来长江中游区域环境、经济与社会变迁》论文集，武汉大学出版社 2008 年版。

之一》，①《明清长江流域山区资源开发与环境演变——以秦岭—大巴山区为中心》② 等。

方国瑜先生和陈桥驿先生是 20 世纪 70—80 年代较早关注山地开发与环境恶化问题的学者。方国瑜考察的是清代云南山区，重点论述了汉、哈尼、彝、苗、瑶等民族劳动者（包括退役士兵、移民）在云南山区的农牧业开发活动，涉及玉米、洋芋的种植，刀耕火种的生产方式，业佃关系，水土流失等问题。③ 陈桥驿则站在人口再生产和生态平衡关系的高度，对浙江省的山地垦殖与山林破坏进行了历史探讨，指出：清代康熙以来，随着人口剧增和玉米、番薯的传入推广，浙江山区经历了不断的垦殖扩张，虽然增加了粮食产量，却也造成了山林植被的破坏和严重的水土流失。④

方国瑜先生之后，西南云贵川山区的研究也取得了较多成果。施宇华鉴于山区开发、发展在云南国民经济发展中占有举足轻重的战略地位，和以往明代云南地方史研究大多注重坝区开发而很少涉及山区开发的偏颇，撰文对明代云南的山区开发进行了概述。认为历史上由于山地民族艰苦卓绝的劳动和历代一些稍为明智的统治者的经营，云南山区有了不同程度的进展。其中，明代是云南山地民族得到承前启后、长足发展的重要时期。明朝统治者在云南推行了一套比较开明的政策，从而在客观上促进了云南少数民族地区政治、经济、文化及民族关系的发展。⑤ 罗春梅、和晓蓉以反思视角审视清代大量移民进入和定居云南山区，认为大量移民开发山区、巩固祖国边疆的同时，也带来了人口、生态和贫困诸多问题。⑥ 同类论述还有陆蔚《清代云南的山区开发》⑦ 等文章。

三峡地区曾一度成为研究热点，主要如蓝勇的系列研究，集中在经

---

①　详见《江汉论坛》2008 年第 12 期。

②　武汉大学学术丛书，武汉大学出版社 2007 年 10 月。

③　方国瑜：《清代云南各族劳动人民对山区的开发》，见《思想战线》1976 年第 1 期。

④　陈桥驿：《历史上浙江省的山地垦殖与山林破坏》，《中国社会科学》1983 年第 4 期。

⑤　施宇华：《明代云南的山区开发》，《云南民族大学学报（哲学社会科学版）》1992 年第 2 期。

⑥　详见《云南农业大学学报（社会科学版）》2008 年第 6 期。

⑦　详见《云南日报》2000 年 10 月 4 日。

济开发和生态环境演变等方面，发表了《历史时期三峡地区的经济开发与生态变迁》、《历史时期三峡地区移民与经济开发》、《历史时期三峡地区森林资源分布变迁》、《明清三峡地区农业垦殖与农田水利建设研究》等文，认为唐宋是三峡地区经济开发的高潮时期之一，沿江坪坝土地已经广泛垦殖，森林砍伐程度亦大幅度提高。但是，经历明清之际的破坏之后，随着大量移民进入，清代中期有关山区的垦殖进入新的阶段，达到了新的高峰，垦殖指数得到大幅度提升。[①] 其《明清美洲农作物引进对亚热带山地结构性贫困形成的影响》一文，探讨了玉米、红薯、洋芋等引种推广造成的消极影响，如亚热带山地人口持续增长、膨胀。制约了亚热带山地产出多样性和相关的商品经济发展，从而影响资本原始积累的形成，造成农业生态破坏，水土流失加剧等。[②] 作者另有关于西南地区经济与环境的研究，亦有关涉山区的内容。[③] 华林甫则依据清代地方官员关于洪涝灾害的奏疏、清代方志及洪水题刻等史料，对清代以来三峡地区的水旱灾害进行了初步研究，分析了水旱灾害频繁及其发生规律。指出：相对而言，该地区的水灾较旱灾更为严重，危害也更大。[④] 阮明道《清代以来四川西部山区水土问题的考察》以四川西部山区水土为题进行考察，概述了清代以来山区水土资源状况，分析了水土灾害及其致灾原因，对开发四川西部山区及江源之水北调黄河问题，提出了有待思考的一些见解和建议。[⑤]

以贵州山区为研究对象的成果如陈国生等、[⑥] 何萍、潘晓等人的论文。何文简述了明末清初有"旱地之王"之称的玉米传入丘陵山地占95%以上、典型的"山国"贵州后，对贵州山区开发和粮食生产的影响。在贵州特殊的地理环境下，玉米的引种和推广，对于山区开发具有

---

① 分别参见《中国历史地理论丛》1992 年第 1 期，《中国农史》1993 年第 4 期，《中国史研究》1993 年第 2 期，《中国农史》1996 年第 2 期等。

② 蓝勇：《明清美洲农作物引进对亚热带山地结构性贫困形成的影响》，《中国农史》2001 年第 4 期。

③ 如《历史时期西南经济开发与生态变迁》，云南教育出版社 1992 年版。

④ 华林甫：《清代以来三峡地区水旱灾害的初步研究》，《中国社会科学》1999 年第 1 期。

⑤ 详见《四川师范学院学报（哲学社会科学版）》2000 年第 5 期。

⑥ 陈国生等：《清代贵州的流民与山区开发》，《贵州师范大学学报》1994 年第 3 期。

不可低估的作用。① 潘文"通过对清代贵州迅速膨胀的人口、政府的垦山政策、玉米在山地的种植导致的山区开垦，及造成的生态环境恶化等方面的分析与探讨"，认为贵州山区的开发不应忽视生态效益，应寻找适合贵州山区特色的开发道路。②

赵光材《乌蒙山区生物资源持续历史的启示与保护发展的方向》从保护、可持续利用角度出发，探讨地跨川黔滇的乌蒙山区的生物资源开发历史，认为有人类活动以来，乌蒙山区历经了自取自用—半农耕—坝区开发—山区开发等历史时期。明清两个朝代的移民与经营，全面开始了生物资源的利用。历代各族人民在适应生存的实践中，找到了持续稳定的增长和利用生物资源的方法。这些既充满了对自然规律的认识和利用，也为进一步发展提供了技术支持，并探讨了适应今后持续发展的管理问题。③

以闽浙赣等省区交边的武夷山区为主的东南山区是学术界研究的重点区域之一。前揭陈桥驿先生《历史上浙江省的山地垦殖与山林破坏》便是研究该山区的重要成果。此外，徐晓望从社会分工和山区商品经济的发展入手，考察了明清时期闽浙赣交边山区商业性农业（种烟业、种杉业、种靛业、种苎业、种蔗业、种茶业）和山区乡村手工业（造纸业、制茶业、冶铁业、制烟业、榨油业、伐木业、印刷业）的发展新趋势，并从资本主义萌芽的意义上，探讨了山区乡村工业的历史地位。④ 刘秀生对清代闽浙赣山区的棚民经济考察后认为：明清时期的棚民不同于历代逃亡觅食或单纯开发土地的流民，而或多或少地失去了自给自足自然经济的某些特点，体现了明清时期经济发展的新气息。论文考察了棚民的分布、棚民在山区进行的多样化商品生产以及生产过程中的地租形态与雇佣劳动等生产关系。⑤ 朱自振《明清东南山区农业的商品化发展与特点》一文也考察了闽浙赣等地山区棚民的经济开发活动，

① 何萍：《玉米的引种与贵州山区开发》，《贵州文史丛刊》1998 年第 5 期。
② 潘晓：《清代贵州山区开垦与生态变迁》，《郧阳师范高等专科学校学报》2008 年第 6 期。
③ 详见《地球科学进展》2003 年第 6 期。
④ 徐晓望：《明清闽浙赣边区山区经济发展的新趋势》，见傅衣凌、杨国桢主编《明清福建社会与乡村经济》。厦门大学出版社 1987 年版，第 193—226 页。
⑤ 刘秀生：《清代闽浙赣的棚民经济》，《中国社会经济史研究》1988 年第 1 期。

特别是种麻、种菁、栽烟、烧炭、造纸及耳蕈等生产活动，对商品经济的影响，给予山区商品生产较高的评价。① 邻近山区的研究还有杭宏秋《皖赣毗邻山区古梯田考略》等。② 此外，吴松弟、韩茂莉等对宋代东南丘陵地区的开发有相应探讨。吴文从经济开发的地理基础与历史背景、宋代东南沿海丘陵地区的经济开发的概况、各分区（中、北、西、南、南）的开发过程、地理条件对本区经济开发的影响等方面进行了系统考察，主要强调当地人民因地制宜发展经济的重要作用。③ 韩茂莉则从劳动人口增长、垦田面积增加、梯田出现及耕作方式改善、水利建设、多种经营展开等方面，考察了宋代东南丘陵地区的农业开发。④

　　20世纪90年代初，厦门大学历史系部分研究明清社会经济史的学者围绕"明清东南区域的平原与山区经济"这一主题展开比较研究，发表了《明清东南区域平原与山区经济研究序论》（杨国桢）、《徽州山区与太湖平原经济开发的异同》（李长弓）、《闽江上下游经济的倾斜性联系》（陈支平）、《钱塘江流域山区与平原产业结构的比较》（郭润涛）、《晋江流域山海经济的特点》（林汀水）、《九龙江流域的山区经济与沿海经济》（刘永华）等专题论文，发现明清时代东南区域内的山区与沿海平原，确实存在着不同的经济传统，展现出不同的经济风貌。受到环境、资源、交通、劳力组合的限制，发展出不同的经济模式。而且，由于受到山区与平原频繁经济联系的哺育，被一贯看成"落后"、"保守"的山区，农业商品化的程度、"外向型"工商经济的发展在特定时期并不比沿海平原逊色。⑤ 刘正纲《明清时期闽浙赣地区的虎灾》通过虎患讨论虎与人类的对抗性矛盾，进而考察山区环境变化。认为明清之际三省虎患次数频繁，受灾面积广大。主要原因是流动人口不断向山区进逼，垦殖扩张，山林破坏，野生动物的生存空间急剧萎缩，某些野生动物绝迹，虎的食物链破坏。人虎距离缩小。明末清初虎患最为严

---

　　① 详见《中国农史》1993年第4期。

　　② 《农业考古》1992年第3期。

　　③ 吴松弟：《宋代东南沿海丘陵地区的经济开发》，《历史地理》第七辑，上海人民出版社1990年版。

　　④ 韩茂莉：《宋代东南丘陵地区的农业开发》，《农业考古》1993年第3期。

　　⑤ 详见《中国社会经济史研究·明清东南区域的平原与山区经济专辑》1995年第2期。

重，因战争破坏，人烟稀少所致。①

除了将闽浙赣交边山区作为整体进行考察外，专门考察某一省山区的论著亦有不少。研究福建山区的主要成果有杨国桢、陈支平《从山契看明代福建山地的私有化》，以明代福建山地契约文书为主要论据，对宋代以后的山地私有化、山地买卖、交易过程中的多种形式、复杂关系、山地所有权分割，山地私有化扩大与商品经济发展，山地买卖与乡族势力的关联等问题进行了初步探讨。② 戴一峰的研究集中于近代闽江上游山区，其系列研究论文如《近代闽江上游山区初级市场初探》、《近代闽江航运业初探》、《论近代闽江上游山区商品经济发展的制约因素》、《近代闽江上游山区的商品生产》、《再论近代闽江上游山区的商品生产》等，较为全面地论及山区初级市场、闽江航运业、山区商品生产、商品经济发展等内容。③ 明清时期之外，郑学檬《论宋代福建山区经济的发展》分析了宋代福建山区经济发展诸条件，并从山区的粮食生产、多种经营和手工业生产等方面论述了宋代福建山区经济的发展状况。④ 陈友良《略论唐宋元时期闽北山区的开发与发展》指出闽北山区是封建时代福建的最早开发区，唐宋元时期，山区经济发展势头强劲。闽北山区劳动人民和避乱于此的北方汉民共同为开发山区，靠山吃山，修筑梯田，扩大耕地面积，增加粮食产量。同时，利用山区资源逐渐发展起来的制茶业、造纸业、矿冶业、制瓷业等，更增加了山区经济发展的活跃性。⑤

以浙西山区为考察对象的则有颜晓红等人的论文。颜文指出：浙西山区的人口流动属于由人口稠密的地区流向地广人稀地区的流迁模式，浙西山区依靠空旷的山地来吸纳周边地区的过剩人口。外来人口的经济

---

① 周肇基、倪根金主编：《农业历史论集》，江西人民出版社 2000 年版。

② 傅衣凌、杨国桢主编：《明清福建社会与乡村经济》，厦门大学出版社 1987 年版，第144—160 页。又，杨国桢《明清土地契约文书研究》第三章《明清两代的山地经营与山契》第二节讨论了闽北南平县小瀛洲的山村经济。

③ 分别见《中国社会经济史研究》1985 年第 3 期，《中国社会经济史研究》1986 年第 3 期，《中国社会经济史研究》1987 年第 3 期，《中国社会经济史研究》1989 年第 4 期，《厦门大学学报》1988 年第 4 期。

④ 详见《农业考古》1986 年第 1 期。

⑤ 《南平师专学报》1996 年第 3 期。

活动虽然在短期内推动了山区经济的发展，但是由于破坏了当地的生态环境，激化了土客之间的矛盾，致使山区经济的繁荣成为昙花一现。①

专门对江西境内（周边）山区进行探讨的成果也有不少。曹树基《明清时期的流民和赣南山区的开发》、《明清时期的流民和赣北山区的开发》等文是较早研究明清时期流民与山区开发的重要成果。作者论及山区农业中经济作物区的形成、经济林区的形成、粮食生产以及矿业手工业的变化等，并指出了流民在新作物、新品种、新技术传播、推广方面的贡献。②另外，曹树基关于明清时期移民史、人口史的研究，在有关山区的人口迁移、分布方面也取得了重要的成果，对有些山区的开发亦有涉及。③梁淼泰从探讨明清时期山区的经济水平和山区城乡经济联系出发，较为系统地考察了明清时期浮梁农村的农林产品及其向景德镇的输入，景德镇瓷业的繁荣与浮梁农村自然经济的关联，认为封建的山区农村，如果没有较高的农业生产水平，城镇手工业的发展又不促使其发生改观，景德镇的兴起虽然能带动农村输出大量的农林产品，却不可能引起农村经济发生质的变化。④张建民分析了清代江西、湖南交边的幕阜山—罗霄山区的棚民集聚及其山区垦殖活动（包括粮食作物、经济作物种植）、棚民与土著的融合及竞争、棚民垦殖山地遗留的环境问题等，指出土客矛盾的根源在于人口阶段性饱和以及土地兼并和由此带来的主要生产资料分配紧张。⑤余燕飞：《明清时期湘鄂赣交界山区的地界纷争与社会控制》，有针对性地讨论了明清时期湘鄂赣交界山区的人口流动、跨边越界、田粮不清纷争及相关的社会控制问题。⑥

近年饶伟新、黄志繁等青年学者对明清时期的赣南山区有较为集中的探讨，涉及山区的移民运动、山区商品生产、山区市场、经济开发与

①　颜晓红：《清代浙西山区人口流动与生态环境变迁》，见《南京林业大学学报（人文社会科学版）》2007 年第 1 期。

②　分别见《中国农史》1985 年第 4 期，《中国农史》1986 年第 2 期。

③　参见曹树基《赣闽粤三省毗邻地区的社会变动和客家形成》（《历史地理》第十四辑，上海人民出版社 1997 年版）；葛剑雄主编《中国移民史》第 5 卷、第 6 卷（福建人民出版社 1997 年版）等。

④　梁淼泰：《明清时期浮梁的农林商品》，《中国社会经济史研究》1988 年第 1 期。

⑤　张建民：《清代湘赣边山区的棚民与经济、社会》，《争鸣》1988 年第 3 期。

⑥　详见《经济与社会发展》2008 年第 2 期。

生态环境的关系、山区农业经济的转型与困境、宗族、乡约与保甲、乡村聚落、社会动乱、社会变革与租佃关系等方面。饶伟新鉴于以往赣南地区移民的研究往往侧重于清代的移民，而对明代的移民比较简略，以致赣南客家的早期历史不明晰的状况，对明代赣南的移民运动及其分布特征进行了论述。[①] 并关注到明代闽粤流民、流寇在向赣南流移、落居的过程中，因其"无籍之民"的社会政治处境和"化外蛮夷"的族群背景，与当地土著发生了剧烈的族群矛盾和社会冲突，造成严重的社会动乱。其结果是对当地里甲体制和社会生活、生产秩序产生重大冲击和破坏。[②] 饶伟新还以赣南山区为例，综合考察了清代山区农业经济转型的历史局限与历史困境。并分析指出：以经济作物种植加工为主要内容的山区商品性农业生产虽然预示着农业经济开始出现转型，但这种"依赖型"和"生计型"农业商品经济，不仅没有引起清代赣南山区农业经济结构的根本性变革，反而依附于并加强了自给自足的稻作自然经济。由于受山多川少、自然灾害和生态破坏，以及不断增长的人口压力等生态的和社会的因素的制约，一直占绝对主体地位的山区稻作经济不仅停留在糊口的发展水平上，而且还面临着难以克服的内在困境。[③] 黄志繁《大庾岭商路·山区市场·边缘市场——清代赣南市场研究》一文，主要运用地方文献对清代赣南市场体系进行了探讨，指出清代赣南市场三个特点，即虽从属于赣江市场体系，却与闽粤市场联系较密切，具边缘化特征，虽受大庾岭商路影响却影响有限，具有自身的市场发展逻辑，虽有一定发展的商品经济，却受制于以糊口性粮食生产为主的生产格局。[④] 黄志繁还从生态和生计的角度切入，探讨了经济开发与生态环境的关系、清代赣南山区商品生产无法发展的原因。认为是人口、土

---

① 饶伟新：《明代赣南的移民运动及其分布特征》，《中国社会经济史研究》2000 年第 3 期。

② 饶伟新：《明代赣南的社会动乱与闽粤移民的族群背景》，《厦门大学学报》2000 年第 4 期。

③ 饶伟新：《清代山区农业经济的转型与困境：以赣南为例》，《中国社会经济史研究》2004 年第 2 期。此外，饶伟新研究赣南的论文还有：《明清时期华南地区乡村聚落的宗族化与军事化——以赣南乡村围寨为中心》（《史学月刊》2003 年第 12 期）；《清代赣南客民的联宗谱及其意义初探》（《赣南师范学院学报》2007 年第 4 期）等。

④ 详见《南昌职业技术师范学院学报》2000 年第 1 期。

地和土地利用方式之间相互制约的结果。① 闽赣毗邻山区的抗租斗争较早为学者关注，黄志繁以 16—18 世纪赣南山区为中心，从长时期的地域社会变革来解释明清时期闽赣毗邻地区的抗租风潮。16 世纪以来，赣南社会发生了巨大的变革，流民与土著成为社会变革的重要力量。频繁激烈的租佃斗争实际上是地域社会变迁的表现和结果。18 世纪以后，流民最终获得"永佃权"，赣南抗租风潮渐趋平息，则意味着流民开始定居和"土著"化，背后更深刻的原因是清初紧张的人地关系通过把土地所有权分割为"田皮"、"田根"而得以缓和。② 专门研究赣南山区的成果还有施由民《清代赣南农业经济》，③ 黄志坚《清代赣南的乡族势力与农村墟市》，④ 谢庐明《客家文化视野中的清代赣南农村市场》，⑤ 谢庐明《清代赣南客家庙会市场的地域特征分析》，⑥ 李晓方、温小兴《明清时期赣南客家地区的风水信仰与政府控制》，⑦ 王东《明代赣闽粤边的人口流动与社会重建——以赣南为中心的分析》，⑧ 温春香朱忠飞《清代赣南客家人的风水观与地域社会——以三僚曾氏坟墓纠纷为例》等。⑨

畲族是公认的山地民族，对闽浙赣山区的开发、发展作出了重大贡献。对此关注较早的研究成果有吕锡生《明清时期畲族对浙南山区的开发》、王克旺《斩棘披荆开田园——明清之际畲族对闽浙赣山区的开发及其与汉族的经济交流》等论文。吕文论及明代初年畲族迁移浙南及其对山区开发的贡献，包括粮食生产和茶叶、香菇等山区经济特

---

① 黄志繁：《清代赣南的生态与生计——兼析山区商品生产发展之限制》，《中国农史》2003 年第 3 期。

② 黄志繁：《地域社会变革与租佃关系——以 16～18 世纪赣南山区为中心》，《中国社会科学》2003 年第 6 期。此外，黄志繁研究赣南的论文还有：《乡约与保甲：以明代赣南为中心的分析》（《中国社会经济史研究》2002 年第 2 期）；《明代赣南的风水、科举与乡村社会"士绅化"》（《史学月刊》2005 年第 11 期）等。

③ 《农业考古》1989 年第 1 期。

④ 《江西社会科学》2003 年第 2 期。

⑤ 《赣南师范学院学报》2003 年第 2 期。

⑥ 《赣南师范学院学报》2005 年第 4 期。

⑦ 《社会科学》2007 年第 1 期。

⑧ 《赣南师范学院学报》2007 年第 2 期。

⑨ 《赣南师范学院学报》2008 年第 4 期。

产。① 王文除了考察明、清数百年间迁徙闽、浙、赣三省山区的畲族历尽千辛万苦，开发、发展山区经济外，还论及畲族长期同汉族人民相处，互相学习，互通有无，取长补短的关系。② 其后，钟建安《明清时期畲族对闽粤浙赣山区的开发》考察的范围更大，强调原居于闽粤赣三省交界山区的畲族，到了明清时期大批迁入闽东、浙南等地山区开荒垦种，对闽粤浙赣山区的开发作出了很大的贡献。③

棚民乃明清时期开发山区的主角之一，许多研究山区的论著都不能不提到棚民，有不少论文直接以棚民为题，论及武夷山、天目山、幕阜山、罗霄山等山区。前揭刘秀生《清代闽浙赣的棚民经济》、张建民《清代湘赣边山区的棚民与经济社会》之外，万芳珍从山区社会意义上分析清前期江西棚民的入籍定居及由此而来的土客籍融合和矛盾，以期明确棚民入籍、土客籍融合对近现代江西居民构成的影响，追溯近现代史上江西土客籍矛盾的历史根源。④ 梁洪生的研究侧重于棚民与山区基层社会控制。其近作《从"异民"到"怀远"》一文，利用通过田野调查获得的"怀远文献"，有针对性地分析了雍正初年江西宁州移民要求入籍和土著罢考事件，考察了在处理问题过程中清廷政策与地方官、地方官与地方社会、土著与棚民之间的相互衔接和照应，地方官如何贯彻上级的政策？社会受到了什么影响？并结合寺田隆信的有关研究，讨论了土著对棚民（移民）的"贱视"等相关问题。⑤ 陈瑞《清代中期徽州山区生态环境恶化状况研究——以棚民营山活动为中心》一文，对清代中期徽州山区外来棚民的基本状况、棚民营山活动的内容与类型、棚民简单粗放、掠夺式的营山活动给山区生态环境造成的破坏，以及徽州社会为遏制生态环境恶化所采取的驱禁棚民与封山育林，调整产业种植结构相结合的应对举措等方面作了分析与探讨。⑥ 谢宏维《生态环境的

① 详见《中央民族学院学报》1982 年第 2 期。
② 详见《中国民族》1983 年第 7 期。
③ 《中南民族大学学报（人文社会科学版）》1991 年第 4 期。
④ 万芳珍：《清前期江西棚民的入籍及土客籍的融合和矛盾》，《南昌大学学报》（人文社会科学版）1985 年第 3 期。
⑤ 详见《历史人类学学刊》2003 年 4 月第 1 卷第 1 期。
⑥ 详见《安徽史学》2003 年第 6 期。

恶化与乡村社会控制——以清代徽州的棚民活动为中心》①、《清代棚民及其对社会经济的影响》② 等论著，亦在肯定进入徽州地区的外地棚民利用当地丰富的自然资源进行各种经济活动，对山区开发作出了贡献的同时，指出其受自身特点以及历史条件制约而带来一系列的社会问题。近年又有李木子《明末清初赣西北"棚民"问题研究》③、刘白杨《棚民的土地利用及对生态环境的影响——以明清江西为考察中心》等论文。④

　　湘鄂川黔交边的武陵山—雪峰山区也有一些研究成果，较早的如张建民《清代湘鄂西山区的经济开发及影响》，以湘鄂西山区进入全面开发阶段的清代为主，简要考察了推动开发展开的动力，农业开发、经营的观念，开发的主要形式及手段，开发的经济和环境后果等。⑤ 杨昌沅、范植清《略述明代军屯制度在鄂西山地的实施》则在明代卫所制度、军屯制度的总体观照下，对设在鄂西山地的施州卫、所的军屯作了较为具体翔实的论述。⑥ 其后又有郭松义《清代湘西苗区屯田》，对始建于清嘉庆初年的湘西苗区屯田进行了全面考察，由于清朝政府在建屯时参照吸取了近边的如贵州古州等许多屯田经验，融军屯、民屯、苗屯于一体，使之互为补充，并在某些方面有所创新发展。⑦ 研究清代湘西苗区的手工业的论文有石邦彦《清代湘西苗区的手工业》，作者认为：湘西苗区在清代"改土归流"后，加强了与外界的联系，其手工业有了较大的发展，其主要门类是纺织业（麻织业、丝织业和棉织业）、矿冶业、银制品、编织业、蜡染等。⑧ 还有杨国安《明清鄂西山区的移民

---

　　① 详见《中国农史》2003 年第 2 期。

　　② 《历史教学》2004 年第 3 期。谢宏维关于棚民的论文还有《清代徽州外来棚民与地方社会的反应》（《历史档案》2003 年第 2 期）；《清代徽州棚民问题及应对机制》（《清史研究》2003 年第 2 期）等。

　　③ 《宜春学院学报》2005 年 10 月。

　　④ 《江西教育学院学报（社会科学版）》2007 年第 1 期。《历史档案》1993 年第 2 期还从披露当时农民从流徙到定居的过程、棚民与土著居民的关系、与族产共业有关的一些纠纷的处理情况、山区农业开发对生态环境的影响以及清政府对棚民政策的前后变化等方面发表了专题档案《嘉庆朝安徽浙江棚民史料》。

　　⑤ 详见《中国社会经济史研究》1987 年第 4 期。

　　⑥ 详见《史学月刊》1989 年第 6 期。

　　⑦ 详见《民族研究》1992 年第 2 期。

　　⑧ 《中南民族学院学报（哲学社会科学版）》1994 年第 1 期。

与土地垦殖》对改土归流后该区人口的增长、客民数量和比例、土地垦殖的论述。① 朱圣钟、吴宏岐《明清鄂西南民族地区聚落的发展演变及其影响因素》,从城市和村落两种类型,土司和改土归流后两个阶段,聚落的发展演变,分析了其数量、规模、分布、演变原因等。② 朱圣钟《鄂西南民族地区农业结构的演变》探讨的是改土归流后鄂西南山区农耕范围的扩大和结构变化。③ 杨安华《论清代湘西山区的经济开发》认为:清代乃湘西社会取得突破性进展的重要历史时期,而大规模的山区开发则是推动当时湘西经济发展和社会进步的最重要事件。文章论述了清代湘西山区经济开发的历史背景、具体情况,分析了其特征,考察了这一开发过程的利与弊。④ 曹端波《清代湘西商业市镇的发展及其原因》则以清代湘西山区开发带来的商业市镇发展为考察重点。⑤

两广山区(包括与闽、湘、赣交界山区)也是研究成果较多的区域。傅乐园《清代湘南山区的经济开发及其生态变迁》以生态学的基本观点为研究视角,对清代湘南山区的人口增长、人口迁移、各种类型的经济开发及其对生态环境的影响作了比较深入的分析。认为清代湘南山区持续增长的人口压力所带来的农垦、山林砍伐和矿产开发的加剧是导致该区生态环境恶化的主要原因。⑥ 吴建新、林枫林则以"广东山区"为空间对象,考察了明清时期的人口迁移及其影响,包括对人口地理分布的影响,对山区人均占有耕地的影响,对山区农业垦殖方式的影响,促进了外来作物的传播和其他经济作物的发展,对广东的自然生态环境产生了重大影响等。⑦ 冼剑民、周智武总结了明清时期客家对山区农业的贡献,主要表现在开发山区农田水利,传播先进农业耕作方

---

① 详见《中国农史》1999 年第 1 期。

② 详见《中国历史地理论丛》1999 年第 4 期。

③ 详见《中国农史》2000 年第 4 期。

④ 详见《古今农业》2003 年第 3 期。

⑤ 详见《吉首大学学报(社会科学版)》2009 年第 1 期。

⑥ 傅乐园:《清代湘南山区的经济开发及其生态变迁》,《中南民族学院学报》(人文社会科学版)2001 年第 2 期。

⑦ 吴建新、林枫林:《明清时期广东山区的人口迁移及其影响》,周肇基、江惠生等主编《古今农业历史论丛》,广东经济出版社 2003 年版,第 296—315 页。

法，水稻、小麦、番薯等粮食作物的推广与引进，发展山区商业性农业生产方式等方面。① 肖文评《明末清初粤东北的山林开发与环境保护》以嘉靖《大埔县志》所载《湖寮田山记》为中心，考察了明末清初粤东北客家山区开发过程中的环境问题及客家人所采取的环境保护对策。② 周俐、周建新以田野调查和文献材料为基础，探讨民间信仰与客家地区开发，以及客家族群发展三者之间的关系。考察的空间是闽、粤、赣三省交边山区，通过客家地区广泛流行的三山国王、伏虎禅师定光古佛信仰和石敢当崇拜，折射客家地区生态环境与开发历史。③ 周伟华、黄志繁《明清时期流民与粤东北山区开发》认为：明清时期粤东北的流民活动，对粤东北山区社会风貌产生了决定性的影响。但流民进入粤东北山区具有地区性的差异。粤北地区开发较早，土著势力强大；粤东山区开发较晚，流民势力远远超过土著。大量流民进入粤东北山区，虽然造成了当地秩序的一度失衡，但也促进了粤东北山区的开发。同时，由于流民对于山区的过度开发，导致了粤东北山区生态的恶化和资源的紧缺，从而引发了清中期粤东北大量人口向赣南、粤中等地区迁移。④

吴建新对明清时期广东山区的农业及其与环境的互动有较多关注，《明清时期粤北南雄山区的农业与环境》一文分析了明清南雄山区的人口模式，耕地减少的长期趋势和农耕技术的演变，以及与生态环境之间的关系。珠玑巷的移民传说和明代以来耕地减少的趋势都与受农耕水平影响的生态环境密切相关。即使清代南雄山区的农耕水平有了较大的提高，但是恶劣的生态环境条件制约了经济发展的水平，也制约了人们应对环境的能力，使南雄山区经济发展长期处于一个较低水平。⑤《明清广东山区灰粪和平原泥肥应用的历史演变》分别考察了传统农业时代广东地区农业肥源与环境的关系：山区和平原分别以获取灰粪和泥肥作

---

① 冼剑民、周智武：《明清时期客家对山区农业的贡献》，周肇基、江惠生等主编：《古今农业历史论丛》，广东经济出版社 2003 年版，第 279—295 页。

② 详见《古今农业》2005 年第 1 期。

③ 周俐、周建新：《从民间信仰看粤赣闽山区开发和客家族群发展》，《中南民族大学学报》（人文社会科学版）2005 年第 5 期。

④ 《嘉应学院学报》2008 年第 1 期。

⑤ 详见《古今农业》2006 年第 4 期。

为主要肥源。山区制作灰粪的方法有烧畲作灰、樵采制灰、采集草皮泥制作厩肥等,却是山区植被减少、水土流失加剧的一个原因。珠三角平原则以潮灌和上泥获得珠江河道上沉积的泥肥,是维护当地水环境的生态技术措施,而过度依赖天然肥源却限制了多熟种植的发展并造成地力的下降,造成粮食产量的减少。①

已有研究成果中,亦有不少并非专门针对某一山区,而在更广大范围(空间)内讨论山区开发的。张建民对明清长江中游山区灌溉水利以及治山减灾的研究,表明随着农业垦殖的扩张,长江中游丘陵山区的放塘类小型灌溉水利得到了长足发展,各地灌溉设施因地制宜,各有特色。但由于山地垦殖盲目扩张,垦殖与水利建设的关系也变得复杂起来。垦殖过度给水利带来了一系列消极影响,水利难以保证农业垦殖的维持与发展。② 杨抑对南方丘陵山区水土保持的历史起源与开展状况的探讨,主要涉及水田、陂池工程的建造;梯田的建造;造林抑流、防风、固土和沟洫、水源治理措施等四个方面。③ 张芳《明清时期南方山区的垦殖及其影响》④、《清代南方山区的水土流失及其防治措施》等文对包括闽浙赣皖、皖南、湘鄂陕川地区、湘鄂陕川地区、广东、广西、海南、台湾四省在内的南方山区明清时期的开发进行了广泛考察:明清时期南方山区的开发进入了一个新时期,表现在垦殖的规模和范围皆大为扩大,从河谷到山坡,从缓坡到陡坡,从浅山到深山,开发渐趋深入,山区的土地资源得到较多的利用,促使山区农业生产和农业经济有了较大的发展。但在巨大的人口压力下,对南方山区自然资源过度开发(伐林垦荒和陡坡种植),也造成了相应的环境恶化问题。⑤ 作者另有《明清东南山区的灌溉水利》、《明代南方山区的水利发展与农业生产》等文,对明清时期南方山区的农业灌溉水利发展的阶段性、主要设施进

---

① 详见《中国农史》2008 年第 3 期。

② 张建民:《明清长江中游山区的灌溉水利》,《中国农史》1993 年第 2 期。《试论中国传统社会晚期的农田水利——以长江流域为中心》,《中国农史》1994 年第 2 期;《治山减灾与长江流域持续发展》,《长江论坛》1994 年第 3 期;《论明清时期的水资源利用》,《江汉论坛》1995 年第 3 期等。

③ 杨抑:《中国南方丘陵山区水土保持史考略》,《农业考古》1995 年第 1 期。

④ 《古今农业》1995 年第 4 期。

⑤ 《中国农史》1998 年第 2 期。

行了考察，意在强调水利建设对于山区开发、发展的重要意义。①

　　另外，一些未以山区为题的综合性研究，亦不无探讨山区开发、发展的内容。例如，李伯重《明清江南农业资源的合理利用——明清江南农业经济发展特点探讨之三》，即将江南地区划分为江南平原、宁镇丘陵和浙西山地三个农业生产条件差异显著的部分分别加以研究，通过对丘陵山地发展茶、桑、竹、木种植的考察，肯定浙西山地自然资源的合理利用比前代更为充分。② 司徒尚纪《明代广东经济地理初探》，同样对占广东国土面积70％以上的丘陵山区开发给以高度重视。③ 彭雨新《清代土地开垦史》有专门的章节论述棚民入山与山区土地资源开发，论述所及，以陕南、江西、浙江等省山区为主，既考察了棚民垦山的合理性，亦指出山地垦殖引起的环境变化。④ 张建民《明清农业垦殖论略》所探讨的明清时期在人口急剧膨胀巨大压力下的农业垦殖扩张，亦是以当时垦殖扩张所向之条件相对差、难度相对大的省际交边山区为主要研究对象的。⑤ 鲁西奇、蔡述明讨论汉江流域经济的全面开发与流域生态环境破坏的关联，同样首要关注上中游山区因滥垦滥殖而导致森林破坏，水土流失逐渐加重，生态环境最终全面恶化。⑥ 同类研究还有郭声波《四川历史上农业土地资源利用与水土流失》、⑦ 张启东、石辉《岷江上游地区开发史与水土流失分期研究》⑧ 等。从一般意义上论述山地农业发展的则有曹世雄《试论山地农业》。⑨

　　一些专门研究领域，必然涉及甚或主要以山区（地）为空间对象。林业史如陈桥驿《古代绍兴地区天然森林的破坏及其对农业的影响》、⑩

---

　　① 详见《中国农史》1996年第1期；1997年第1期。

　　② 《农业考古》1985年第2期。

　　③ 《历史地理》第4辑，上海人民出版社1986年版。

　　④ 中国农业出版社1990年版。

　　⑤ 详见《中国农史》1990年第4期。

　　⑥ 鲁西奇、蔡述明：《汉江流域开发史上的环境问题》，《长江流域资源与环境》1997年第3期；鲁西奇：《区域历史地理研究：对象与方法——汉水流域的个案考察》，广西人民出版社2000年版。

　　⑦ 《中国农史》2003年第3期。

　　⑧ 《云南地理环境研究》2006年第1期。

　　⑨ 《农业考古》1997年第1期。

　　⑩ 《地理学报》1965年第2期。

史念海《历史时期黄河中游的森林》①、林鸿荣《历史时期四川森林的变迁》②、李继华《山东森林的历史变迁》③、史念海《历史时期黄河中游森林的变迁及其经验教训》④、李贻格《遂川杉木林区兴衰史》⑤、冯祖祥等《湖北森林变迁历史初探》⑥、刘德隅《云南森林变迁历史初探》⑦、倪根金《试论中国历史上对森林保护环境作用的认识》⑧、姜舜源《明清朝廷四川采木研究》⑨、马强《历史时期蜀道地带森林开发和保护的几个问题》⑩、朱圣钟《历史时期四川凉山地区森林植被的变迁》⑪ 等。矿业史如钮仲勋《魏晋南北朝矿冶的分布与发展》，分三国、两晋（包括十六国）、南北朝三个阶段，矿冶的分布与发展作了全面的论述。⑫ 黄盛璋《唐代矿冶分布与发展》认为唐代的矿冶生产确比过去有较大的进展，并着重从历史地理角度考察主要矿冶的分布与发展，包括矿区、矿点的分布、开发与产量的变化、提高以及相关的矿冶生产关系、制度与生产技术等。⑬ 其他专门领域研究如生态环境史研究、野生动物变迁研究、水利史研究、灾害史研究等多有涉及山区（地）开发、发展者，限于篇幅，不赘述。

　　国外学者对明清时期中国山区（地）的开发、发展也有研究。荷兰学者 B. 费梅尔对中国历史上的山区问题亦较为关注，其论文《清代大巴山区山地开发研究》认为：由人口增长等因素导致的移民进入不宜农业的山区，尽管有发展林牧业、贸易的机会，却受到运输条件、资本、食物匮乏等条件限制，不得不仍从事粮食生产。新作物引进、劳动

---

① 史念海：《河山集·二集》，生活·读书·新知三联书店 1981 年版。
② 《农业考古》1985 年第 1 期、第 2 期；1986 年第 1 期。
③ 《农业考古》1987 年第 1 期。
④ 史念海：《河山集·三集》，人民出版社 1988 年版。
⑤ 《农业考古》1990 年第 1 期。
⑥ 《农业考古》1995 年第 3 期。
⑦ 《农业考古》1995 年第 3 期。
⑧ 《农业考古》1995 年第 3 期。
⑨ 《故宫博物院》2001 年第 4 期。
⑩ 《中国农史》2003 年第 2 期。
⑪ 《中国历史理论丛》2007 年第 2 辑。
⑫ 《历史地理》第二辑，上海人民出版社 1982 年版。
⑬ 《历史地理》第七辑，上海人民出版社 1990 年版。

力等条件似乎为经济扩展创造了机遇，但随之而来的资源耗竭、耕地编制、战争、匪患等又导致经济萎缩。① 美国著名学者赵冈长期研究中国经济史，成果甚丰，其《清代的垦殖政策与棚民活动》是关于清代山区社会经济的研究成果，从人口增殖与农垦政策、棚民出现与活动、灾难性的后果等方面对相关问题进行了论述。② 涉及秦岭—大巴山区的开发与发展还有：日本学者安野省三《明代川陕、湖广地方的茶叶生产者和商人层》、《清朝中期秦岭的风俗》，森纪子《清代四川移民经济》，山田贤《移住民的秩序——清代四川地域社会史研究》等论著③，分别论及明代陕南的茶叶种植、清代川东特别是云阳县的移民与区域社会以及秦岭山区的社会风俗变化等问题。韩国学者如郑哲雄、李俊甲等也有相关的研究成果，主要如郑哲雄《清代湖北省西北部地区的经济开发和环境》④，李俊甲《中国四川社会研究 1644～1911：开发和地区秩序》⑤，郑哲雄等《清代川湖陕交界地域的经济开发与民间风俗》等。⑥

三

综上所述，对明清时期山区（地）开发、发展的研究，已经取得了不少成果。已有成果，或从土地资源开发考察农业经济发展，或从林木、矿产资源开发考察手工业发展，或从流移人口集聚、农民起义入手探讨山区社会动荡与社会变迁、社会控制，或从社会生产方式变革角度考量资本主义生产关系。或主要就某一时段上的某一问题（如明代成化年间的流民集聚或清代乾嘉时期的白莲教战争）进行研究，或主要就某一地区的某一问题（如陕南、闽北）加以考察，亦不乏从资源过

---

① 详见《中国历史地理论丛》1991 年第 2 期。

② 详见《中国历史地理论丛》1995 年第 3 期。

③ 分别见《山根幸夫教授退休纪念明代史论丛》下卷，汲古书院 1990 年版；《神田信夫先生古稀纪念论集》1992 年；《东洋史研究》1987 年第 45 卷第 4 期；名古屋大学出版会 1995 年版。

④ 详见《明清史研究》1999 年第 10 辑。

⑤ 国立汉城大学出版部 2002 年版。

⑥ 详见［韩］《东洋史学研究》（第 87 辑）2004 年。囿于所见识，国外学者的研究成果介绍甚少，且有仅见名目未见原作者，尚祈见谅。

度或不合理开发讨论山区生态环境演变的论著。所有这些对相关山区的社会、经济或环境的探讨，尽管不无时代印痕，大多提出了一些有意义的问题，得出了不少有价值、或有启发性的结论，为进一步的探讨打下了相应的基础，也是研究得以继续深入的有利条件。

但是，毋庸讳言，与山区（地）在中国国土资源中的地位相比，与山区发展中的问题及其重要性相比，就全面、准确认识、把握山区（地）而言，显然研究得还很不够。所谓不够，当然不仅仅是简单的数量问题，加之研究水平参差不齐，可以说山区（地）研究的广度、深度无不有待于增加、提高。

从广度言之，首先是研究的空间分布不平衡，已有研究成果较多集中在川陕楚豫交边的秦岭—大巴山区、闽浙赣交边的武夷山区、闽浙丘陵等，而鄂豫皖交边的大别山区、湘鄂川黔交边的雪峰山—武陵山区等，研究成果却相对少，西南有的山区更是几近空白。其次是研究领域亦存在类似问题，山区人口过程、资源开发与经济增长乃山区研究热点领域，山区环境近年亦有较多研究者关注，而山区聚落、山区基层社会、山区文化等，则成果较少，不少山区尚为空白。不过，随着学术界对山区关注程度的提高，相信这种局面很快会有所改变。

山区（地）研究深化是相对的，而且，问题也比较复杂。如在史料的运用方面，就有较大提高的余地和进一步发掘的潜力。已有研究成果中，少数论著存在对反映各不同时段或不同区域问题的史料辨析不够正确、把握不准的现象，有将明代史料与清代史料混用者，有将清代前期史料与后期史料混用者，亦有将不同省区的史料混用者。

历史研究首重史料，史料准确辨析之外，还需花大力气挖掘有针对性的山区（地）历史资料。如前所述，中国有重视山区的传统，不少有识之士考察、思考山区（地）开发、发展问题，留下许多有价值的研究史料，如地方志、山志、寺庙道观志、碑刻、游记、诗文等，需要进一步努力发掘搜集。

与此同时，明确或强化山区研究意识，乃深化山区（地）研究的当务之急。这里所谓山区研究意识，主要指研究的宗旨或立意是从山区（地）出发，把山区作为一种独立地貌区域、一种不同于其他（平原、低地）地貌的自然和经济综合体，来加以理解和把握，理解、把握山区的特性及其在生态系统中的地位，理解、把握山区经济、社会、文化的特性或特征。如果研究的空间是山区或属于山区，而研究者没有明确的山区研究意识，将研究空间与其他区域混同看待，所考察的问题无法与其他地貌区域（特别是平原地区）区别开来，肯定直接影响到研究的山区（地）价值和意义。以秦岭—大巴山区为例，以川陕楚交界地区为题的研究不少，但是否都是从山区研究立意的，却是需要考量的。有的研究仅从数省交边的意义上讨论该区的特殊性，而不一定从山区出发考察问题。① 另一种情况是，研究以山区为题，但是却又受限于行政区划，分别各省展开研究，例如以陕南山区（或鄂西北山区、川东北山区等）为题。前一种情况是忽视山区（以行政区划代替山区），后一种情况则是以行政区划分割山区，都不是将四川、陕西、湖北等省交边的秦岭—大巴山区作为一个山区进行研究。而要全面、正确认识秦岭—大巴山区，恰恰需要这样的整体研究。清代著名经世学者严如熤长期任官陕南，对秦岭—大巴山区有较为全面深入的了解和理解，他多次强调三省交边地区的一体性，而一体的基础就是秦岭—大巴山区（当时称之为"南巴山区"或"南巴老林"）的存在。严氏指出：

> 陕西之汉中、兴安、商州，四川之保宁、绥定、夔州，湖北之郧阳、宜昌，均犬牙相错，其长林深谷，往往跨越两三省，难以界画。故一隅有事，边徼悉警。守土之吏，疆域攸分，即能固圉保民，讵能越境而谋？故讲久安之策，必合三省而通筹之也。②
>
> 为南巴山内区画远猷，不在添兵将以防制之，而在设文员以乂安之；不在即一隅而专谋之，必当合三省而共谋之。③
>
> 虑遗于在远，而患生于所忽，老林之在三省其明征矣。鉴前毖后，通三省而筹之，为曲突徙薪之计，建久安长治之谋，则谓为三省共图其安也可，谓为本境各固其圉也亦可。④

---

① 数省交边是一个很重要的视角，在此并无否定之意。
② 严如熤：《三省山内边防论二》，见《皇朝经世文编》卷82《兵政十三》。
③ 严如熤：《规画南巴棚民论》，见《皇朝经世文编》卷82《兵政十三》。
④ 严如熤：《老林说》，见《皇朝经世文编》卷82《兵政十三》。

可以说已经在一定程度上道出了将川陕楚三省交界之山区作为一个整体加以研究的意义。明代郧阳巡抚之设，将数省交边之九道、五府、八州、五十一县通辖于一督抚之下，绝非无缘无故，别生事端。

山区研究意识明确与否，除了是否有意识地以山区为题、选定研究空间时是否有意识地以山脉或山区（地）为研究范围、考察某一因素或领域是否站在山区立场考虑问题等，更重要的是在研究中能否结合或借鉴山地（山区）学理论、知识，把握住山区（地）景观的垂直地带性、资源的立体结构等基本特征，探讨山区（地）资源开发、经济增长、社会变迁、环境演变、文化积累的历史过程及其规律。这里还涉及人文社会科学与自然科学交叉，要研究山区（地）人文社会诸要素如人口、民族、经济、交通、聚落、习俗等垂直分布、变化的特征，势必观照对应的自然要素如温度、水分、植被、土壤、地貌等随高度提升而变化的规律，更重要的是，还要考察人文社会因素与自然要素之间是如何相互影响、相互作用、相互促进的。

当然，即使同样是山区，由于造山作用的强度及其演变（如侵蚀、剥蚀与溶蚀）的速度各不相同，各山区之间无疑会存在共性和各自的特性，或者说山地的性质和特征互有异同。在不同性质、不同特征的山区（地），其山地资源的种类、结构会因山而异（如花岗岩及砂岩山区与岩溶山区），人类活动与山地资源结合的途径和形式、居民的生产生活方式、人类活动对山地环境演变的作用等亦因此各具特色。重视不同类型、形态山区（山地）之间的差别（包括自然的、人文的），或通过比较研究找到这些差别及其与山区（地）开发发展的关联，应是山区研究意识的题中之义。

另外，强调山区研究意识，绝不等于要割裂山与水、山区（高地）与平原（低地）之间的关联，恰恰相反，山区研究意识反对就山区（地）论山区，撇开平原低地讨论山区（地）问题。早期治水观念的主要问题之一，即忽视了河流中下游与上游山区的关联，或者说对山地河流的"下游效应"关注不够。多数河流的下游与上游是密切联系的（包括山区与平原间的人口流动、产品交换等），河流上游山区的资源开发状况、山地环境优劣等，直接影响着下游的社会经济和环境。如果上游山区的资源（尤其森林、植被资源）开发利用过度、生态环境恶化、山地灾害频发，不仅直接威胁下游人民生命财产的安全，而且造成下游的生态环境恶化，带来更为深远的影响。

最后，加强实地考察，努力将历史文献中的相关记载落实到具体的地理空间上。地形是形成山地结构和功能、导致山地各种生态现象和过程发生变化的最根本的因素，因此，无论进行山地生态环境研究，还是进行山区经济、社会考察，都需要剖析地形要素与诸多自然、社会因素之间的关系，如海拔高度、坡向、坡度等重要的地形因素。① 即以山区社会而言，山区人口多流移，山区居民点分散、村落规模小，常常是数里甚至十数里、数十里始见一村落，且有三、二家成聚落者，山区村落大多倚溪河而立或"夹溪而居"。这些特点无不与山区地形紧密相关。而要具体剖析地形要素与诸多自然、社会因素之间的关系，不进行相应的实地考察就难以落实。至于山区民间文献、口传史料的获得，实地的田野考察更是主要甚或唯一的途径。

作者单位：武汉大学历史学院

---

①　参见鲁西奇《山区人口、资源和环境的相互作用与动态关系》，《江汉论坛》2008 年第 1 期。